科学出版社“十四五”普通高等教育本科规划教材

休闲渔业

刘静霞　陈宇顺　主编

科学出版社

北　京

内 容 简 介

本书内容包括休闲渔业的发展、世界各地的休闲渔业、都市休闲渔业及中美两国池塘休闲渔业，以及我国自然淡水和海水水域独特的休闲渔业资源与体验，渔村资源和稻渔休闲及其带动的乡村振兴，并介绍了休闲垂钓的发展、不同鱼类的垂钓方式、垂钓竞技及其经济效益。本书还介绍了休闲渔业的发展战略、政策推动、管理措施，渔村庭院、渔港等休闲体验与设计，以及在大学课堂可以开展的休闲渔业体验方式等。书中每章配套数字资源，包括彩图、视频等，正版图书可扫码查看。

本书主要面向涉农、涉海，生物类或生态环境保护类的高校及研究院所的学生，面向对中国渔（鱼）文化及世界休闲渔业，或对垂钓技巧及垂钓竞技有兴趣，或对稻渔休闲及其带动乡村振兴等有兴趣的政策制定者、管理者、研究人员及相关的社会各界人士。

图书在版编目（CIP）数据

休闲渔业 / 刘静霞, 陈宇顺主编. -- 北京 : 科学出版社, 2025. 6.
(科学出版社“十四五”普通高等教育本科规划教材). -- ISBN 978-7-03-080415-0

I. F307.4

中国国家版本馆 CIP 数据核字第 202436ZV37 号

责任编辑：刘　丹 / 责任校对：严　娜
责任印制：肖　兴 / 封面设计：金舵手世纪

科学出版社 出版
北京东黄城根北街 16 号
邮政编码：100717
http:// www.sciencep.com
北京富资园科技发展有限公司印刷
科学出版社发行　各地新华书店经销
*
2025 年 6 月第　一　版　开本：787×1092　1/16
2025 年 6 月第一次印刷　印张：19 1/2
字数：499 000
定价：89.00 元
（如有印装质量问题，我社负责调换）

《休闲渔业》编写委员会

主　编　刘静霞（华中农业大学）

　　　　陈宇顺（中国科学院水生生物研究所）

副主编　任效忠（大连海洋大学）

　　　　黄　欣（华中农业大学）

编　委　陈宇顺（中国科学院水生生物研究所）

　　　　陈静涛（湖北宏旺生态农业科技股份有限公司）

　　　　操玉涛（广东海洋大学）

　　　　邓　刚（武汉天元千川渔具有限公司）

　　　　黄　欣（华中农业大学）

　　　　刘静霞（华中农业大学）

　　　　刘雅丹（中国水产学会）

　　　　马旭洲（上海海洋大学）

　　　　任效忠（大连海洋大学）

　　　　沈建忠（华中农业大学）

　　　　唐衍力（中国海洋大学）

　　　　王　峰（青岛农业大学）

　　　　张沛东（中国海洋大学）

序

渔业史可追溯到距今约 4 万年的旧石器时代晚期，原始人类通过各种方式从水体中获得水生生物并作为食物。考古学发现，生活在东亚地区的田园洞人（约 4 万年前）一直长期而规律地食用淡水鱼类。人类社会的发展也慢慢促进了渔猎生计渔业的发展。随后，在渔猎生计渔业的基础上，渔猎文化产生，以文、图、俗三种形式存在，渐渐发展形成了渔文化。

有关垂钓娱乐活动最早的记载是商纣王的垂钓。在欧洲，大约公元前 300 年，古希腊的忒奥克里托斯留下了欧洲首个描述利用钩和竿进行渔猎的文字，说明了欧洲的休闲垂钓娱乐方式已经产生。随着人类经济和渔猎文化的发展，人类以生计渔业为主的渔猎经济渐渐发展成三种渔业产业——生计渔业、商业渔业，以及基于渔猎文化和休闲垂钓的发展而产生的休闲渔业。

休闲渔业产业是推动渔猎文化走向世界和民族传承的重要引擎。2011 年，农业部发布《全国渔业发展第十二个五年规划》，首次把休闲渔业列入渔业发展规划，并将其列为我国现代渔业的五大产业之一。农业农村部印发《“十四五”全国渔业发展规划》，提出“发展休闲渔业”和“保护传承渔文化”等。国家鼓励以休闲渔业为推手，建设美丽乡村。

面临新机遇，扬帆正当时。此新编《休闲渔业》，涵盖世界范围内的休闲渔业发展、现状、管理等内容；我国和世界各地休闲渔业产业及其模式，休闲垂钓技术基础理论，垂钓竞技，以及休闲渔业产业经济的内容；我国渔文化、渔村、稻渔养殖，以及其带动的休闲渔业和乡村振兴等内容；休闲渔业设计和实践内容等。该书内容丰富、全面，层次分明，深入浅出，具有一定的知识系统性。该书的出版，以及相应的“休闲渔业”课程在不同涉农、涉海院校的开设，可培养一批休闲渔业带头人和管理人才，可更有效地达到“授人以渔”的目的，并可促进广大涉农、涉海院校师生及休闲渔业从业者或管理者对相关知识的了解和掌握，以适应我国当前休闲渔业飞速发展的需求。

林建? (signature)

中国科学院院士

前　言

休闲是将工作之余的时间，用于追求较高的价值和提高自我修养，同时也是感受自由的一种心态。休闲渔业，就是工作之外从事的与渔业相关的活动，并使参与者达到了愉悦身心和自我放松的效果。在渔业资源渐趋紧张、水域生态环境污染问题突出等背景下，休闲渔业作为实现一二三产业融合的一种新型渔业产业形态，是推动我国渔业经济发展的重要引擎。

休闲渔业是利用各种形式的渔业资源（渔村资源、渔业生产资源、渔具渔法、渔业产品、渔业自然生物、渔业自然环境及人文资源等），通过资源优化配置，将渔业与休闲娱乐、观赏旅游、生态建设、文化传承、科学普及与餐饮美食等有机结合，向社会提供满足人们休闲需求的产品和服务，实现一二三产业融合的一种新型渔业产业形态，是重点通过第二、三产业提升渔业价值的一种渔业方式。早在2011年，农业部就发布了《全国渔业发展第十二个五年规划》，把休闲渔业首次列入渔业发展规划，明确其为我国现代渔业的五大产业之一。2019年，《关于加快推进水产养殖业绿色发展的若干意见》发布，提出要“完善利益联结机制，推动养殖、加工、流通、休闲服务等一二三产业相互融合、协调发展”，“推动传统水产养殖场生态化、休闲化改造，发展休闲观光渔业”。2021年，国务院印发《“十四五”推进农业农村现代化规划》，将培育壮大乡村休闲旅游业作为健全乡村产业体系的重要内容，提出“推动农业与旅游、教育、康养等产业融合，发展田园养生、研学科普、农耕体验、休闲垂钓、民宿康养等休闲农业新业态”。2022年，农业农村部印发《“十四五”全国渔业发展规划》，提出培育壮大多种业态，发展休闲渔业，保护传承渔文化。我国政府积极推动了渔业结构调整、推进农村一二三产业融合发展、乡村振兴战略、十年禁渔、国民旅游休闲发展、休闲渔业发展规划等，推动休闲渔业发展。

新时代带来新机遇。2019年教育部奏响了“安吉共识”“北大仓行动”“北京指南”的新农科建设三部曲，掀起高等农林教育的质量革命，新型农林人才培养策略正于酝酿中实施。由于缺乏系统全面介绍世界范围内的休闲渔业发展、建设原理和实践的教材，相关的教学工作面临一定的困难。面对新的机遇和挑战，我们做好了充分的准备。自2015年起，华中农业大学水产学院的刘静霞教授和中国科学院水生生物研究所的陈宇顺教授（现为湖南科技大学生命科学与健康学院院长、教授）等每年秋季学期在华中农业大学开设“休闲渔业”本科课程，积累了多年的教学经验。为了培养知水爱渔的新型专业人士，由刘静霞和陈宇顺两位教授领衔，联合了涉农、涉海7所高校（科研院所），以及中国水产学会和休闲垂钓协会的一些专业教师和专家（包括国家一级垂钓大师）共计13人一起编写了本书。本书紧扣学科培养方案，理论和实践相结合，提供了较为系统的专业知识。

本书共分11章。第1章绪论，由刘静霞和刘雅丹负责撰写，主要介绍了休闲渔业概念与特征、发展历史与现状等。第2章休闲渔业政策及管理，由刘静霞、黄欣、刘雅丹负责撰写，主要介绍了休闲渔业发展战略与政策推动，管理政策与监测体系等。第3章国际休闲渔业，由刘静霞和陈宇顺负责撰写，主要介绍了全球主要国家和地区自然水域休闲渔业及美国池塘休闲渔业。第4章都市休闲渔业，由任效忠、王峰、刘雅丹负责撰写，介绍了都市休闲渔业及其分类等内容。第5章美丽乡村与休闲渔业，由马旭洲、刘静霞、张沛东、唐衍力、王峰、任效忠、陈静涛负责撰写，介绍了渔（乡）村的特点，并介绍了一些代表性渔（乡）村等。第6章池塘休闲渔业，由陈宇顺和邓刚负责撰写，主要介绍了我国池塘休闲渔业的发展模式、管理方法及典型案例。第7章内陆自然水域休闲渔业，由刘静霞、沈建忠、黄欣、刘雅丹负责撰写，介绍了我国内陆自然水域休闲渔业资源及其休闲渔业方式等。第8章海洋休闲渔业，由唐衍力、任效忠、操玉涛、张沛东、王峰负责撰写，介绍了海洋休闲渔业及其资源，海洋牧场与休闲渔业及其发展和典型案例，海洋休闲渔业体验的方式等。第9章休闲垂钓，由邓刚负责撰写，介绍了垂钓所需的各种工具，我国垂钓的主要鱼类及其对应的钓法，国内外著名的垂钓赛事等。第10章休闲渔业规划与设计，由任效忠撰写，介绍了休闲渔业景观规划设计的原则、理论、方法、实践等。第11章休闲渔业实践，由黄欣撰写，介绍了一些休闲渔业实践方式及案例。

本书在编写过程中参阅了大量的文献资料和国内外休闲渔业会议报告资料，同时结合了编者多年来从事休闲渔业教学或理论或实践研究的经验和体会，采用深入浅出的撰写方式，突出科学性、知识性和趣味性。本书编写组成员几度线上热烈讨论，几番线下认真交流，历经目录商定、章节互审、专家评审，近3年的字斟句酌，终得此稿。本书可作为高等院校的本科生、研究生教材，也可供科研院所、管理部门、行业协会、相关企业从事休闲渔业研究、产业开发、经营、管理的工作人员参考。但本书为新编教材，涉及内容多，编写难度大，书中的不足之处在所难免，欢迎同行和读者提出批评和建议。

我们感谢许多从事休闲渔业和相关学科研究的同行的支持和给我们提出的宝贵建议。中国科学院水生生物研究所桂建芳院士、中国海洋大学包振民院士、上海海洋大学刘其根教授、西南大学何文平教授等对本书撰写内容提出过许多修改意见。美国渔业学会（American Fisheries Society）的前主席Robert M. Hughes教授、美国阿肯色大学Nathan Stone教授等国际同行提供了相关国际休闲渔业参考资料。还要特别感谢中国水产学会的刘雅丹研究员和华中农业大学水产学院的沈建忠教授，两位老师既热心参与相关章节的编写，又认真为本书的整体质量把关。本书在申请立项过程中，得到了中国科学院水生生物研究所桂建芳院士、上海海洋大学李家乐教授及中国科学院海洋研究所杨红生研究员的大力推荐。本书的出版得到了华中农业大学、中国科学院水生生物研究所和湖南科技大学的大力支持，在此一并表示衷心感谢。

刘静霞　陈宇顺

2025年2月28日

目　录

第 1 章　绪论 1
1.1　休闲渔业概念与特征 1
1.2　休闲渔业的发展历史 3
1.2.1　休闲垂钓与渔猎业发展 3
1.2.2　休闲渔业与养殖业发展 4
1.2.3　休闲渔业与渔（鱼）文化 5
1.3　休闲渔业产业发展现状 6
1.3.1　我国休闲渔业产业发展现状 6
1.3.2　其他国家休闲渔业产业发展现状 8
1.4　休闲渔业发展面临的挑战及对策 9
本章小结 12
名词解释和概念理解 12
思考题 12
主要参考文献 12
第 2 章　休闲渔业政策及管理 14
2.1　休闲渔业发展战略与政策推动 14
2.1.1　休闲渔业产业发展的战略布局 14
2.1.2　休闲渔业产业发展的政策推动 16
2.1.3　休闲渔业产业发展原则 17
2.1.4　休闲渔业的产业结构与分类 18
2.2　休闲渔业管理政策与监测体系 19
2.2.1　休闲渔业管理政策体系 20
2.2.2　休闲渔业的推广和宣传策略 21
2.2.3　休闲渔业的监测体系 23
2.3　休闲渔业管理措施 23
2.3.1　休闲渔业管理理论 23
2.3.2　休闲渔业管理结构 26
2.3.3　休闲渔业管理因素 27
2.3.4　休闲渔业资源管理策略 29
2.3.5　海洋渔业资源管理 36
2.3.6　休闲渔业安全管理 38
2.3.7　休闲渔业服务管理 39
本章小结 40

名词解释和概念理解 40
思考题 40
主要参考文献 40
第 3 章 国际休闲渔业 42
3.1 主要国家和地区自然水域休闲渔业 42
3.1.1 北美自然水域休闲渔业 42
3.1.2 欧洲自然水域休闲渔业 49
3.1.3 澳大利亚自然水域休闲渔业 53
3.1.4 亚洲自然水域休闲渔业 59
3.2 美国池塘休闲渔业 64
3.2.1 垂钓池的选择 64
3.2.2 美国垂钓池垂钓鱼种类 67
3.2.3 美国垂钓池的综合管理 70
3.2.4 美国垂钓饵料鱼资源 75
3.2.5 美国垂钓饵料鱼池塘管理 77
本章小结 79
名词解释和概念理解 79
思考题 79
主要参考文献 80
第 4 章 都市休闲渔业 81
4.1 概述 81
4.2 观光和观赏型都市休闲渔业 82
4.2.1 都市休闲渔业与观赏鱼 82
4.2.2 都市休闲渔业与水族馆 87
4.2.3 都市休闲渔业与渔人码头 89
4.3 休闲体验型都市休闲渔业 91
4.3.1 休闲垂钓 92
4.3.2 潜水遨游 93
4.3.3 都市渔饮食文化体验 93
4.3.4 都市渔业文化节 95
4.4 科普教育型都市休闲渔业 96
4.4.1 渔文化和渔业（渔标本）博物馆 97
4.4.2 科普教育基地 100
4.5 综合园区型都市休闲渔业 101
4.5.1 大连富谷现代化渔业园区示范基地 101
4.5.2 大连天正实业渔业园区示范基地 102
本章小结 104
名词解释和概念理解 104
思考题 104

主要参考文献……104
第5章　美丽乡村与休闲渔业……105
5.1　渔村的特征……105
5.1.1　渔村的地域和生产特征……105
5.1.2　渔村的渔民心理和信仰文化特征……105
5.1.3　渔村的民俗体育文化特征……106
5.1.4　渔村的建筑风格……106
5.2　代表性渔村……107
5.2.1　世界著名渔村……107
5.2.2　我国代表性传统渔村……109
5.3　稻田养鱼……113
5.4　渔（乡）村休闲渔业开发……116
5.4.1　渔（乡）村发展原则和策略……116
5.4.2　渔（乡）村文化振兴……117
5.5　渔（乡）村的休闲渔业模式……118
5.5.1　产业依托型……118
5.5.2　游览观光型……120
5.5.3　渔文化节依托型……121
5.5.4　休闲体验型……123
5.5.5　科普教育型……126
5.6　典型案例分析……127
5.6.1　哈尼梯田稻渔和青田鱼……127
5.6.2　象山渔村……129
本章小结……130
名词解释和概念理解……130
思考题……131
主要参考文献……131
第6章　池塘休闲渔业……132
6.1　池塘养殖概况……132
6.2　池塘休闲渔业模式……133
6.2.1　自养垂钓型……133
6.2.2　竞技鱼池型……135
6.2.3　黑坑型……136
6.3　休闲垂钓池塘管理……137
6.3.1　自养垂钓型……138
6.3.2　竞技鱼池型……142
6.3.3　黑坑型……144
6.4　典型案例分析……145
6.4.1　自养垂钓型……145

6.4.2 竞技鱼池型 148
6.4.3 黑坑型 150
本章小结 151
名词解释和概念理解 151
思考题 151
主要参考文献 152
第7章 内陆自然水域休闲渔业 153
7.1 内陆自然水域发展休闲渔业资源 153
7.1.1 内陆自然水域自然资源 153
7.1.2 内陆自然水域人文资源 160
7.1.3 内陆自然水域产业资源 160
7.2 内陆自然水域休闲渔业发展模式 163
7.2.1 游览观光为主型休闲渔业 164
7.2.2 渔旅体验为主型休闲渔业 166
7.2.3 游钓体验为主型休闲渔业 168
7.2.4 竞技型休闲渔业 168
7.2.5 科普教育型休闲渔业 169
7.3 我国内陆自然水域休闲渔业管理 170
7.3.1 我国休闲渔业管理措施 170
7.3.2 我国渔业保护区和核心区管理 174
7.4 典型案例分析 174
7.4.1 查干湖冬捕 175
7.4.2 千岛湖 176
本章小结 178
名词解释和概念理解 179
思考题 179
主要参考文献 179
第8章 海洋休闲渔业 180
8.1 海洋休闲渔业资源 180
8.1.1 自然和特色景观、自然地貌景观 180
8.1.2 人文资源 186
8.1.3 渔业资源及其产业 186
8.2 海洋牧场 188
8.2.1 人工鱼礁集鱼机制 188
8.2.2 人工鱼礁类型 190
8.2.3 休闲型海洋牧场 191
8.3 休闲海钓 195
8.3.1 休闲海钓产业现状与发展趋势 195
8.3.2 海钓方式 197

8.3.3 主要海钓对象 197
8.3.4 休闲海钓平台 202
8.4 休闲渔业体验 207
8.4.1 藻类筏式养殖体验 207
8.4.2 贝类筏式养殖体验 208
8.4.3 网箱养殖体验 210
本章小结 214
名词解释和概念理解 214
思考题 214
主要参考文献 214
第 9 章 休闲垂钓 215
9.1 垂钓概论 215
9.1.1 垂钓的起源与发展 215
9.1.2 垂钓工具的历史及演化 216
9.1.3 现代垂钓的方式与分布 217
9.2 垂钓类型 219
9.2.1 野钓型 220
9.2.2 付费型 221
9.2.3 竞技型 222
9.3 垂钓的方法 223
9.3.1 手竿垂钓 224
9.3.2 抛投竿垂钓 230
9.3.3 海钓 238
9.3.4 其他钓法 242
9.4 我国垂钓的主要鱼类及钓法 244
9.4.1 我国淡水垂钓的主要鱼类及钓法 244
9.4.2 我国海钓的主要鱼类及钓法 248
9.5 垂钓赛事 251
9.5.1 职业竞技赛事之美国鲈钓 252
9.5.2 职业竞技赛事之欧洲鲤钓 252
9.5.3 职业竞技赛事之夏威夷国际旗鱼锦标赛 253
9.5.4 我国垂钓赛事 253
本章小结 254
名词解释和概念理解 254
思考题 254
主要参考文献 255
第 10 章 休闲渔业规划与设计 256
10.1 概述 256
10.2 休闲渔业依景观规划分类 257

10.2.1 资源依托型 257
10.2.2 产业开拓型 258
10.2.3 休闲度假型 260
10.3 休闲渔业景观的规划与设计 261
10.3.1 休闲渔业景观的规划与设计原则 261
10.3.2 休闲渔业景观的规划与设计理论 262
10.3.3 休闲渔业景观的规划与设计方法 265
10.4 休闲渔业景观的规划与设计实践 267
10.4.1 渔业景观的整体规划与设计 268
10.4.2 渔业元素的景观应用 269
10.4.3 休闲渔村规划与设计 270
10.4.4 渔村庭院生态工程设计 273
10.4.5 渔港规划与设计 275
10.4.6 游艇码头规划与设计 279
10.4.7 渔人码头规划与设计 281
10.4.8 休闲渔业设施生态设计 282
10.4.9 休闲渔业设施安全设计 285
本章小结 286
名词解释和概念理解 286
思考题 286
主要参考文献 286
第 11 章 休闲渔业实践 287
11.1 劳动实践类体验 287
11.1.1 渔家捕捞 287
11.1.2 潮间带采拾 287
11.1.3 生态鱼礁（巴拉告）捕鱼 288
11.1.4 渔网编织 288
11.1.5 拾蚌取珠 288
11.1.6 鱼骨画制作 288
11.1.7 鱼拓 289
11.1.8 微景观生态瓶制作 289
11.1.9 渔业产品制作 289
11.2 游戏竞赛类体验 290
11.2.1 徒手抓鱼 290
11.2.2 抱鱼大赛 291
11.2.3 捉蟹罩鱼 291
11.2.4 渔业摄影 291
11.3 休闲渔业实践课程 291
11.3.1 垂钓的准备和练习 291

11.3.2 垂钓竞赛活动 ········ 292
11.3.3 休闲渔业实践练习 ········ 293
11.4 休闲垂钓产学经典案例 ········ 294
11.4.1 华中农业大学教学实习基地及休闲 DIY 活动 ········ 294
11.4.2 广西水产畜牧学校休闲渔业实训基地及赛事 ········ 294
本章小结 ········ 295
名词解释和概念理解 ········ 295
思考题 ········ 295
主要参考文献 ········ 295

目录突出显示部分内容适合垂钓爱好者阅读

《休闲渔业》教学课件申请单

凡使用本书作为授课教材的高校主讲教师，可获赠教学课件一份。欢迎通过以下两种方式之一与我们联系。

1. 关注微信公众号“科学EDU”申请教学课件

扫码关注→“样书课件”→“科学教育平台”

2. 填写以下表格，扫描或拍照后发送至联系人邮箱

<table>
<tr><td colspan="2">姓名：</td><td colspan="2">职称：</td><td colspan="2">职务：</td></tr>
<tr><td colspan="2">手机：</td><td colspan="2">邮箱：</td><td colspan="2">学校及院系：</td></tr>
<tr><td colspan="3">本门课程名称：</td><td colspan="3">本门课程选课人数：</td></tr>
<tr><td colspan="6">您对本书的评价及修改建议：</td></tr>
</table>

联系人：刘丹 编辑　　电话：010-64004576　　邮箱：liudan@mail.sciencep.com

本章资源

第1章 绪论

渔业根据其动机、处理渔获物的方式、捕捞方式和渔具、可利用的渔获量等不同，可分为休闲渔业（recreational fisheries）、商业渔业（commercial fisheries）、生计渔业（subsistence fisheries）等。20 世纪七八十年代，海洋渔业生产效益日益下降，为寻找新的增长点，发达国家开始鼓励和引导渔民走多元化经营之路，大力发展休闲渔业。休闲渔业是一种典型的耦合社会和生态系统（coupled social-ecological system）的产业（Arlinghaus et al.，2021），是渔业在营养蛋白质提供以外的，满足人们体验、休闲、娱乐要求的产业。

联合国粮食及农业组织（Food and Agriculture Organization of the United Nations）的数据显示，经济的发展可推动休闲渔业产业以直线上升的形式发展。据估算，全球范围内有 2.20 亿～7.00 亿休闲渔业参与者。休闲垂钓参与率在不同区域差异巨大，从南欧国家的 1%到芬兰的 40%。在大洋洲、欧洲及北美洲等区域，包括斯堪的纳维亚所在地区，休闲垂钓者大约有 1.4 亿，休闲渔业参与率在全民范围内达到了 20%以上，而全球范围内休闲渔业参与率大约是 10.6%（Arlinghaus et al.，2021）。休闲渔业成为一些经济转型国家（如阿根廷、巴西、中国、印度等）和一些发展中国家促进经济增长的产业，仅中国，休闲垂钓者人数可能已经达到 2.2 亿（China Society of Fisheries，2018）。

1.1 休闲渔业概念与特征

不同国家对休闲渔业界定的范围存在差异。欧美对休闲渔业的界定范围比较小，主要是娱乐捕捞（包括垂钓或网捕等）及其相关产业，是商业渔业以外的渔业方式。澳大利亚简单地将休闲渔业定义为“通过任何方式得到鱼，除购买以外”。不同于欧美休闲渔业产业仅局限于休闲垂钓和渔猎业，我国的休闲渔业，包括水产养殖（aquaculture）（给休闲垂钓和休闲观赏提供成品鱼）、休闲垂钓和观光（recreational fishing and sightseeing）、水族观赏与教育（aquarium watching and education），以及渔业相关的传统文化和垂钓文化等（Yang et al.，2017）。我国的休闲渔业产业是利用渔业资源，依托各种与渔业相关的自然和人文资源，以及相关环境设施，在结合休闲旅游开展渔业相关产业的同时，满足人们的体验、休闲、娱乐要求，而获得经济、社会、生态效益的一种产业，为广义的休闲渔业，同时肯定了渔旅——依托于渔业资源开展的旅游活动，是休闲渔业的一部分。社会各界对休闲渔业的定义和涵盖范围，在其几十年的发展过程中，几经发展、变更、修订（表 1.1）。《中国休闲渔业发展报告（2018）》中将休闲渔业定义为：休闲渔业是利用各种形式的渔业资源（渔村资源、渔业生产资源、渔具渔法、渔业产品、渔业自然生物、渔业自然环境及人文资源等），通过资源优化配置，将渔业与休闲娱乐、观赏旅游、生态建设、文化传承、科学普及以及餐饮美食等有机结合，向社会提供满足人们休闲需求的产品和服务，实现一二三产业融合的一种新型渔业产业形态。这将在很长时间内定义我国的“休闲渔业”及其涵盖产业。

表 1.1 休闲渔业的定义和涵盖范围的变更和发展

年份	内容	来源
2007	休闲渔业是指以休闲娱乐为目的，利用渔船和渔场，提供参观、体验渔业生产和渔民生活等服务的商业经营行为	广东省政府，2007
2008	不以捕捞水生动物（主要是鱼类）作为构成个人营养的主要来源为目的，或不以将其所获销往国内外市场为目的的捕捞行为	欧洲内陆渔业与水产养殖咨询委员会，2008
2009	休闲渔业（recreational fisheries）是将旅游业的旅游观光、游钓、水族观赏等休闲活动与现代渔业方式有机结合起来，实现了第一产业与第三产业的结合配置。以提高渔民收入、发展旅游和渔业经济为最终目的的一种新型渔业	于洪贤，2009
2018	休闲渔业是利用各种形式的渔业资源（渔村资源、渔业生产资源、渔具渔法、渔业产品、渔业自然生物、渔业自然环境及人文资源等），通过资源优化配置，将渔业与休闲娱乐、观赏旅游、生态建设、文化传承、科学普及以及餐饮美食等有机结合，向社会提供满足人们休闲需求的产品和服务，实现一二三产业融合的一种新型渔业产业形态	农业农村部渔业渔政管理局和全国水产技术推广总站，2018

国内外学者对“休闲”的含义进行过探讨，如 Veblen（1899）最早界定休闲为“非生产性的时间消费”；Berger（1963）将休闲定义为两种，一种是将休闲当作与工作无关的活动，另一种是追求较高的价值和自我修养；Grazia（1962）将休闲定义为“感受自由的一种心态，以及作为一个人的一种要件”；Gist 和 Fava（1964）更进一步认为“休闲是除了工作与其他必要责任之外，可以自由运用的时间，以达到松弛、娱乐、社会成就和个人发展等功能”。休闲渔业，就是除工作和其他必要责任之外，所从事的与“渔业”相关的活动，并达到了愉悦身心、自我放松的效果。旅游属于休闲的范畴，是休闲活动的一种高级形式，因此依托于渔业资源开展的旅游活动也是休闲渔业的一部分。另外，不同于欧美休闲渔业仅局限于禁止买卖的垂钓和渔猎，我国休闲渔业涵盖内容更广泛，还包括体验渔业活动、渔业文化节庆活动、观光渔市、渔村风情旅游等，而且这些活动要和渔业中的渔民、渔具、渔船、渔业资源有一定的联系，具有明显的渔业、休闲产业、体验经济的特征。休闲渔业和商业渔业之间存在明显差异，而休闲渔业与生计渔业的区分很困难。公认的是，在休闲渔业和生计渔业之间不可能有明确的界限。一些休闲渔民，即使是在富裕国家，也有很强的像生计渔业一样的动机去钓鱼。

休闲渔业因其是渔业相关的放松身心的休闲活动，具有不同于商业渔业或其他渔业形式的 4 个特征：①以休闲娱乐而不是以获取渔业资源为目的；②必须与渔业相关，是利用渔业相关自然资源和渔业相关人文资源或其产业资源而发展的产业；③经营主体应以渔民、渔业团体或组织为主；④适合纳入渔政部门管辖。休闲渔业与商业渔业的区分，也依据了休闲渔业不同于商业渔业的特征：①动机不同，商业渔业为了商业目的，即为了追求利益，而休闲渔业是自我放松的渔业娱乐方式；②处理渔获物的方式也不同，澳大利亚的法律条规专门规定“休闲渔业”的渔获物是不能买卖的；③休闲渔业是国家规定的商业渔业或生计渔业以外的其他方式；④捕捞方式和渔具也不同，休闲渔业对垂钓和网具都有特殊要求；⑤可利用的渔获量也有区别。

1.2 休闲渔业的发展历史

1.2.1 休闲垂钓与渔猎业发展

渔业史可以追溯到距今约 4 万年的旧石器时代晚期，原始人类通过捕捞工具从水体中获得水生生物并作为食物。考古发现，在这个时期，世界上很多地区，如欧洲、亚洲、非洲等已经发明和使用石制尖状器、细石器、骨角器等，其中，非洲地区出现了骨制工具用于渔业捕捞活动。考古学家利用同位素检测技术对约 4 万年前生活在东亚地区的田园洞人骨骼残骸进行分析，发现他们一直长期而规律地食用淡水鱼类。公元前 30 000 年以后，人类已经学会使用长矛（标枪）、编织网（woven net）、各种诱捕器（trap）、钩子（hook）来捕鱼，不过，哪种捕鱼工具出现更早，我们尚且未知。在渔业发展的原始阶段，人类钓鱼或捕鱼可能都是为了满足生存需求，属于自给渔业（生计）的范畴，不同于商业渔业，更不同于休闲渔业。

大约 4000 年前，埃及的一幅画展示了用一个头部绑了线，线上有钩的竿（rod）进行垂钓的情景（Walberg et al.，2002）（图 1.1）。这可能是第一个证明人类确实使用过一种和现在的钓鱼很像的捕鱼方式的证据。大约公元前 300 年，忒奥克里托斯（Theocritus）留下了欧洲首个描述利用钩和竿进行捕鱼的文字。他讲到“将鱼饵欺骗性地悬挂在鱼竿上”，足以说明古希腊贵族阶层早在这个时期已经开始将钓鱼作为一种休闲享受的方式。

图 1.1 古埃及钓鱼的图片（Walberg et al.，2002）

我国最早的垂钓娱乐活动的历史记载，应该是对商纣王垂钓活动的记录。另外，先秦时期《列子·汤问》中詹何以钓鱼为事论述治国安邦之道，以及耳熟能详的“姜太公钓鱼，愿者上钩”“贵人之家，临渊钓鱼”等，都可看出垂钓在中国已是权贵阶层广泛参与的一项休闲活动。

过去的 700 多年，是休闲垂钓运动开始慢慢成熟的时期，是追求一竿、一线、一钩的垂钓带给人类身心愉悦的时期。这一阶段中的里程碑事件是 1496 年发表的英国文学作品 *A Treatyse of Fysshynge Wyth an Angle*，由修女 Juliana Berners 撰写。这本书描述了那个年代的贵族和其他绅士的狩猎和垂钓，以及其他的休闲方式。150 多年以后，Izaak Walton 的 *The*

Compleat Angler 出版（图 1.2），现在已经成为休闲垂钓领域的世界经典著作。1676 年，Charles Cotton 在 *The Compleat Angler* 中添加了飞鱼垂钓（fly fishing）章节，该书及其修订版本的出版，已经超过 300 次。

图 1.2 第一部垂钓专著 *The Compleat Angler* 及其作者 Izaak Walton

另外，本书讨论的渔猎业，也是休闲渔业的一部分，是指除通过垂钓以外的其他方式而获得“渔”，包括用手采鱼（摸鱼）、用棍棒打鱼、用弓箭射鱼、用鱼镖叉鱼、网捕等。在我国许多新石器时代的遗址中，出土了各种捕鱼工具，包括骨制的鱼镖、鱼叉、石陶网坠等。鱼镖出现于 7500 年前，以兽骨或兽角磨制的鱼镖有多种形式，多具有倒钩，鱼镖尾部可以固定在镖柄上，或拴以绳索，成为带索鱼镖，鱼被刺中挣扎，鱼镖和镖柄脱离，可以保持镖柄拉绳取鱼。渔网最迟于距今 6000 年的半坡时期就开始使用，在半坡出土的陶器上，绘有方形和圆锥形渔网，表明半坡人已经能够根据水域情况使用不同的渔网捕鱼。

7500～3000 年前，居住在加利福尼亚海岸的美洲原住民也已开始使用双刺钩和带鱼线的钓具（line tackle）捕鱼，一些部落甚至使用植物毒素捕鱼；还有的原住民使用雪松独木舟和自然纤维组成的渔网来捕鱼，并将石头系在底部作为网坠，将木片系在顶部作为浮子。太平洋西北部的土著渔民至今仍在使用刺网捕捞大西洋鲑（又称三文鱼）和虹鳟。中东地区的考古遗迹显示，人类在远古时代就开始使用刺网。古埃及人发明了多种渔业捕捞工具和方法，包括简单的芦苇船、编制的渔网、用柳枝制作的堰篮、鱼叉、钓鱼线、鱼钩等。

我国周朝规定，夏季为鱼的繁殖期，不得捕捞。《吕氏春秋》中指出“竭泽而渔，岂不获得？而明年无鱼。”至汉代，近海捕鱼形成一定规模，西汉设海丞一职，管理海税事务。至明代，政府多次实行海禁，出海捕鱼受到限制。在法国，1298 年，为了解决过度捕捞问题，法王腓力四世颁布禁令，禁止了 10 多种使用网具和陷阱的捕捞方式。

1.2.2 休闲渔业与养殖业发展

我国是世界上最早进行淡水养鱼的国家，开展池塘养鱼的历史距今已有 3000 多年。公元前 460 年左右，范蠡根据自己的养鱼经验，撰写了《养鱼经》，成为我国最早的关于渔业养殖的珍贵文献。宋代，长江中下游渔业养殖逐渐兴起，并开始出现了观赏鱼的饲养。明清时期，养殖技术更加完备，南方养殖业进一步发展。新中国成立以来，随着水产学科的不断发展，水生生物资源繁育和增养殖模式不断取得新的突破。本书第 6 章将详细展开我国池塘休闲渔业的内容。

同时，我国是世界上最早开展稻田渔业的国家。根据考古发掘和历史文献，我国稻田渔业的历史存在着 2400～3000 年、1700～2000 年、1200 年等数种争议，但该模式的养殖历史在千年以上是不容置疑的。浙江青田的稻田养鱼历史应该在范蠡《养鱼经》写成后不久，可以从距今 2400 年算起。《中国淡水鱼类养殖学》（第三版）、《中国大百科全书》（第三版）都认为，稻田养鱼生产实践活动可以追溯到公元前 400 年，即稻田渔业应有 2400 多年的历史。在我国，生活在崇山峻岭之中的苗族、瑶族、侗族、水族等少数民族也一直延续着“饭稻羹鱼”的传统生活方式，他们发展并推动的稻渔养殖模式已经成为传统农耕文化的重要组成部分。本书第 5 章将详细介绍以稻渔养殖为基础而开展的休闲渔业产业。

1.2.3 休闲渔业与渔（鱼）文化

渔文化，就是人类在渔业实践过程中所创造的物质和非物质文化的总称。狭义而言，渔文化主要是指人类在渔业活动中所创造的精神财富总和，基本上以非物质文化形态存在，如有关渔船渔具、渔业信仰、渔歌渔号子、渔风渔俗等。渔文化有别于鱼文化，鱼文化是指以人类有关鱼的认知、阐释、幻想、沟通等精神与心理活动为主的精神文化，具有突出的哲学的、审美的、信仰的成分。鱼文化包括精神形态，如鱼的神话、传说、巫术、禁忌等，以及静态的物质形态和动态的风俗活动，如各种鱼的文化造物和社会习俗与仪典等。琴高乘鲤和鲤鱼跳龙门属于鱼文化而非渔文化，而有关鱼的饮食料理与渔业伦理与禁忌等既属于鱼文化又属于渔文化。

人类对鱼的原始崇拜始于约 6000 年前，萌芽于新石器时代。仰韶文化的典型标记人面鱼纹彩陶盆，以及大量鱼骨堆积和鱼骨坑（可能是鱼祭祀），殷商时代“贞其雨，在圃鱼”的甲骨卜辞，大溪文化遗址中的随葬鱼，以及石家河遗址中的抱鱼人偶等，都是鱼祭祀和鱼崇拜文化的典型代表。这段时期的远古先民，将鱼作为原始图腾寄寓美好生活。古人“以贝为钱”，影响到“财、贸、贵、贱、赚、赔”等字的形成；而挂在山顶洞人脖子上的用野藤串的贝壳项链，不亚于当今的金银首饰。另外，先民临水而居，鱼是生活的基本保障，又因鱼多籽，先民鱼祭祀和鱼崇拜时，也表达了寿命偏短的母系社会时期人们对人丁兴旺和繁衍生息的渴望。

自唐以后，渔文化加速走向大众化、日常化、民间化，逐渐成为中华传统文化不可或缺的组成部分。查干湖冬捕节（图 1.3）、香港渔民的天后诞、澳门的妈祖祭典、太湖渔家的献头鱼、湖南汉寿的鱼龙节、安徽黄山的蚌壳舞、浙江温岭的大奏鼓、青藏高原的牛皮船、江西鄱阳湖的渔鼓鱼灯、台湾兰屿的拼板舟、云南摩梭人的猪槽船、西藏的马头木船、云南白族的渔潭会、贵州苗族的杀鱼节等，形成了形形色色的渔文化，并具兼收并蓄的时代特色。其中，始于明朝万历年间，在广西和贵州等地盛行的六月六“闹鱼节”活动，当地苗族、壮族、侗族等少数民族同胞一起吹奏芦笙和跳踩堂舞，在水中闹鱼和抓鱼等，庆祝丰收。本书将在第 5 章和第 6 章分别介绍渔村与渔文化，池塘养殖中桑基鱼塘与渔文化，以及其历史传承。

图 1.3 查干湖冬捕节（上海海洋大学高谦教授惠赠）

1.3 休闲渔业产业发展现状

在全球范围内，垂钓是迄今为止最常见的休闲渔业活动。不过，利用长矛、弓箭、枪、陷阱、刺网等进行休闲渔业活动，在一些国家也非常常见。此外，休闲渔业渔获的水生生物还包括龙虾和螃蟹等，不仅仅局限于鱼。休闲渔业涉及领域很广，包括全部或部分依赖于休闲渔业的各种机构和从业者，具体包括渔业主管部门和机构（地方、国家、国际的区域性渔业组织和机构）、管理人员、非政府组织（如钓鱼协会和俱乐部等）、垂钓者、非垂钓休闲渔业渔民、渔具店和渔具商、鱼饵供应商、租船商、售卖休闲垂钓产品的杂货商、码头运营商、休闲垂钓旅游和其他相关业务和组织，以及所有支持休闲渔业的其他企业，如生产用于垂钓资源的水产养殖业者或代售垂钓许可证的休闲渔业业主，以及专业钓鱼活动组织者、参与者与钓鱼媒体等。还有其他渔业利益相关者或从业人员，他们或倡导休闲渔业活动与发展，或对休闲渔业质量、活力、增长潜力产生直接影响，如水力发电、水资源管理、灌溉、商业性渔业、自然保护组织等。

1.3.1 我国休闲渔业产业发展现状

我国的休闲渔业起步较晚，发展比较缓慢。1985 年国务院《关于放宽政策、加速发展水产业的指示》和 1986 年《中华人民共和国渔业法》颁布实施后，我国渔政主管部门和教育科研机构开始关注休闲渔业发展。2001 年，《全国农业和农村经济发展第十个五年计划（2001—2005）》提出“有条件的地方，积极发展技术和资金密集型的工厂化养殖，发展休闲渔业。”国家文件中首次正式出现了“休闲渔业”的概念，标志着休闲渔业进入名正言顺的发展新阶段。2019 年，农业农村部等十部门联合发布的《关于加快推进水产养殖业绿色发展的若干意见》提出，要“完善利益联结机制，推动养殖、加工、流通、休闲服务等一二三产业相互融合、协调发展”“推动传统水产养殖场生态化、休闲化改造，发展休闲观光渔业”。随后，国务院印发《“十四五”推进农业农村现代化规划》，将培育壮大乡村休闲旅游业作为健全乡村产业体系的重要内容，提出“推动农业与旅游、教育、康养等产业融合，发展田园养生、研学科普、农耕体验、休闲垂钓、民宿康养等休闲农业新业态”。农业农村部印发《“十四五”全国渔业发展规划》，提出培育壮大多种业态，发展休闲渔业，保护传承渔文化。

国家鼓励通过推动都市休闲渔业，包括发展都市垂钓、水族观赏、饮食文化、渔业遗址旅游观光、渔业民风民情、观赏鱼养殖、宫廷金鱼展等，拓展都市渔业城市服务功能与休闲展示功能；鼓励沿海地区通过依托深远海养殖，拓展深远海养殖大型装备功能，探索发展集垂钓观光、住宿餐饮、海洋科普等于一体的“海洋牧场、养殖平台＋休闲渔业”新产业新业态；鼓励内陆地区依靠江河湖泊水库和渔村等资源，结合大水面生态渔业、稻渔综合种养、鱼菜共生等产业，打造水乡渔村、田园综合体、休闲渔业园区等各具特色的休闲渔业项目，与美食餐饮、特色民宿、渔事体验、休闲垂钓和科普教育等旅游业态充分融合，提升稻渔综合种养和鱼菜共生等产业的经济效益和产业竞争力，以休闲渔业为推手，建设美丽乡村。目前，我国渔业系统以“健康养殖、合理捕捞、保护资源、做强产业”为方向，统筹推进水产养殖业、捕捞业、加工业、增殖业、休闲渔业五大产业协调发展和一二三产业融合。

我国的休闲垂钓爱好者，数量增长很快，由早期的大约 0.9 亿人增加到现在的约 2.2 亿人。随着我国经济的发展，休闲渔业产业在我国稳步发展。根据我国渔业渔政管理局统计数据，休闲渔业产值（不包括港澳台和西藏）稳步攀升，2018 年、2019 年、2020 年、2021 年、2022 年和 2023 年分别为 902.25 亿元、943.18 亿元、780.57 亿元、805.40 亿元、839.25 亿元和 931.47 亿元，在渔业经济总产值中占比分别为 3.25%、3.57%、2.83%、2.88%、4.30% 和 2.82%（图 1.4）。

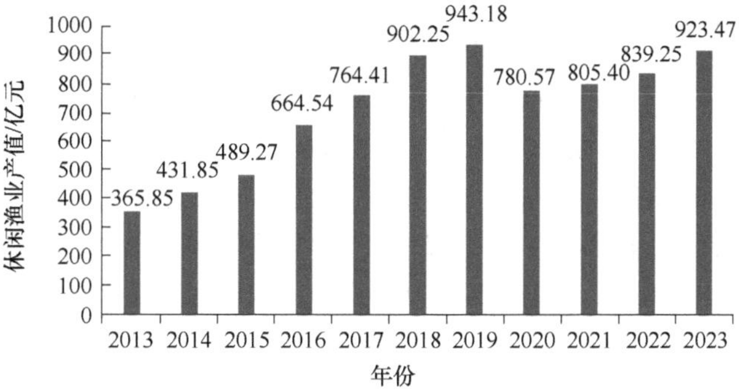

图 1.4 2013～2023 年全国休闲渔业产值

数据不包括港澳台和西藏

旅游导向型休闲渔业产业为我国主导休闲渔业产业（图 1.5），其产值在 2018 年、2019 年、2020 年、2021 年、2022 年分别为 359.25 亿元、446.16 亿元、301.30 亿元、325.45 亿元、327.92 亿元。休闲垂钓及采集业在 2018 年、2019 年、2020 年、2021 年、2022 年的产值分别为 261.82 亿元、284.16 亿元、257.27 亿元、252.21 亿元、257.26 亿元；钓具在 2018 年、2019 年、2021 年、2022 年的产值分别为 63.31 亿元、41.33 亿元、40.67 亿元、47.73 亿元；钓饵在 2018 年、2019 年、2021 年、2022 年的产值分别 8.64 亿元、9.73 亿元、9.64 亿元、11.29

亿元（表 1.2）。

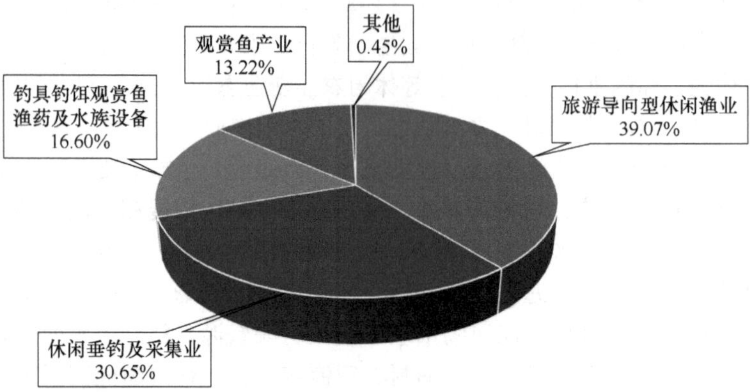

图 1.5 2022 年全国休闲渔业产业结构占比

数据不包括港澳台和西藏

表 1.2 近年来垂钓相关休闲渔业的产值

年份	休闲垂钓及采集业/亿元	钓具/亿元	钓饵/亿元
2018	261.82	63.31	8.64
2019	284.16	41.33	9.73
2020	257.27	—	—
2021	252.21	40.67	9.64
2022	257.26	47.73	11.29

注：数据不包括港澳台和西藏

1.3.2 其他国家休闲渔业产业发展现状

休闲渔业及其相关产业带来的经济效益远大于养殖渔业带来的经济效益（FAO，2016）。据统计，美国垂钓者的花费，贡献了全国超过 828 000 个工作岗位，形成了价值 1150 亿美元（USD）的产业（Southwick Associates，2012）。2018 年的调查数据显示，将近 0.358 亿的 16 岁以上美国居民参与休闲垂钓，全年共 4.59 亿个休闲垂钓参与日，总花费超过 460 亿美元。在德国，休闲垂钓产业为社会提供了 52 000 个工作岗位，而在整个欧洲，海洋休闲垂钓产业提供了 100 000 个工作岗位（Hyder et al.，2018）。在美国和德国，由休闲渔业带来的经济贡献和提供的工作岗位，远远高于养殖渔业。统计数据显示，2010 年的加拿大，大约 320 万的本国休闲垂钓者，全年休闲垂钓大约 4000 万天，总花费大约 25 亿加拿大元。同年，在加拿大，将近 400 000 位主要来自美国的休闲垂钓者，其休闲垂钓活动带动了加拿大五大湖周边省份的经济发展（Fisheries and Oceans Canada，2012）。

在中美洲及加勒比海等区域，如巴拿马，2011 年，大约 87 000 名的旅游垂钓者，平均 8d 的休闲垂钓旅行，花费了大约 0.97 亿美元（Southwick et al.，2013）。在哥斯达黎加、伯利兹及墨西哥等地，休闲渔业垂钓者用于休闲旅游垂钓的花费大致相当。在南美洲，2015 年，休闲渔业产业为国家贡献了 11.86 亿～16.89 亿美元的税收（Funge-Smith，2018），而在 2014 年，该数值为 3.05 亿～5.70 亿美元（Freire et al.，2016）。在巴西，2014 年统计数据显示，370 000 人拥有垂钓执照，而其 2012 年的休闲垂钓者数量大约是 100 000 人（Freire et al.，2012）。

在北欧，丹麦、芬兰、冰岛、挪威和瑞典都是社会和经济高度发达的地区，具有丰富的养殖和海洋渔业及绵延的海岸线和水资源，但整体的人口密度很低，因此，这里是世界上休闲垂钓参与率最高的地区，14%～42%的居民是休闲垂钓爱好者。在欧洲中部和西部，奥地利、法国、德国、荷兰、瑞士和英国也是高度发达和高度工业化的国家，大约 8%的居民是休闲垂钓爱好者。在希腊及马耳他，休闲垂钓者的比例为 0.6%～2.7%，但沿海地区的比例高一些，可能达到 10%。在西班牙和意大利，实际休闲垂钓者的比例可能是 5%～10%（Arlinghaus et al.，2021）。在欧洲这些国家，休闲渔业产业带来的具体经济贡献的数据尚未做具体统计。少有的数据显示，2010 年的马略卡岛（Mallorca），休闲垂钓带来了 5700 万欧元的经济产值，相当于该岛国内毛产值的 1%，其经济效益是商业渔业的 4 倍还多（Morales-Nin et al.，2015）。

日本是东亚国家中很早推动休闲渔业发展，且发展迅速的国家。基于日本休闲白皮书的统计数据，休闲渔业位列最受欢迎的室外运动的前 10 位，年龄在 15～79 岁的日本人参与休闲垂钓，其中，35.2%的休闲垂钓者偏向享受淡水水域的垂钓。

在大洋洲，包括澳大利亚、新西兰及太平洋的一些国家和地区，因其经济的发展及其优越的水资源和渔业资源条件，休闲渔业特别重要，尤其是在澳大利亚和新西兰。澳大利亚 2000 年 1 月的休闲渔业调查结果显示，大约 336 万（19.5%）居民参与休闲垂钓，年均大约 2320 万的垂钓行程（Ernst and Young，2009）。近年来，针对澳大利亚垂钓人口有所减少，澳大利亚维多利亚州开展了一项为期 5 年的活动——“达到 100 万”（Target One Million），旨在通过各种激励措施让该州的休闲垂钓人数从 2009 年的 719 000 达到 100 万（Arlinghaus et al.，2012）。

1.4 休闲渔业发展面临的挑战及对策

人们普遍认为商业渔业导致世界范围内渔业资源的衰退，但休闲渔业对渔业生态及其资源量的影响却一直被忽视。频繁的休闲渔业活动影响渔业生态资源及渔业资源量。外来休闲垂钓目标物种或休闲垂钓活饵料物种的监管不力等，都将导致外来物种泛滥，进而对土著种产生影响而影响休闲渔业的可持续发展。同时，后工业时代是休闲渔业的负向调控因子，社会价值观、价值取向、动物和环境相关的规范都是后工业时代的产物，影响人们对休闲渔业的兴趣。

休闲渔业的相关活动会对水生生物的栖息地产生破坏，主要表现在：为了发展休闲渔业而在海岸、河岸、湖岸修建各种娱乐设施和码头，对水域坡岸造成侵蚀。同时，人类从事岸钓和潮间带采集等，都在近岸海域活动，这些区域往往是很多不同鱼类重要的栖息地（产卵、孵育、觅食、洄游等），人类的休闲垂钓和渔猎相关活动对鱼类栖息地可能造成破坏，对生物栖息地的破坏是导致物种面临灭绝危险的重要原因之一。频繁的近岸活动也会改变或破坏淡水或海水近岸鱼类栖息地的自然植物群落，影响鱼类觅食，进而影响鱼类群落结构、生物量、生长率、鱼类的时空分布等。除了过度捕捞，许多不可控因素，如外来物种侵袭、填海工程、海洋油气污染等造成海洋生态环境的破坏等，都能对渔业资源生物量造成影响，也对休闲渔业环境造成威胁。气候变化同样可对休闲渔业产生重大影响，如在澳大利亚，严重的干旱事件、气温升高、极端天气事件愈加频繁、海平面上升等气候现象，会直接影响到鱼类的分布、特定鱼种的丰度、鱼类物种多样性等。全球变暖直接影响北极生物的洄游范围，通过捕食或竞争关系间接影响海洋生物的分布，对北极海域生态系统产生重大影响，造成一些原属于北方的鱼类种群向北极迁移，进入原来没有渔业的或原来被海冰覆盖的海域，会影响到鱼类的分布进而影响海洋休闲渔业。

社会宏观水平的工业化是推动休闲渔业发展的积极因素。但是在一些高度工业化的国家，休闲垂钓的参与率处于维持甚至下降阶段，几个与后工业时代相关的因素，如社会价值观、价值取向、动物福利、环境保护等，可能导致了这样的结果。个人的决定也影响休闲渔业参与率，包括个人垂钓的欲望，以及达成这种欲望的一些基本条件，如可供休闲垂钓的地方是否很近，休闲垂钓点鱼类是否丰富，是否有垂钓执照，是否有时间和经济支持等。同时，国家或地方层面的休闲垂钓参与率也会被人口结构的老龄化等及其他社会因素所影响。研究发现，高龄和城市居住等是休闲渔业参与可能性的负向调控因子，但好的经济条件是淡水钓的负向调控因子及海水钓的正向调控因子。

社会经济的发展推动了实用主义与平等主义的平衡，进而产生了互利共生的生态观。基于动物福利（animal welfare）、动物解放（animal liberation）及动物权利（animal right）的角度，欧美国家随着休闲渔业的发展，提出了渔获放生（catch-and-release）休闲渔业。例如，在德国，有高度责任心的垂钓者对渔获物的放流比例明显增加。在全球范围内，大约有 60% 的渔获物被重新放回，这些鱼有数十亿条（Arlinghaus et al.，2021）。同时，因人类对动物福利、动物解放及动物权利等的考虑，一部分人认为休闲垂钓是伤害鱼类的行为，所以，他们会自觉地不参与或抵制别人的休闲垂钓行为。另外，后工业时代产生了新的娱乐消遣方式，如休闲垂钓影视或游戏的产生，也会让体验者体会到实地真实垂钓的乐趣，已经在部分人群中成功替代了室外的休闲垂钓。另外一些休闲方式，如高尔夫、室内运动、野生动物观察体验、慢跑、电脑游戏等，也在后工业时代逐步成为替代休闲垂钓的放松方式。同时，后工业时代带来的都市化使野生的自然休闲垂钓区逐渐变少，以及都市化导致的新生代在成长阶段没有机会接受垂钓的熏陶，也是后工业时代休闲垂钓参与率逐步下滑的另一个原因。气候改变、环境污染及人类活动等对渔业资源带来的威胁会导致渔业资源量的分布改变，渔业资源量减少，甚至导致某些水域无鱼可钓，这些可能会导致世界不同区域休闲垂钓参与率及相关渔业经济的不平衡发展。

根据 Arlinghaus 等（2021）提出的模型，4 个要素驱动了休闲垂钓的参与率：①休闲垂钓的参与率与一个国家或地区的鱼文化及垂钓文化的重要性呈正相关；②一个国家有很长的捕鱼或养殖鱼类的历史；③这个国家或地区拥有很大范围的休闲垂钓点，如绵长的海岸线；④丰富的水资源及其渔业资源量，这些都是先天的激发人类对休闲垂钓产生浓厚兴趣的正向调控因子。另外，如何使垂钓者由对渔获物的经济收益等欲望转变为对专业化和精神风貌的展示，需要长期的文化影响。一些积极推动的措施可以防止后工业时代可能带来的休闲渔业参与率的下滑：①积极推动渔文化和鱼文化的传承，并从新生代的成长阶段开始启蒙教育；②在城市建设化的过程中，严格遵守不破坏水资源及其渔业资源的生态红线；③制定专业的渔业环境和渔业资源保护法律法规，并严格执行；④积极参与国际渔业资源保护和利用等组织，推动海洋渔业可持续发展；⑤通过不同媒体宣传或游学体验或银发旅游等方式，利用节假日，让更多人参与户外休闲渔业活动等。

我国政府在参考国内外休闲渔业法律法规的基础上，应结合国家发展现状和地方特色，加快休闲渔业法律法规的制定和实施工作，支持和统筹休闲渔业的有序发展；借鉴日本及欧美等对海洋的利用，我国要强化岸岛礁等水域休闲渔业的开发与建设；加强公共水域垂钓活动的管理，积极探索建立公共水域垂钓管理制度；加快实施“人才强渔、科教兴渔”战略，将休闲渔业人才队伍建设纳入现代渔业人才建设中来；实施休闲渔业扶贫富民工程，健全完善“基地带村、能人带户”的渔业扶贫模式，促进美丽乡村建设；推动一二三产业融合并推动产业升级，强化休闲渔业产业品牌建设，规划引导休闲渔业健康发展。

在休闲渔业活动的监测领域，我国刚刚起步，尚在发展完善阶段。政府在休闲渔业统计过程中，应根据监测涉及的调查对象、监测指标、分类标准和监测方法，有组织地向休闲渔业产业从业者和参与者搜集原始资料并获得调查结果，并整合水产学学科科研工作者、社会学家、经济学家等学者智慧，根据调查结果对休闲渔业提出发展思路，为政府决策提供科学支持。借鉴美国、澳大利亚等国家渔业信息网络的建设，我国政府要尽快构建渔业综合信息平台，加强对休闲渔业的监管、统筹和协调。在休闲渔业建设发展中，政府要重视原生态环境保护，统筹考虑资源和环境承载能力，养护水生生物资源，保护水域生态环境；要对区域、时间、渔具规模、最小网目尺寸、渔获量等进行严格限制并做好数据统计；通过伏季休渔、增殖放流、建设海洋牧场等措施增加鱼类资源等。

休闲渔业不仅仅能促进经济发展，还可以促进人们身心健康，是一项适合全民参与的活动项目。休闲渔业需要通过宣传来促进发展，宣传方式可包括政府的帮扶、企业的自我营销和媒体的报道及各种短视频等宣传媒体。为了促进广大民众的参与，休闲渔业从业者可通过多种媒体讲解渔业知识来引导民众增强保护渔业资源和环境的意识，吸引广大民众参与休闲渔业实践；借鉴美国垂钓志愿者组织和澳大利亚的志愿者计划和 Fishwatch 热线，成立我国的休闲渔业志愿者协会、休闲渔业合作社等，吸引广大民众参与休闲渔业的同时，也可以作为民间组织对休闲渔业进行监督和协调。

渔业是我国农业的重要组成部分，我国的渔业贯穿大陆板块的南北，既有丰富的内陆水域资源，又有较长的海岸线，海产品资源极其丰富，其在发展农村经济、解决“三农”问题上起着至关重要的作用。渔村作为渔业重要的发展形态，其人口规模较低，经济发展落后、产业单一，但具有很长的历史，民族文化色彩浓厚，因此，休闲渔业在建设发展过程中，应结合各地资源禀赋，做有特色的渔业发展规划，培育个性化、特色化、差异化的休闲渔业品牌。注重挖掘传统水乡渔村民俗文化，加强渔文化遗址保护开发，积极培育渔文化；各地渔村根据自身发展历史、文化传承，应以渔民渔猎活动为依托，构建具有民族、地方特色的渔文化，讲好那山那水那人那事那渔的故事，让游客品味乡愁美丽、感受古朴情怀。拓展“养、捕、赏、食、售、游、娱”等渔产业功能，挖掘“文、商、养、学、闲、情、奇”等渔文化元素，开发水上观光、休闲垂钓、渔事体验、赏鱼戏鱼、休闲美食、旅游度假、养生养老、运动健身、科普教育等项目和产品，让游客享受青山绿水带来的视觉愉悦，领略渔耕文明带来的心旷神怡，普及现代渔业发展的科学知识。

加强休闲渔业基地及渔村的配套设施建设，对历史悠久的文化渔村进行改造，如渔港码头的疏浚、自来水工程的建设等；完善基地或渔村内的交通设施，提高居民物质、资本的运输效率，为产业的发展奠定基础；加强休闲渔业基地及渔村环境保护，对排污、治污进行统一严格的监管。加快制定休闲渔业管理办法，强化环境保护、安全生产、食品卫生、休闲渔船管理、观赏鱼引进、节庆赛事安全风险评估等制度，使休闲渔业发展有法可依、管理有章可循。按照国家乡村旅游标准，建立住宿、餐馆、娱乐、购物等主要消费环节的服务规范。加强人员培训，建立常态化、专业化的培训和辅导机制。加强市场监管，引导休闲渔业经营主体标准化生产、规范化经营。地方政府应重视引导及服务职能的履行，从技术指导、人才培养、行业规范等方面帮助休闲渔业向规模化经营、规范化管理转变；同时，加大信息化力度，引入先进的生产技术、优化产业结构，丰富产业类型，建设环境优越、经济实力强的休闲渔业基地或渔村；另外，培养产业经营者自我完善意识，根据实际情况制订发展计划并确保计划切实推进，提高影响力和知名度，借助媒体的宣传力量，对休闲渔业本身及相关产业所具备的特色进行输出。

休闲渔业基地和渔村居民自我发展能力是应对未来休闲渔业发展的关键，因此，对村民的针对性技能培训至关重要。首先，要加强普通村民、管理人员、技术人员的针对性培训。普通村民要加强服务技能范围内的培训，如旅游服务、渔船安全使用等；管理人员要加强技能管理方面的培训，并贯穿在产品营销、产品设计、行业管理、后续服务等环节内；技术人员需要强化渔业资源维护、钓具使用、垂钓者安全意识培训等环节。

本章小结

本章介绍了休闲渔业概念与特征；概述了休闲渔业的发展历史与现状，如休闲垂钓和渔猎发展，休闲渔业与养殖业发展，以及我国的渔（鱼）文化；概述了我国和世界的休闲渔业产业发展现状等；同时，本章还讨论了休闲渔业发展面临的问题和对策等。

名词解释和概念理解

休闲渔业；休闲；渔猎业；渔文化；鱼文化

思考题

1. 休闲渔业的特征是什么？
2. 我国渔文化和鱼文化分别是什么？
3. 我国休闲渔业有哪些模式？

主要参考文献

于洪贤．2009．休闲渔业．哈尔滨：东北林业大学出版社．

Arlinghaus R, Aas Ø, Alős J, et al. 2021. Global participation in and public attitudes toward recreational fishing: international perspectives and developments. Rev Fish Sci Aquac, 29(1): 58-95.

Arlinghaus R, Schwab A, Riepe C, et al. 2012. A primer on anti-angling philosophy and its relevance for recreational fisheries in urbanized societies. Fisheries, 37(4): 153-164.

China Society of Fisheries. 2018. The development report of China's recreational fishery. China Fishery, 12: 20-30.

Fisheries and Oceans Canada. 2012. Survey of Recreational Fishing in Canada 2010. Ottawa : Fisheries and Oceans Canada.

Freire K M F, Machado M L, Crepaldi D. 2012. Overview of inland recreational fisheries in Brazil. Fisheries, 37(11): 484-494.

Freire K M F, Tubino R A, Monteiro-Neto C, et al. 2016. Brazilian recreational fisheries: current status, challenges and future direction. Fish Manag Ecol, 23(3-4): 276-290.

Funge-Smith S J. 2018. Review of the State of the World Fishery Resources: Inland Fisheries. Rome: FAO Fisheries and Aquaculture Circular.

Hyder K, Weltersbach M S, Armstrong M, et al. 2018. Recreational sea fishing in Europe in a global context-participation rates, fishing effort, expenditure, and implications for monitoring and assessment. Fish Fish, 19(2): 225-243.

Japan Productivity Center. 2017. White Paper on Leisure 2017. Tokyo: Japan Productivity Center.

Morales-Nin B, Cardona-Pons F, Maynou F, et al. 2015. How relevant are recreational fisheries? Motivation and activity of resident and tourist anglers in Majorca. Fish Res, 164: 45-49.

Southwick Associates. 2018. Sportfishing in America: An Economic Force for Conservation.

Southwick R, Nelson R, Lachman R, et al. 2013. Sportfishing in Panama: Size, Economic Impacts and Market Potential. Fort Lauderdale: The Billfish Foundation.

Walberg A. 2002. The Complete Guide to Fishing. New York: Chartwell Books, Inc.

Yang Z J, Chen Y, Wang D, et al. 2017. Responsible recreational fisheries: a Chinese perspective. Fisheries, 42(6):303-307.

Young E. 2015. Economic Study of Recreational Fishing in Victoria. Melbourne: VRFish.

（刘静霞　刘雅丹）

第2章

休闲渔业政策及管理

本章资源

近年来，随着海洋渔业资源的锐减和渔业养殖空间的减少，水产业产值的增速日渐减缓，休闲渔业产业应际而发展、壮大。休闲渔业是实现一二三产业融合和推动我国渔业经济发展的重要引擎。因此，为了推动休闲渔业发展，我国政府积极推动渔业结构调整，实施十年禁渔措施，推动休闲渔业发展规划等战略布局等。另外，各级地方政府也积极制订各项推动休闲渔业发展的政策措施，并配套相关管理，促进休闲渔业的发展。在资源保护与恢复、管理体制建设、科研支撑和公众教育方面，国家和地方都需采取系列积极措施，如通过栖息地管理和其他渔业管理措施等，积极推动渔业的可持续发展。

2.1　休闲渔业发展战略与政策推动

我国渔业产业结构已由以往的“一二三”结构演变为“一三二”结构，渔业第三产业成为我国渔业经济发展的第二引擎。在渔业资源渐趋紧张、水域环境污染问题突出、过度捕捞等情况下，渔业第三产业的发展对推动我国渔业产业经济增长具有重要意义。

2.1.1　休闲渔业产业发展的战略布局

为了推动休闲渔业发展，我国政府积极推动渔业结构调整、推进农村一二三产业融合发展、乡村振兴战略、十年禁渔、国民旅游休闲发展、休闲渔业发展规划等战略的布局。

1．渔业结构调整　20 世纪末，随着渔业经济发展和渔业总量的不断增加，我国渔业产业结构存在的问题和矛盾日益突出。根据《国务院办公厅转发农业部关于当前调整农业生产结构若干意见的通知》（国办发〔1999〕68 号）的部署，农业部（现农业农村部）于 1999 年 12 月 29 日印发了《关于调整渔业产业结构的指导意见》，明确提出在调整渔业产业结构的过程中应大力促进适应渔业生产需要的第三产业的发展，在有条件的地方应积极鼓励和引导发展休闲渔业。

2003 年 5 月，国务院发布《全国海洋经济发展规划纲要》，把发展休闲渔业纳入了政府发展纲要，并作为渔业产业结构战略性调整的一项重要内容。2016 年，《农业部关于加快推进渔业转方式调结构的指导意见》（简称《指导意见》）在主要目标中提出二、三产业产值比重超过 50%，水产品加工流通、增殖渔业、休闲渔业取得长足发展；在产业链延伸拓展中提出大力发展休闲渔业，积极发展垂钓、水族观赏、渔事体验、科普教育等多种休闲业态，引导带动钓具、水族器材等相关配套产业发展。《指导意见》鼓励有条件的地区以传统渔文化为根基，以捕捞及生态养殖水域为景观，大力发展休闲渔业，建设美丽渔村。另外，《指导意见》还提出制定完善休闲渔业管理办法和标准，深入开展休闲渔业示范基地创建活动，加强渔业重要文化遗产开发保护。2019 年 2 月，《农业农村部关于乡村振兴战略下加强水产技术推广工作的指导意见》提出要弘扬渔业文化，促进民俗、餐饮、休闲等传统渔文化的保护和传承，助力乡村文化振兴。

2．推进农村一二三产业融合发展　2015 年，中央一号文件首次提出“推进农村一二三产业融合发展”。同年，国务院办公厅印发了《关于推进农村一二三产业融合发展的指导意见》（国办发〔2015〕93 号），进一步明确了推进农村一二三产业融合发展的指导思想、基本原则、主要目标和工作措施。党的十九大明确提出，实施乡村振兴战略，促进农村一二三产业融合发展，支持和鼓励农民就业创业，拓宽增收渠道。促进农村一二三产业融合发展是实施乡村振兴战略、加快推进农业农村现代化、促进城乡融合发展的重要举措，是推动农业增效、农村繁荣、农民增收的重要途径。2016 年 10 月，《全国农业现代化规划（2016—2020 年）》提出大力发展生态休闲农业，推进农村一二三产业融合发展。

渔业一二三产业融合是农村三产融合发展的重要组成部分，休闲渔业是渔业一二三产业融合发展的最佳产业之一。2017 年，农业部把大力推进渔业一二三产业融合发展、贯彻落实全国休闲渔业现场会精神、着力培养休闲渔业业态、规范休闲渔船管理、大力推进“四个一”工程、开展休闲渔业示范创建、促进休闲渔业快速健康发展列入当年渔业渔政工作要点。2018 年 1 月，中央一号文件《中共中央 国务院关于实施乡村振兴战略的意见》明确提出要实施休闲农业和乡村旅游重点精品工程，建设一批设施完备功能多样的休闲观光园区。2019 年，《农业农村部办公厅关于规范稻渔综合种养产业发展的通知》提出，加强支持引导，推动三产融合发展，促进稻渔综合种养与美食餐饮、特色民宿、渔事体验、休闲垂钓和科普教育等旅游业态充分融合，提升稻渔综合种养经济效益和产业竞争力。

2019 年，农业农村部等十部门联合发布《关于加快推进水产养殖业绿色发展的若干意见》，这是新中国成立以来首个经国务院同意、专门针对水产养殖业的指导意见。其再次强调完善利益联结机制，推动养殖、加工、流通、休闲服务等一二三产业相互融合、协调发展，推动传统水产养殖场生态化、休闲化改造，发展休闲观光渔业。

3．乡村振兴战略　习近平同志在党的十九大报告中提出了乡村振兴战略，“农业农村农民问题是关系国计民生的根本性问题，必须始终把解决好‘三农’问题作为全党工作重中之重”。2017 年底，中央农村工作会议首次提出走中国特色社会主义乡村振兴道路，让农业成为有奔头的产业，让农民成为有吸引力的职业，让农村成为安居乐业的美丽家园。2018 年，中共中央、国务院印发了《乡村振兴战略规划（2018－2022 年）》。2021 年，挂牌成立国家乡村振兴局，发布实施了《中共中央 国务院关于全面推进乡村振兴加快农业农村现代化的意见》《中华人民共和国乡村振兴促进法》。

4．十年禁渔　1954 年，长江流域的渔获量为 42.7 万吨；1956～1960 年，每年捕鱼量在 30 万～40 万吨；20 世纪 80 年代后降到了 20 万吨，90 年代只有 10 万吨；2011 年长江捕鱼量不到 8 万吨。长江渔业资源衰竭严重，目前水生生物完整性指数已到最差的“无鱼”级别。长江流域渔获量已不足 10 万吨，比起我国一年 6000 万吨的水产品量来说微不足道，只占了 0.15%。

2012 年，党的十八大从新的历史起点出发，做出“大力推进生态文明建设”的战略决策，绘出生态文明建设的宏伟蓝图。2015 年，《中共中央 国务院关于加快推进生态文明建设的意见》首次将增强生态文明建设写入国家五年规划。2017 年，党的十九大提出“实施重要生态系统保护和修复重大工程，优化生态安全屏障体系”“健全耕地草原森林河流湖泊休养生息制度”等。党的二十大提出“发展乡村特色产业”，习近平同志指出“实施乡村振兴战略”。发展休闲渔业是渔业发展的重要举措，是推动乡村振兴的重要引擎。

2018 年中央一号文件提出“科学划定江河湖海限捕、禁捕区域”“建立长江流域重点水域禁捕补偿制度”。

2020 年，国务院办公厅印发《关于切实做好长江流域禁捕有关工作的通知》，保护长江母亲河，加强生态文明建设。2021 年 3 月 1 日，我国第一部流域保护法律《中华人民共和国长江保护法》正式施行，同年还修订了《长江水生生物保护管理规定》，制定了《长江十年禁渔工作“三年强基础”重点任务实施方案》，印发了《关于进一步规范长江禁渔后水生生物增殖放流工作的通知》。

2021 年，农业农村部会同国家发展改革委和中国科学院制定了《长江生物多样性保护实施方案（2021—2025 年）》，提出坚持生态优先和系统保护的基本原则，以加强长江珍稀濒危物种资源保护、修复重要水生生物关键栖息地、提高渔政执法监管能力、健全水生生物资源及栖息地监测体系、提升长江生物物种保护技术水平为重点任务，通过统筹加强长江水生生物多样性保护，为推进长江生态系统治理能力现代化、维护国家生态安全奠定坚实基础。

5．国民旅游休闲发展 国民旅游休闲发展旨在促进国民的休闲旅游，让休闲旅游成为国民的普遍需要，引导国民休闲旅游沿着正常、安全、持续的方向发展。2007 年 9 月，国家旅游局（现文化和旅游部）首次公开提出“鼓励有条件的地区制定国民旅游计划”。2011 年 7 月，《山东省国民休闲发展纲要（2011—2015）》发布，这是我国首个以纲要形式颁布实施的全民休闲促进性文件。文件在具体措施上提出，各地鼓励乡村旅游、银发旅游、修学旅游等国民休闲活动类型。2013 年 2 月，国务院办公厅印发了《国民旅游休闲纲要（2013—2020 年）》，提出加强国民旅游休闲产品开发与活动组织，鼓励开展城市周边乡村度假，满足广大群众个性化旅游需求。此外，《关于 2020 年国民经济和社会发展计划执行情况与 2021 年国民经济和社会发展计划草案的报告》在 2021 年国民经济和社会发展计划的主要任务中提出发展文化、旅游等服务消费。2022 年 7 月，《国民旅游休闲发展纲要（2022—2030 年）》发布，提出部署培育现代休闲观念、保障旅游休闲时间、优化旅游休闲空间、丰富优质产品供给、完善旅游休闲设施、发展现代休闲业态、提升旅游休闲体验、推进产品创新升级、持续深化行业改革、不断加强国际交流等 10 项重点任务，包括完善休闲服务设施、发展新兴休闲业态等系列措施，激发旅游休闲发展内生动力。

6．休闲渔业发展规划 随着经济社会发展和休闲渔业活动的增多，在经济发达的沿海地区和内陆城市（北京等），渔业行政主管部门开始对休闲渔业发展进行研究论证。

2.1.2 休闲渔业产业发展的政策推动

《全国农业和农村经济发展第十个五年计划（2001—2005 年）》提出“有条件的地方，积极发展技术和资金密集型的工厂化养殖，发展休闲渔业”。2003 年 5 月，国务院发布《全国海洋经济发展规划纲要》，明确“把渔业资源增殖与休闲渔业结合起来，积极发展不同类型的休闲渔业”。同年，农业部出台《海洋捕捞渔民转产转业专项资金使用管理暂行规定》，要求转产转业项目资金主要补助能吸纳一定数量的转产捕捞渔民，有利于改善渔业生态环境，有利于提高渔民就业技能，带动渔区经济向水产养殖、水产品加工、水产市场、休闲渔业、转产渔民培训以及利用报废渔船做人工鱼礁等项目发展。该规定还鼓励休闲渔业发展，助力捕捞渔船渔民尽快转产转业。另外，渔业统计工作对渔业流通和服务业进行了细分，新增水产流通、水产仓储、休闲渔业等指标体系，2003 年全国休闲渔业产值为 54.11 亿元，占渔业经济总产值的 0.94%，占渔业第三产业产值的 4.53%。2006 年，《全国农业和农村经济发展第十一个五年规划》首次确认休闲渔业为一种新产业。2011 年，农业部发布《全国渔业发展第十二个五年规划》，第一次从国家战略层面对休闲渔业发展做出长远规划，将休闲渔业、捕捞业、水产养殖业、增殖渔业、水产品加工业并列为现代渔业的五大产业，国家政策方面提供保障，大力推动休闲渔业发展，将休闲渔业带入了一个新的发展机遇期。2016 年，《全国渔业发展第十三个五年规划》提出要积极发展休闲渔业，加强休闲渔业规范管理和标准建设，深入开展休闲渔业品牌示范创建活动，推进发展功能齐全的休闲渔业基地，促进休闲渔业产业与其他产业融合发展等，从休闲渔业基础设施和产业协同发展等方面指明了未来休闲渔业发展的方向，显示出国家大力扶持和发展休闲渔业的决心。

自《农业部关于促进休闲渔业持续健康发展的意见》提出要加大政策扶持、完善扶持政策以来，各地积极将休闲渔业纳入现有渔业产业政策体系，在水产健康养殖、旧船改造、柴油补贴、海洋牧场等方面进行支持，扶持休闲渔业产业发展。海南和广东分别发布了《海南省休闲渔业发展规划（2019—2025 年）》和《广东省乡村休闲产业“十四五”规划》，制定“生产融合、生活融合、生态融合”的专项目标，打造百亿级产业链和特色产业板块，建设品牌工程、示范工程、配套工程、文化工程等重点工程，并在组织领导、金融服务、政策扶持、社会资源、人才建设、宣传推广等方面重点保障，以落实乡村振兴战略，推进现代渔业产业体系建设和渔业供给侧结构性改革。部分省份还对休闲渔业发展给予了专项资金支持，如山东将海洋牧场增殖放流等产业政策与休闲渔业发展相结合，每年安排 5000 万元财政资金专项，支持鱼礁投放和垂钓基地礁区摸底调查等；江苏每年省级财政扶持休闲渔业发展的项目资金均在 300 万元以上；河北对休闲渔业实施渔业油价补贴政策；山东和浙江允许持证捕捞渔船从事休闲渔业的同时继续享受油补政策；山西、福建、广西等地则均对省级以上休闲渔业示范基地给予一定的财政补助。同时，一些地区还通过加大政策衔接和健全融资体系，为休闲渔业企业发展提供保障，如湖南、河北、上海部分地区将水产垂钓用地纳入设施农业用地标准。

2.1.3 休闲渔业产业发展原则

休闲渔业产业的发展和开发要遵循生态原则、市场原则、特色原则和地域原则等。

1．生态原则 发展休闲渔业产业的地区大多具有风景优美、资源丰富、发展空间大等特点，独特而又丰富的渔业资源是开发休闲渔业的基础。休闲渔业产业的开发利用需考虑到适度开发与自然生态环境保护两者间的平衡，遵循“生态第一，保护环境”原则，保证休闲渔业资源的可持续性发展，避免过度开发和消耗。

2．市场原则 休闲渔业产品一般面向都市人群，具有消费距离、消费水平、消费偏好、消费人群类型、竞争者经营情况等市场特征。市场需求和产品同质性等特征的调研及随后的统筹规划有助于休闲渔业产品开发细分目标市场，为市场提供更具针对性、差异化、个性化的产品与服务。休闲渔业产品开发尊重市场的多元化原则，针对不同的群体有不同的市场策略，减少同质化产品的出现。

3．特色原则 渔村和渔业遗址等，因其具备特有的建筑风格、民俗风情、自然生态资源等而吸引周边都市人群，进行休闲、旅游等活动。突出当地特色，强调当地特有的民俗文化、渔村建筑风格、饮食渔文化等，将特色生态和渔业资源与传统建筑和人文资源相结合，将积淀的历史文化与独特的渔文化及淳朴的风土人情注入休闲渔业产品开发和发展中，进而形成当地特有的休闲渔业特色品牌，促成休闲渔业产业良性竞争、共同发展。

4. 地域原则 休闲渔业是以渔业为基础的产业，有大量江河湖海分布的省份在发展休闲渔业上有地域优势。以《中国休闲渔业发展监测报告（2023）》为例，山东、湖北、广东 3 个沿海或含湖省份牢牢占据国内休闲渔业发展头部位置，2022 年休闲渔业产值均超过百亿元，3 省休闲渔业产值占全国总产值的 51.09%。此外，江苏、四川、辽宁、安徽、浙江、湖南、江西、重庆、海南、福建、吉林、云南等 12 个沿江沿海省份休闲渔业产值超 10 亿元。2022 年，全国休闲渔业产值为 839.25 亿元（不包括港澳台和西藏），沿海地区 11 个省份休闲渔业产值总和为 497.60 亿元，占全国休闲渔业产值的 59.29%；内陆地区 19 个省份休闲渔业产值总和为 341.65 亿元，占全国休闲渔业产值的 40.71%。近年来的监测报告数据充分体现了休闲渔业产业发展的地域特色。

2.1.4 休闲渔业的产业结构与分类

台湾省曾于 1992～1996 年开展了为期 5 年的台湾观光休闲渔业发展规划研究，研究的最终报告将台湾省当时所经营的休闲渔业活动项目归纳为 11 项，分别是：①船上钓鱼活动；②陆上钓鱼活动；③体验性渔业活动；④参观渔业作业；⑤观光（或假日）鱼市、海鲜料理中心；⑥具有渔业特色的综合性园区；⑦教育性渔业活动；⑧渔业景观活动；⑨兼具渔业活动的综合性园区；⑩渔村生活体验；⑪参观渔村或渔业相关的民俗活动。我国大陆地区休闲渔业活动项目与台湾省的基本类似。休闲渔业包含多种模式，因参照不同，分类也有所不同（表 2.1）。

表 2.1 休闲渔业产业分类

年份	内容	来源
2009	运动形态；体验形态；食鱼形态；浏览形态；教育文化形态；生产经营型；休闲垂钓型；观光疗养型；展示教育型	于洪贤，2009
2017	旅游导向型休闲渔业、休闲垂钓及采集业、观赏鱼产业、钓具钓饵观赏鱼渔药及水族设备、其他	农业部，2017
2020	自然水域渔业（natural freshwater fisheries）；暂养淡水渔业（stocked freshwater fisheries）；海洋渔业（sea fisheries）	平瑛和李苗，2020
2020	娱乐型垂钓；竞技型垂钓；运动型垂钓；专业垂钓	平瑛和李苗，2020
2023	垂钓渔业；观赏渔业；都市观光渔业；海洋休闲渔业；涉渔文化产业	中国大百科全书（第三版）·渔业，2023

农业部于 2017 年编制的休闲渔业发展情况监测表中将我国的休闲渔业产业分为了 5 类，包括旅游导向型休闲渔业、休闲垂钓及采集业、观赏鱼产业、钓具钓饵观赏鱼渔药及水族设备、其他。其中，旅游导向型休闲渔业和休闲垂钓及采集业仍是我国休闲渔业的主导产业，旅游导向型休闲渔业中淡水体量大于海水，但沿海地区综合发展优势明显。休闲垂钓及采集业以淡水为主，长江流域发展优势明显，具备发展休闲垂钓及采集业的天然优势，2022 年休

闲垂钓及采集业营业额超过 10 亿元的 8 个省份中前 6 名均在长江流域，营业额占全国淡水休闲垂钓及采集业的 71.61%。另外，观赏鱼产业集中度较高，淡水观赏鱼占绝对优势。钓具和钓饵产业与休闲垂钓及采集业密切相关，而观赏鱼渔药和水族设备产业又与观赏鱼产业关联度极高。但是，科普教育型休闲渔业，如水族馆、渔业博物馆、渔文化博物馆、渔业产业园等，通过展示不同鱼类及其生长环境，或展示渔文化、鱼文化历史等，达到教育、传播鱼和渔业相关文化及科技发展的目的，更多面向学生群体，与旅游导向型休闲渔业有所不同，并没有出现在上述 5 种类型中。因此，本书认为我国的休闲渔业产业分为 5 类，旅游导向型休闲渔业、休闲垂钓及采集业、观赏鱼产业、科普教育型休闲渔业、其他类型更合适。

我国休闲渔业虽蓬勃发展，但其理论和相应法律法规及管理制度仍处于规范提升期。目前，休闲渔业的分类也还没有一个统一标准，但都是围绕观光和观赏、体验、科普教育 3 种模式而开展。

1．观光和观赏模式　休闲渔业观光和观赏模式，传统意义上是指利用渔区的海滩、湖面、水库等自然风景，渔村的传统建筑及渔业遗址，独特的渔业生产方式，以及原住民的生活方式等，在渔区开展渔旅观光，捕鱼和渔业生产观赏，传统渔文化艺术表演，特色鱼类和水生生物观赏等项目。休闲渔业资源开发以观光游览风景、渔文化等为主，同时向游客展示独特的渔业生产方式，如千岛湖的巨网捕鱼等，或地方特色水生生物，使游客能够在观光过程中感受到当地的民俗风情和渔业生产生活及传统文化等，让游客亲近自然、观光休闲，在大自然的宁静与美好中放松身心。另外，家庭水族馆和都市观赏鱼展等观赏鱼相关的休闲渔业，也属于观光观赏型休闲渔业的范畴。

2．体验模式　休闲渔业体验模式，主要以游客亲身体验为主，体验渔民的生活习惯和渔业生产过程等，开展垂钓、自制渔或鱼相关手工艺品、制作渔家饭和渔家菜等项目，让游客亲手创造和亲身体验，使其融入渔村生活之中，亲身体验休闲渔业活动与城市生活的不同，在体验中达到休闲和放松的目的。休闲渔庄和渔家乐等是当下比较热门的休闲渔业体验项目。休闲渔业园区配备特定捕捞和垂钓渔区，有专业人士指导，游客可进行渔业捕捞和垂钓活动；配备鱼产品烹饪区，垂钓的水产品供游客烹饪，并结合当地渔饮食特色，使游客能即刻品尝到极具当地食鱼特色的烹饪品；配备特色手工艺品等制作区，如鱼拓等，游客体验自制创作。另外，游钓体验也是当下比较热门的休闲渔业体验项目，是休闲垂钓爱好者在渔业资源丰富的可垂钓自然水域的休闲活动，是更多喜欢挑战垂钓、热爱自然、享受自由的休闲垂钓爱好者的运动方式。

3．科普教育模式　休闲渔业科普教育模式是利用渔庄、特色渔业品种、地方特色的渔区、河湖海岸、渔业养殖技术、渔业生产工具、渔业设施、渔业生产流程中的设备等，建设渔业科普教育园区、渔业科技园区、水族馆、渔业博物馆等，将渔业的生产、生态、科技示范等功能结合到一起，展示不同鱼类品种及其成长环境和渔业生产的发展历史及其时代创新等，打造集渔业生产、科技示范、科普教育等于一体的休闲渔业模式，通过专业和科学的知识讲解，进行渔业科普教育和渔业通识教育。

2.2 休闲渔业管理政策与监测体系

目前，我国休闲渔业管理尚未建立健全的管理体制，也未形成健全的管理措施，这给我国的休闲渔业管理带来一定的困难。不过，一些地方性休闲渔业管理政策的出台，也在促进渔业资源恢复和推动休闲渔业发展中起积极的推动作用。近年来，我国推动全国休闲渔业示范基地建设，组织实施了休闲渔业品牌活动“四个一”工程，全面培育和建设了休闲渔业品牌，促进了乡村经济的发展。

2.2.1 休闲渔业管理政策体系

目前，我国休闲渔业的管理方式是由上到下，由政府根据相关政策制定规定并由渔政部门实施，一般是直接将休闲渔业划入行政部门进行管理，模式单一，还没有十分健全的管理体制和保障机制，给休闲渔业管理带来了一定困难。2019 年，农业农村部、生态环境部、国家林业和草原局三部门在《关于推进大水面生态渔业发展的指导意见》中提出，积极发展休闲渔业，促进文化、旅游、体育、垂钓、观光、餐饮、康养深度融合；加强监督管理，确保旅游、垂钓、餐饮等业态的发展不破坏大水面生态环境。另外，休闲渔业发达的几个沿海省市较早制定了地方性法规，其中有《厦门市休闲渔排建造技术规范》《广东省休闲渔业管理试行办法》。浙江、山东、辽宁、天津等省市相继制定了休闲渔业船舶管理的法规，湖南制定了省级休闲渔业示范点评定办法，这些法规和办法只是针对局部地区的某类或某几类休闲渔业制定的，其适用范围非常有限。

台湾省也制订了相关规定，主要限定于利用娱乐渔船经营的娱乐渔业及其配套设施。1993 年制定《台湾地区海上游乐船舶活动管理办法》《台湾省各类渔港专营娱乐渔业船数最高艘数及申请配额登记程序》等，2000 年制定《娱乐渔业渔船配额管理及登记作业要点》，2004 年制定《水域游憩活动管理办法》等，对娱乐渔业执照的申请、娱乐渔船作业、最高作业船数及相关申请程序等进行了具体的规定。这些规定形成了管理娱乐渔业的制度框架，主要通过对娱乐渔船的管理来管理整个娱乐渔业，同时通过对娱乐渔船数量的限定来控制娱乐捕捞对资源的压力。

2003 年 4 月，广东省下发了《广东省休闲渔业试点暂行办法》，确定了海洋与渔业部门为试点工作的主管部门，对休闲渔业行为、渔船进出港签证、安全监督等方面进行了规范。2003 年 7 月，广东省人民代表大会通过《广东省渔业管理条例》，补充了有关休闲渔业的内容。2003 年 11 月，广东省人民代表大会常务委员会通过《关于扶持沿海渔民转产转业保持渔区稳定议案的决定》。2004 年 2 月，广东省委和省政府发出《关于加快发展海洋经济的决议》，这两个法规均明确要求各级政府积极引导、扶持、发展休闲渔业。2007 年 3 月，广东省印发《广东省休闲渔业试行管理办法》，试行 3 年，以规范休闲渔业经营行为，保障休闲渔业活动安全，明确休闲渔业的主管部门和对休闲渔业的经营单位、船舶及船员管理、从业管理、安全生产监管等的要求。2008 年 4 月，广东省又印发《广东省休闲渔业试行管理办法实施细则》，以细化规范休闲渔业经营和管理。试行期满后，广东省于 2011 年 9 月印发了《广东省休闲渔业管理办法》，进一步规范、保障、促进休闲渔业发展。2020 年 11 月，广东省农业农村厅重新修订《广东省休闲渔业管理办法》，以适应休闲渔业发展的新形势和新业态，实施有效期为 5 年。

2020 年 3 月，农业农村部制定了《农业农村部关于加强长江流域禁捕执法管理工作的意见》，将加强休闲垂钓管理纳入执法管理的主要任务，将垂钓行为纳入渔政日常执法管理范畴，各地要综合考虑本地区水生生物资源情况和公众休闲垂钓合理需求，制定并发布垂钓管理办法，有条件的地方应率先探索实行持证垂钓管理制度，依法划定允许垂钓区域范围，合理控制垂钓总体规模，严格限定钓具、钓法、钓饵，一人最多允许使用一竿、一钩。禁止在长江流域重点水域禁捕范围和时间内使用船艇、排筏等水上漂浮物进行垂钓，禁止垂钓渔获物上市交易，避免对禁捕管理和资源保护产生不利影响，引导公众有序规范参与以休闲娱乐为目的的垂钓活动。四川、重庆、云南、江西等临江省份也制定了休闲垂钓的管理办法。云南省将金沙江干流和主要支流除水生动植物自然保护区、水产种质资源保护区以外水域设置为10年的常年禁捕区，各级渔业主管部门对在金沙江流域重点水域禁捕范围和时间内从事娱乐性游钓和休闲渔业活动进行规范管理。山东省出台了《山东省休闲海钓管理暂行办法》《休闲海钓渔船试点管理暂行办法》《海洋牧场平台试点管理暂行办法》等制度，对休闲海钓的管理机构职能、休闲海钓的准入条件、休闲海钓渔船安全管理、资源管理和环境保护与责任追究等进行了详细规定，特别是对位于鱼类主要栖息繁衍场所的休闲海钓海区，实行必要的禁钓区或临时禁钓区等保护措施，钓场也应核定容量经营，实行海钓船只数和海钓人数总量控制。

2017年，国土资源部（现自然资源部）、国家发展和改革委员会颁布了《关于深入推进农业供给侧结构性改革做好农村产业融合发展用地保障的通知》，在建设用地计划指标和土地复合利用等方面给予休闲农业支持与鼓励，对创建小微创业园、休闲农业、乡村旅游、农村电商等农村二三产业的市、县，可给予新增建设用地计划指标奖励，鼓励农业生产和村庄建设等用地复合利用，发展休闲农业、乡村旅游、农业教育、农业科普、农事体验等产业，拓展土地使用功能，提高土地节约集约利用水平。在充分保障农民宅基地用益物权和防止外部资本侵占控制的前提下，探索农村集体经济组织以出租或合作等方式盘活利用空闲农房及宅基地，按照规划要求和用地标准，改造建设民宿民俗、创意办公、休闲农业、乡村旅游等农业农村体验活动场所。

2.2.2　休闲渔业的推广和宣传策略

2012年，农业部印发《农业部办公厅关于开展休闲渔业示范基地创建工作的通知》（农办渔〔2012〕108号），采取自上而下、逐级推荐、择优申报、专家评审的方式组织开展“全国休闲渔业示范基地”评选。此后至2016年，共评选了四批“全国休闲渔业示范基地”。“十二五”期间，共创建了488个特色鲜明、示范带动能力强的全国休闲渔业示范基地。

为推动休闲渔业健康规范发展，农业部（现为农业农村部）自2017年起开展了休闲渔业品牌培育活动，通过组织实施休闲渔业品牌活动“四个一”工程，即创建认定一批最美渔村、全国精品休闲渔业示范基地（休闲渔业主题公园）、有影响力的赛事节庆活动，以及培育一批休闲渔业带头人和管理人才，全面叫响休闲渔业品牌，提高品牌影响力，提升产业公共服务和持续发展能力，建立休闲渔业发展“可测、可看、可控”的产业经济体系，把休闲渔业打造成为推进渔业提质增效、渔村美丽繁荣、渔民就业增收、满足城乡居民新型休闲需求的重要途径和手段，为健康中国建设和地方经济发展提供新动能。2017年，我国认定了27个“最美渔村”、45家“全国精品休闲渔业示范基地（休闲渔业主题公园）”、25个“国家级示范性渔业文化节庆（会展）”、10项“全国有影响力的休闲渔业赛事”、100家“全国休闲渔业示范基地”。2012年以来，累计有589个单位获评“全国休闲渔业示范基地”。许多省份也开展了省级休闲渔业示范基地的创建活动，如福建实施了“水乡渔村”创建

图 2.1　中国休闲渔业公共品牌标识

活动，并在政策和资金等方面进行扶持；山东省打造“渔夫垂钓”品牌，陆续创建一批省级休闲海钓示范基地及内陆休闲垂钓基地。

2018 年 11 月，中国水产学会和休闲垂钓协会在第三届中国休闲渔业高峰论坛上发布了中国休闲渔业公共品牌标识（图 2.1）。2019 年 3 月，中国水产学会和休闲垂钓协会制定了《中国休闲渔业公共品牌标识使用管理办法（试行）》，评为最美渔村、全国休闲渔业示范基地、示范性渔业文化节庆（会展）、有影响力的休闲渔业赛事的单位，在装潢、出版、举办会议和展览及其他活动时可在建筑物、出版物、说明书、服装、会议、旗帜和展览标志等外表面处印制中国休闲渔业公共品牌标识。中国水产学会和休闲垂钓协会还规定带有本标识牌匾和证书的基本格式、标识的式样及相关编号规则，标识使用单位可张挂由学会和协会统一制作的带有本标识的牌匾。2019 年，为加快推进中国休闲渔业公共品牌标识使用，中国水产学会和休闲垂钓协会继续开展休闲渔业品牌培育活动，全国休闲渔业示范基地、中国最美渔村、中国渔业优秀文化节庆（会展）、中国渔业精彩赛事认定品牌数量单项不超过 50 个。

另外，自 2016 年期起，全国水产技术推广总站与中国水产学会每年举办中国休闲渔业高峰论坛，至 2021 年已经举办了六届，推动了社会各界对休闲渔业产业发展的关注与重视。2016 年，第一届中国休闲渔业高峰论坛首次从国家角度出发聚集各方专家、企业，共同探讨中国新型渔业发展的机遇与挑战，为国家制定产业发展计划和扶持政策提供依据。2017 年，第二届中国休闲渔业高峰论坛对休闲渔业品牌培育工作进行了重点部署，发布了 2017 年首批认定的国家休闲渔业品牌培育的单位名单，并举行了授牌仪式。2018 年，第三届中国休闲渔业高峰论坛上首次发布了《中国休闲渔业发展报告（2018）》，同时也正式公布了中国休闲渔业公共品牌标识。2019 年，第四届中国休闲渔业高峰论坛以“渔业一二三产业融合人才培训”为主题，同期公布《2019 中国休闲渔业发展监测报告》，并面向全社会征集全国休闲渔业专家，遴选符合条件的专家建立休闲渔业专家库，充分发挥专家库专家在政策咨询、发展调研、标准制定、培训指导、成果评审等方面的作用。2020 年，第五届中国休闲渔业高峰论坛以“美丽渔村 · 渔乐中国”为主题，聚集渔旅融合发展，解读产业发展环境和政策，分享典型案例和经验，搭建政产学研讨和交流平台，探讨新形势下休闲渔业产业发展思路和路径。2021 年，第六届中国休闲渔业高峰论坛聚焦休闲渔业发展重大问题和热点话题，广邀产学研各界专家学者作专题报告，解析政策环境，传递理念技术，并连续四年发布。

各省也组织了具有一定影响力的渔业节庆活动，江苏省各类渔文化节开展得如火如荼，中国 · 盱眙国际龙虾节、中国 · 高淳固城湖螃蟹节、太湖放鱼节、“3 · 18”中国洪泽湖放鱼节等节庆活动已经具有一定的影响力，提高了江苏渔业的知名度，打出了渔文化的品牌。北京也连续多年举办北京 · 金鱼锦鲤大赛、“郁金香杯”锦鲤若鲤大赛、中国龙鱼公开赛、中国水草大赛等活动，带动了观赏鱼产业和市场的发展。垂钓游方面，京津冀三地合作组织编印了《京津冀休闲垂钓游》，为休闲垂钓场所和消费者之间架起一座桥梁，促进地区休闲渔业发展。

另外，中国开渔节（宁波象山）、中国海洋文化节（舟山岱山）、查干湖冬捕节等活动也在国内有一定的影响力和品牌力，推动休闲渔业的快速发展。中国（厦门）国际休闲渔业博览会始创于 2008 年，为聚焦休闲渔业领域的专业性渔业展览会，一年一届，截至 2021 年已经成功举办 14 届，是实现休闲渔业全产业链合作对接、引导和促进产业提升发展的不可或缺的年度盛会。

《全国水产技术推广工作“十四五”规划》提出，推动重要特色产业健康发展，休闲渔业品牌培育取得新进展。“十四五”水产技术推广重点任务提出，积极做好水产“五个产业”科技服务，推动休闲渔业等二三产业融合发展，依托休闲渔业专家库，开展休闲渔业发展战略规划和咨询研究，发布休闲渔业发展报告，举办休闲渔业发展论坛，开展休闲渔业品牌培育，加强传统渔场生态化休闲化改造研究，推动渔文化资源保护、传承利用、创新发展。

2.2.3　休闲渔业的监测体系

休闲渔业是我国现代渔业五大产业之一。近年来，全国休闲渔业蓬勃发展，成为渔业一二三产业融合发展的新路径和现代渔业经济发展的新亮点。为全面了解我国休闲渔业发展现状，加强休闲渔业管理和服务，农业农村部从 2017 年起在全国范围内组织开展休闲渔业发展监测工作，内容涉及整体经济与主要经济指标 46 项，包括各种休闲渔业经营组织类型、全行业休闲渔业生产单位和非休闲渔业生产单位及附属于休闲渔业的生产生活相关发展指标，有利于全面分析休闲渔业发展的成效、特点、结构和薄弱环节，研究产业发展遇到的新情况、新问题，推动休闲渔业产业进一步规范发展。以此为基础，2018 年农业农村部渔业渔政管理局和全国水产技术推广总站、中国水产学会联合发布《中国休闲渔业发展报告（2018）》，对我国休闲渔业的历史、现状、问题和发展思路进行了全面梳理总结。自 2019 年起，全国水产技术推广总站、中国水产学会每年编制发布《中国休闲渔业发展监测报告》，从产业规模、产业结构、进出口贸易情况、产业发展环境、各地工作进展和产业发展等方面进行归纳分析，展望产业下一步的发展，并提出政策建议。

2.3　休闲渔业管理措施

联合国粮食及农业组织在休闲渔业的管理理论和实践领域，特别在资源保护与恢复、管理体制建设、科研支撑和公众教育方面采取了系列积极措施并发布全球性休闲渔业技术指南（刘雅丹等，2021），如通过休闲渔业许可证管理、通过放养本地鱼种，或者通过栖息地管理和其他渔业管理措施等，积极推动渔业的可持续发展。

2.3.1　休闲渔业管理理论

休闲渔业措施和指南的制订都要基于一定的科学研究基础。科学开展休闲渔业实践、测试、尝试等，积累休闲渔业管理理论，逐步优化管理行为，进而让休闲渔业可持续发展。对可持续性的渔业管理来说，要计划面对普遍的、不确定的、社会和生态学的风险，采用有效的休闲渔业管理方法，即适应性管理（图 2.2）。适应性管理在实际运用中面临诸如财务、人力资源、确保项目成功时限等方面的挑战。由于渔业对环境高度依赖，并面临复杂的和不可预测的自然与社会生态，因此，被动适应性管理的优势就是通过强调管理干预，进而了解和观察任何渔业（即系统）的反应（Walters，2007）来识别和对抗其不确定性。在休闲渔业管理中，这种被动的适应性管理有助于理解所采取的行为对整个渔业系统的影响，而逐步优化管理行为让整个系统有效“运作”（Williams，2011a）（图 2.2）。

图 2.2 休闲渔业适应性管理

适应性管理可再生自然资源，如鱼类，并承认其不确定性，并通过监测、反馈、修正目标，而采用合适的手段，增加系统知识来实现管理目标

积极适应性管理则是进行了全方位系统实验，测试其替代方法和管理干预因素。积极适应性管理比被动适应性管理更严格，实验比较集中，是一个“尝试，如果它不行就试试其他的”的过程，并对管理策略不断进行修订（Williams，2011b）（图 2.3）。但在资金或人力资源等限制而导致一些适应性管理的实验不能正常开展的情况下，人们常会采用各种被动的适应性休闲渔业管理策略。

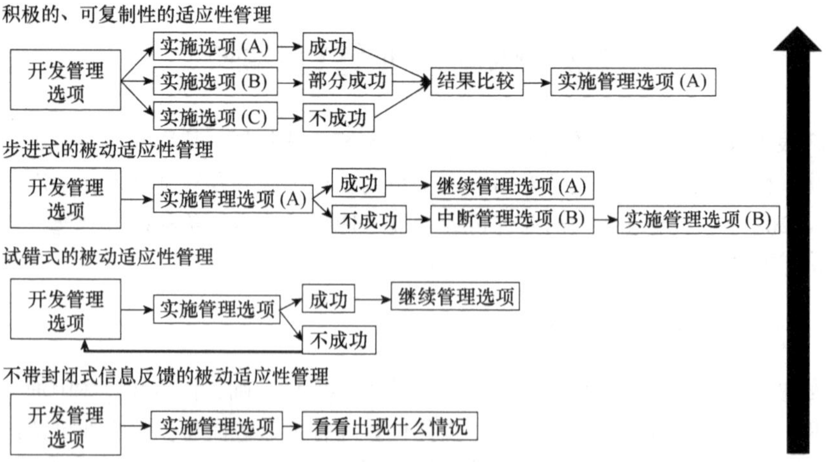

图 2.3 适应性管理类型

不同休闲渔业管理方式的学习和信息的获取程度都有助于管理，从根本上没有管理，到一点点消极地适应性管理，到更多地采用主动适应性管理办法

积极适应性管理与被动适应性管理的不同在于它需要在其所做的决策结构下进行实验和纠错。这里包括识别出主要的不确定性因素，以现场的监测数据及采用最可能的行动来确定整个渔业或生态系统能够实现最佳的运转，并在此基础上，明确清晰可量化的目标、选择管理方式、预测管理后果（Williams，2011b），基于这个结果，才能鉴定出最好的管理方法而继续使用（图 2.2）。积极适应性管理通过特定的实验和错误来学习和改进。例如，针对某些水域目标物种的最佳管理办法，适应性管理将使用一个模型主动分析并建立几个假设系统，如针对休闲渔业管理中资源的不同进行渔获大小限制，在抽样点（如湖泊）测试实际情况下的影响，然后对系统变量进行密切监测（如渔获量和相对资源蕴藏量等），测试每一个变量的表现，并测试有无其他预期或非预期影响发生（如生物多样性的影响），然后选择最成功的管理方式和最佳处理方案。同时，监测系统将就各种行动反应对实验系统模式定量或定性进行持续修订，并就随后的适应性决策给管理者提供合理的建议（图 2.2 和图 2.3）。

环境管理中的预防措施和渔业生态系统方法，通常是休闲渔业管理决策中需遵循的重要原则。例如，为了恢复休闲渔业总资源量而在某个水域里放养不合适的鱼类，可能对该水域水生生物多样性及生态系统等产生潜在威胁，这时，适应性管理方面的预防措施及渔业生态系统方法等管理原则就与休闲渔业的管理联系密切。与水生生态管理工作规范一致，渔业生态系统方法（ecosystem approach to fisheries，EAF）是以“满足社会多种需求与欲望，但不危及子孙后代享受由生态系统提供的全部产品与服务”的理念实现渔业规划、开发、管理。休闲渔业管理（特别是适应性管理）的第一步是接受休闲渔业活动可能会对生态系统产生影响这个事实。同时，管理时注重较为广泛的生态系统前景，而非仅专注于目标物种。渔业生态系统方法原则是在不影响某一水域生态系统的情况下可对单一目标物种或者单一渔业从“以鱼为中心”角度进行补充，满足休闲垂钓的需求，并能保持该水域生态系统的可持续发展。

休闲渔业管理不仅要考虑水生生态系统管理，还要考虑如何维持水生生态系统的能力进而提升休闲渔业服务功能，同时，把生态环境特征、食物链和生物多样性、物种和种群水平等因素都考虑在内，在维持和加强休闲渔业的同时，履行保护水生生物多样性的重要职能。因此，休闲渔业管理可以采取的措施包括但不限于：①面对其他水生资源开发，维持休闲渔业和生物多样性；②对该行业的投资，如人力资本，以积极的综合方法共同促进休闲渔业和保护利益；③确定依靠作业来增加资源量与环境问题不冲突的机制，包括通过放养以外的方式增加渔业的机制；④根据信息管理，考虑配合使用一些传统的管理工具，如渔获管理条例，以支持和推广休闲渔业管理最佳做法。

同时，科学研究工作者也应该从客观监测到报告渔业和生物多样性状况等，与休闲渔业利益相关者合作，进而开展更具影响力和预防性的管理工作。科学家必须使用最好的检测数据，通过教育、培训、科普的方式传递给其他休闲渔业利益相关者和更广泛的公众。科学家需要参与准确的环境影响评估和恢复计划，通过重新分析传统的捕捞法规，以测试它们在休闲渔业产业中的使用是否影响鱼类种群，进而以协调一致的方式促进休闲渔业和自然保护的共同发展。而休闲渔民，作为水生生态系统保护者的重要角色，可以通过调整一些渔业的管理和发展方式等，促进休闲渔业自然资源利用的社会生态可持续性。

2.3.2 休闲渔业管理结构

休闲渔业是复杂的社会生态系统，其管理组织范围包括生态系统监督，人类与生物及环境的各种互动，以避免不必要的生态影响，从而优化社会经济利益。根据职能权利，管理者可以广泛定义为：国家、组织、与渔业密切相关的社区。自然资源治理则分为国家控制、私人控制、以社区为基础的控制。大部分经济发达国家中私人或社区拥有的自然资源采用私人控制和以社区为基础的控制的管理模式，在一定程度上与政府管理者合作（表 2.2）。从历史来看，许多国家（如美国、加拿大、澳大利亚）对国家拥有的内陆休闲渔业资源及大部分沿海与海洋渔业资源采用由国家控制的管理模式。政府组织可能会请独立董事会或者委员会对管理机构的政策进行审查，并担任管理机构与利益相关者之间出现纠纷时的仲裁者。全球范围内许多小规模商业性渔业管理、个体渔业管理、自给自足型渔业管理及某些国家的一些休闲渔业管理通常采用私人控制管理模型，某些用户可能持有资源入渔权及管理权，用户也可能在政府机构协助下执行渔业法律，负责管理水体。以社区为基础的管理也是提高渔业管理的手段之一。后两种管理模式，仍然是与政府合作管理其所属资源。我国休闲渔业的管理以第一种管理模式为主，自然资源由国家控制，可以防止管理决策中的利益冲突，国家可以协调管理和监督。

表 2.2 三种常见自然资源治理形式及其功能

	国家控制	私人控制	以社区为基础
管理者	国家机构及其员工	权利人	社区或部落成员、收取报酬的工作人员、议会、垂钓管理者，以及渔业和旅游业的代表
		有时结合国家控制，保护公众利益并执行法律（“共同管理”）	
入渔或撤出	开放或提供捕鱼权（可能需要许可）	由权利人决定	由社区决定
特点	防止管理决策中的利益冲突	通过做好思想工作来促进资源管理，但基于科学的管理较难	获取当地支持
	国家可以协调管理和监督	可能比大规模的政府控制更加适应当地条件，更经济高效	从管理机构到当地社区，成本分散
	“蓝图方法”未能落实到适应当地背景的管理细节上	并非总能使资源得到更好管理	与考虑客观数据相比，可能优先考虑利益相关者的意见
	用户可能会被剥夺许可权	生物多样性保护或其他生态或社会管理目标可能不再被强调	决策被延迟

资料来源：根据 Daedlow 等（2011）的文献理论整理

组织结构作为一种管理模式，是管理系统的“框架”，展现了组织内诸要素之间的相互关系，如要素间的空间位置和聚散分布，各部分的排列顺序和层级联系等。组织结构是组织成员为实现组织整体目标，在相互协作中围绕“权、责、利”形成的竞争与合作的结构体系。组织结构一般包括四个方面：部门结构、职能结构、层级结构和职权结构。

1. 行政机关 农业农村部是我国管理渔业的最高渔业主管部门，其下属的渔业渔政管理局和长江流域渔政监督管理办公室，负责制定渔业发展政策和规划，保护和合理开发渔业资源，2000 年以来制定了一些休闲渔业相关的政策法规。

2. 渔业管理机构　全国水产技术推广总站成立于 1990 年，设在北京，为公益一类正局级事业单位，是直属农业农村部的国家级水产技术推广机构。中国水产学会是由水产及与水产有关的科技工作者自愿结成的国家一级学术性社会团体，于 1963 年成立，业务主管单位是中国科学技术协会，挂靠单位是农业农村部，秘书处设在北京。2016 年 11 月，农业部决定将全国水产技术推广总站与中国水产学会合署办公，合署后简称为“总站学会”，主要职责涵盖了受委托制定全国水产技术推广计划、规划并组织实施，指导水产技术推广体系建设，组织开展渔业发展战略及政策研究，承担休闲渔业技术服务，受委托承担渔业信息统计和经济运行分析等职能。总站学会成立以来，组织撰写水产学科发展报告，积极开展决策咨询活动，承办协办中国休闲渔业高峰论坛、中国（厦门）国际休闲渔业博览会、宫廷金鱼展等休闲渔业研讨推介活动。总站学会在渔业产业发展壮大和转型升级中发挥了积极作用。

3. 其他渔业行业协会　休闲垂钓协会于 2011 年 8 月 19 日经国务院批准，2012 年 4 月经民政部核准登记成立，接受农业农村部和民政部的业务指导和监督管理。其主要宗旨为协助政府主管部门制定产业发展规划，促进休闲渔业发展，丰富渔业经济，发展我国休闲垂钓和水族事业及相关产业，成为政府和行业之间的桥梁和纽带，为我国休闲渔业的可持续发展服务。休闲垂钓协会还制定行业标准，开展休闲渔业品牌建设，推进垂钓许可制度、饵料标准、休闲渔船标准建设等行业自律工作，举办休闲渔业会议、技术培训、展览会和各类赛事等活动，开展咨询服务和技术交流，组织参加国际性交流和赛事。

中国渔业协会也是重要的行业协会，它的职责主要是协助政府搞好行业管理，规范行业行为，加强渔业生产与科研、教学、推广部门的密切联系，为会员提供经营管理和渔业技术的培训和咨询，并提供渔业信息服务，协助执行政府间的渔业协定，发展同各国（地区）渔业界的民间友好往来、科学技术交流、经济技术合作，也举办各类渔业交易会、展示会、信息发布会、研讨会和交流会，推动品牌建设，促进产业和产品升级，其机构中还专门设置了休闲渔业部及水族造景和孔雀鱼等分会。

中国渔船渔机渔具行业协会成立于 1992 年，是由国内渔业船舶、渔业捕捞、渔业机械、渔网具制造，设施渔业企业及相关科研院所、专业院校、地方相关行业协会（商会）等单位自愿组成的全国性行业协会，共拥有会员 600 余家，设置了渔船、渔机、绳网与质量管理四个专业委员会。以专业委员会为单元开展各种活动，进行交流与合作，促进行业整体素质的提高。

中国水产流通与加工协会成立于 1994 年，是农业农村部所属的国家级水产行业协会，由从事水产品生产、加工、运输、贸易的企业和个体工商户，以及为水产加工与流通业服务，从事水产科研和教学的企（事）业单位和社会团体等，自愿联合组成的全国性的非营利性社团组织。其宗旨是积极向政府主管部门反映会员的愿望和要求，团结全体会员，指导会员执行国家的法律、法规和政策，为会员提供技术咨询和信息服务，共同促进我国水产流通与加工技术和管理水平的提高，规范和繁荣水产品市场，提高全行业的经济效益和社会效益。

2.3.3　休闲渔业管理因素

人类对于资源的不同要求及对于生态和社会系统的不确定性均在不断变化且互相作用，

导致渔业管理极具挑战性并难以选择管理办法。适应性管理框架中的结构化决策是一种系统化程序，是为复杂的情况提供一种多元的途径，使利益相关者发挥真正的作用，严格地将主观信息（价值观和意见等）纳入其中的渔业管理程序，进而为休闲渔业管理者提供一个了解水生生态系统及这个系统对人类活动如何做出反应的机会。通过结构化决策对结果明确评价，并以循环的方式进行调整，可以推进休闲渔业管理的学习和改进（表 2.3）。

表 2.3 休闲渔业管理因素

计划因素	说明
描述系统	描述：①渔业——背景、历史、状态、钓鱼者类型及其偏好。②地理与法律环境——环境特性、社会经济与政治因素、法律。③生态系统——食物链、敏感物种、系统生产力。确定对渔业的威胁及栖息地改变对生物总量影响的可能性。确定潜在的限制因素（生物、物理、化学等）
目标	收集利益相关者意见、化解矛盾并设定量化目标，包括建立参照点和业绩指标，以及生态系统状态的指标
策略	定义实现目标所需的管理措施，并制订实施的时间表。预测渔业结果及对生态系统的间接效应
监控	监控所要求的点与参照点，以及业绩指标。执行与扩大计划
财务责任	实施本计划的费用，其中包括监控和执行费用。采取顾客和受益者支付一部分管理费用的方法

资料来源：联合国粮食及农业组织，2018

依据垂钓目的及其产生的经济效益不同，垂钓分为多种不同的类别，包括消费型的垂钓、社交型的垂钓、自然/休闲型的垂钓、实现承诺型的垂钓，还包括设置奖杯和无奖杯的挑战型垂钓（如垂钓竞技）等，导致了世界范围内数百万垂钓者，参与了在内陆、沿海和海上的休闲渔业活动，表明休闲渔业产业与许多个人的利益相关，并积极地影响着社会。其中最明显的是人们在休闲渔业上的花费推动了产业的发展，并创造了就业的机会。不同的休闲垂钓者可能有不同的需求，有些休闲垂钓者想最大限度地收获某种理想的食用鱼，有些希望渔获的规格尽量最大化，而另一些人可能希望钓到非本地或不适合当地环境条件的物种。因此，休闲渔业管理者必须了解休闲垂钓利益相关者的要求，尽可能优化休闲渔业资源结构等。例如，对于钓大规格鱼的需求，为了维持其垂钓种群，需要根据一些标记法去保护最大型和肉食性的鱼。同时，可通过跨水域系统的管理去实现休闲垂钓者意愿，在此水域重点培植大规格鱼，而在其他水域重点增殖肉食性鱼等（表 2.4）。

表 2.4 常见的休闲垂钓者就资源问题的投诉与改变现行管理措施的建议

投诉	证据	调查分析	建议补救措施
鱼类数量不足	渔获量调查：单位捕捞努力量、渔获量低	渔获率低：肉食鱼类物种临时暴增	教育垂钓者：渔获率不一定说明鱼类资源量
		渔获率低：鱼类分散	安装集鱼装置
	采样：单位捕捞努力量、渔获量低且鱼类资源量低	鱼类资源量低：鱼类补充量不足	改善鱼类栖息地；保护产卵鱼群；放养目标物种
		鱼类资源量低：过度自然死亡率	改善鱼类栖息地；抑制肉食鱼类；提供备选目标物种
		鱼类资源量低：过度渔获死亡率/过多休闲垂钓者	限制渔具规格、渔获量及努力量；放养目标物种

续表

投诉	证据	调查分析	建议补救措施
鱼类规格太小	渔获物调查：渔获采样规格；渔获规格	生长缓慢	改善鱼类栖息地；增加被捕食鱼类；抑制肉食鱼类生长；鼓励捕捞过多的肉食性鱼类或对其他目标鱼类的数量、规格影响较大的鱼类
		过度自然死亡率	改善鱼类栖息地；提供备选目标物种
		过度捕捞在增长	限制渔获规格、数量及努力量；放养目标物种
鱼类太过瘦小	渔获物调查：鱼体健康状况抽样；鱼体健康状况	生长缓慢	改善鱼类栖息地；增加被捕食物种；鼓励渔获
		环境不适合	改善鱼类栖息地；提供备选目标物种
上述任何一种	历史纪录	期望值不切实际，或者过往成功史记录有误	教育休闲垂钓者：提供对历史数据的访问
没有适合垂钓的鱼类	渔获物中不存在此类鱼	鱼类物种并非当地所产	教育休闲垂钓者，提供备选目标物种
		环境限制	改善鱼类栖息地；放养目标物种；提供备选目标物种

注：某些情况下，休闲垂钓者对鱼群的多种投诉是由相互作用的因素造成的。在此类情况下，有效补救措施可能受到更多限制

资料来源：联合国粮食及农业组织，2018

休闲垂钓者通常希望提高钓获率和钓获鱼的规格，因此，休闲渔业管理者须开展调查，并贯彻适当的管理行动方针（表 2.4）。休闲渔业管理应接受和支持三个基本原则：①休闲垂钓者是一个多方面的团体，有着不同的期望和动机；②生态局限可能决定何种管理策略可以或应当适用；③无论是利益相关者的要求，还是因为经济、社会或生物方面的约束，应排除某些管理策略。

2.3.4 休闲渔业资源管理策略

休闲渔业与商业渔业一样，也会产生垃圾与污染，并且在渔场中、海岸线地带或沿岸沿湖地带大量出现。休闲渔业相关活动会对水环境产生污染，包括噪声和光污染，以及环境污染物等，包括游客丢弃垃圾及其生活产生的废水废气和垃圾污染，还有休闲垂钓者丢弃的钓钩、钓线、铅坠，以及有机饵料等造成的污染等。这些污染包括但不限于：①诱饵容器和鱼钩包装等垃圾有可能会对水生动物造成伤害，休闲垂钓者常去区域的垃圾通常都比不常去地点的垃圾多。这些不能被生物降解的塑料垃圾随水漂浮最后进入海洋，形成满是碎片残骸的垃圾海洋涡流或者庞大的垃圾岛。其中最大的垃圾涡流位于北太平洋，称为太平洋环流垃圾带。②海岸线沿线地带及水体附近区域的垃圾可能会给环境带来负面影响。钓具，如鱼线、鱼饵、鱼钩、铅坠的丢失可能会对其沉积的底层生物产生影响，同时可能会对该区域中存在的野生生命产生影响。已被丢弃、遗失或者通过其他方式废弃的钓具可能会继续钓鱼（通常称这种能力为“幽灵捕捞”），而这种继续钓鱼能力对鱼类资源储量具有不利影响，且可能对濒危物种及深海环境产生潜在影响。同时，鱼线和鱼钩会缠绕钩住各种野生生物，包括鸟类、海洋哺乳动物、海龟，当野生生物吞下鱼线或者当野生生物被鱼线鱼钩缠绕钩住时，野生生

物极有可能受伤，甚至死亡。尽管丢弃渔具伤害的无脊椎动物总数在无脊椎动物整体数量中占比不及 0.5%，但是这些丢弃的鱼钩和鱼线对海绵和深海刺细胞动物所造成的伤害事件（如组织擦伤、局部个体死亡、群体死亡）占总体伤害事件的 84%。在瑞典大西洋鲑渔场中，河口位置处丢失了多达 200 吨的钓鱼铅坠。在英国南威尔士沿海地区，每平方米就发现了 24～190 个铅坠。据估算，在加拿大水域中所含的铅有 14%来源于钓鱼者丢弃的铝坠和钓钩，每年丢弃的铝坠和钓钩会导致 500 吨铅溶解到水体；在瑞典河口的水体，每年会因此增加 200 吨铅。另外，人们无意或有意将软质塑料诱饵丢弃到水体中，软质塑料诱饵在水中通常膨胀变大，可能会被鱼类所误食，鱼类不能消化这些诱饵，并且这些塑料诱饵会堵塞消化道，最终可能导致鱼类饿死。③人类由于休闲渔业在近岸水域活动增加，渔船产生的波浪和声音等，也会影响水域生态系统。研究显示，渔船在沿岸带浅水中通过一次，会杀死其中 43%的鱼卵和小鱼苗，一天来回 2 次会杀死其中 96%的鱼卵和小鱼苗。机动艇在较浅湖泊中的活动会对水生生物产生生理影响，也会导致大型水生植物减少，进而导致鱼类大量的避难、捕食、活动的生态场所丢失。另外，很多鱼类是通过感知其周围环境中的声音来捕食的，人类休闲渔业产生的噪声对鱼类也会产生干扰。这些污染物会对鱼类的繁殖、发育、生长等造成不可逆的影响，最终影响水生生物的生物量。在开放性近海海域及沿岸自然供给的休闲渔业高度依赖于渔业资源生物量，自然供给的渔业资源具有公有性，易造成过度捕捞，致使生物量减少，导致自然繁殖更新能力降低，渔业资源生物量难以形成有效补充，进而形成一种恶性循环，制约着休闲渔业活动。

同时，在河流、湖泊及海岸线使用的船舶，其内燃机会排放有机和无机化合物（绝大部分为碳氢化合物）到水中，或进入水表面的空气中，而这些被排放的化合物可能会造成水生生物中毒。在海洋生态系统中，此类排放可能会导致水面形成微表层，并且在空气与水的分界面形成有毒物质，可能影响处于生命周期早期阶段的海洋鱼类及其他寄居在水面的生命体的生产和发展。由于对休闲渔业渔获物大小和数量的限制，钓鱼者将钓上的鱼重新释放的现象大量出现，但跟踪调查发现挂钩的渔获物放生后未必能存活，最终会增加鱼类的死亡率与亚死亡率。休闲渔业主要对渔业生物链的顶层进行捕获，会改变鱼类生态系统的结构和功能。这些休闲渔业相关的行为，都会影响鱼类及其生态系统，进而对不同水域生态系统造成长远影响。另外，气候变化、过度捕捞、增殖放流、鱼类的逃逸都会导致遗传多样性的改变。

休闲渔业相关的人类活动，也会对鱼类种群的可持续发展产生影响。因此，针对休闲渔业的影响，管理者通常通过 3 种普遍性策略进行管理：①改善和修复鱼类栖息地；②通过以增殖放流为基础的生物操纵来提高鱼类种群数量；③执行输入（input）和输出（output）管理，或者控制垂钓人数的输入，或者管理渔获的尺寸大小及数量等的输出。这些管理策略，基本围绕“单一物种方法”“生态系统方法”等开展。同时，在这些控制策略中，因传统习惯及其简单易行性，渔获管理和增殖放流是最常用的管理休闲渔业的方法（Arlinghaus et al.，2016）。

1. 改善和修复鱼类栖息地 栖息地保护侧重于生物、化学、物理环境方面的保护、修护、缓解和恢复。目标范围从促进栖息地的增殖能力以增加某个特定休闲渔业物种的丰度，到旨在保护或恢复系统生态完整性的行为（表 2.5）。而由休闲渔业产生或加剧的环保问题也不容忽视（表 2.6）。栖息地保护是促进休闲渔业健康发展的一种强有力的手段，可促进捕捞种群及生态系统的可持续发展，但并不一定达到资源恢复的效果。休闲渔业管理者作为水生生态环境的保护者，可通过直接生物操纵等方式减缓栖息地衰退，或促进栖息地的生态恢复。

表 2.5　可能有利于休闲鱼类种群及其生态系统的栖息地管理措施范例

策略/目标	说明
保护栖息地	栖息地压力缓解与恢复代价较高；通过教育、法规制定与实施的方式来防止栖息地变化应是优先的选择
恢复互联性	建筑过鱼通道结构或者拆掉水坝，以减少鱼类运动障碍，并恢复鱼类种群活动动态
削减营养物质	控制水域中点源和非点源营养过剩情况（通常是磷和氮）
补充营养物质	增加磷和氮，以期提高鱼类产量或者补偿养殖鱼的贫营养化
减少污染物	控制水域中点源和非点源污染物（如硝酸盐、金属及农药等）
石灰处理	添加碳酸钙（石灰石及方解石），以期中和酸化水
通风	通过物理手段增加溶解氧浓度，以防止鱼类在缺氧水域中死亡，以及出现不良化学反应
减缓热污染	发电厂冷却污水排入水体可能导致有害温度变化
管理浑浊度	船舶经过加上鱼类活动，可引起水域浑浊度增加、限制光合作用及水面温度提高
控制流量/水位	在规定水域内模仿自然水位/流量波动；水库水位下降可减少不良物种繁殖
恢复湿地/河口	内陆和沿海湿地可提供许多生态系统服务，包括水质净化和鱼类生产
恢复海岸线/河岸带	恢复海岸线或河岸线后，沿岸地区的木质物残体对鱼类栖息有利。但是，激流对河岸的侵蚀和有保护性放牧区的河海岸带不适用这种恢复海岸线、河岸带的管理措施
改善产卵栖息地	为鱼类繁殖及贝类繁殖改善产卵的底基质、产卵水道及河道
补充结构	供应集鱼装置及人工鱼礁

资料来源：联合国粮食及农业组织，2018

表 2.6　对休闲垂钓者及其活动可能会加剧的环境问题，管理者采用的法规范例

目标	法规目的
锚泊	禁止锚泊于下层敏感地带（如珊瑚礁）；并为休闲垂钓者提供永久型系泊浮筒
诱饵	规范可能污染水体的鱼饵、投饵及其他休闲鱼类引诱剂的使用
生物安全规则	实施法规与协议，以期防止有意与无意引入入侵生物体、病原生物体及寄生生物体，包括释放诱饵
船体噪声与尾迹	限制发动机马力及速度，以期尽量减少与其他用水户发生冲突
船体排放物	对船体发动机的排放物进行规定，并对排入水道的灰水与污水进行规定
船体撞击	若船体碰撞对鱼类及野生生物种群产生显著影响，应当限制船只操作
兼捕渔获物与丢弃	规定捕鱼要求，以期尽量减少意外渔获及降低非目标物种、幼鱼与敏感物种的死亡率
鱼弃物处置	禁止将鱼弃物丢入水道中，以期减少环境美观问题和疾病传播
垃圾与休闲垂钓装备处置	禁止乱抛垃圾并提供垃圾收集容器；鼓励回收钓鱼线及其他钓鱼相关材料
对野生生物造成的干扰	如果岸钓与船钓可能会对野生生物的繁殖、筑巢及饲养造成干扰，则应当限制岸钓与船钓
栖息地干扰	规定破坏性工具（如贝类拖捞网、耙子及拖网）在休闲渔业中的使用，以期保护海底栖息地
饵料鱼类的渔获	施行法规，以期防止作为饵料鱼类生物种群枯竭，以及栖息地破坏

续表

目标	法规目的
放养	水生生物物种的引进、运输及放养需要许可证
引入非本地物种	禁止引入外来入侵物种，并在考虑任何物种引入之前进行风险分析并彻底审查
装备与方法	减少使用可能危害鱼类或者其他野生生物的装备（如可使用无毒物称重设备及不变形的钓钩）
活鱼运输	禁止未经许可的运输，以期阻止非法转移水域中的鱼类及水生生物
营养级联	防止过度收获关键物种及生物链顶端捕食鱼类，以期防止出现不良食物链后果

资料来源：联合国粮食及农业组织，2018

2．以增殖放流为基础的鱼类资源量控制　生物操纵通常是指用来促进目标鱼类生长及抑制不良鱼类生长等而采用的一些措施（表 2.7）。通过放养或者物理清除方式进行直接的生物操纵，或通过争取休闲垂钓者援助实施强制性消灭的方法而抑制不良鱼类生长等方式，都是目前生物操纵采用的普遍手段。同时，在对生物多样性与生态系统功能维护的基础上，通过生物操纵对符合休闲垂钓价值的物种高度利用，并可通过规范管理促进人类从渔业中获得社会经济利益。

表 2.7　目标生物群管理措施的范例

生物操纵	目的
放养	放养鱼类或者移殖鱼类，以期创建或者补充合适鱼类种群（详见表 2.8）
增加被鱼类捕食的物种	放养水生生物或者补充被鱼类捕食的物种资源，促进鱼类生长
抑制有害鱼类生长	管理者（如通过渔网及电子捕鱼手段）或者休闲垂钓者（如通过自由渔获规定、奖励及竞赛手段）实施物理清除操作；目标物种可能是或不是休闲渔业物种
选择性清除	减少过多休闲渔业物种生物量，以期减少物种之间与种内竞争
恢复/再生	如果不能通过其他手段清除不良物种，则使用化学杀鱼剂从水体中清除所有鱼类
管理水生植物	使用物理清除与生物控制（如草鱼）及使用除草剂；常用于入侵物种；并引入有益植物，如海藻

资料来源：联合国粮食及农业组织，2018

增殖放流在全球休闲渔业资源管理中发挥着突出作用，包括水体间野生鱼类迁移、养殖鱼类放流、非本地物种引入等（表 2.8）。在休闲渔业管理过程中，管理者通过放流养殖鱼类以恢复因环境灾难而造成数量锐减的野生种群（资源修复），维持或者补充种群从而减轻自然补充不能解决的局限（维持/缓解），或者增加可捕捞种群使其超过自然水平（资源增殖）等放养方法。同时，在法律允许范围内，可能会引入非本地鱼类（或者非本地基因的物种），使得鱼类品种多样化，进而提高休闲渔业的社会及经济价值。

表 2.8　休闲渔业管理下放养计划的主要类型

类型	定义/目标	持续时间	放养物种来源
修复	放流养殖鱼类，以期在局限因素改善后恢复种群	临时性	本土物种
缓解	放流养殖鱼类，以期补偿因未解决的环境问题，以及过度捕捞而造成的野生种群减少现象（包括维持）	永久性	本土物种

续表

类型	定义/目标	持续时间	放养物种来源
增殖	放流养殖鱼类，以期增大自然补充供给量	临时性及永久性	本土物种
引入	放流非本地鱼类，以期引入一种自立型新品种鱼类（放流跨流域的，带有非本地基因的当地物种，也可视为引入物种）	临时性	非本土物种
放流-渔获	放流养殖幼鱼，以期立即渔获或者待幼鱼长大后渔获（包括海洋牧场，以及放流-生长-渔获类型）	永久性	本土物种与非本土物种
增加营养	放流肉食鱼类物种或者被捕食物种，以期操控整个食物链从而发展休闲渔业	临时性及永久性	本土物种与非本土物种

资料来源：联合国粮食及农业组织，2018

人工增殖放流是用人工方法直接向海洋、滩涂、江河、湖泊、水库等天然水域投放或移入渔业生物的卵子、幼体、成体，以恢复或增加种群的数量，改善和优化水域的群落结构。增殖放流的养殖鱼类的孵化鱼苗和仔鱼在自然界中成活率较野生群体要低，觅食竞争能力也完全比不上野生种群，因此，增殖放流的鱼苗和幼鱼最后对群体成体种群的贡献是很低的。若增殖放流成鱼，养殖成本及其配套养殖设备成本很高，在预算经费有限的情况下，休闲渔业管理部门执行起来也有困难。增殖放流用于鱼类资源量的增加，有其局限性，体现在 4 个方面：①增殖放流常用于扩充目标水域某种特定鱼类的可垂钓的群体数量，但是在有自行繁衍野生种群存在的水域，鱼类生长过程中大小和密度依赖性的生态性瓶颈使增殖放流的孵化鱼苗或仔鱼很难成长到可捕捞的大小，在野生种群的成鱼被捕获的情况下，进一步导致休闲渔业在渔业利益获取和渔业可持续发展间很难找到合适的平衡点；②增殖放流鱼类形成的自然种群的繁殖很大程度上依赖栖息地质量，而且繁殖能力相对很低；③鱼类增殖放流只有在自然野生种群的繁殖力很低甚至完全没有的情况下，才有一定的经济和生物学效果；④从生物学、社会学、经济学的角度分析，在具有自给繁衍能力野生种群存在的水域，对渔获的最小长度限制往往优于增殖放流。

外来物种的基因污染，如因休闲渔业而开展的增殖放流，给本地土著水生生物带来的基因变化可能是其死亡率上升的主要诱因，或者一些不法的行动，尤其是本地孵化培养外来休闲渔业物种进而导致非本地物种或基因的引入，如携带疾病或者非本地基因鱼类的放流，也将导致休闲渔业活动带来的水生生物死亡率的上升。同时，放流非本地鱼类去建立新的鱼种，可能不可逆转地影响水生生物多样性和生态系统，会引发大量的可持续性和生物多样性保护的问题。另外，引入非本地鱼类在休闲渔业管理中历史悠久，但引入的外来物种可能对当地的生态系统产生灾难性影响，休闲渔业管理中应对非本地鱼类放养进行严格管理。因此，休闲渔业和商业渔业一样，如果不采取正确的管理措施，也会对水生生物种群及其发育、觅食、生长的生态环境产生不可逆影响。在英国，垂钓者更喜欢使用天然诱饵而不是人造诱饵，天然诱饵会导致当地无脊椎动物种群的枯竭、自然物质的过量流入和新基因型的引入，从而造成渔业生态环境混乱（Chaves，2021）。

因此，为使得放养方式实施成功，管理者必须做到：①了解渔业状态及栖息地条件；②拥有明确管理目标；③选择适合于目标的放养策略；④考虑生态因素，以期控制放养鱼类的生存；⑤评估当地物种的生态进化风险；⑥要求休闲垂钓者对放养方法及放养方法对本地鱼类种群存在的潜在影响提出意见；⑦预测成本效益比及方案可行性；⑧评估放养计划成果。

尽管在全球范围内，放养方法大力支撑并推动着休闲渔业的发展，但因其对放养目标水域的生态及渔业基因资源存在潜在威胁，因此，放养方法通常只在“改善栖息地”或者“规定渔获物”两种方法都失效的情况下采用。人工放养可能对野生种群造成危害。例如，北美西海岸大规模补充太平洋鲑的人工孵化鱼增加了捕捞努力量，但也提高了自然种群开发率并破坏了当地野生鱼类的适应性。同时，放养鱼类可能与野生鱼类竞争，并从总体上降低野生种群生长率及种群规格结构。另外，放养鱼类与野生鱼类竞争的累积效应也可能会对生态系统中的敏感物种有害。而且，管理者在放养肉食性休闲垂钓鱼类，以期减少不良鱼类物种的同时，应当考虑该肉食性休闲垂钓鱼类可能会对其他土著休闲垂钓物种或者敏感物种造成间接影响。因此，在鱼类种群的可持续发展及休闲渔业管理中，采用特殊的管理措施，或者选择备选方案，以及选择这些方案的时机都很重要。增殖放流可部分恢复及增加可使用或可垂钓的鱼类数量，但是因为生态位和食物的竞争、外来疾病的暴发、野生群体和孵化驯养群体的基因交流等，增殖放流可能会导致野生群体数量的下降。增殖放流幼鱼或仔鱼呈现了密度及大小依赖的生存率，也依赖其增殖放流区域的生态条件等，同时，垂钓者的活动对增殖放流鱼群有影响。但是，增殖放流鱼类若能生存到成年并性成熟，其明显低于野生种群的繁殖力也最终会导致整个目标鱼类种群的群体数量下降。因此，需要仔细结合水域生态条件和管理干预来平衡增殖放流的效果。水产养殖技术的发展为放养提供大量养殖鱼类，进一步推动着放养方法在休闲渔业管理中的应用。放养方法产生了积极的效果，但也要了解与预防放养方法对渔业与生态系统产生的有害影响。在休闲渔业管理过程中，通过区别放养鱼类与野生鱼类种群，进而评估放养目标是否达到，并依此决定是否调整或继续放养。许多方法可成功地将人工放养鱼与野生鱼类区分开，包括修剪鱼鳍、物理标识、化学标记、稳定同位素分析及基因分析等。

3．输入（input）和输出（output）管理 直接的输入控制（规定入渔者数量与方式）或输出控制（规定渔获物的数量和处理方式），或间接地使用一些方式，如使用信息和宣传的方式影响人们的行为等，都可用于协调休闲渔业管理者和垂钓者之间可能产生的矛盾（表 2.9）。通过要求许可证及收取费用，或避免开发入渔通道及船行通道，以限制参与人数；通过渔具限制降低休闲渔业的渔获率；通过了解休闲鱼类的生活史，如溯河产卵的鱼类和生活在湖泊并移居河流或溪水里产卵的鱼类，而制定适用于鱼类某一段生活期或某一特定水域的休闲渔业管理规定，都是常用的休闲渔业管理方法，以达到垂钓渔业的可持续性。

表 2.9 对休闲垂钓者的管理措施和规定及鱼类与休闲垂钓者之间的相互作用

管理类型	说明与范例
输入管理	
许可证、费用	根据许可证有效期、物种、休闲垂钓者的住所、休闲垂钓者的身份（如青年、老人、军人、学生、当地居民、游客）收取费用
渔具限制	鱼钩与线、鱼钩类型、人造饵与诱饵
方法限制	发动机拖捕；引诱物（地面诱饵、人造光、气味）
禁渔期、季节	产卵期、群居期、不良的环境条件
禁渔区	产卵区、聚居区、安全地带、海洋保护区
钓鱼比赛	最大限度地降低与其他休闲垂钓者的冲突；可用于鼓励更多渔获或控制不良物种

续表

管理类型	说明与范例
输入管理	
顾客便利条件	提供船舶码头、渔码头、鱼类清洁站可能吸引休闲垂钓者
努力量限制	限制入渔、鱼竿、鱼饵、线的数量
输出管理	
长度限制	保留的鱼的限制规格（最小值、最大值、开放或封闭槽沟限制等）
渔获量限制	保留的鱼的数量限制；每日或每年，并拥有作为特殊规格随机变量的标签及标记
销售鱼	禁止商业化销售休闲鱼类物种
收获限制	根据野生鱼类与人工孵化鱼类及其保护状态进行限制
放养鱼	禁止减少分类、压力和迁移

资料来源：联合国粮食及农业组织，2018

休闲渔业管理中很重要的一项是渔获管理（Arlinghaus et al.，2016），即输出管理，通过限制垂钓或其他休闲渔业手段带来的死亡，管理鱼群尺寸结构，以及保证不同水平休闲垂钓者间的渔获量公平等，是渔获管理采用的主要方式。研究鱼-休闲垂钓者间相互关系需要大致了解生态的及社会经济的条件，进而整合生态和社会维度，结合休闲垂钓者对不同管理模式的反应，最后优先选择一种管理模式（如渔获管理）而不是其他管理模式（如增殖放流）。实验模型的研究结果显示，当水域内目标种群没有自然繁殖能力，以及增殖放流鱼类个体足够大而能逃逸青年期死亡的情况下，增殖放流明显具有鱼类生态种群的补充效果，并具有广泛的社会效益；但是，在管理目标种群能自然繁殖的水域时，执行垂钓的输入和输出管理明显在社会及经济效益上优于增殖放流管理策略。

每日渔获量限制是最常见的休闲渔场输出管理方法。此类规则影响人均（休闲垂钓者）收获率，由于许多休闲渔场的入渔均是无限制的，所以不影响渔场的总收获量。每日渔获量限制影响收获期望进而影响休闲垂钓者的行为，但很少有休闲垂钓者能达到每日限量。对于收获的努力量控制及规格进行限制可更有效地降低渔获死亡率，且渔获量限制可能会使更多休闲垂钓者参与并“分享收益”。努力量可通过限制销售许可证控制，收获限额可通过长达一季的渔获量来限制实施。渔获-放生规则可在不耗尽鱼类种群的情况下，增加休闲垂钓者的钓鱼强度，在挂钩死亡量过高的情况下，需要限制捕鱼方式和最大限度地提高放生鱼的幸存量。

在休闲渔场中，以长度为基础的渔获限制是另一种常见的输出管理方法（表 2.10）。根据目标，将鱼类种群特征与捕捞努力量等级进行匹配。管理者可将钓鱼作为一种控制鱼类种群结构的方法。通过在过大规格等级中，规定渔获限制，以增大个体增长速度，并提高生产力，同时，可通过保护后代鱼龄等级和规格的方法提高资源补充量（Johnston et al.，2018）。为了实行最小规格限制（minimum-length limit，MLL），受保护鱼类需具有高速增长及低自然死亡率特点，以使垂钓群体具有足够的资源量。MLL 也可以设定为大于性成熟鱼的规格，以使鱼在被垂钓之前产卵。尽管许多渔场根据最小规格限制进行常规管理，但是在某些情况下，还有其他系列手段（如渔获槽沟长度限制）可产生更好的结果（表 2.10），特别是当保持比赛用鱼资源量时，在高捕捞努力量下，增殖放流对鱼群丰度、渔获率及垂钓者福利的影响，最终会影响免费的 MLL 管理下的鱼类增殖放流的经济可行性。增殖放流的鱼苗和幼鱼在自然水域中的生长和存活存在尺寸依赖性和密度依赖性，而在自然水体中增殖放流幼鱼比较经济。因此，在休闲渔业的管理过程中，最小尺寸限制、增殖放流及对垂钓者准入的数量管理等，都是以提高渔获机会及实现垂钓许可证收入最大化为目标。

表 2.10　管理休闲渔场中以规格为依据的 5 种常见渔获规定，以及渔获相关易损性、管理目标和管理手段有效所需的鱼类统计条件

规格（总长度）限制类型	需放生的鱼类	管理目标	鱼类统计条件
最小值	小于该规格限制的鱼类	保护幼鱼；产生较大的鱼进行繁殖与收获	低补充、高生长量、低自然死亡量
最大值	大于该规格限制的鱼类	减小小鱼间的密度与竞争；维持比赛用鱼及多产的性成熟大雌鱼	高补充、低生长量、适度的自然死亡量
开放槽沟	大于或小于中等规格等级的鱼类（结合最小规格与最大规格限制）	保护幼鱼和成熟雌鱼；维持产量及单位捕捞努力量渔获量；保护大的多产雌鱼	低补充、高生长量、低自然死亡量；当一定规格的雌鱼会影响到资源的补充量及当钓鱼可耗尽繁殖群体时，其规定尤其有用
封闭槽沟	中等规格等级内的鱼类	减小密度与竞争；允许收获大鱼	高补充、低生长量、高自然死亡量
总的渔获-放生	所有鱼类	提高单位捕捞努力量渔获量和规格，在“自然”条件下维持总量，实施消耗量禁令	钓鱼者渔获的兴致低、高钓鱼死亡率；敏感的生物总量；高度污染

资料来源：联合国粮食及农业组织，2018

休闲垂钓者的满意度与成功获取渔获的频率和渔获大小紧密相关（Johnston et al.，2018）。当自然水域中鱼类种群量不够时，休闲渔业垂钓者可能钓不到鱼，导致其满意度降低。不过，调查发现，即使一天一条鱼，休闲垂钓者都能获得满足感。但是，当获得渔获的频率超出最小可接受的阈值，特别是在付费暂养池中进行垂钓时，休闲垂钓者的满意度并不与其渔获率相关。尽管休闲垂钓者的满意度与其渔获率并不存在明显的线性关系，但是经验性或适度的增殖放流可吸引更多的休闲垂钓者。不过休闲渔业管理的基础是保证目标水域目标可垂钓鱼类的群体量及其渔业群体的可持续发展。MLL 在一定程度上比增殖放流的策略更重要（Arlinghaus et al.，2017）。对休闲垂钓者而言，当水体中能提供渔获最小尺寸足够的目标垂钓群体，一天一条鱼也容易让垂钓者满足。另外，使用最小尺寸管理，也提供了一个通过管理自然成熟生殖鱼类群体并维持鱼类群体可持续发展的途径。但是，对于目标群体在自然水体中繁殖效率极低（如鲤）或自然水体中目标群体被过度垂钓的水域，增殖放流可以积极影响休闲垂钓者的满意度。另外，在高捕捞努力量下，最小规格限制将难以实行。

2.3.5 海洋渔业资源管理

海洋渔业资源的可持续是全球海洋休闲渔业发展的基础。在海洋渔业资源的保护和可持续利用中，联合国多次提到海洋生态系统。2002 年，《可持续发展问题世界首脑会议执行计划》鼓励：到 2010 年采用生态系统方法，以实现海洋渔业资源的可持续发展。联合国鱼类种群协定组织强调了诸如“长期养护和可持续利用”“促进最佳利用”“基于现有最佳科学证据”“预防性方法”“生态系统方法”“海洋生物多样性保护”等短语，推动各国尽快采取养护和管理措施，特别包括渔获量限制和努力限制等，确保海洋水生生物资源的有效养护。联合国鼓励"各国合作和协调其努力，酌情单独或联合采取一切措施，解决国家管辖范围内外区域海洋生态系统的问题，同时考虑到有关生态系统的完整性。"

针对海洋休闲渔业资源保护，全球合作建立海洋保护区（marine protected area，MPA），进而推动全球海洋渔业资源的可持续发展。同时，《联合国鱼类种群协定》（执行 1982 年 12 月 10 日《联合国海洋法公约》有关养护和管理跨界鱼类种群和高度洄游鱼类种群的规定的协定，于 2001 年 12 月 11 日生效）及其他一些国际准则，如《联合国海洋法公约》、《促进公海渔船遵守国际养护和管理措施的协定》（简称《挂旗协定》，是加强公海捕鱼管理和船旗国责任的国际渔业协定，1993 年 11 月的第 27 届大会审议通过）、《港口国措施协定》、《负责任渔业行为守则》（于 1995 年 10 月 31 日由 FAO 大会以 4/95 号决议形式通过，是 1982 年联合国公约之后世界上引用最多、知名度高和广泛普及的全球渔业文书），以及其他国际渔业行为公约，如《旗船国表现自愿准则》《捕捞产品证明文件计划自愿准则》《实施阻止、预防和消除非法、不报告和不管制捕鱼的国际行动计划》等，明确了船旗国的责任，包括：有关船舶注册和登记、授权、渔船监测系统［又称渔船监测、控制和监督系统（monitoring，control，and surveillance system of fishing vessel，MCS 系统）］，以及遵守和执法的责任。同时，明确涉及国际、区域和次区域执法合作、登临和检查程序及港口国措施，以及通过区域性渔业管理组织（regional fisheries management organization，RFMO）启动保护和管理措施（conservation and management measure，CMM）、对缔约方进行补充培训及确立信息交流机制，开展并持续进行的一些关键行动（包括 IUU 船舶清单、港口国 CMM 和船旗国责任、区域捕捞产品证明文件和产品认证计划），以及信息交流机制和监测与执法，进而促进涉及渔业和水产养殖的政府、利益攸关方等的积极参与，最后确保在《联合国海洋法公约》框架内的跨界和高度洄游海洋鱼类种群的长期养护和可持续利用，确保海洋水生生物资源及其多样性，海洋生态系统的有效养护、管理、开发。这些全球化的渔业资源管理条约体系的建立和推动，都将积极推动全球海洋渔业资源的可持续发展，并对休闲渔业的可持续发展产生积极影响。这些管理策略和方案的有效实施，将有助于全球性的休闲渔业的可持续发展。

作为地球上野生渔业资源最丰富的海洋区域之一，南大洋的渔业资源保护具有全球重要性，因而促进南大洋海洋保护区的建立可达到对海洋渔业资源进行长期养护和可持续利用的目的。同时，全球变暖导致夏季低于 2℃的海底冷水鱼向南极迁移并导致生物群落的整体变化，使原本底层鱼类非常稀少的南极大陆架出现了繁多的近南极底层鱼类生物群落，因此，更多国际注意力转向南极海洋生物资源养护委员会（Commission for the Conservation of Antarctic Marine Living Resources，CCAMLR）。该委员会是根据《南极海洋生物资源养护公约》于 1982 年设立的管理南极海域生物资源的多边机构，主要职责是制定养护措施及渔业管理政策，推进对南极海洋生物资源的养护与可持续利用。该委员会现有 24 个成员国，其中中国于 2007 年 10 月 2 日正式成为委员会成员。委员会正式语言为英语、法语、俄语和西班牙语。

南极海洋生物保护科学委员会（Scientific Commition-Conservation of Antarctic Marine Living Resources，SC-CAMLR）是 CCAMLR 的一个咨询机构，为 CCAMLR 提供咨询协助。CCAMLR 有义务在做决定时充分考虑 SC-CAMLR 委员会的建议和意见，并以协商方式对实质性问题做出决定。CCAMLR 和 SC-CAMLR 可建立各自附属机构而更有效地行使它们各自的功能。目前，CCAMLR 设立了两个附属机构；SC-CAMLR 有四个工作组和一个专家小组。

气候变暖带来全球海洋渔业资源的分布发生变化以来，CCAMLR 为应对国际关注，在遵循可持续发展问题世界首脑会议执行计划的基础上，于 2009 年提出了它的第一个国际海洋保护区域——南奥克尼群岛南大陆架海洋保护区（Southern Orkney Islands Southern Shelf MPA）。在澳大利亚的积极推进下，CCAMLR 于 2011 年通过了关于建立海洋保护区的一般性框架，即养护措施 CM91-04。此框架为今后的海洋保护区建设提供了以下几点意见：①必须以国际法，特别是《联合国海洋法公约》为依据，以最佳可获得的科学依据为基础，充分考虑 CCAMLR 公约第 2 条规定的目标；②建立保护区的目标可包括保护代表性的海洋生态系统、生物多样性、栖息地等，建立科学参考区域，以监测自然或人类活动引发的变化；③对于每个保护区，应确定具体的目标、限制内容、四至边界和设定期限；④为每个海洋保护区制定管理计划和研究监测计划；⑤CCAMLR 每隔 10 年或其他商定的年限对保护区进行评估。CCAMLR 在气候变化与南极海洋环境、南极海洋环境中的生物多样性和外来物种、需要特别保护的南极物种、海洋空间管理和保护区、生态系统和环境监测等方面都提出了具体的建设性意见，也取得了积极的成果。

我国于 1983 年 6 月 8 日加入《南极条约》，并于 1985 年 10 月 7 日成为《南极条约》协商国成员。2006 年 9 月 19 日，我国加入了《南极海洋生物资源养护公约》，并于 2007 年 10 月 2 日成为南极海洋生物资源养护委员会的正式成员。当我国于 2006 年加入《南极海洋生物资源养护公约》时，海洋保护区问题已经在南极海洋生物资源养护委员会的议程上提了好几年，而关于海洋保护区发展的 11 个优先领域也刚刚确定。另外，我国是《中白令海狭鳕资源养护与管理公约》的成员国，我国积极参与北冰洋生物资源养护，通过区域渔业管理组织或安排来履行养护的义务，并在此框架下开展联合科学研究与监测计划。

2.3.6 休闲渔业安全管理

休闲垂钓者和其他利益相关者及其财产的安全管理也是休闲渔业管理的重要环节。因此，许多司法辖区已制定出一套安全法规，其中大部分涉及船只安全。法规可以规定某些必需的安全装置，包括信号装置、桨、锚、浮力抛绳、急救箱、灭火器及救生衣等，这些要求是游艇运营商的许可证申请时必须配备的。

1. 垂钓安全 政府主管部门和基于产业的经营者对于休闲垂钓的安全投入较少，每年有数以百计休闲垂钓者丧命，几乎所有死亡都是由溺水直接导致的。遵循适当的渔业法规，以及在水域上方或周边实施船只安全和工作良好规范，可降低休闲渔业的安全隐患，使用救生衣是降低死亡率的一个有效措施。因使用工具时不小心，休闲垂钓者会伤到自己及他人（如钩子钩到身体某些部位）；戴太阳镜可有助于防止钩子伤到眼睛，带侧牙轮可用于拔除嵌入身体的鱼钩。学习如何处理可能遇到的水生生物问题有助于钓鱼者保障生命安全（同时也有助于维持鱼类福利状况），应时刻随身携带一个配置完善的急救箱。同时，随着休闲钓鱼成为一项户外活动，人们更容易暴露于有害的紫外线之下，有必要通过衣服、帽子、防晒霜遮盖以降低患皮肤癌的风险。在某些地区，对于保暖（如冰上捕捞）或对于最大限度减少暴露在外受到昆虫的叮咬而言，选择正确的穿着至关重要。

2. 食品安全 在某些地方水生生物消费也是一个安全问题。例如，生物毒素，如雪卡毒素出现于一些沿海地区的休闲渔获物种身上，此类毒素可引起胃肠道和神经系统问题，其他毒性物质（重金属、多氯联苯等）可以进入水生食物链，因此在一些地区应设有水生生物消费咨询。但许多休闲垂钓者并不知道需要进行鱼类消费咨询或较易忽视它们，尤其在都市渔业领域，这已是一个重大问题。而且在某些国家并无此类咨询，这也是需要解决的休闲渔业安全管理中的问题。

3．渔船安全 作为一项新兴的产业形式，休闲渔业尚处于起步阶段，在发展的道路上也面临和存在着许多问题和矛盾，特别是休闲渔船的安全管理。目前，休闲渔船的管理多为分散、自发的经营方式，没有固定的经营单位和法人代表，生产经营随意性大，安全责任制无法落实；休闲渔船大部分是沿海捕捞、养殖船改造而来的，船体小、安全导航救生设备差，部分船员安全生产意识淡薄，未经培训私自从事休闲渔船经营活动，安全生产技能和海上经验差，导致安全生产隐患众多。同时，由于游客来往频繁的不确定性，休闲渔船大多未参加保险，游客自身权益难以保障，产业风险性极大，对休闲渔业今后的发展产生严重影响。目前，休闲渔船安全监管在我国的管理规范体系中处于探索阶段，有部分现行规制与产业发展趋势并不趋同，这对全方位推进休闲渔业产业发展是艰巨的挑战。因此，在休闲渔业的持续发展过程中，休闲渔船的安全及其监管是各级休闲渔业主管部门会同政府部门综合行政执法部门需要强化管理的地方。

4．突发事件管理 各级休闲渔业主管部门会同政府部门综合行政执法、应急管理、警察、海事等相关部门，加强各地休闲渔业安全监督管理，实行安全管理联动协调机制，建立休闲渔业突发事件救助机制，制定重大事故应急处理预案。

2.3.7 休闲渔业服务管理

休闲渔业服务管理包括教育培训服务、信息共享管理、设施和生活服务配套管理等，优质的服务配套及其管理可以带给休闲渔业参与者更好的体验。

1．教育培训服务 一些休闲渔业发达国家和地区已开发出休闲渔业工作和参与人员的教育方案，将学习作为休闲垂钓者获得许可证程序的一部分，并将其制度化。例如，德国垂钓者为取得许可证，需要进修30小时课时数的课程。在我国，农业农村部多次发文，提出要做好高素质农民培训工作，促进休闲渔业持续健康发展的建议。三亚、琼海、獐子岛等地分别开展海洋导钓和渔民转产技能培训等。休闲渔业工作人员的教育（如有利于鱼类福利的钓鱼实践）通过政府机构和休闲渔业协会及俱乐部，或口口相传的渔民群体进行。这些方案和做法使人们了解了休闲渔业，并促进新休闲渔民的加入。

2. 信息共享管理 大多数政府和科学界的休闲渔业相关数据信息资源都以科学文献为依据。不过，与钓鱼相关的非政府组织在建立信息交换机制方面也发挥重要作用，如新西兰陶波湖有由垂钓者收集的自19世纪90年代以来关于鲑鱼的数据。垂钓媒体也在休闲渔业、学术界、管理界之间开展交流，并通过互联网、电视、印刷品进行可持续的休闲渔业相关的数据收集。休闲渔业不是一个孤立的行业，而是需要各管辖区有关渔业组织和机构合作执行日常监测和评估，如土地利用变化、气候变化、栖息地改变、外来物种入侵、因其他捕捞方式产生过度捕捞等问题，进而在“以鱼为中心”的原则上，建立休闲渔业开发、鱼、钓鱼者、休闲渔业管理等信息网络系统，充分展示鱼类种群动态变化、鱼群资源量的影响、鱼的生存状况、可持续渔获的规律、放养和栖息地管理等管理信息。

3．设施和生活服务配套管理 交通、住宿、渔具租赁、观光、体验、饮食服务配套等是休闲渔业产业发展的基础配套。休闲渔业产品服务也要多样化，如开展休闲垂钓、渔事体验、共享渔庄、增殖放流体验、赶海拾趣、美丽渔村、渔家民宿、赛事节庆、科普教育、水族观赏、水产购物、鱼鲜美食等多种观光和体验方式，可吸引更多游客。另外，休闲渔业水域包括休闲渔业码头区、休闲渔船锚泊区、水上休闲综合平台、休闲网箱养殖场所、休闲钓场、休闲海洋牧场、水上渔家民宿、鱼鲜餐饮等。休闲渔业从业单位应具备与休闲渔业经营项目相匹配的接待能力和承担休闲渔业经营意外风险的能力，配备专职管理人员，设立健全的管理机构、明确的职责分工、完善的管理制度和规定。同时，各级休闲渔业政府主管部门应当加强行业监管，定期会同综合行政执法、自然资源和规划等相关主管部门对休闲渔业经营单位的经营管理服务、生态环境保护、安全生产等情况开展监督检查。相关主管部门和工作人员在休闲渔业监督管理工作中存在违法违规行为的，依法追究相应责任。

本章小结

本章介绍了休闲渔业产业发展的战略布局和政策性推动，产业发展原则及产业结构和分类；介绍了休闲渔业管理体系，推广和宣传策略，以及监测体系。同时，本章介绍了休闲渔业管理措施，包括管理理论、管理结构、管理因素、管理策略、资源管理，以及安全管理和服务管理。

名词解释和概念理解

休闲渔业观光模式；休闲渔业体验模式；休闲渔业科普教育模式；渔业生态系统方法；人工增殖放流；休闲渔业输出管理

思考题

1．我国的休闲渔业产业分类和模式是什么？
2．休闲渔业管理措施有哪些？

主要参考文献

联合国粮食及农业组织．2018．休闲渔业技术指南．刘雅丹，译．北京：中国农业出版社．

于洪贤．2009．休闲渔业．哈尔滨：东北林业大学出版社．

Arlinghaus R, Aas Ø, Alős J, et al. 2021. Global participation in and public attitudes toward recreational fishing: international perspectives and developments. Rev Fish Sci Aquac, 29(1): 58-95.

Arlinghaus R, Alós J, Beardmore B, et al. 2017. Understanding and managing freshwater recreational fisheries as complex adaptive social-ecological systems. Reviews in Fisheries Science & Aquaculture, 25: 1-41.

Arlinghaus R, Alós J, Klefoth T, et al. 2016. Consumptive tourism causes timidity, rather than boldness, syndromes: a response to Geffroy et al. Trends Ecol Evol, 31(2): 92-94.

Chaves P T C. 2021. Danger beyond the catches: a review of conservation threats posed by commercial and non-commercial fisheries in Guaratuba Bay, southern Brazil. Braz J Biol, 81(2): 309-317.

Daedlow K, Beard T D, Arlinghaus R. 2011. A property rights-based view on management of inland recreational fisheries: contrasting common and public fishing rights regimes in Germany and the U.S.A//Beard T D, Arlinghaus R, Sutton S G. The Angler in the Environment: Social, Economic, Biological and Ethical Dimensions. Proceedings from the Fifth World Recreational Fishing Conference.

Johnson B M, Arlinghaus R, Martinez P J. 2009. Are we doing all we can to stem the tide of illegal fish stocking? Fisheries, 34(8): 389-394.

Johnston F D, Allen M S, Beardmore B, et al. 2018. How ecological processes shape the outcomes of stock enhancement and harvest regulations in recreational fisheries. Ecological Application, 28(8): 2033-2054.

Walters. 2007. Is adaptive management helping to solve fisheries problems? Ambio, 36(4): 304-307.

Williams B K. 2011a. Adaptive management of natural resources—framework and issues. J Environ Manage, 92: 1346-1353.

Williams B K. 2011b. Passive and active adaptive management: approaches and an example. J Environ Manage, 92: 1371-1378.

（刘静霞　黄　欣　刘雅丹）

第3章 国际休闲渔业

本章资源

休闲渔业是依赖渔业资源，以体验为导向的休闲活动。在全球范围内，仅在海洋休闲渔业上，5800 万的垂钓者最少可以拉动总共 400 亿美元的产值，可提供超过 954 000 份工作（Arlinghaus et al.，2021）。美国 2019 年的数据显示，美国海水休闲渔业创造 143.57 亿美元的零售额和 23 万个工作机会。在加拿大，其休闲渔业发展方式多样，游钓渔业十分发达。加拿大东临大西洋，西靠太平洋，北接北冰洋，是海岸线较长的国家，其内陆湖星罗棋布，水产和渔业资源相当丰富。近年来，加拿大休闲渔业在旅游业的带动下得以快速发展。

3.1 主要国家和地区自然水域休闲渔业

休闲渔业在北美和欧洲国家，如美国、加拿大、英国等起步较早，并于 20 世纪 70 年代在亚洲国家日本发展。我国台湾省 20 世纪 80 年代开始发展休闲渔业。随着全球经济的发展，近年来，很多发展中国家也在推动休闲渔业的发展。

3.1.1 北美自然水域休闲渔业

休闲渔业是美国人喜爱的一种户外娱乐，以垂钓捕鱼为乐趣。美国休闲渔业以淡水和咸水垂钓为主。美国内陆水域面积广阔，淡水资源丰富，密歇根州、阿拉斯加州等 8 个州有湖岸线，以五大湖和密西西比河为代表的河流湖泊众多，淡水面积逾 20 万平方千米，垂钓鱼种以大口黑鲈（*Micropterus salmoides*）、小口黑鲈（*Micropterus dolomieu*）、鲇（*Silurus asotus*）、河鲈（*Perca fluviatilis*）和虹鳟（*Oncorhynchus mykiss*）为主。美国漫长的海岸线为咸水休闲渔业提供了良好的水域环境，红鼓鱼（*Sciaenops ocellatus*）、条纹鲈（*Morone saxatilis*）、比目鱼（*Pleuronectes platessa*）等为主要的咸水休闲垂钓鱼种。私人养殖场对垂钓者也开放，垂钓的品种以鲇和虹鳟为主。美国得克萨斯州的福克湖以拥有丰富的鲈而闻名，阿拉斯加州和缅因州以丰富的大鳞大麻哈鱼（*Oncorhynchus tshawytscha*）垂钓资源而闻名。另外，美国纽约州的卡茨基尔山脉和密西西比北部地区，每年气温回暖，春暖花开时节，虹鳟在河流中活动觅食，钓客们涌入山间，抛钩垂钓。垂钓通常是通过饵钩、鱼饵和鱼竿、卷轴和钓线等工具进行钓鱼。还有一些不是以垂钓形式，而是用长矛、网、弓、箭进行的。除了有鳍鱼类之外，休闲渔民还会用网或陷阱捕捉甲壳动物，通过手或耙捕捉软体动物或用铲或矛或网等来诱捕青蛙。

美国人喜欢在海洋、江河、湖泊、水库等自然水域垂钓，其喜爱程度甚至超过了对高尔夫球和网球的喜爱。美国 16%的成年人愿意把钱花在钓鱼上面。在美国，每个钓客每年平均消费约 1044 美元，包括购买饵料及在垂钓旅途上的花费（Arlinghaus et al.，2017）。

1. 美国休闲渔业产业 一些数据可以直观地反映美国休闲渔业已成为美国渔业经济的产业支柱。1991 年美国民众在休闲渔业上的消费总额达 270 多亿美元，提供了 92.46 万个工作机会，为美国提供的税收多达 27 亿美元；1996 年，美国休闲渔业的总消费为 377 亿美元，用于支付与旅游相关的消费为 154 亿美元，用于购买小到钓具和饵料，大到车船等钓鱼必需品的消费为 190 亿美元，用于租赁或购买钓鱼用的土地约为 23 亿美元，还有用于办理钓鱼执照、许可证和其他相关的手续费等，为美国居民提供了 100 多万个就业岗位，促进了美国的劳动力就业；2001 年美国休闲渔业消费总额为 415 亿美元，提供了 106.8 万个就业岗位，税收贡献 73 亿美元。据美国鱼类及野生动植物管理局 2011 年数据估计，全美国约有 3300 万垂钓者，在零售业产生超过 460 亿美元的销售额，创造了约 1150 亿美元的经济影响，同时创造了超过 80 万个就业机会。2012 年，美国估计有 1200 万海洋垂钓者，消费金额近 420 亿美元（Arlinghaus et al.，2017）。2019 年，美国休闲渔业参与人数达到 5010 万，约占美国人口总数的 1/6，淡水和海水休闲渔业分别创造 343.45 亿美元和 143.57 亿美元的零售额，分别提供超过 55 万和 23 万个工作机会（Recreational Boating and Fishing Foundation，2020）。

捕鱼许可证出售获取的收入也是休闲渔业对美国经济和财政的贡献（表 3.1）。同时，与休闲渔业相关的产业是多方面的，美国休闲渔业协会成员有 600 多个相关的产业组织，包括一些游钓代理机构、传媒集团、钓客组织等。休闲渔业支持着美国近 2400 个渔具批发商、6000 多个渔具店、3800 个运动器材店等。同时，休闲渔业所提供的就业机会并不只是在休闲渔业器材店的工作，也包括游钓处的健康诊所雇员和通信人员等。

表 3.1 截至 2020 年美国各州捕鱼许可证发放数量与收入

州名	捕鱼许可证数量/个		捕鱼许可证收入/美元		
	居民	非居民	居民	非居民	总收入
加利福尼亚州	2 342 393	150 020	58 740 376	3 970 614	62 710 990
得克萨斯州	2 117 660	135 836	54 846 448	4 759 878	59 606 326
佛罗里达州	1 398 863	697 729	19 182 820	19 330 557	38 513 377
威斯康星州	1 271 962	419 239	27 152 774	11 229 441	38 382 215
华盛顿州	1 373 008	158 946	30 504 767	4 298 518	34 803 285
明尼苏达州	1 288 860	348 318	23 062 254	10 475 187	33 537 441
密歇根州	924 088	242 060	20 966 395	7 847 217	28 813 612
俄勒冈州	717 585	132 824	20 997 049	5 557 788	26 554 837
弗吉尼亚州	763 431	86 246	22 494 214	2 185 720	24 679 934
宾夕法尼亚州	1 284 972	123 085	20 974 111	3 598 035	24 572 146
阿拉斯加州	231 121	409 466	4 536 010	19 057 964	23 593 974
北卡罗来纳州	697 200	237 796	17 415 361	4 637 667	22 053 028
纽约州	1 025 342	182 653	15 660 366	5 247 754	20 908 120
科罗拉多州	824 759	512 361	12 327 557	8 481 926	20 809 483
田纳西州	600 086	168 922	14 295 196	5 657 178	19 952 374

数据来源：美国鱼类及野生动植物管理局

休闲渔业对美国最大的贡献是促进了美国乡村经济面貌的改变。休闲渔业一般在经济比较落后和就业机会比较缺乏的乡下地区，这些地区的经济依赖于休闲渔业。另外，休闲渔业还极大地带动了旅游业的发展。美国休闲渔业协会资料显示，2001 年，在佛罗里达州、加利福尼亚州、北卡罗来纳州和纽约州，休闲渔业吸引外地游客（非本州居民）人数超过 1000 万，其总支出达到 72.6 亿美元，占全部休闲渔业支出的 17.5%，其中，旅游费用为 36.5 亿美元，渔具购买支出 3.5 亿美元，船舶及相关设备支出 19.2 亿美元。外地钓客在马萨诸塞州每年的消费约为 9300 万美元，提供了 3300 个就业机会；在加利福尼亚州，每年休闲渔业消费金额为 33 亿美元，提供了 7.4 万多个就业机会，创造了 19 亿美元的家庭收入和 2.267 亿美元的州政府税收。

2．美国休闲渔业管理机构和法规　美国休闲渔业的发展得益于其在渔业管理体系建设、资源保护、法治建设、科研支撑等方面采取的一系列积极措施。管理体制包括行政管理和行业管理，两者相互补充，相辅相成（图 3.1）。行政管理包括两种类型，一是联邦的管理，二是各州的管理。联邦的行政管理机构是国家海洋渔业局和内政部鱼类及野生动植物管理局，分别管理海洋休闲渔业和淡水游钓业，主要负责全国休闲渔业的管理、研究、规划等。各州的休闲渔业管理机构则负责本州管辖水域内的休闲渔业管理。行业管理即各种行业协会自发地参与休闲渔业的管理。同时，国家海洋渔业局及五大区域办公室、州政府、海岸警卫队、地方法院构成了严格的执法体系，确保了相关法律法规的贯彻实施。

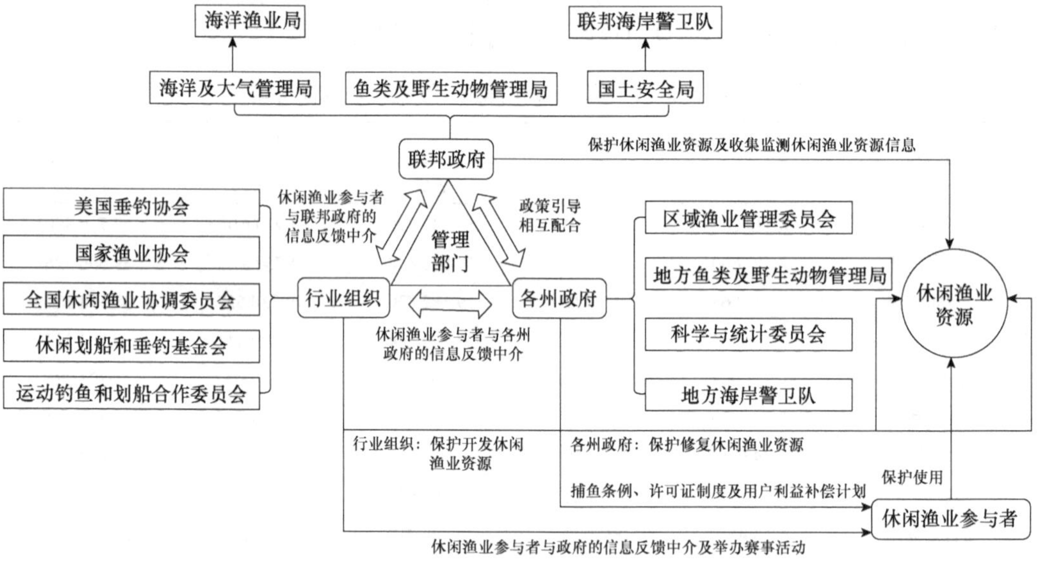

图 3.1　美国休闲渔业多中心治理模式

严格的科学管理使美国渔业成为世界上管理最好的渔业之一。1976 年制定的《马格努森·史蒂文斯渔业保护管理法》，成为主导商业和休闲渔业的管理法规。鉴于休闲渔业的重要性，时任美国总统克林顿于 1995 年 6 月 7 日签署了第 12962 号行政命令。该行政命令声明了休闲渔业对国家、社会、文化、经济的重要性，要求联邦政府改善美国水产资源的数量、可持续产量、分配方式，以增加休闲渔业的范围。

为了保持渔业与环境、资源、生态的协调及可持续发展，同时保护渔业从业者和消费者的合法权益，包括休闲渔业者，联邦和各州都制定了各种强制性的渔业法律规范。借鉴《马格努森·史蒂文斯渔业保护和管理法》《濒危物种法》《海洋哺乳动物保护法》《鱼类野生生物法》4 部渔业法规，政府部门多次修订并完善休闲渔业法规，制定了包括游钓许可制度、渔具总可捕量（total allowable catch，TAC）限制、休闲渔业配额、特殊鱼类配额和渔获物的尺寸大小和渔猎期等的规定（表 3.2）。

表 3.2　美国休闲渔业主要法律法规及作用

美国休闲渔业主要法律法规	颁布及修订时间	作用
《运动渔业恢复法案》	1950 年颁布；经过 1984 年、1991 年、1992 年、1998 年、2004 年和 2005 年 6 次修订	设立全国休闲渔业协调委员会；制定休闲渔业资源保护规划
《鱼类野生生物法》	1956 年	保护野生鱼类物种，禁止非法捕捞贩卖
《国家环境政策法》	1969 年	规定国家野生动植物保护区，提供休闲捕鱼机会
《海洋哺乳动物保护法》	1972 年颁布	禁止对海洋哺乳动物的猎杀及栖息地的破坏；暂停美国境内濒危海洋动物及其产品的进出口和销售
《濒危物种法》	1973 年颁布，是美国 12 条环保法案之一	制定恢复濒危物种计划，直到该物种成功脱离濒危或受胁状态为止
《马格努森·史蒂文斯渔业保护和管理法》	1976 年颁布；1996 年《可持续渔业法》和 2007 年《马格努森·史蒂文斯渔业保护和管理再授权法》两次修订	将美国的专属渔业保护区延伸到 200 海里（1 海里＝1.852km）；实施渔业可持续管理，防止过度捕捞

注：根据美国海洋及大气管理局和美国鱼类及野生动植物管理局资料整理

3．美国休闲渔业管理措施　美国国家海洋渔业局管理各州管理范围以外的海洋渔业，并管理由美国联邦政府列出的受到威胁或濒危的海洋生物资源。美国鱼类及野生动植物管理局管理一些美国联邦政府列出的淡水物种，如白色短鼻鲟（*Acipenser brevirostrum*）、亚利桑那鳟（*Salmo apache*）、公牛鳟（*Salvelinus confluentus*）、吉拉鳟（*Oncorhynchus gilae*）、绿背鳟（*Oncorhynchus clarkii*）、鳓（*Ilisha elongata*）、美洲红点鲑（*Salvelinus fontinalis*）、皱纹盘鲍（*Haliotis discus hannai*）、白鲍（*Haliotis sorenseni*），这些都属于濒危需要人工繁殖的品种。一些经济价值高的品种，包括大麻哈鱼（*Oncorhynchus keta*）、大鳞大麻哈鱼（*Oncorhynchus tshawytscha*）、银大麻哈鱼（*Oncorhynchus kisutch*）、虹鳟（*Oncorhynchus mykiss*）（溯河产卵的虹鳟）、太平洋细齿鲑（*Thaleichthys pacificus*）等，也被列为受威胁或濒临灭绝的品种，也由美国鱼类及野生动植物管理局管理。另外，得克萨斯州规定可垂钓的鱼类包括花鲈（*Lateolabrax maculatus*）、海鲢（*Elops saurus*）、枪鱼（*Makaira*）等在内的 24 种鱼类，而且钓枪鱼只可以垂钓白枪鱼（*Makaira albida*）和蓝枪鱼（*M. mazara*）两种。有些在美国受法律保护的鱼种，法律条文规定不准钓，若钓上了必须放生，如噬人鲨（*Carcharodon carcharias*）。

为了方便休闲垂钓者的出行和优化垂钓体验，NOAA 网站公布了美国大西洋沿岸和墨西哥湾海域各州的咸水休闲垂钓点分布图。该区域共有 4934 个咸水休闲垂钓设施，其中数量最多的州为佛罗里达州（1545 个），最少的为夏威夷（16 个），马萨诸塞州等 9 个州垂钓点数量在 200 个以上，休闲垂钓设施齐备且分布广泛。这些垂钓点除了向公众提供名称、地址、联系方式、每日开放与否等基本信息方便公众抵达外，同时满足安全、游憩、补给等需要，实时公布的信息中还包括该垂钓点是否有供垂钓船使用的加油码头、船只售卖与维修、允许进入的船只类型及其进入指南、夜间照明情况、潮汐情况、停车信息及渔具商店、餐饮、住宿等服务保障信息，极大地保障了出海垂钓船安全，为垂钓者提供信息指引和配套服务便利。

美国在休闲渔业管理措施上，一方面完善制度和标准，制定垂钓、海钓、体验式捕鱼、水上餐饮、钓饵、休闲渔船相关生产操作规范；另一方面建立游客接待、安全、消防、卫生、质量监督等相应制度及服务标准，保证渔业场所水质和污水排放达到国家有关规定标准。同时，关于垂钓，联邦及各州政府也有许多法律法规，如钓鱼的区域、品种、规格、数量、季节等。这些机构制定并实施了有关捕捞日期和时间、渔具、鱼的规格和数量、捕捞限额等规定（完善渔具总可捕量限制、休闲渔业配额、特殊鱼类配额、渔获物的规定等法规体系）（表 3.3）。

表 3.3　马萨诸塞州休闲钓鱼规定一览

种类	季节	大小限制	数量限制
美洲鳗鲡（*Anguilla rostrata*）	1 月 1 日至 12 月 31 日	9 英寸	25 条鱼
大口黑鲈（*Micropterus salmoides*）	5 月 19 日 9 月 12 日	15 英寸	5 条鱼
蓝鱼（*Pomatomus saltatrix*）	1 月 1 日至 12 月 31 日	没有限制	10 条鱼
鳕（*Gadus*）（科德角南部）	1 月 1 日至 12 月 31 日	3 英寸	10 条鱼
角木叶鲽（*Pleuronichthys cornutus*）	1 月 1 日至 12 月 31 日	14 英寸	没有限制
比目鱼（*Pleuronectes platessa*）	5 月 23 日至 10 月 9 日	17 英寸	5 条鱼
灰色鳎目鱼（*Cynoglossus cynoglossus*）	1 月 1 日至 12 月 31 日	14 英寸	没有限制
黑线鳕（*Melanogrammus aeglefinus*）（科德角北部）供出租船舶	1 月 1 日至 2 月 28 日	17 英寸	12 条鱼
黑线鳕（科德角南部）	1 月 1 日至 12 月 31 日	18 英寸	没有限制
大比目鱼（*Hippoglossus stenolepis*）	1 月 1 日至 12 月 31 日	41 英寸	1 条鱼
扁鲨（*Squatina squatina*）	1 月 1 日至 12 月 31 日	没有限制	没有限制
大海鲢（*Megalops cyprinoides*）	被禁止		
狭鳕（*Theragra chalcogramma*）	1 月 1 日至 12 月 31 日	没有限制	没有限制
红鳍笛鲷（*Lutjanus erythropterus*）	1 月 1 日至 12 月 31 日	没有限制	没有限制
尖嘴鲷（*Oxycirrhites typus*），私人船舶	5 月 1 日至 12 月 31 日	9 英寸	若船上有 5 名或更多钓鱼者，则限制 30 条鱼/人或 150 条鱼/船
尖嘴鲷，供出海船舶	5 月 1 日至 6 月 30 日	9 英寸	45 条鱼
美国鳚（*Stathmonotus stahli*），梅里马克和康涅狄格河	1 月 1 日至 12 月 31 日	没有限制	3 条鱼
美国鳚，其他水域	被禁止		只捕捉或放生
胡瓜鱼（*Osmerus mordax*）	6 月 16 日至 3 月 14 日	没有限制	50 条鱼

续表

种类	季节	大小限制	数量限制
白斑角鲨（*Squalus acanthias*）	1月1日至12月31日	没有限制	没有限制
条纹胡椒鲷（*Plectorhinchus lineatus*）	1月1日至12月31日	28英寸	1条鱼
黑斑狗鱼（*Esox reicherti*）	被禁止		
斜纹犬牙石首鱼（*Cynoscion regalis*）	1月1日至12月31日	16英寸	1条鱼
白鲈	1月1日至12月31日	8英寸	25条鱼
冬季比目鱼（*Pleuronectes quadrituberculatus*）（科德角北部）	1月1日至12月31日	12英寸	8条鱼
冬季比目鱼（科德角南部和东部）	3月1日至12月31日	12英寸	2条鱼
狼鱼（*Anarrhichtys ocellatus*）	被禁止		
黄尾比目鱼	1月1日至12月31日	13英寸	没有限制

注：1英寸=2.54cm

1）钓鱼许可证　美国要求垂钓者需办理钓鱼许可证，每年都要向政府渔业管理部门申请购买钓鱼许可证。美国钓鱼许可证分好几种，有一次性的、全年的、海钓、淡钓、淡咸通用的，价格也不一样。照片、姓名、年龄等都必须准确填写无误。一般申请钓鱼许可证费用很少，需10～40美元，其收费标准各州都有不同的规定。例如，得克萨斯州居民办理海钓只要20美元，再加3美元可买个淡、海钓通用证，有了证件，在江河湖泊等公共水域都可以免费垂钓。

2）大小规定　美国人钓鱼，除了常见的渔具，还要有标尺，用来丈量钓上来的鱼的大小。一般来说，钓上来的鱼在小河小湖里不足2斤[①]重的都要扔回去，大鱼且符合尺寸才可带回家。例如，红鼓鱼（*Sciaenops ocellatus*）的最小长度不得小于50.8cm，最长又不得大于71cm。对于不符合标准的鱼，即使差1mm都要扔回海里。

3）种类规定　美国的渔业法中，对可垂钓的鱼类种类、季节、大小、数量均有严格规定。什么鱼全年可钓［如太阳鱼（*Lepomis gibbosus*）、鲤（*Cyprinus carpio*）、双带黄鲈（*Diploprion bifasciatum*）等］，什么鱼只有特定一段时间内可以钓［如大口黑鲈（*Micropterus salmoides*）、小口黑鲈（*Micropterus dolomieu*）、白线光腭鲈（*Anyperodon leucogrammicus*）等要6月30日后可以开钓等］，什么鱼每天可带回几条（如鲈、大西洋鲑、碧古鱼等每天只能带回2条），什么鱼多大尺寸才可捕获，这些都进行了严格的规定。

4）监管严格　美国对于法律的执法很严厉，只要有法，就一定有专门机构执行管理，在休闲渔业管理方面也是如此，所有针对休闲渔业制定的法律法规都由专人管理。美国有专门管理钓鱼的渔政部门，如休闲渔业协调委员会等，这些管理部门虽然有不同的名称，但其管理职能是一样的，既检查垂钓者的钓鱼许可证，还对渔业资源进行增殖放流，以及对渔业水域环境进行监测，并及时向环保部门反映和告示钓鱼者。违规的人不仅会被罚款，还有坐牢的可能。

5）特殊保护　繁殖期的鱼类要放生，一些可以钓鱼的地方会有休渔期，这个阶段一

① 1斤=0.5kg

般都是鱼类的繁殖期，禁钓是为了防止出现物种濒危的危险。还有的地方，如果钓上来发现鱼正处于繁殖期，也要放生。

4．美国休闲鱼类资源量及其栖息地管理 在保护、提升、恢复重要休闲鱼种资源量及其栖息地，重视渔业管理决策的科学性上，美国也做了大量的工作。美国政府坚持科研指导休闲渔业发展，政府在制定生物环境保护法规和针对单个物种设立政策法规前，都会专门开展相关的科学研究，避免盲目性，从而达到决策的有效性。美国各级政府对鱼类资源及其栖息环境的保护工作极为重视，在全国设有庞大的管理和科研机构，这些工作主要由设有海洋补助金的大学及有关咨询机构进行。联邦政府对各州用于恢复和增进渔业资源的资助曾达1.8亿美元。美国强调休闲渔业依赖于强盛不衰的渔业资源。为了保护鱼类资源，提升及恢复休闲渔业目标鱼类重要的栖息和繁殖地，需要在休闲渔业管理中采用既考虑到休闲渔业利益又能兼顾鱼类生物资源量维持的措施。在执行恢复休闲渔业资源的管理政策上，除了防止处于正常状态的重要休闲鱼类鱼种过多，还需要保证重要休闲鱼类鱼种处于最大持续产量（maximum sustainable yield，MSY）的状态。MSY是指在维持资源（如种群、土壤、水源等）长期健康和稳定的前提下，能够从该资源中获得的最高产量。对于种群而言，最大持续产量是指在不影响种群长期增长和繁殖能力的情况下，理论上可以持续获取的最大数量。重要休闲鱼种资源量要达到或超过产卵潜在比值（spawning potential ratio，SPR）20%的水平。SPR是指种群中具繁殖能力的并达到一定体长的鱼类的比例，该方法一般运用捕捞到的鱼体长度来决定该鱼群是否在可持续捕捞范围内。在重要栖息地管理上，根据区域性渔业管理委员会重要鱼类栖息地的管理指导原则，利用产卵潜在比值结果，配合麦格纳森渔业养护和管理法的要求，协助修正渔业资源管理计划。研究机构负责对内陆水域品种，尤其是经济品种开展研究，包括养殖繁育、营养饲料、鱼病防治等诸多方面；加强对当地特色鱼类的保护，加强外源鱼种的管理。另外，美国在渔业发展中建立了高效的信息管理系统，可以准确、有效、及时、全面地提供关于美国休闲渔业的各种数据信息，为休闲渔业的健康发展和高效管理提供了技术支撑和保障。同时，为了保证休闲渔业的可持续发展，美国对一些优质品种鱼类资源进行增殖放流工作，成效显著。例如，美国长期在西海岸进行人工孵化大西洋鲑（*Salmo salar*）放流；在内陆则人工繁殖条纹鲈（*Morone saxatilis*）和鳟苗，向湖内放流，以适应内陆休闲渔业的发展。

美国政府鼓励公众和民间资本参与休闲渔业的建设和管理，包括人工鱼礁在内的工程使用，联邦政府允许的海洋工程，兴建垂钓者与游艇游客使用的大众接待处等。美国政府对提升社会大众保护海洋资源及健全休闲垂钓认知的一切行为和措施都持支持、发展、执行的态度。美国海洋渔业局除发挥休闲渔业管理总局的作用，还发挥休闲渔业协调者的责任。同时，美国鼓励政府与民间组织建立伙伴关系，协同一致，进行双边和多边合作，加强对休闲渔业的管理和资源保护，增加休闲渔业机会及建立共同支付的计划。在执行合作计划上，美国海洋渔业局支持不同阶层和不同属性民间组织开展钓点锦标赛。美国政府鼓励民间组织与州际海洋渔业委员会合作，建立，或使用，或增加共同支付的教育计划，鼓励民间组织参与其他联邦政府机构及州政府的工作中而致力于恢复与增加历史上重要的休闲溯河产卵鱼种路线。从钓鱼者的角度而言，人工鱼礁可以形成极好的垂钓场所，美国人工鱼礁的最大特点就是与休闲渔业紧密结合，这就为广大垂钓者创造了良好的场所，对美国休闲渔业的发展起了很大的推动作用。

5．加拿大休闲渔业　在加拿大钓鱼是需要合法的钓鱼执照的，如安大略省共有 4 种执照可以选择：3 年的居民活动钓鱼执照、3 年的居民保护钓鱼执照、1 年的居民活动钓鱼执照、1 年的居民保护钓鱼执照。非居民的钓友可在全省 2000 多个发照单位购买立即生效的钓鱼执照，如在经营游客装备的商店或旅店、运动用品专卖店、出售鱼饵的商店等，都可以购买。同时，对每种鱼的开禁季节和渔获数量，以及运输过程等方面都有非常细致的规定，包括不允许垂钓的湖滩、不允许垂钓的鱼类种类、允许带走的鱼的大小和尺寸等。同时，加拿大也规定了伤害鱼类栖息场所也是违法的，进而保证渔业资源的可持续发展。

加拿大依赖渔业调查的科研数据进行休闲渔业的科学化管理。加拿大国家海洋局一直很重视联合渔业企业、高等院校、科研单位的科研力量，政府颁布任何的渔业法规或者对渔业法规进行修改时都要建立在科学调研的基础上。三方共同在渔业资源、渔业保护、鱼类的洄游、鱼类种群等的研究上做了大量的工作。加拿大政府注重投入渔业科研经费，充实科研设备，配备并培训相关科研人员，积极鼓励渔业学术团体对渔业管理各方面进行讨论，全方面争取渔业管理意见，以此来推进休闲渔业管理体制的进步。加拿大渔业海洋局每年监测和控制，以及执法花费约 1.3 亿美元。各种工具，包括电子捕捞监视器、针对渔船和渔具的电子监控系统、码头监控服务器等，都被用于执行海洋和渔业部门的法规。另外，600 多名渔政人员和 100 多名栖息地人员一直努力监管，以确保鱼群捕捞遵守相应的规则。

3.1.2　欧洲自然水域休闲渔业

休闲渔业起源于欧洲。欧洲各国水域广阔，渔业资源丰富，渔业生产历史悠久，垂钓爱好者众多，有着极好的休闲渔业发展基础。欧洲北邻北冰洋，西濒大西洋，河网比较稠密，多是水量丰沛的河流。主要河流有伏尔加河、多瑙河、乌拉尔河、顿河、莱茵河、塞纳河、泰晤士河等。欧洲湖泊众多，主要分布在北部和阿尔卑斯山地区，山地河流多流经湖泊。同时，欧洲拥有大量的沿海渔场，总面积约占世界沿海渔场总面积的 32%。著名渔场有挪威渔场、北海渔场、巴伦支海渔场、波罗的海渔场、比斯开湾渔场等，盛产大西洋鲭（*Scomber scombrus*）、日本鳀（*Engraulis japonicus*）、鳕、大西洋鲑（*Salmo salar*）、美洲鳗鲡（*Anguilla rostrata*）、沙丁鱼（*Sardina pilchardus*）、金枪鱼（*Thunnini*）等。欧洲发达国家中，休闲渔业参与率为 4.7%（德国）～55%（立陶宛），其中，瑞典、芬兰、立陶宛的参与率在 30%以上（Arlinghaus et al.，2021）。

欧洲多半岛、岛屿、港湾，以及深入大陆的内海。丰富的海洋环境为其提供了富饶的渔业资源。挪威常见的鱼类是鳕，诺尔兰郡是重要的鳕产卵区，莫尔与鲁姆斯达尔具有著名的鳕垂钓地点。其他常见海钓鱼类还包括比目鱼与其他鲽形目鱼、黑线鳕、蓝点马鲛（*Scomberomorus niphonius*）、狼鱼、银鳕（*Anoplopoma fimbria*）、狭鳕（*Theragra chalcogramma*）、石斑鱼（*Epinephelus*）、欧洲无须鳕（*Merluccius*）等。同时，挪威盛产鲑，每年 7～8 月，鲑洄游到内陆河流，成为内陆河流钓的首选品种。其他淡水垂钓品种还包括鳟、白斑红点鲑（*Salvelinus leucomaenis*）、鮰（*Longsnout catfish*）、梭鱼（*Sphyraenus*）等。在芬兰，无数的湖区分布着大量绝佳的垂钓点。黑斑狗鱼（*Esox reicherti*）、河鲈、梭鲈（*Sander lucioperca*）、白鲑（*Coregonus*）、江鳕（*Lota lota*）和鳊（*Parabramis pekinensis*）是湖区主要生活鱼类，在水流湍急的地方还可以钓到虹鳟和河鳟（*Salmonidae*）。在芬兰南部，一年四季均可垂钓梭鱼、梭鲈、河鲈、白鲑、江鳕、大西洋鲑（*Salmo salar*）等。在瑞典，休闲垂钓中最受欢迎的鱼种是白斑狗鱼（*Esox lucius*）、鲱（*Clupea pallasi*）。内陆水域中白斑狗鱼、梭鲈、河鲈体型颇为巨大，为垂钓者带来不少乐趣。

1．欧洲休闲渔业产业经济和社会影响 英国的休闲渔业规模宏大，具有相当可观的社会和经济影响。苏格兰有将近 14.9 万海钓者，年度总消费为 1.409 亿英镑，如果加上苏格兰淡水垂钓，这个数字更可观。在北爱尔兰，个人海钓者数目约为 5000，年度开销为 740 万英镑（AFBI，2012）。英格兰和威尔士的个人海钓者数目约为 190 万（AFBI，2012）。在英国淡水垂钓中，大西洋鲑和鳟是重要的垂钓鱼类。苏格兰每年的淡水休闲渔业的消费约为 1.126 亿英镑，其中 1.077 亿英镑用于游钓，490 万英镑用于杂钓。北爱尔兰约有 25 000 名居民及 5000 名游客参与淡水垂钓，其年度总消费约有 2570 万英镑用于游钓，620 万英镑用于杂钓。2015 年英格兰和威尔士约 100 万人拥有淡水钓的执照，共计垂钓天数为 3000 万天，其中主要是杂钓，年度总消费约为 10 亿英镑，相当于创造了 3.7 万个全职工作机会。海钓给英国也带来了显著的经济和社会效益，英国人每年用于海钓的花费大约为 12.3 亿英镑，相当于创造了大约 83.1 亿英镑的产业链和 1.04 万个全职工作岗位（Townhill et al.，2019）。欧洲其他国家，如瑞典，2016 年休闲渔业总支出约 63 亿克朗，其中 18 亿克朗用于短期支出，如垂钓设备、旅行、垂钓向导及餐饮住宿，用于船只等设备的支出大约为 45 亿克朗（Hyder et al.，2018）。

2．欧洲休闲渔业政策与管理 休闲渔业是欧洲内陆地区许多淡水渔业资源的主要或唯一用途。2008 年，欧洲内陆渔业咨询委员会通过并发布了《欧洲内陆渔业咨询委员会休闲渔业行为守则》，该守则专门针对休闲渔业问题和管理，旨在补充和扩展 FAO《负责任渔业行为守则》。然而，在欧洲，政府的政策文件对休闲渔业的负责任管理几乎没有给予关注，进而造成了政策制定者、国家和区域机构、负责任渔业管理组织之间在休闲渔业管理上的混淆。不过，一些国家和组织已经存在资源行为守则。在英国，国家垂钓联盟制定了垂钓者行为准则，涵盖了环境保护、一般行为、钓具和鱼类处理等方面。此外，覆盖丹麦、瑞典、芬兰、挪威、冰岛的北欧垂钓者协会已经制定休闲垂钓守则。

欧洲各国休闲渔业政策不同，以海洋休闲渔业为例，在海岸资源所属权、是否允许私自海钓、休闲垂钓与商业捕捞的法律划分标准、是否需要执照、装备是否有限制等方面，各国政策并不完全一致（表 3.4）（全国水产技术推广总站，2020）。

表 3.4 欧洲各国海洋休闲渔业管理政策比较

国家	沿海水域/渔业所有权	公共捕鱼权	与商业渔业区分	是否需要执照	不同种类海洋休闲垂钓是否有管理细则	捕获物限制	是否限制装备
芬兰	私有（深 2～500m）	是（所有权）	是否销售捕获物/渔具	是（部分）	是		是
爱沙尼亚	公有	是	否	是（垂钓卡）	未明确	否	是
拉脱维亚	国家	是	渔具	是（部分）	是	是	是
立陶宛	国家/私人	是	是	是（许可制）	否	否	是
波兰	国家	是	执照	是	否	否	否

续表

国家	沿海水域/渔业所有权	公共捕鱼权	与商业渔业区分	是否需要执照	不同种类海洋休闲垂钓是否有管理细则	捕获物限制	是否限制装备
瑞典	私有（深300m）	否	是	是（部分）	是		是
丹麦	公有，私人土地除外	是（有限制）	渔具	是	否	否	是
德国	国家	是	是否销售捕获物	是（票制）	否	否	是
荷兰		是	渔具	否	是	否	是
比利时			渔具	否			
英国	国家	是	是否销售捕获物	否	否	是（甲壳类）	是
爱尔兰	国家	是	否（海鲈除外）	否	否	是（海鲈）	是（海鲈）
法国			是否销售捕获物	是（容器）	是	是	是
西班牙	国家		执照/是否销售捕获物	是	是	是	是
葡萄牙	国家	是	是否销售捕获物/渔具	是	是	是	是
意大利	国家	是	否/渔具	否	是	是	是
马耳他	国家	是	是否销售捕获物	否	否		是
斯洛文尼亚	国家		是否销售捕获物/渔具	是	是	是	是
希腊		是	否	是（限船只）	是	是（限金枪鱼）	是
塞浦路斯			渔具	是（非垂钓）	是	是（一些）	是

在德国，休闲垂钓者和商业渔民都需要遵守最小禁捕鱼尺寸和禁渔季节等规定，两者的主要区别在于是否出售渔获物。垂钓者需购买垂钓票，其为终身制，但购买初始年龄有一定差别。垂钓票可在不同州间兑换，垂钓者还需支付垂钓税。在英国，休闲海钓不需要执照，但需要遵守国家海洋渔业管理条例和当地管理条例对最小可钓尺寸、捕鱼季节、捕鱼设备的相关规定。除个别情况，所有英国注册的渔船都必须获得执照后才能进行商业捕捞。法国对于休闲垂钓的定义是仅用于自己和家人消费，不用于销售的垂钓活动。对于商业捕捞，法国有一定的规定，但对于休闲渔业，法国的垂钓法规还有待完善。在芬兰，捕鱼和鱼类资源的管理权力在于水域所有者。在国有水域中休闲垂钓，必须获得垂钓执照，除18岁以下和65岁以上的人，任何垂钓或冰钓的人都必须向国家支付渔业管理费。在芬兰，休闲垂钓和商业捕鱼的区别在于是否销售捕获物和所使用的设备不同，并对禁渔期、捕捞规模、捕捞限额有规定（表3.5）。在波兰进行休闲垂钓需要购买执照，并规定了可采用的垂钓方式。

表 3.5 芬兰禁渔期、捕捞规模和捕捞限额规定

渔业资源种类	禁渔期	捕捞规模/捕捞限额
有脂鳍的鳟	芬兰湾全面禁捕。自 2019 年起，在全部海域禁捕	北纬 67°00′以北水域，至少 50cm
	在内陆水域，北纬 64°00′以南全面禁捕。不适用于从无海洋或湖泊连接的溪流或池塘捕获的鳟	其他允许捕鱼的水域，至少 60cm
	9 月 1 日至 11 月 30 日，河流和小溪	无海洋或湖泊连接的溪流或池塘，至少 45cm
无脂鳍的鳟	9 月 1 日至 11 月 30 日，河流和小溪	至少 50cm
鲑	9 月 1 日至 11 月 30 日，河流和小溪	至少 60cm。休闲垂钓鲑 2 尾/（d·人）
		北纬 63°30′以北波的尼亚湾
		至少 50cm
有脂鳍的湖鲑	武克希河和希托拉河（Hiitolanjoki）水域全面禁捕	至少 60cm
	8 月 1 日至 11 月 30 日，河流和小溪	
无脂鳍的湖鲑	根据条例地图附件的内容，6 月 1 日至 8 月 31 日，武克希河水域	至少 60cm
	8 月 1 日至 11 月 30 日，其他武克希河水域	武克希河水域，休闲垂钓鲑 1 尾/（d·人）
	9 月 1 日至 11 月 30 日，其他武克希河水域	伊纳里湖至少 45cm
河鳟	海上全面禁捕	北纬 67°00′以南至少 35cm，以北至少 30cm
	4 月 1 日至 5 月 31 日，内陆水域北纬 67°00′以南	
白鲑（*Coregonus*）	9 月 1 日至 11 月 30 日，流入大海的河流和小溪	
七鳃鳗（*Lampetra japonicum*）	4 月 1 日至 8 月 15 日	
梭鲈（*Sander lucioperca*）	4 月 1 日至 8 月 15 日	至少 42cm
小龙虾（*Procambarus clarkii*）	4 月 1 日至 8 月 15 日	
北欧螯虾（*Astacus astacus*）	11 月 1 日至 7 月 21 日	
窄钳龙虾（*Pontastacus leptodactylus*）	11 月 1 日至 7 月 21 日	

欧洲极重视渔业资源，将发展休闲渔业、保护渔业资源、维护渔业生态平衡三者相结合；同时，通过对休闲渔业进行大规模的调查，获得相应的捕捞量、垂钓地点、垂钓者消费等重要信息，深入分析和评估休闲渔业的社会和经济影响，以此用于休闲渔业的可持续管理。特别是英国法定机构长期以来建立的环境和渔业管理措施，在积极应对休闲渔业所面临的过度捕捞、环境问题、生物入侵、气候变化等方面，发挥了科学性和可操作性的指导作用。在英格兰一些小型封闭水域，通过适度使用鱼藤酮成功移除富有攻击性的外来小型鱼类——麦穗鱼（*Pseudorasbora parva*）。英国管理机构要求所有外来品种的引进都需要进行复杂的风险评估，从源头上阻止引进不合适的品种。同时，原用于海洋环境的基于生态系统的渔业管理措施，目前被广泛应用于英国淡水渔业，并被成功应用于利文湖褐鳟渔业的管理（Winfield，2012）。另外，英国通过启动一些都市渔业和其他发展项目，推动公众对环境问题的认知，宣传休闲渔业发展成就，或采取具体措施吸引更多人参与垂钓活动（垂钓基金会，2012），推动

休闲渔业的发展。

3．英国休闲渔业 休闲渔业专家伊恩·温菲尔德在他 2013 年的一次报告中对英国的休闲渔业进行了较全面的介绍。他提到，英国有相对较长的海岸线，大量的渔业水域资源。在英国，大约有 464 种海水和淡水鱼类，其中海水鱼类 368 种，以鳕形目（Gadiformes）、鲈形目（Perciformes）及鲽形目（Pleuronectiformes）鱼类为主。

淡水鱼类大约 96 种，主要以鲤形目（Cypriniformes）、鲈形目（Perciformes）、鲑形目（Salmoniformes）鱼类为主。

伊恩·温菲尔德在他的报告中提到，英国的海洋休闲渔业不需要执照，也没有过多的管理限制，渔获一般杀掉或消费掉，也有一些专业的休闲垂钓者选择将渔获放生（catch-and-release）。海洋休闲垂钓也有专门的网站，可为海钓爱好者提供相关信息。在英国，淡水钓很流行。娱乐垂钓或竞技垂钓，一般以钓鲑为主；溪流钓时钓所有的鱼类。淡水水域垂钓是需要垂钓证的，在一些私人的养殖池塘垂钓，还需要一些特殊的被允许的管理规定。

伊恩·温菲尔德在他的报告中提到，英国为了推动休闲渔业的可持续发展，越来越多的组织参与到休闲渔业的管理中，包括一些专业-志愿混合实体组织（hybrid professional-voluntary entities），积极建立成熟的休闲垂钓方案来配合国家和国际在鱼类环境可持续发展上开展的一些管理措施。另外，英国政府鼓励乡村渔业，以及通过推动其他发展方案，促进大家参与休闲垂钓（图 3.2），并鼓励休闲垂钓爱好者积极参与竞技垂钓。近年来，英国的休闲渔业参与人数明显增加。

图 3.2 英国乡村垂钓（刘雅丹研究员提供）

3.1.3 澳大利亚自然水域休闲渔业

澳大利亚人大多居住在距海岸 50km 以内的海岸带，渔业为该国的支柱产业之一。在澳大利亚，休闲渔业参与率最高的群体是 5～15 岁的儿童和 60 岁以上的老人，海洋休闲渔业占 80%以上。其中，新南威尔士州和昆士兰州休闲渔业人数占全国休闲渔业人数的 50%以上（Ernst and Young，2009）。

澳大利亚休闲渔业区域包括多个海域，并分布有不同休闲渔业品种。澳大利亚北部和西北部海域包括帝汶海、阿拉弗拉海、卡奔塔利亚湾、昆士兰州东北外海，水深多在 50～100m，可作业面积为 $94.4\times10^4km^2$，渔业资源包括金线鱼（*Nemipterus virgatus*）、中国枪乌贼（*Loligo chinensis*）、红鳍笛鲷（*Lutjanus erythropterus*）、各类对虾等。大堡礁海域，位于澳大利亚东北部，渔业资源包括金枪鱼、对虾、龙虾、牡蛎及蟹类等。澳大利亚东部海域，渔业资源包括刺金眼鲷、鳀、金枪鱼、鲣（*Katsuwonus pelamis*）、竹荚鱼（*Trachurus japonicus*）和各类对虾等。澳大利亚南部海域，包括塔斯马尼亚岛、巴斯海峡、大澳大利亚湾周围，主要鱼类资源有竹荚鱼、枪乌贼、金枪鱼、鲣、龙虾、鲍、扇贝、牡蛎、贻贝（*Mytilus edulis*）、对虾、柔鱼等。澳大利亚西部海域，主要鱼类资源有龙虾、贝类等（王鲁军，2020）。在新南威尔士州，有一些鱼类是指定专门用于游钓的。淡水鱼中，澳大利亚本国的鱼（除了一些被完全保护的品种以外）和鳟是指定专门用于游钓的，商业渔民只能捕捞鲤科鱼类和一些甲壳动物；在海水中，所有金枪鱼品种都受保护，不得进行商业捕捞。很多濒危鱼种是完全禁止进行商业渔业和休闲渔业的。

1．澳大利亚休闲渔业产业　据统计，2003 年，澳大利亚休闲渔业每年为社会提供了约 9 万个就业岗位，澳大利亚的休闲渔业除了一般费用支出外，每年用于渔具和钓具上的支出约为 6.5 亿澳元，用于与休闲渔业相关的车辆、船只、食宿和交通上的支出则高达 25 亿澳元。自 2001 年以来，澳大利亚渔业管理机构在一些州和北领地都用相同的调查方法进行休闲渔业调查。仅在墨累-达令盆地这一个地区，就有超过 1 万人被雇佣从事休闲渔业的工作，而且休闲渔业对当地经济的贡献近 13 亿澳元（West et al.，2015）。2016～2017 年，新南威尔士州休闲渔业开支最多，为 8.29 亿澳元，其次是维多利亚州，为 5.93 亿澳元，昆士兰州为 4.78 亿澳元。但维多利亚州休闲渔业者的平均支出最高，达到人均 1079 澳元，其次是西澳大利亚州，人均 1057 澳元，北领地人均 910 澳元（Feldman，2021）。

据估计，大约 340 万澳大利亚人每年都会参与休闲渔业。不过，另一个数据估算澳大利亚目前有超过 500 万休闲渔业参与者，休闲垂钓参与率最高在北领地（31.6%）、塔斯马尼亚岛（29.3%）和西澳大利亚州（28.5%）（Townhill et al.，2019）。在西澳大利亚州，2016 年的调查数据显示，有 74 万休闲垂钓者，每年为西澳大利亚州贡献大约 24 亿澳元的经济产值（图 3.3），其中，每年旅行费用大约是 18 亿澳元，每年钓具和游船的费用大约是 1.59 亿澳元和 3.89 亿澳元（刘雅丹研究员提供）。

图 3.3　西澳大利亚州休闲渔业（刘雅丹研究员提供）

同时，澳大利亚休闲渔业的发展带动了一大批相关产业的发展。在新南威尔士州，其 339 万休闲渔业者支持着全国近 400 个渔具批发商和 3000 多个渔具店，给澳大利亚人提供了数万个就业机会。同时，依赖于海洋旅游业，一份大堡礁海洋公园经济评估报告显示，2007 年大堡礁地区旅游收入超过 58 亿美元，旅游收入占大堡礁总收入的 94%，带动的直接和间接就业人员达 5.38 万人，全国范围内的经济增加值超过 54 亿美元（孙吉亭和王燕岭，2017）。

2．澳大利亚休闲渔业管理机构和政策　澳大利亚管理休闲渔业的最高政府机构为澳大利亚农业及水资源部，负责制定和实施休闲渔业政策及管理框架。澳大利亚休闲渔业组织

（Recfish Australia），作为代表全国休闲渔业者利益与政府对话的最高民间组织，旨在为全澳休闲渔业者搭建一个与政府沟通的平台，帮助他们在休闲渔业资源的可持续性管理方面向政府提出自己的意见。这一组织成立于 1983 年，原名为“澳大利亚休闲与运动渔业联合会有限公司”，1995 年更为现名。澳大利亚渔业立法始于 20 世纪 60 年代。澳大利亚联邦政府于 1994 年首次制定了全国统一的休闲渔业政策，突出强调渔业资源的健康发展对于社会、经济、文化可持续发展的重要意义；制定的休闲渔业目标是“高质量的休闲渔业机会”，可以理解为：政府有责任保护、保存、增殖休闲渔业的资源，并维持和提高公众参与休闲渔业的兴趣。

同时，澳大利亚休闲渔业管理主要由各州政府依据各州的立法实施并执行。各州政府为了保护当地的渔业资源，制定了详尽的管理办法，如新南威尔士州 1994 年通过了 4 部法规——《商业渔业管理办法》《娱乐性游钓管理办法》《水产养殖业管理办法》《渔业环境保护管理办法》（FAO，2016），随后制定了《海洋休闲垂钓管理规则》《淡水休闲垂钓管理规则》（FAO，2016）。澳大利亚政府还明确了联邦政府和州政府对沿海渔业保护区的责权划分，使得沿海渔业水域的管理落到实处，政府出台的政策也能发挥应有的作用。澳大利亚的休闲渔业规划都是通过州渔业管理部门对海岸带资源进行管理和规划的，确定休闲渔业资源可持续发展目标，提出海岸带资源开发利用指导原则，解决休闲渔业与商业渔业、休闲渔业与海洋环境保护的问题。把发展休闲渔业与野生资源管理、区域性海洋养殖及海洋保护区战略的制定相结合，统一进行规划和部署。联邦政府主要负责海洋管理立法，对州政府的执法进行监督与协调，确定国家级海洋自然保护区，对特定野生鱼类资源和一些洄游鱼类资源进行管理保护，对渔业资源实行严格的限额捕捞和总量控制制度。

澳大利亚联邦政府和渔业行业共同出资成立了渔业研究与开发有限公司（Fisheries Research and Development Corporation），这是全国最高的战略研发实体。它成立于 1991 年，是法人机构，直接由联邦农业及水资源部管理，在全国渔业科研项目的规划、投资、实施、评估、监管方面起协调和领导作用，并根据科研项目的评估结果为政府的政策调整提供科学依据。渔业研究与开发有限公司下又设休闲渔业研究（Recfishing Research）作为国家级专门研究机构。该机构聘请数位对于休闲渔业有着较深的了解，或具备较强的吸引研究基金能力，或促进研究成果转化能力的业内专家，组成专家指导委员会，并通过他们与各级政府部门和相关行业保持紧密的联系，对全国性和跨区域研究项目的优先顺序、立项筛选、资金投入、技术支持、项目管理、成果评估及成果推广提供战略性的专家意见，以便更好地开展全国性及跨区域性的休闲渔业科研项目，并推广科研成果的实际运用，进而有助于切实保证有关全行业发展战略的科研项目按计划完成并达到预期目标，为联邦政府适时地调整监管政策和管理法规服务。2008 年，澳大利亚政府成立了休闲渔业顾问委员会（Recreational Fishing Advisory Committee），旨在由其负责重新审议于 1994 年出台的全国休闲渔业政策，制定适应新形势的全国休闲渔业发展战略。

澳大利亚在联邦政府的支持下，于 1996 年正式出台了澳大利亚首部《全国休闲渔业与运动渔业行为准则》，后又经过 2001 年、2008 年、2010 年多次评审与修订，成为适用于全澳大利亚所有休闲渔业活动的参与者、休闲渔业组织代表、休闲渔业行业、渔业媒体和渔业相关组织的行为准则。该准则从人道地对待鱼类、关爱渔业、保护环境、尊重他人权利四个方面强调渔业行业的责任。以这四项责任为指导方针，该准则提出了 14 条具体原则：要求全体休闲渔业入渔者及时并合法地放生多余和非法的渔获；及时并人道地处理留作食用的渔获；

使用合法并适宜的捕钓器具；把渔获数量控制在合理所需之内；支持并鼓励一切保护、恢复、促进渔业发展与水生资源的活动；自觉遵守各项渔业法规；举报违规行为；主动清理垃圾；杜绝并举报污染环境和破坏环境的现象；保护野生环境和物种；避免与野生物种不必要的接触；尊重内陆和海岸水系的使用者；非获准许不得进入私人和原住民传统领地；保护自己及他人安全。

澳大利亚的休闲渔业政策可以从四个方面去理解，包括渔业经济区管理政策、捕捞限额制度、渔业许可证制度、养殖生产许可证制度。渔业经济区管理政策：①根据各渔业经济区的资源状况，规定当年的捕捞总量；②根据捕捞作业方式设置相关管理规定；③对捕捞船只的数量进行限定；④设置休渔期；⑤在鱼虾幼体栖息地设置长期禁渔区；⑥限制捕捞网具网目和尺寸；⑦设置捕捞鱼类的最小可捕标准。捕捞限额制度：①同时规定捕捞总量和个人捕捞配额；②按照渔船主机马力和船舶吨位分配渔民的捕捞配额，捕捞配额可以转让和买卖。渔业许可证制度：澳大利亚实施渔业许可证制度，捕捞许可证可以转让和买卖，许可证每年在渔业管理局重新登记一次。养殖生产许可证制度：企业在拿到养殖生产许可证前，必须邀请由政府指定的监测部门对养殖水域的水质等本底环境进行调查，符合要求后方可进行养殖。此外，在养殖过程中，环境监测部门对养殖区域会进行定期或不定期的环境监测，以查看养殖区域是否符合相关环保要求。针对游钓业，新南威尔士州政府制定了《海洋娱乐性游钓管理规则》《淡水娱乐性游钓规则》，规则主要内容有：①限制最大捕捞量；②规定最小游钓鱼类规格；③设置禁捕鱼类；④对游钓方法进行详细规定；⑤对娱乐性游钓的区域进行限制；⑥规定鱼类产卵期的禁捕时间等（王鲁军，2020）。澳大利亚州政府渔业监督管理机构同时代表联邦和州政府行使职权。管理机构的主要职责有：①注册、登记捕捞许可证；②引导、疏通作业渔船；③检查所辖海域渔船的作业情况；④使用水上飞机进行检查（王鲁军，2020）。

澳大利亚缔结了《南方蓝鳍金枪鱼养护公约》《中西太平洋高度洄游鱼类种群养护和管理公约》《南太平洋公海渔业资源养护和管理公约》《南极海洋生物资源养护公约》等协定或公约，澳大利亚也同意遵循南极海洋生物资源保护委员会的相关原则管理与南极海洋生物资源养护区毗邻的某些国的渔业法规。此外，澳大利亚通过与东南亚合作，共同主持“促进负责任捕捞做法的区域行动计划”，打击非法、无管制、未报告的捕捞活动（王鲁军，2020）。澳大利亚资源保护政策的实施和开展，也推动了海洋渔业资源的恢复。例如，大克佩尔岛海洋自然保护区占整个大克佩尔岛 $700hm^2$ 珊瑚礁面积的 28%，但其幼鱼孵化量却占到 50%，而且该研究确切地证明了那些开放捕捞活动的渔场内的鱼类种群数量能够从海洋自然保护区得到补充（FIS，2012）。

3. 澳大利亚休闲渔业管理措施 澳大利亚各级政府非常重视制定休闲渔业管理制度，在全澳大利亚 6 个州和 2 个领地均制定各自独立并完整的监管法规和条例，适用于辖内海水和淡水水域各种形式的休闲垂钓和捕捞活动，包括采取许可执照制度，对渔获品种、数量、规格、渔期、渔区的限制，对可用于休闲渔业的渔具、品种、规格、数量等各个细节，都有非常明确的规定，并实时在政府网站上公布最新信息。在澳大利亚，钓鱼许可分为完全许可、部分许可、特殊许可，不同的州和领地根据本地的情况采取不同的制度。实行完全许可证管理的有新南威尔士州（包船除外）和维多利亚州（含包船），这两个州均把需要办理钓鱼执照的最低法定年龄限定为 18 岁。实行部分许可证管理的有昆士兰州、西澳大利亚州、塔斯马尼亚州。南澳大利亚州、北领地、澳大利亚首都领地属于不强制实行许可执照管理的区域，但是，对于捕捞特殊品种的情况也都出台了本地区的特殊管理条例。休闲渔业主管部门通过销售“钓鱼许可执照”，不仅获取本地休闲渔业的第一手资料而有助于区域管理措施的制定与实施，同时也为地方财政增加了收入来源并直接用于休闲渔业的发展上。

在澳大利亚，休闲渔业所允许的钓鱼方式包括竿钓、鱼叉、手捉、指定的网具捞鱼。用于钓鱼的鱼饵也是休闲渔业的组成部分，在游船上的垂钓，也包括在休闲渔业之内。最多可以在每根线上使用3个鱼饵，在岸边垂钓最多使用2条鱼线，鱼竿和鱼线必须连在一起。鱼叉——除了一些海洋保护区和潜水沉船区域，通常海域都可以使用，但是所有内陆水域（河流、支流、水坝）都禁用鱼叉捕鱼。为了保护鱼类，以下的工具和活动是严格禁止的：陷阱类的捕鱼工具（龙虾笼和鱿鱼笼除外）、各种爆炸物或鱼类毒素、商业钓鱼工具、电网。潜水者不能使用任何水中呼吸的工具或任何氧气设备；夜里不能使用灯光叉鱼，不能用枪或火器打鱼，鲍和龙虾等种类只能用手捉。在澳大利亚，螃蟹的捕捉方式包括徒手、手持的线钩、直径小于1.5m的网［1人最多一次下10个网，或者一艘船上10个（无论船上有多少人）］、内部直径不超过375mm及深度不超过210mm的手持塑料或线网兜。除了以上4种方法外的其他捕捉螃蟹的方法都会视为违法捕捞。综合考察澳大利亚休闲渔业发展政策与管理制度，了解澳大利亚各级政府和民间组织的实施战略与管理措施，将有助于取长补短，促进我国休闲渔业的管理及其合理发展。

澳大利亚限制渔获数量和规格的主要手段是设定每日每人可拥有的渔获量和单品尺寸，休闲渔业入渔者个人渔获不得超出每人数量限制，船钓时全船渔获量不得超出每船数量限制。在39种可游钓的海水鱼类中，数量限制为2～20条，限制也适用于22种无脊椎动物；除了有特殊限制外，一般的鱼和无脊椎动物是20条。19种海水鱼和9种无脊椎动物有最小规格限制。规格限制一般是以雌鱼成熟的大小为基础，鱼的规格限制也适用于商业捕捞，不过商业捕捞的规格需要受到市场喜欢的规格或网具规格的影响（图3.4）。

图3.4　西澳大利亚州休闲垂钓（刘雅丹研究员提供）

澳大利亚注重休闲渔业资源保护。澳大利亚建立了全球最大的海洋保护区网络，占澳大利亚专属经济区的 28.5%。澳大利亚的休闲渔业管理政策规定，任何未达到尺寸规格的渔获物都必须放生，以免破坏水生物种的自然繁衍周期；任何受联邦、州、领地立法保护的濒危品种都必须放生，以免加剧澳大利亚特有水生物种及全球珍稀水生物种面临的灭绝风险。渔获放生（catch-and-release）是澳大利亚休闲渔业中普遍存在的休闲方式。在新南威尔士州，捕获的旗鱼有 90%被放生，这些被放生的鱼都打上了标签。在许多垂钓比赛中，包括淡水和海水，都设定了对于钓上的鱼处置的规则，处死或放生，通过执行有关法律的规定进而达到与环境和谐的休闲渔业的目的。

澳大利亚建立了其独特的休闲渔业信息管理系统，该系统是在现代渔业技术的应用基础上，对信息网络进行构建，在网络平台上对渔业信息进行收集和分享。全面而准确的渔业信息对休闲渔业资源的开发和管理具有巨大的帮助。澳大利亚政府注重对休闲渔业信息的收集和管理，如 2000 年在全国范围内对休闲渔业和本土渔业进行调查（National Recreational and Indigenous Fishing Survey，NRIFS）。2013～2014 年，澳大利亚又进行了一项全国范围的休闲渔业和本土渔业的调查，有助于了解休闲渔业的变化。此后，澳大利亚于 2017～2018 年进行了全国范围内的第三次休闲渔业调查。第四次全国范围的休闲渔业调查于 2019～2020 年开展，调查休闲垂钓者的目的地和钓鱼方式、渔获种类、钓鱼周期等信息。这些持续的、不断更新的调查数据，为澳大利亚政府衡量休闲渔业的发展及评估以后的发展提供了夯实的基础数据。

4．澳大利亚休闲渔业代表性案例介绍——尤坎本湖夏季休闲渔业 在新南威尔士州的雪山地区，尤坎本湖是最大的蓄水区，其主要渔业目标有虹鳟、斑点鳟、褐鳟。新南威尔士州渔业主管部门根据尤坎本湖的鳟类休闲渔业的量化波动，包括捕捞努力量、捕获量、鱼类物种组成、生长周期分布和库存鱼资源的百分比等，实时调整休闲渔业管理措施。根据新南威尔士州开展的渔业调查结果，2013～2014 年，尤坎本湖所有物种的渔获率比 2000～2001 年下降了 25%。因此，基于统计尤坎本湖内的游钓渔船和岸基垂钓作业的渔获和放生的比例，以及收集渔民的捕鱼方式和放生习惯等，新南威尔士州渔业主管部门审议了当前渔获限制和资源保护策略的有效性，并进行了强化管理。经过 2 年的强化管理，据 2015 年 10 月 31 日至 2016 年 1 月 31 的调查结果显示，休闲垂钓者可以钓到更多和更大的虹鳟和褐鳟，并使游钓船的休闲垂钓努力量增加了 2 倍。而且，垂钓者自愿释放了大部分符合规格的渔获物，船钓和岸基钓的褐鳟放生比例分别为 94%和 73%，虹鳟船钓放生比例为 96%，其中因规格太小或因数量限制而放生的只占 0.1%。

对尤坎本湖进行强化管理的一项有效措施就是将该湖限制为人工捕捞渔场，仅限于飞绳钓和饵钓，进而有效限制渔获。在船钓中，大多数垂钓者使用钓饵（73%）；而岸基垂钓中使用钓饵占 53%，飞绳钓占 29%。调查还显示，超过 83%的钓上的虹鳟是自然繁殖，而不是养殖的。但是这种限制管理可能导致垂钓参与者的潜在损失，以及随之而来的对当地经济的影响。同时，尤坎本湖管理规定还包括投入限制（如最多只能带 2 根钓竿，产卵河流实施季节性休渔）和输出控制（如渔获数量限制和最小规格限制）。此外，还利用虹鳟的增殖放流来增加湖泊的休闲渔业资源，自 2001 年以来，每年有 15 万尾虹鳟被放到这个水体。

新南威尔士州基础产业部 2012 年制定了“2012～2017 年澳大利亚新南威尔士州的雪湖

鳟渔业发展战略”，管理尤坎本湖渔业是主要目标，管理措施包括渔获的最大化（长度从 40cm 提高到 50cm，重量从 1kg 提高到 2kg）。同时，为了确保尤坎本湖及新南威尔士州休闲渔业的可持续发展，在执行上述相应管理政策之前，他们也制定了相应的管理框架。框架的关键要素包括：确定休闲渔业的经营目标；将目标与渔业绩效指标联系起来；确定为实现目标可接受的风险；用于绩效指标参照的限制点、触发点、目标；评估渔业绩效的监测战略；根据目标评估休闲渔业绩效；控制捕鱼活动强度和（或）捕获量的决策规定。跨学科科学家与管理人员密切合作，并与其他州的管理人员合作，进而有助于新南威尔士州淡水休闲渔业，特别是尤坎本湖的渔获管理策略的制定。

3.1.4　亚洲自然水域休闲渔业

亚洲的休闲渔业发展稍晚于北美，在 20 世纪末开始兴起。不同于欧美，亚洲的休闲渔业在发展休闲垂钓的同时，还利用渔业环境资源开发多样化的体验式休闲活动，重视对渔场、渔港、渔业设施、道路交通等的建设，结合渔旅环境的开发而吸引休闲渔业参与者。

在亚洲，日本是渔业大国，也是休闲渔业起步最早的国家。20 世纪 70 年代以后，日本政府提出了“面向海洋，多面利用”的发展战略，实施了沿岸和近海渔场的整治和“渔港渔村综合整备事业”，并制定法律法规开始发展休闲渔业。其休闲渔业起步于游钓业。20 世纪 70 年代以后，日本的经济快速发展，国民休闲时间大幅增加，休闲垂钓者快速增长，推动了休闲渔业的快速发展。相应的，日本政府建立了休闲渔业组织，国家立法实行游钓准入制度。同时加大科技投入，特别在污染监测和治理方面投入大量的科技资源，研究出有效的污染监测和治理技术，使渔业环境得到明显改善。同时，日本在人工鱼礁研究领域分析了人工鱼礁与鱼类的关系，投放和设置人工鱼礁，并大量增殖放流各种鱼苗，促进渔业资源恢复，为休闲渔业的发展奠定了基础。而日本休闲渔业的发展也推动了周边国家根据各自特有的渔业水域和产业资源发展特色的休闲渔业。

日本地处太平洋，四面环海，渔业资源非常丰富，是世界上最主要的渔业大国之一。日本养殖和增殖的鱼类品种有鰤（*Seriola quinqueradiata*）、真鲷（*Pagrosomus major*）、银大麻哈鱼、鲆鲽类、马鲛、红鳍东方鲀（*Takifugu rubripes*）、蓝旗金枪鱼、日本银鱼、河鲈（*Perca fluviatilis*）等。同时，日本不同县也会选择本土特色种类作为增殖对象加以开发，如北海道和青森的虾夷扇贝（*Mizuhopecten yessoensis*），秋田的日本叉牙鱼（*Arctoscopus japonicus*），大分的横滨黄盖鲽（*Pseudopleuronectes yokohamae*），石川和福井的雪蟹（*Chionoecetes opilio*），鸟取和岛根的白扇贝等。

韩国也是亚洲休闲渔业发展比较好的国家，其海域面积是陆地面积的 4 倍，海洋渔业资源丰富，为发展休闲渔业提供了良好的条件。韩国的海洋渔业资源分为三部分——东海岸、西海岸、南海岸，各海岸有不同的自然条件和特点。东海岸地形险陡，常年有寒暖流交替，盛产狭鳕、鳕、毛刺蟹、朝鲜花冠小月螺（*Lunella coreensis*）、鲍。西海岸大部分地质为沙泥质，潮差大，盛产黄鱼（*Larimichthys* spp.）、带鱼（*Trichiurus lepturus*）、鲐（*Scomber japonicus*）、蛤、鲍、龙虾、对虾、美洲蓝蟹（*Callinectes sapidus*）等。南海岸相对较浅，但海岸线较曲折，港湾深邃，盛产日本鳀（*Engraulis japonicus*）、鲐、牡蛎、贻贝、甲壳类、章鱼、鱿鱼等，是发展养殖业的天然场所。韩国境内江河较少，没有大的湖泊，气候偏寒，故淡水养殖发展较慢。淡水渔业资源包括黑鱼（乌鳢）（*Channa argus*）、日本白鲫（*Carassius cuvieri*）、鲇、黄颡鱼（*Pelteobagrus fulvidraco*）、鲤等。

1．亚洲休闲渔业产业　亚洲休闲渔业起步较早的是日本。韩国利用渔业资源发展休闲渔业也取得一定的经济效益。我国台湾省20世纪80年代开始发展休闲渔业，不过，我国大陆21世纪初休闲渔业才开始慢慢发展。

1）日本　日本休闲渔业最初和最主要的形式为游钓业。1993年，日本游钓人数已达3729万人，占全国人口的30%。游钓业的发展逐步带动了其他产业的发展，如休闲渔业服务和游钓器具制造等。据2008年的一次数据调查显示：日本从事海上休闲渔业的经济实体有5900多个，占渔业经营体的10%；将近165万人利用游船游玩；104万人参与休闲渔业的娱乐活动。除了从事休闲渔业的经济实体数量与日俱增，休闲渔业协会数量也不断增加。日本2008年的统计数据显示有渔业协会1040个，其中和休闲渔业挂钩的将近20%，实现了休闲渔业经济实体、渔民、渔业协会共同管理。同时，根据日本《休闲白皮书》及网络研究的数据估算，2013～2017年休闲垂钓的人数从640万人增加到986万人（Nakamura，2019）。

据估算，日本全国休闲垂钓者每年创造了大约136.8亿日元的直接经济效益，其中，居住于栃木（Tochigi）的休闲垂钓者创造了大约64亿日元（Nakamura，2019）。利用旅游消费的方法（travel cost method，TCM）进行的估算结果显示，每年大约有15万垂钓者到访丹后湾（Tango Bay），因旅游和消费分别产生的休闲渔业经济值估算大约是38亿日元和117亿日元（Nakamura，2019）。

2）韩国　韩国的休闲渔业主要包括垂钓产业和渔村体验观光业。调查显示，韩国的垂钓人口在2013年达到了约705万。目前，韩国的垂钓产业市场规模约为17 131亿韩元，服务业13 386亿韩元（提供信息服务的206亿韩元，提供场所服务的2694亿韩元，其他服务的10 486亿韩元），垂钓用品产业3619亿韩元，其他约为126亿韩元。韩国的体验观光是在政府和地方自治组织的支持下从2001年正式开始的，城市居民通过“城市和渔村的交流”活动直接来到渔村参与体验，目前，参与活动的人数已经达到80万，预计到2023年渔村体验观光人数能达到大约100万。同时，韩国沿岸和内河地区的高速铁路和高速公路网等交通基础设施的强化正好与国民业余休闲需求的增加相得益彰，产生了协同效应。沿岸客船的游客数从2010年的1430万逐渐增加，至2017年增加到1690万，渔旅人数的增加也促进了垂钓人数的增加和渔村体验观光的发展。

2．亚洲休闲渔业管理机构与政策和措施　亚洲不同国家根据其休闲渔业资源、休闲渔业发展状况，结合政府机构管理特征，制定了相应的管理政策。

1）日本　日本休闲渔业起步较早，其相应的管理政策也比较完善。1970年，日本农林水产省为了协调海上休闲娱乐业与渔业的关系，专门在各地配置游渔管理员，其重点工作是监督各省市设置的渔场使用协调协会，对当地渔场进行现场管理。1983年，政府出台《沿岸渔场装备开发法》；1988年，日本制定了《关于规范游船渔业的法律》《休闲垂钓业规范化管理条例》，进一步规定：任何一种游船经营必须向县知事（相当于县长）提出申请方可营业，政府颁发的相应登记证书，可在游钓渔船上展示。1994年，日本农林水产省设置了“海上休闲活动利用室”，而且，原来的渔场使用协调协会正式改为渔场使用协会。另外，日本的渔业立法相当完善，形成了以《渔业法》《水产基本法》等产业基本法为主，还包括《海洋生物资源保护与管理法》《水产资源保护法》《关于在专属经济区行使渔业等主权权利法》《外国人渔业活动规制法》《沿岸渔业改善资金助成法》《沿岸渔场整顿开发法》

《中小渔业融资保证法》《渔业近代化资金助成法》《渔船法》《渔港法》等15部基本法和多个相关法律在内的多层次的法律法规体系网，进而不同范围和不同层次地调整渔业经济包括休闲渔业经济关系等。

20世纪90年代初，为了保持渔业发展和振兴渔村经济，日本提出了“富有魅力渔村建设”计划。1993年，日本在农村和渔村地区推出含有休闲度假意义的“绿色旅游”，目的在于发挥海洋空间的创造力和突出渔村特色来振兴渔业经济，建设以人为本和魅力无限的当代渔村。另外，日本政府很重视渔业领域不同产业的协同发展。日本农业问题专家今村奈良臣于1996年首次提出6次产业化，做法主要包括水产品的直销、水产品的加工、体验观光渔业、经营民宿和旅馆、渔家餐馆、休闲观光渔业、休闲潜水、水产废弃物的再利用等。日本农林水产省首先在1999年的《食品、农业、农村白皮书》中，概念性地提出6次产业化对日本农渔业和农渔村的重要性。2010年3月，日本出台《新食品、农业、农村基本计划》，提出为全面振兴农渔业和农渔村及实现农渔村的可持续发展，重要措施之一是推进6次产业化。为了配合国家的方针政策，水产厅也出台了相应的资金支持措施，财政补贴32亿日元，用于各种硬件和软件建设，改善渔村的基础设施环境。2011年在水产厅内成立了“水产业6次产业化推进团队”，以强化渔业渔村领域6次产业化的体系建设。同年，日本在各都府县内设立了“6次产业化支援中心”，中心内设置“6次产业化规划师”一职，具体负责6次产业化案件的挖掘，帮助解决6次产业化过程中遇到的各种问题。同时，日本政府鼓励渔业者建立一体化“渔港、渔场、渔村”，将渔港、渔场、渔村有机结合起来，大力发展栽培渔业和“鱼类牧场”，在沿岸水面和近海实施渔业的农牧化。2011年起，日本政府积极联合地方渔业团体，将渔业者制定的自主管理制度综合进行考察并实施资源管理方针和计划，鼓励渔业者加入渔业资源管理的队伍中。

日本对休闲渔业的管理主要使用“渔业权”，管理制度包括渔具渔法，以及捕捞区域和捕捞时间的规定。各地政府对船钓渔法和渔具都有不同规定，但总体来讲，渔船允许使用的渔具渔法包括手钓、竿钓、抄网、投网、鱼叉、捞耙。对不同鱼种设定渔获配额，例如，2018年1月，蓝旗金枪鱼（*Thunnus thynnus*）捕捞量接近了配额，日本农林水产省要求渔民和垂钓者自觉暂停捕捞30kg以下的小型蓝旗金枪鱼。同时，日本政府鼓励渔协与船钓团队的合作。2008年日本渔业普查数据显示，当年有211个渔协与船钓团队合作，在资源保护、资源增殖、环境保护三个领域开展合作。同时，日本的《渔业法》赋予渔业经营者从事不同渔业活动。日本的渔业权按不同的内容可以分为定置渔业权、区划渔业权（特定区划渔业权）、共同渔业权3种。同时日本《水产业合作法》规定：允许渔业协同组织把经营潜水事业项目列入其经营范围，并允许征收相应的海面使用费和海面环境保护费。但潜水时佩戴自给式水中呼吸器潜水必须提前经过专业潜水团队指导和进行相应的训练，教授持证上岗，受训后，颁发给学员潜水受训证明（centification card，简称C卡）。

另外，“农林渔业体验”也是日本休闲渔业的重要方式。日本农林水产省给出的定义是“渔业体验的目的包括加深体验者对水产品生产现场的理解及提高关注度、进一步加强将体验感受与家人共享等”。日本的渔业体验一般由各地渔业协同组织负责。体验者可以了解渔民实际作业的状况、渔获物可现场加工或购买带回，同时，也可以留宿于办理过登记手续的农林渔业体验民宿。日本于1994年制定了《农业渔村余暇法》，2005年修订。日本农林水产省在推进农林渔业体验活动中也做了大量的工作，包括：为关心农林渔业体验活动的人士定期提供相关信息情报；为想体验农林渔业生产的人士提供体验地点等信息；为拟从事或已经从事农林渔业体验活动的经营者提供指导和咨询；编写相关教材在学校推广使用。同时，日本千方百计地加强海上旅游观光和海上休闲娱乐项目的建设，统筹海上休闲活动的安全管理，建立部门间沟通联系机制，根据辖区安全形势组织渔业、旅游业、警视厅（公安机关）等部门开展联合执法，树立合理利用海洋、共同发展海洋的目标。

日本也特别注意在保护渔业资源及推动渔业的可持续发展领域立法。1996 年日本出台了《海洋生物资源保护和控制法》。1989～2018 年，日本成立的区域渔业管理组织有中西太平洋渔业委员会（Western and Central Pacific Fisheries Commition，WCPFC）和北太平洋渔业委员会（North Pacific Fisheries Commission，NPFC），主要从事金枪鱼物种和太平洋公海的太平洋秋刀鱼的管理。2001 年，在渔业形势发生重大变化的背景下，日本制定了《渔业基本法》，作为整个渔业产业（包括加工和分销）综合目标的渔业政策指导方针。对于内陆水域渔业，2014 年制定了《促进内陆水域捕捞法》，作为促进内河渔业的中期指导方针。2018 年，渔业相关政策开始了改革，修订了《渔业基本法》，也修订了资源管理办法、捕捞许可、捕捞权等渔业生产基本制度。为维护日本与周边国家和地区的关系，日本还与周边国家签订协定等。同时，还促进了预防、遏制、杜绝“三不”（不合法、不上报、不符合规定）的捕捞行为的国际行动。同时，日本政府要求收集对资源评估和资源管理有利的重要渔获量信息，由地方领导批示的渔业活动有义务提交渔获量记录报告，有捕鱼授权的渔业活动也有义务提交一份关于资源管理和渔场使用情况的报告，积极推广通过电子手段进行报告和收集渔获量信息的智能渔业活动。另外，日本的不同地区，每年主要由地级养殖渔业中心实施鱼苗放流计划，来修复渔业生态及增加渔产资源。

2）韩国　韩国休闲渔业主要包括垂钓产业和渔村体验观光业。在过去的几年中，韩国在垂钓产业振兴政策和渔村观光体验发展政策两个方面做了诸多努力。韩国政府制定了《第一次垂钓振兴基本计划（2014—2018）》，到 2018 年，已经在改善垂钓场环境、扩大垂钓用品市场、垂钓经营者专业教育等方面投资了 308 亿韩元。目前的垂钓产业振兴政策以《垂钓管理及发展法》为法律依据，通过促进垂钓产业服务先进化和健全垂钓文化等进而为垂钓产业可持续发展奠定基础（表 3.6）（全国水产技术推广总站，2021）。2011 年，韩国成立“垂钓产业发展 TF（task force，特别小组）”，韩国政府新制定《垂钓管理及建设法》，将垂钓产业

表 3.6　促进渔村观光发展的政府扶持政策

项目名称		扶持规模及对象	扶持内容
渔村观光开发	渔村体验观光扶持	国库 50%，地方经费 50%	体验、度假设施扶持道路、上下水道等基础设施
	江滨码头建设（商议新项目）	未定	探访路、周末观光农场等体验度假设施、开发城市中心休闲型、田园度假型、居住型等各种模型
	十大高端渔村建设	国库 50%，地方经费 50%	共同开发渔港和腹地渔村
专业化渔港开发	多功能渔港开发	国库 100%（公开募集）	开发复合型、多功能综合渔港
	渔村驿	国库 100%（公开募集）	开发小规模滨海码头设施
	美丽的渔港开发	国库 100%（公开募集）	地区名胜地品牌价值的创造

资料来源：韩国海洋水产部（2013）

分为 7 个部分，即钓具制造业、钓具销售业、垂钓船产业、垂钓场产业、钓具进出口业、垂钓渔业供给业、其他服务业。韩国政府也制定了系列政策措施（表 3.7）（休闲渔业国内外经验与启示，2021），促进韩国休闲垂钓业发展。《垂钓管理及建设法》专门提出“垂钓船产业者”需进行垂钓船产业经营执照的申报，同时将“垂钓场产业”定义为以营利为目的的在垂钓场规划一部分水域或者设置相关设施为垂钓者提供场所和便利的一种营业，并规定了垂钓场产业的许可、许可标准、许可有效期、许可取消、水面使用的协议，以及垂钓场产业的登记、登记标准、有效期、登记取消、垂钓者从业者等的遵循事项，以及垂钓场产业的继承、废弃措施、休业、停业等的申请。

表 3.7　振兴垂钓产业的政府扶持政策

政策课题	开展的主要课题
构建垂钓产业稳定的法律基础	完善垂钓相关法律制度
	进行垂钓活动（地点、人次、垂钓鱼）相关统计
	建立垂钓政策管理
	引进垂钓许可制、环保税收等垂钓管理制度
形成兼顾资源、环境、安全的健全的垂钓文化	实施教育、宣传
	名誉检察院制度的实施
	垂钓门户网（垂钓天地）的建设
通过建设高档垂钓场所增加渔家收入	支持建设垂钓场、垂钓船便利设施
	垂钓场制度的实施
	建设垂钓小镇
	垂钓资源的构成和管理
通过振兴出口和观光产业化发展垂钓产业	开发环境友好型垂钓工具及引进认证制度
	扶持制造业出口的政策（参加博览会的扶持）
	发展与垂钓相关的观光业

资料来源：韩国海洋水产部（2013）

3．亚洲休闲渔业代表性案例　因其独特的地理优势和具有悠久渔业生产历史，日本神奈川县休闲渔业成为亚洲休闲渔业发展的标杆。神奈川县被相模湾环绕，风景秀丽，渔业资源丰富。由于沿岸居民长期从事渔业生产工作，再加上明治维新至今，神奈川县一直拥有日本重要的港口，因此，该县海洋历史建筑文化和风景文化的资源十分丰富，相关的观光渔业旅游项目十分发达。围绕着美丽的江之岛，游艇往返于叶山和逗子等地，形成了以游艇体验为核心的绕岛游艇观光项目，吸引了大批境内外游客。神奈川县境内，早于日本战国时代的小田原历史悠久，同时具有悠久的渔业生产历史。利用本城丰富的历史和渔业文化资源，如独具特色的大大小小的渔协市场及以“渔”为主题的特色餐厅，神奈川县也推出了围绕小田原的一系列游艇观光旅游项目，体验“小田原海船钓大会”“小田原箱根博览大会”“一夜城节”等地区特色文化节目等。另外，横须贺自明治时代以来，便是日本的重要军港与造船中心。见证明治维新后日本崛起的著名军舰三笠号，以及如今作为历史遗迹景点开放的猿岛基地遗址等均坐落在横须贺市，丰富的历史文化遗产使得神奈川县发展起以参观旅游横须贺市为主题的渔旅项目，每年也吸引了大批境内外游客。

神奈川县是一个具有悠久渔业生产历史的地区，因而具有各种当地的传统渔业文化节目。除了各个地方城市的本地渔业文化节目以外，著名的“全国打造富饶海洋大会”也在神奈川县举行，由日本农林水产省支持，每年在横滨市举行的这场盛会能吸引超过 6 万人的到来，同时在小田原市和三浦市也会同步设置大会的分会场，总计能招揽超过 10 万人来参加盛会，这些人的住宿、饮食、交通及商品购买的消费也给神奈川县带来了巨大的经济和社会效益。另外，日本和歌山县的体验观光渔业、福井县的渔家民宿、三重县的农渔家餐馆、新潟县的休闲潜水，以及京都府的游钓休闲渔业，也是日本各县地方在休闲渔业观光和垂钓渔业等开展的特色实践内容，繁荣了当地经济的同时，也极大地推动了日本休闲渔业的发展。

3.2 美国池塘休闲渔业

美国农场池塘养殖鱼类主要包括大口黑鲈、斑点叉尾鮰、太阳鱼等。养殖鱼类也大都是当地民众喜爱的垂钓品种。

3.2.1 垂钓池的选择

建造完善的池塘可为管理者提供许多好处，而不完善的池塘存在众多隐性问题。修整有问题的池塘通常价格昂贵，甚至比建造一个全新的池塘都贵。因此，在美国，对垂钓池花时间进行适当的规划很重要。

1．选址 垂钓池规划第一步是找到一个合适的池塘地点（图 3.5）。地形地势和土壤质地往往会限制潜在的池塘选址。池塘的水源有三种——径流来水、挖掘出水、其他水源。径流来水池塘是指由雨水径流填充的池塘，这种池塘通常设在缓坡上，并伴随有 1～3 个水坝。挖掘出水池塘基本上是地面上的土坑，通常由地下水填充，不能被排出。其他水源池塘是在平坦的地方挖出来的，利用挖出的土壤建起四周堤坝。其他水源池塘需要水井提供地下水，或泵入地表水。垂钓池建议使用井水，因为地表水可能引入不受欢迎的鱼种和寄生虫。如果被迫必须使用地表水，用细网筛过滤水可以帮助缓解这个问题，但很难保持这种网筛的清洁和完整。

图 3.5　林地围绕的鱼塘

在超过 5%的陡坡上，通常在此建造池塘是不可取的；这种地方建造一个小池塘往往需要配套一个高大的水坝。缓坡能为径流来水池塘的建造提供有利条件。为了使池塘能够蓄水，土壤应至少含有 20%的黏土。最好的土壤是粗细颗粒混合，包括黏土、淤泥、沙子和砾石。地面被石灰岩覆盖的地区可能出现基岩裂缝甚至天坑，不适合建造池塘。

2．设计 确定合适的地址后，方可根据现场情况和池塘的主要用途对垂钓池进行设计。预期的池塘容量与本流域的面积和特征相匹配是至关重要的。大径流会导致池塘水流量过大，把鱼和肥沃的水一起冲到下游，甚至损坏大坝。太小的径流则不能使池塘蓄满足够的水。1hm^2 池塘需要 5～30hm^2 大小的流域，取决于流域植被覆盖情况和土壤质地。例如，草地径流比林地径流更大，因此草地周围的池塘要求的流域面积比林地周围更小。如果流域面积过大，可以围绕池塘布设一个分流水沟，将部分径流引出。此外，需要避免浑浊和污染了的水源。

垂钓池的深度不宜超过 4m，深水池塘水域生产力不够，往往有更频繁的低溶解氧问题，可能导致鱼类死亡。除非需要水生植物，否则也应避免过浅的区域，深度不宜低于 1m。池塘坡岸骤降 1m 深以上，将有助于防止滋生水生植物。一个好的坡度，即每 0.3m 垂直距离对应 1m 水平距离，既能防止水生植物滋生，也能稳固坡岸。

水坝的两个重要的设计指标是坝顶的宽度和坝边的坡度。如果水坝将作为道路使用，坝顶应该至少有 5m 宽。坝边的坡度取决于土壤类型。一般来说，靠池塘这边的水坝坡度应该是 3∶1，即每 0.3m 垂直距离对应 1m 水平距离。水坝外侧的坡度应至少为 2∶1，而对于淤泥质黏土和黏土质粉土，建议采用 3∶1 的坡度。一般来说，在预算允许的情况下，尽可能建造最宽的水坝和最平缓的斜坡，因为这将延长水坝的寿命。

垂钓池应建有排水管和溢流管。许多老式池塘在建造时没有排水管，使得池塘主人很难进行维修或翻新鱼群。排水管还可以使得在夏末秋初抽水十分方便，有助于管理鱼类种群。池塘应该有一个溢流管，以排出多余的正常雨水天气产生的降水。

辅助或紧急泄洪道是精心设计的径流来水池塘的一个重要组成部分。这些泄洪道绕过主坝，穿过被草覆盖的土壤，以防止出现暴雨溃坝。辅助泄洪道宽阔平坦，顶点在主坝之下，让洪水以宽阔的浅水面流出池塘。管道的尺寸必须正确，以保持辅助泄洪道在正常情况下是干燥的。如果泄洪道一直是湿的，草通常会死亡，导致土壤不稳定，增加水土流失。

3．建设 良好的池塘建设对于防止水体外泄和延长池塘的使用寿命至关重要。有几个关键因素可以帮助池塘蓄水。大坝内的核心沟渠应向下延伸到黏土中，这可以防止水从大坝下渗出。在水坝建设过程中，每层 2～2.5m 的泥土，必须用适当的设备彻底压实。推土机不是压实的最佳工具，羊蹄式压路机是一个更好的选择，因为它的设计是在一个更小的面积内施加重量，增加压实度。土壤湿度是压实度的一个重要因素，合适的湿润土壤可以用手压缩成一个牢固的球。

4．集鱼装置 在垂钓池中增设集鱼装置通常能增加鱼产量和提高鱼品质。集鱼装置是任何在水体中或水体周围提供鱼类栖息场所的装置，包括灌木堆、树桩、原木、木桩床、砾石床、石头和植被等。

1）树枝丛庇护所 树枝丛是优化鱼类栖息地的一个简单而廉价的方法。几乎任何类型的灌木和乔木都可以使用。最好的树枝丛庇护所中，大树枝之间的大空隙和小树枝之间的小空隙相结合。较大的、稀疏的树枝为大鱼提供空间，而较小的、密集的树枝则为小鱼和刚孵化的鱼提供庇护。

建造树枝丛庇护所的最佳时间是池塘建设期间。以 T、X 或 C 的配置排列，X 和 T 的顶部及 C 的左侧应与岸边平行，另一端应延伸到更深的水中。这些结构可以通过堆土或使用煤渣块或混凝土固定位置。每个地方有 3～5 棵树或大树枝通常就足够了，在超过 1 英亩[①]的池塘，3～4.5m 的大树枝丛可以产生更好的效果。一个好的经验法则是，在小于 1 英亩的池塘中，只放置一个树枝丛即可。在较大的池塘中，每英亩最多可以有两个。

在施工结束后，也可以在池塘底部留下直立的树木，以提供栖息地。垂钓池不允许超过25%的池塘面积含有立木，大坝上或附近绝不允许有活的树木。另一种可以使用树木作为集鱼装置的方法是砍伐。沿着岸线砍伐树木，使其落入水中，但不完全脱离其树桩。这样可以保持树干的位置不动，并提供良好的岸线栖息地。虽然增加水体覆盖物是有益的，但增加太多的覆盖物可能是有害的。木质覆盖物会随着时间的推移而分解，这个过程会消耗氧气，进而导致鱼类死亡。此外，如果覆盖物相对于池塘中的鱼的数量而言过多，则更难找到鱼。覆盖物越少，每块覆盖物的集鱼效果越好。

2）*砾石产卵床*　许多池塘鱼类物种，如大口黑鲈和蓝鳃太阳鱼，需要坚实的池塘底质，如沙子和砾石，以建立它们的巢穴并在此产卵（图 3.6）。如果没有足够的产卵场，池塘的繁殖就会受到限制或完全失败。这些产卵区也能吸引鱼，在春季可以成为非常有效的钓鱼场所。缺乏优质产卵区的池塘可以安装砾石产卵床，从中受益。要建造一个砾石产卵床，需先在池塘中选择一个合适的区域，当池塘水满之后这个区域最好在 0.5～1m 的深度，且最好是在一个方便钓鱼的区域。池塘需要规避有较强的淤泥侵蚀的地点。一旦选好地点，用 0.5～1m 的木板构建一个边框，锚定在池塘底部。产卵床大小根据预算而定。边框固定好后，往其中填充底部覆盖材料，可以防止植被生长。一旦植被屏障物就位，用直径 15cm 的碎石填充，直到碎石床有 1～2m 深。当池塘是空的或排水的时候，布设要容易得多，不过也可以在一个水满的池塘中，通过喷洒或倾倒洗净的碎石到选定的位置，来建造砾石床。

图 3.6　鱼塘中的砾石产卵床

① 1 英亩＝0.404 856hm²

3）鲇产卵场　鲇（*Silurus asotus*）喜欢在洞穴内产卵。这种栖息地通常在大多数农场池塘中是不存在的，这使得鲇种群大小很难繁殖到足以维持其种群量。将旧轮胎、塑料桶和大的 PVC 管做成的结构放置在池塘的边缘，可以作为一个鲇产卵场。可以用两个 200L 的大塑料桶、木板和空心混凝土块建造更大的结构（图 3.7）。这样的结构将提供优质的鲇产卵栖息地，同时也吸引其他鱼类物种。

图 3.7　大塑料桶、木板和空心混凝土块制成的鲇产卵场

4）其他集鱼装置　雪松树枝和混凝土可制作简单而有效的集鱼装置（图 3.8）。在一个 20L 的桶内铺上大垃圾袋，往桶内灌满混凝土，并迅速放入 8～15 根树枝，将树枝高度切至不会露出水面的程度。让混凝土硬化一晚，之后移除桶和垃圾袋。最后，将集鱼装置沉入池塘边缘，或池塘内的其他适宜深度处，以获得最佳集鱼效果。

图 3.8　雪松树枝和混凝土制作的集鱼装置

几乎任何物品或结构都可以作为集鱼装置，而且有其他更多的选择。避免添加可能污染池塘的物品，如旧电器和旧电子设备等；需要限制有机材料的输入，以避免低溶解氧问题的发生；不要把集鱼装置放在可能危害游泳者或划船者的地方。

3.2.2　美国垂钓池垂钓鱼种类

并非所有鱼种在池塘中都能养殖良好并能获得好的收效。养殖的鱼种取决于池塘的特点和管理者的想法。一旦选择了一种主要的垂钓鱼种，就需要选择其他鱼种来喂养或管控该鱼的数量。选择相互兼容的鱼种和适宜的池塘环境对养殖成功至关重要。本节将首先讨论常用于美国阿肯色州池塘的推荐鱼种；接下来，将描述替代鱼种，其成功的概率较小；最后，将确定应从池塘中清除的鱼种。

1．推荐鱼种

1）大口黑鲈　大口黑鲈（*Micropterus salmoides*）（图 3.9），英文名为 largemouth bass，是一个受欢迎的农场池塘鱼种。它很容易被识别，因为它的大口和体侧长长的黑色斑点。大口黑鲈年幼时以浮游动物和昆虫为食。随着它的生长和成熟，其饵料生物转变为鱼类、小龙虾、青蛙和大型昆虫。虽然生长速度因池塘而异，但当食物丰富时，大口黑鲈通常可以在两年内达到 30cm 以上。池塘中的蓝鳃太阳鱼（*Lepomis macrochirus*）是大口黑鲈的主要食物来源。大口黑鲈不会吃漂浮的鱼饲料。大口黑鲈通常在 4～6 月产卵一次，此时水温达到 18℃左右。

2）蓝鳃太阳鱼　蓝鳃太阳鱼（bluegill）是扁的、体高长的太阳鱼，嘴巴很小（图 3.10）。蓝鳃太阳鱼背鳍的底部有一个黑点，背鳍两侧有黑色的垂直条纹。它们的腹部一侧是黄色至红橙色，下巴通常是蓝色。蓝鳃太阳鱼年幼时以浮游动物为食。成鱼主要以昆虫为食，它们喜欢吃漂浮的鱼饲料。蓝鳃太阳鱼在整个春季和夏季会多次产卵，为大口黑鲈提供丰富食物。蓝鳃太阳鱼也是供人类食用的优质鱼种。如果在一个池塘里放养蓝鳃太阳鱼，也应该放养大口黑鲈以控制蓝鳃太阳鱼的数量，否则，池塘会被大量的小蓝鳃太阳鱼充斥。

图 3.9　大口黑鲈

图 3.10　蓝鳃太阳鱼

3）红耳鳞鳃太阳鱼　红耳鳞鳃太阳鱼（*Lepomis microlophus*）（图 3.11），英文名为 redear sunfish，是蓝鳃太阳鱼的近亲，可以为大口黑鲈提供额外的食物。该物种可以通过其耳瓣外缘的红橙色斑纹来与蓝鳃太阳鱼区分开来，其体侧没有垂直条纹，软背鳍上没有黑点。红耳鳞鳃太阳鱼通常比蓝鳃太阳鱼大，但它们的繁殖并不频繁。在池塘中仅红耳鳞鳃太阳鱼不能长期地为大口黑鲈提供充足的食物。红耳鳞鳃太阳鱼在阿肯色州的产卵期是 4～8 月。它们主要以浮游动物、底栖昆虫和螺类为食。像蓝鳃太阳鱼一样，红耳鳞鳃太阳鱼是有趣的垂钓对象，也是优质的食用鱼种。红耳鳞鳃太阳鱼还通过吃螺类帮助防止垂钓鱼种中的寄生虫。没有螺类，这些寄生虫因不能完成它们的生活史而不能继续存在。放养红耳鳞鳃太阳鱼的池塘很少有寄生虫的问题。

4）斑点叉尾鮰　斑点叉尾鮰（*Ictalurus punctatus*），英文名为 channel catfish，背部为深色，往腹侧渐渐变成浅灰色或银色，体侧有几个黑点（图 3.12）。斑点叉尾鮰在 2 年内可以达到 0.5～1kg，如果食物丰富，5～10 年内可能达到 4.5kg 以上。成年斑点叉尾鮰吃各种天然食物，包括昆虫、螺类、小龙虾、植物和小鱼。它们也会吃漂浮在水面的鱼饲料，生长得非常好。斑点叉尾鮰在养殖池塘中通常不能很好地繁殖以维持其种群。它们需要产卵洞，而且它们的后代很快就会被其他鱼类吃掉。因此，养殖池塘需要定期重新放养斑点叉尾鮰，以弥补自然死亡和捕捞的损失。当在大口黑鲈的池塘重新放养时，只放养长度超过 8 英寸的斑点叉尾鮰。如果放养较小的幼鱼，许多幼鱼可能会被大口黑鲈吃掉。

图 3.11 红耳鳞鳃太阳鱼

图 3.12 斑点叉尾鮰

5）草鱼　草鱼（*Ctenopharyngodon idella*），英文名为 grass carp，颜色为银灰色，身体细长。它们是一个长期控制水生植物的经济鱼种。草鱼善于控制许多柔软的、沉水的水生植物数量。然而，它们对较坚硬的挺水植物几乎没有影响。在新建或翻新的池塘，每英亩放养 3～5 条草鱼。有中度至重度水生植物问题的池塘，每英亩需要十条或更多的草鱼才会有效果，而且可能需要几年的时间才会有明显的影响。新的池塘可以放养 5～15cm 的草鱼。然而，只有 20～30cm 的草鱼能被放养到有大口黑鲈成鱼的池塘中。草鱼几乎只吃植物，但如果有鱼饲料，它们也会吃一些。当草鱼变大时，它们控制水生植物的效率就会降低。因此，每 5～7 年应换成新的草鱼。草鱼可以通过网捕、弓箭、鱼叉或垂钓来捕获。

2．附属饲料鱼

1）黑头呆鱼　黑头呆鱼（*Pimephales promelas*），英文名为 fathead minnow，是一种小型的、圆柱形的鱼，通常长度小于 8cm（图 3.13）。普通颜色的鱼背部为深橄榄色，腹侧渐渐变成银色。黑头呆鱼受欢迎的颜色是橙色。这种寿命短的鱼在春季多次繁殖，在坚硬的表面筑巢，如棍子、石头或莲蓬叶背面。托盘、木板或瓦片经常被添加到池塘中，以作为其巢穴。黑头呆鱼是一种常见的饵料鱼和饲料鱼。它们通常与大口黑鲈苗同时放养，以便在蓝鳃太阳鱼开始繁殖之前让大口黑鲈有东西吃。在已经有鱼的池塘中，黑头呆鱼会被迅速捕食，通常会完全消失。

2）金体美鳊　金体美鳊（*Notemigonus crysoleucas*），英文名为 golden shiner，被广泛作为饵料鱼出售，但它们也被用作饲料鱼（图 3.14）。体侧是闪亮的银色，背部是深橄榄色。繁殖期的鱼可能会出现金色的鳍，年幼的鱼可能有一条黑色的体侧条纹。头部三角形，嘴上翘，尾巴深分叉。金体美鳊通常不到 15cm 长，在整个春季多次繁殖。黏性卵散落在植被上，亲鱼没有护幼行为。一般来说，金体美鳊是一种优质的饲料鱼。然而，它们会吃鱼卵，并与年幼的大口黑鲈和蓝鳃太阳鱼争食浮游动物。在已经有大口黑鲈的池塘中，金体美鳊种群通常不会持续很长时间。

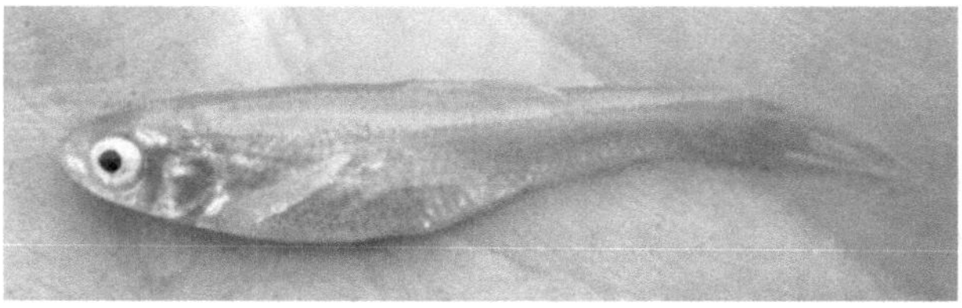

图 3.13 黑头呆鱼

图 3.14 金体美鳊

3. 替代鱼种 美国东南部农场池塘的放养和管理传统上以大口黑鲈和蓝鳃太阳鱼为重点。这种物种组合已经广为人知，研究透彻，而且往往是成功的。然而，有一些替代物种，可能对那些更有冒险精神的池塘管理者有吸引力，他们对其他垂钓鱼种感兴趣，或者有经济能力采取更积极的管理策略。替代物种的风险是这些物种中有一部分没有经过检验，或者它们只在特定情况下才会成功。替代鱼种包括黑斑刺盖太阳鱼（*Pomoxis nigromaculatus*）、杂交太阳鱼（hybrid sunfish）和杂交条纹鱼（hybrid stripet）。

4. 有害鱼种 池塘中要规避的物种包括条纹鲈（*Morone saxatilis*）、美洲真鰶（*Dorosoma cepedianum*）、蓝绿鳞鳃太阳鱼（*Lepomis cyanellus*）、鲤（*Cyprinus carpio*）和牛头鱼（*Coryphaena hippurus*）。这些物种中，一些干扰了捕食者与被捕食者的关系，一些则对水质有害。当这些物种在池塘中大量存在时，渔获潜能就会丧失，管理也会更加困难。

条纹鲈容易在池塘中过度繁殖，因此不建议在池塘中放养。美洲真鰶在池塘中很快就会生长得太大，大口黑鲈无法食用。一旦发生这种情况，大量的这种草食性鱼类会不受控制地吃浮游藻类，并会对池塘的整体生产力产生负面影响。它们通常不会被钓到，也不是好的食用鱼。蓝绿鳞鳃太阳鱼与蓝鳃太阳鱼形态相似，但它容易过度繁殖，并与大口黑鲈和蓝鳃太阳鱼竞争食物。鲤和牛头鱼的底栖摄食行为会使水体浑浊，浑水中鱼产量较低，许多鱼类在其中的生长情况也不理想。

3.2.3 美国垂钓池的综合管理

美国池塘管理包括环境管理、鱼群管理、植物管理及其他问题管理等。

1. 环境管理 阿肯色州大部分池塘能通过恰当的鱼群组合和管理获得丰收，然而，许多池塘渔业可以受益于石灰碱化、施肥、投喂饲料、曝气和管控营养物质的输入。池塘管理者必须决定额外的鱼产量是否值得增加风险和成本。

1）*石灰碱化* 如果池塘水的总碱度低于20mg/L，且管理者认为鱼类产量很重要，则建议使用石灰。如果鱼类产量不重要，石灰通常是不必要的开支。在低碱度的池塘中，pH的日常波动可能是极端的，会给鱼类造成压力，使其通常不能很好地生长，容易出现健康问题。

在已经养鱼的池塘中只应使用农业石灰。磨细的农业石灰石是最好的，因为它反应迅速。熟石灰不应该用在有鱼的池塘里，它能迅速改变水的pH，会杀死鱼。然而，在建造或翻新池塘时，在放养鱼类之前，可以使用熟石灰。石灰均匀地分布在整个池塘中时，是最有效的。使用石灰的最佳时间是晚秋或冬季，这样就有时间让石灰与底泥反应，在下一个生长季节之前中和土壤的酸性。不要同时施用石灰和肥料，石灰中的钙会与肥料中的磷结合，而磷通常是水生植物生长最重要的营养物质，石灰和肥料同时施用会使磷失效。

如果池塘的碱度很低，而且石灰不可取，用鱼饲料饲养鲇或杂交蓝鳃太阳鱼是增加鱼产量的一个好策略。饲料鱼取代了低生产力池塘所缺乏的天然微小食物。然而，与低碱度水有关的鱼类健康风险仍将存在。

2）*施肥* 微型植物也称为浮游植物或浮游藻类，是大多数池塘食物链的基础。这些植物使水呈现绿色或棕绿色，通常称为水华。施肥刺激了浮游藻类的生长，给鱼类提供更多的食物，最终促进鱼类的生长。肥沃的池塘往往因为浮游藻类的高密度而变成更浓的绿色。如果水华轻，阳光可以到达池塘底部，沉水植物可以大量繁殖。如果水华太密集，会出现低溶解氧的问题，特别是在几个阴天的夜晚过后。池塘管理者需要考虑清楚，增加额外的鱼产量是否值得冒低溶解氧的风险。在美国阿肯色州的大部分鱼塘都很肥沃，不需要施肥就足以支撑不错的鱼产量。

位于肥水流域内的池塘不需要施肥，如附近有牲畜或家禽养殖场的流域。如果对池塘内的鱼进行了投饵，也不需要施肥，因为鱼类吃的饲料转换成排泄物，与未吃的饲料一同作为肥料，共同促进浮游藻类的生长。不要在有高等植物、水体浑浊、已经有高密度浮游藻类或鱼类种群没达到平衡状态的池塘中施肥。如果池塘水流过快，不出 2～3 周肥料就会被冲跑，也没必要施肥。碱度低于 20mg/L 的池塘中肥料没有效果。

施肥计划应在春季水温超过 18℃时开始，通常在 3 月。一旦开始施肥，应在整个生长季节持续进行，直到秋季水温降到 15.5℃以下停止施肥。不要突然停止施肥，因为鱼类会习惯于施肥带来的额外食物，如果停止施肥鱼可能会饿死。需要施肥的次数为 1～5 次或更多，取决于池塘对施肥的反应。老池塘通常含有较高的营养水平，不需要那么多的肥料。

在施肥后的一周内，水体应当会变成绿色或绿棕色。在温暖的水体中浮游藻类生长更快，颜色相应地变化更快。在施肥一周或两周后，使用透明度盘监测浮游藻类的密度，两次测量取平均值为水体透明度。在理想情况下，池塘水体的透明度在 45～60cm，如果透明度小于 45cm，不要施肥，如果透明度大于 60cm，池塘可以再度施肥。在两次施肥之间，建议等待至少两周，以便充分监测了解藻类生长情况。

3）投喂饲料　池塘中的鱼能自然生长，可以不投食，但投喂饲料能增加鱼群中个体的平均大小和总重量。未吃完的饲料必然成为池塘的肥料，所以很少需要额外的施肥。每天喂食超过 2.2kg/亩[①]会大大增加低溶解氧问题的发生概率，甚至可能使鱼死亡。如果必须要投喂较多的饲料，强烈建议安装池塘曝气装置。风可能会把漂浮的饲料吹到岸边，如果存在这个问题，可以从池塘的上风侧喂食，或者安装一个漂浮的喂食环。

一旦开始投喂饲料，需要一直投喂，直到秋季水温降下来且鱼不摄食饲料。鱼类在冬季很少摄食，因为它们的新陈代谢速度高度依赖于水温。冬季出现温暖的天气时，它们可能会吃一点，但投喂饲料要保持在最低的一个水平。浮于水面的鱼饲料最好，可便于观察鱼群吃食的量，避免投入过多饲料。投入的饲料总量不能超过在 5～10min 内鱼群能摄入的量，当鱼群吃食慢下来并停止吃食的时候，停止投喂饲料。尽量在每天的同一时间在同一地点喂食，这样鱼群就会变得训练有素。夏季最好在早上投喂，春季和秋季最好在下午近傍晚的时候投喂。

4）曝气　低溶解氧问题很常见，也是池塘中鱼类死亡的最常见原因。大多数情况可以通过安装一个池塘曝气增氧机来解决。商用表面曝气机是池塘增氧的最佳选择，这些曝气机相对节能，设计良好，使用寿命长。桨轮式曝气机的增氧效率最高，但更昂贵。空气鼓风机或压缩机可用于通过空气管道和扩散器向水中注入氧气，这种增氧机最好用于深层池塘或连续的小池塘，因为它们在浅水区的效率相对较低。典型的曝气机的功率为 0.5～2 马力[②]，大部分情况下每 6 亩的普通池塘有 1 个这样的曝气机就够，而每 6 亩鲇池塘需要 4 个这样的曝气机，即总功率达 2～8 马力。

5）减少水体分层　在夏季，水体分层现象在池塘中很常见。超过 4m 深的池塘更容易

---

① 1 亩≈666.67m^2

② 1 马力=745.7W

分层，并出现严重的鱼类翻肚现象。温暖的含氧水漂浮在较冷的、含氧量低的水上面，如果这种分层被强烈的风暴或凉爽的天气打破，池塘中的氧气会被稀释到致命的水平，导致鱼类死亡。减少水体分层的一个方法是安装一个曝气机或循环器，帮助混合水层。为防止或减少分层现象，应从春季开始一直到夏季持续混合水层。不要试图混合已经分层的深层池塘，因为这可能导致鱼类死亡。

6）减少营养物质　池塘中如果有过密的浮游藻类，或者想要清澈的水体，管理者需要停止向池塘中输入营养物质。池塘岸边的植物缓冲带可以缓解营养过剩的问题。在夏季让池塘水循环也有帮助。不幸的是，已经出现严重水华的池塘可能需要几年时间才能恢复，因为营养物质的循环需要时间。

2．鱼群管理　鱼群管理包括垂钓目标鱼群及其饵料鱼的管理等。垂钓目标鱼的种群量管理也很重要，同时，鱼群管理还需要管理池塘中出现的杂鱼。

1）评估鱼类群落　给一个新的池塘放养鱼群是容易的，而试图探清楚一个老池塘里的鱼群情况则要困难得多。一个详细的垂钓捕获记录能很好地跟踪记录池塘中大口黑鲈和蓝鳃太阳鱼的大小和数量，每次垂钓都应记录垂钓时长、每条鱼的种类和大小、是否被放回池塘等信息。围网可用于评估大口黑鲈和蓝鳃太阳鱼的繁殖情况，晚春鱼类繁殖过后，在岸边产卵区进行采样，记录每种鱼的数量和大小。

垂钓捕获记录完整、围网结果出来后，参考表 3.8 评判池塘中鱼类群落是否平衡。一个鱼类群落平衡的池塘中，大口黑鲈和蓝鳃太阳鱼有稳定的年产量，且两种鱼都包含大小不等的个体。蓝鳃太阳鱼给大口黑鲈提供足够的食物，大口黑鲈则能将蓝鳃太阳鱼的数量控制在一定水平。达到鱼群平衡的池塘能提供足够的垂钓鱼，能维持好几年的标准捕捞量（图 3.15）。

表 3.8　基于垂钓和围网的大口黑鲈和蓝鳃太阳鱼的鱼类种群状态

鱼群状态	围网数据	垂钓捕获数据
平衡的鱼群	许多最近孵化的蓝鳃太阳鱼（<5cm） 一些中等大小的蓝鳃太阳鱼（5～10cm） 一些最近孵化的大口黑鲈（2.5～10cm）	大小不等的大口黑鲈和蓝鳃太阳鱼
蓝鳃太阳鱼过剩	没有或很少最近孵化的蓝鳃太阳鱼 许多中等大小的蓝鳃太阳鱼 没有最近孵化的大口黑鲈	大口黑鲈的平均体长大（>38cm），但很少钓到；大个体的蓝鳃太阳鱼（>15cm）很少
大口黑鲈过剩	许多最近孵化的蓝鳃太阳鱼 没有或很少中等大小的蓝鳃太阳鱼 没有或很少最近孵化的大口黑鲈	大口黑鲈的平均体长小且个体瘦小（<30cm），但经常钓到；蓝鳃太阳鱼很少但个体大（>20cm）

2）管理鱼类群落　没有适当捕获大口黑鲈的池塘里通常会有过剩的大口黑鲈。这样的池塘里多是饥肠辘辘的大口黑鲈小个体，并有少量非常大的蓝鳃太阳鱼。这样的池塘垂钓起来非常有趣，因为饥饿的大口黑鲈很容易钓到，且其中仅有的少量蓝鳃太阳鱼个体很大（图 3.16）。然而，如果想要更大的大口黑鲈，只需每年每亩池塘捕捞 2.6kg 不到 30cm 长的大口黑鲈，直到平均体长达到理想水平。大口黑鲈大小达到理想状态后，需要回归标准年捕获量（表 3.9）。

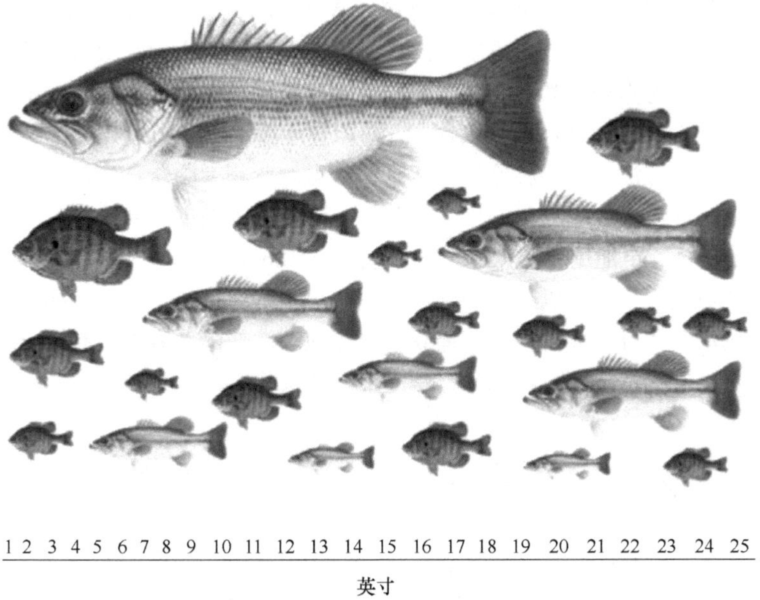

图 3.15　鱼群平衡的池塘中大口黑鲈和蓝鳃太阳鱼大小不等

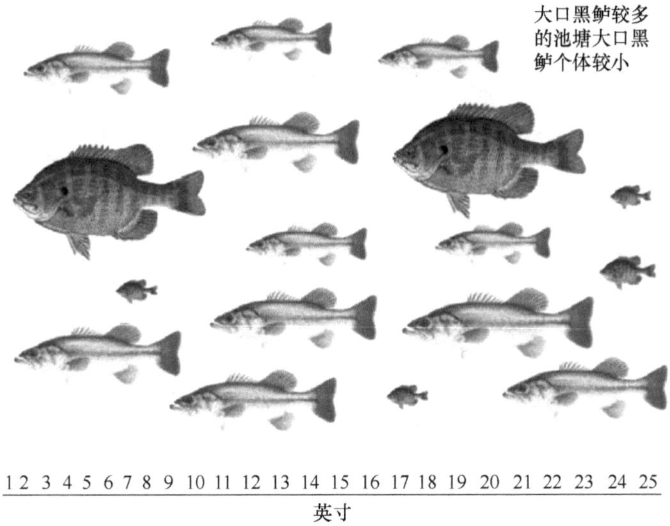

图 3.16　大口黑鲈占据主导地位的池塘

表 3.9　大口黑鲈和蓝鳃太阳鱼池塘的标准年捕获量

鱼种	大小/cm	标准年捕获量/（kg/亩）
大口黑鲈	<33	0.75
	33～38	0
	>38	随意捕捞
蓝鳃太阳鱼和红耳太阳鱼	>13	3.00～3.75
斑点叉尾鮰	任意大小	随意捕捞

注：如果池塘进行了施肥或投饵，则建议双倍的捕捞量

缺乏大口黑鲈等捕食者的池塘容易有过剩的蓝鳃太阳鱼。这样的池塘满是 5～10cm 的蓝鳃太阳鱼，仅有少量非常大的大口黑鲈。这样的池塘对喜欢大个体大口黑鲈垂钓爱好者来说非常有吸引力，然而对垂钓初学者和随意一些的垂钓者来说它们让人丧气，因为大口黑鲈数量少，且大个体的大口黑鲈难以钓到（图 3.17）。管理蓝鳃太阳鱼过剩的池塘具有挑战性，不过也有可行的指导方法。除了移除每一条垂钓所得的蓝鳃太阳鱼，还可执行以下操作：一是在夏末秋初的时候排出池塘一半的水，让蓝鳃太阳鱼集中在有限的水体里，以便大口黑鲈吃掉它们；二是在每 6 亩池塘里放入 20～30 尾 20～35cm 的大口黑鲈，加入的大口黑鲈能控制蓝鳃太阳鱼的数量；三是在以上方法都无效的情况下，完全排干池塘并捕捞所有的鱼，重新按合适的比例放养鱼群，并按标准年捕获量进行渔获。在池塘有许多有害鱼种（如蓝绿鳞鳃太阳鱼、牛头鱼）的情况下，第三种方法是最好的选择。

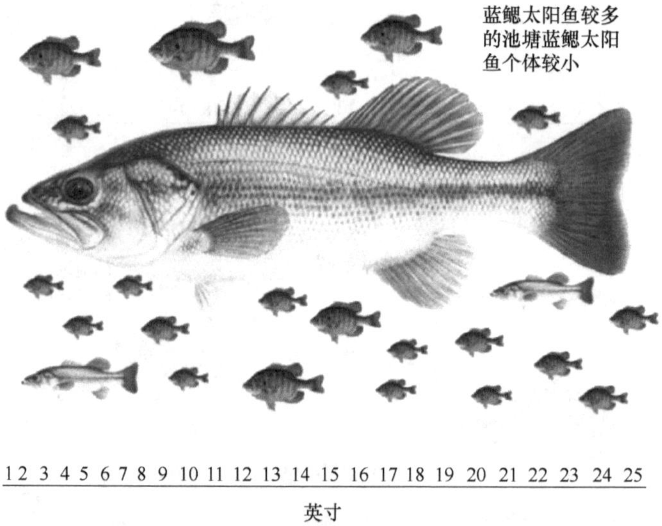

图 3.17　蓝鳃太阳鱼占据主导地位的池塘

如果想要斑点叉尾鮰，只需向池塘里放养更多的斑点叉尾鮰个体。在有大口黑鲈的池塘里，放养的斑点叉尾鮰至少要达到 15cm 长，以免被捕食。记录放养的和捕获的斑点叉尾鮰数量有助于决定是否需要补充这一群体。

3．植物管理　不受控制的浮游藻类和水生植物有时会抑制鱼类生长，妨碍垂钓和其他池塘用途。植物问题在超过 5 龄的、高营养的浅水池塘中更常见。如果不进行合理的监测和控制，本地的和入侵的植物物种都可能引发问题。预防，即合理建设池塘，能让植物管理容易许多。

1）*植物鉴定*　正确识别植物是控制它的第一步。池塘植物可以分为两大类：藻类和高等植物。藻类可分为浮游藻类、丝状藻、巨型藻。高等植物则可分为沉水植物、浮叶植物、漂浮植物和挺水植物。

2）*植物管理方法*　控制池塘植物的方法可分为物理控制、机械控制、生物控制和化学控制。最好的结果通常需要两种或多种方法结合才能产生。

物理控制的原理是抑制植物生长，减少光线穿透是物理控制的方法之一。

机械控制即人工移除植物，包括手拔、在池塘内拖动围网或重物、使用割草机等方法。然而，大部分植物在机械控制后能重新生长。

生物控制为引进动物或其他生物来吃掉或杀死植物。

化学控制即使用除草剂，除草剂应用广泛，对植物的控制见效快。

4．其他问题管理 池塘鱼类批量死亡最常见的原因是低溶解氧，少量的鱼类死亡通常是水质问题而不是溶解氧问题引起的。

1）*溶解氧问题* 池塘低溶解氧的一个常见起因是水层混合，当温暖、高溶解氧的表层水与低温、缺氧的底层水混合，溶解氧会被稀释到一个致命的低浓度，鱼类会因此死亡。池塘在几天内会恢复水层混合前的状态。水华是池塘低溶解氧的另一个常见起因，浮游藻类对水质变化和病毒敏感，这就容易导致浮游藻类大量地突然死亡，藻类降解过程会消耗大量氧气。此外，不正确地使用除草剂、水温高、鱼群密度过高、投喂饲料过多、有机物输入过多等也是导致低溶解氧的可能因素。

缺氧的迹象包括鱼类浮头、突然死亡，特别是在早上。缺氧情况下大部分死亡的鱼是大个体，且不止一个种类。尽早发现溶解氧问题至关重要，早发现则早启动曝气装置，可以快速改善低溶解氧情况。大部分鱼类在溶解氧低于 1.5mg/L 的水体中几小时内就会死亡，而长期暴露在溶解氧低于 5mg/L 的水体中容易引起鱼类疾病。

2）*水体浑浊* 浮游藻类是池塘食物链的基础，但浑浊水体中光线无法穿透足够的深度，导致浮游藻类无法生长，这就是浑浊池塘中鱼产量低的原因。

当水体变浑浊，第一步要做的是取一瓶水静置几天。如果水中淤泥沉淀、水样变清澈，那么它浑浊的原因可能是雨水或风浪导致的岸线侵蚀，在水底摄食的鱼类，如草鱼和牛头鱼，搅动底泥可能导致水体浑浊，牲畜的活动也是一个可能的原因。如果水样静置数天仍浑浊且有大量悬浮物质，那么水体可能硬度非常低。

3）*鱼类寄生虫和疾病* 寄生虫能毁掉鱼的外形，使其不堪入目。寄生虫只有在高密度的情况下会威胁到鱼的生命。使用化学方法清除寄生虫不实用。能减少寄生虫的方法包括优化水质、控制水生植物、只放养来自信誉良好的鱼类孵化场的幼鱼等。引入野生鱼有时会带入陌生的病原体，可能导致鱼群死亡或寄生虫感染。私人池塘中细菌和病毒感染很少会导致鱼群大量死亡，感染的鱼在传播危险的病原体之前通常会被吃掉。

4）*控制蚊虫* 蚊子幼虫生活在水中，很多管理者担心池塘会增加蚊子数量。不过，实际上大部分小鱼喜欢吃蚊子幼虫，因此有一定小鱼的池塘不太可能产生大量蚊子。大部分蚊子来自没有鱼的小水洼中。

3.2.4 美国垂钓饵料鱼资源

第二次世界大战后不久，垂钓饵料鱼养殖产业在美国开始出现。美国鱼类及野生动植物管理局在 20 世纪 40 年代末初次推广饵料鱼养殖，将其作为捕捞野生鱼的一个替代选择。小鱼的市场需求越来越大，自然种群的数量不再能满足需求，且人们越来越关注捕捞野生鱼的生态影响，因此美国饵料鱼养殖业愈发壮大。从 1950 年的 1200 亩饵料鱼养殖面积扩大到 1995 年的 365 000 亩。

许多不同鱼种可用作饵料鱼，其中少量品种适用于商业养殖。适用于商业养殖的饵料鱼必须为垂钓者所需要、适合养殖并且在自然界广泛存在而不会产生潜在的生态后果。对于养殖者来说，市场需求、利润和成熟的养殖技术是选择鱼种最为重要的考虑因素。考虑以上所有因素，金体美鳊、金鱼和黑头呆鱼等是饵料鱼种的最佳选择。

图 3.18 饵料鱼金体美鳊鱼群

1. 金体美鳊 金体美鳊分布于北起加拿大南部，横跨美国各地，南至墨西哥北部的广泛地带（图 3.18）。它们喜欢池塘、湖泊等静水环境，对温度、浊度和水质等要求不高。金体美鳊是一个活跃的、集群的鱼种，自然环境下在水面附近进食。金体美鳊嘴小、上口位，所以喜欢吃浮在水面的饲料，但它们也会吃掉沉到池塘底部的饲料。它们是杂食性的，主要食物是浮游动物，如水蚤，但它们也吃水生昆虫、藻类，偶尔吃软体动物和小鱼。一些研究发现，金体美鳊的消化道里有大量的浮游植物，藻类在夏末可以成为它们重要的食物。

金体美鳊的生长速度依赖于水温和食物资源量。虽然鱼苗在孵化后 30～50d 可以达到太阳鱼的饵料大小，但这对于大部分的太阳鱼黄金捕捞季节来说是太晚了。一龄鱼的大小可以为 1.4～11.3kg/1000 条。大个体的金体美鳊（大于 13.6kg/1000 条）可作为条纹鲈的饵料，然而，大个体通常需要第二个季节的生长。在野外，一条金体美洲鳊鱼可以活到 10 年，达到 30cm 长，0.68kg。

金体美鳊产卵时间从 4 月末到 6 月，是分批产卵者，一条亲鱼在产卵季节可能产多次卵。产卵活动受水温、天气甚至月相影响。金体美鳊产卵时散播卵粒，产的黏性卵黏附在浅水区的水生植物、枯枝落叶或人造垫子上。卵粒 4～5d 孵出鱼苗。一条金体美鳊可能怀卵多达 10 000 粒，个体越大怀卵越多，通常单次产卵仅 200～500 粒。

2. 金鱼 金鱼原产于中国，自从 1878 年引入美国，金鱼在美国广泛分布（图 3.19）。超过 8cm 的大个体金鱼作为曳钓绳的饵料鱼出售，但大部分养殖金鱼以观赏鱼和饲料鱼出售。美国部分州禁止将金鱼用作饵料，因为金鱼类似鲤，可能对垂钓场的生态造成破坏。金鱼喜欢安静的溪流和湖泊中长有水生植被的浅水区。金鱼寿命可长达 30 年，通常 6～7 年更常见，可重达 2.3kg，大部分金鱼在 1kg 以下。金鱼为杂食性，进食丰富多样的天然食物和人工饲料，它们吃昆虫幼虫、无脊椎动物、浮游动物、软体动物、藻类和水生植物。成鱼喜欢吃浮游植物，幼鱼喜欢浮游动物和昆虫幼虫。

图 3.19 饵料鱼金鱼鱼群

金鱼一年性成熟，4 月初开始产卵，有时候提早至 3 月中旬。金鱼同金体美鳊一样也是分批产卵者，产黏性卵，附着在植物或产卵垫上。大个体金鱼单次可产 2000～4000 粒卵，中等大小的金鱼单次产 500～1000 粒卵，3～4 龄的金鱼产卵量最大。

3. 黑头呆鱼 黑头呆鱼广泛分布于北美洲，能适应小溪、池塘、水渠等不同的生境（图3.20）。通常聚集在中下层，可忍受腐殖质多的水体，在北部沼泽湖泊中是优势种。自然水体中大量的黑头呆鱼资源量构成了庞大的饵料鱼产业的基础。藻类是黑头呆鱼主要食物之一，除了微型藻，黑头呆鱼可进食一定的丝状蓝绿藻。黑头呆鱼也进食浮游动物、昆虫幼虫和腐殖质，也接受人工投喂的饵料。

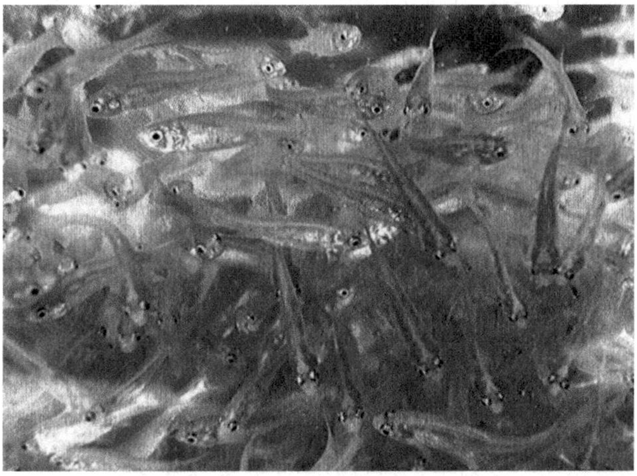

图3.20 饵料鱼黑头呆鱼鱼群

黑头呆鱼将黏性卵产在漂浮物或水中物体的背面，卵粒大部分单层覆盖。一尾黑头呆鱼单次产卵平均400粒，总共可产卵7000～10 000粒。雄性黑头呆鱼有领地意识，会抵御其他雄性进入巢穴。鱼卵通常4～6d孵化，孵化时长取决于水温。

3.2.5 美国垂钓饵料鱼池塘管理

垂钓饵料鱼生产的关键不是最大化鱼类产量，而是在正确的季节得到理想大小的鱼，且培育出来的数量符合市场需求，这就需要科学有效的池塘管理。

据估计，在孵化的饵料鱼苗中，只有不到一半的鱼苗能长到可渔获的大小。良好的池塘施肥和饲料投喂可以提高其存活率。池塘注水的时机也很重要，因为水生昆虫，特别是仰泳蝽，会侵入池塘，将导致鱼苗的重大损失。随着养殖经验的加强和饲料用量的增加，必须对水质进行监测和管理。

1）施肥 施肥有双重作用，一是建立藻群，为鱼苗提供富含大量浮游植物和浮游动物的天然食物来源；二是为池塘底部遮阴，防止水生植物大量繁殖。

2）投饵 对于在商业养殖池塘的饵料鱼而言，天然食物在其食物来源当中有重要地位。研究表明，即使喂食足够的食物，金体美鳊也会继续以浮游动物和其他天然食物为食。在喂食充足的食物条件下，金体美鳊至少有40%的生长仍然得益于天然食物。然而，虽然池塘施肥仍然是一种常见的做法，但使用准备好的饲料可以大大增加产量。投饵的池塘产量可能比只用化肥处理的池塘产量高2～3倍。对饵料鱼喂养策略的经济分析确定，利润对产量的变化更敏感，对饲料价格的变化不太敏感。与鲇生产不同，如果考虑到所有成本，饲料是饲养饵料鱼成本中相对较小的部分。

三种饵料鱼的喂养方法相似。与食用鱼养殖不同，饵料鱼的主要养殖目标不是尽可能快地使鱼长到市场大小，而是通过操纵放养密度和饲料投喂量以生产各种大小规格的鱼。某些季节里，市场需要一些小鱼。喂养金鱼必须投喂足够的饲料来保持鱼群健康，而投喂太多会导致鱼体规格大于市场需求。在高密度的鱼群中，寄生虫繁殖迅速，特别是因为食物竞争激烈，使鱼更容易受到感染。

3）水质管理和曝气　最常见的水质问题是早晨容易出现的低溶解氧问题。这可能是重度水华或藻类大量死亡导致的。长时间的阴天会减少氧气的产生，导致溶解氧一天天降低。由藻类引起的溶解氧问题可通过颜色来判断，如水体出现黑色条纹，通常意味着藻类正在死亡，溶解氧问题可能快要发生。

曝气是低溶解氧问题发生期间救助鱼群的唯一办法，使用水泵或曝气装置能有效增氧，桨轮在紧急情况下增加水体溶解氧特别有效。许多饵料鱼生产商有永久性的曝气装置布设在池塘中。但在金体美鳊的浅水池塘中，白天或全天曝气并没有任何效果，研究已证实这点。

4）控制天敌　对饵料鱼养殖来说，水生昆虫的存在是另一个困扰。水生昆虫是小鱼苗的主要天敌，特别是在鱼苗刚孵化的前几周内，这时鱼苗集中在池塘边缘的水体表层，更易遭受捕食。如果池塘中鱼卵数量远超其适宜密度，大量的鱼苗生长受限，个体小，容易被昆虫捕食。鱼苗的一个主要昆虫天敌——仰泳蝽，在 4 月和 5 月密度比较低，但在 6 月迅速增加。好的管理策略能帮助控制害虫。由于水生昆虫生长较慢，在池塘注满水后立即投放鱼卵或鱼苗，鱼苗能在昆虫成灾之前生长得足够大，而不会被其捕食。

捕食鱼的鸟类每年吃掉价值成千上万元的饵料鱼，农场主也花费成千上万元把鸟类吓走。如果针对特定的几种胆大的鸟，恐吓是最有效的办法。鱼塘的蛇会对人造成恐吓和伤害，而且它们的食物主要是鱼类。小龙虾在大部分鱼塘都存在，它们能以食物或饵料出售，然而它们会吃鱼卵，而且在围网中会伤害捕获的鱼类。野生鱼会成为严重的问题，它们吃鱼卵和鱼苗，因此最好使用井水，防止引进野生鱼进池塘，而如果使用天然表层水，必须经过过滤。一些蛙类，如牛蛙，会吃饵料鱼。更重要的是，蝌蚪会跟饵料鱼竞争空间和食物，在给鱼类分级时产生麻烦。最好的控制蛙类和蝌蚪的方法是清除池塘的成年蛙类，并售卖给宠物商店。

其他一些动物也给饵料鱼鱼塘制造问题。麝鼠洞和海狸洞会给鱼塘岸线造成重大破坏，因此需要控制。乌龟竞争鱼的食物，且捕鱼时会破坏网具。螺类也是不受欢迎的动物，因为它们是寄生虫的中间宿主，三倍体青鱼可用于控制螺类。

5）其他问题　水生植物会影响鱼塘管理。首先需要正确地鉴定杂草，采取相应的措施。化学方法的效用取决于水生植物的生长阶段、水体浑浊度和水化学。在夏季，化学处理后杂草的降解可能会导致低溶解氧，通常一次仅处理池塘 1/3 的面积，可减少低溶解氧风险。草鱼可用作生物控制物种，黑头呆鱼可与草鱼一起养殖，然而收获的时候草鱼会伤害黑头呆鱼，草鱼有时候也吃小鱼。

岸线侵蚀是鱼塘都存在的问题，风、池塘大小、岸线宽度、建设技巧和土壤类型等共同决定着岸线多久需要进行维修。

饵料鱼的疾病多发生在秋季和春季，寄生虫可产生严重问题，高浓度的蓝绿藻可致使鱼类死亡率增加，蓝绿藻问题通常在 6～8 月发生。饵料鱼的健康检查频率比其他商品鱼高，这是因为不同于食用鱼，饵料鱼捕获后必须在拥挤的条件下存活数天。在捕捞之前，应有规律地进行健康检查，这可最小化分拣、运输过程中的死亡率。

6）生产年度循环　饵料鱼生产年度循环开始于晚冬，此时为接下来的产卵季节做准备。新的产卵垫、装备和耗材需要准备好。一些池塘需要抽干，为全新的鱼群腾出空间。前一年孵化的黑头呆鱼销售额会随温度升高而增加；金鱼在 3 月底开始产卵，4 月中是其产卵高峰期；金体美鳊产卵季比金鱼晚几周。

产卵季是忙碌的时期，工人在早上 6:30 开始搬运产卵垫，每天将之放置在产卵池塘中。附着鱼卵的产卵垫每天移出产卵池塘，转移到生长池塘中。有刚孵化出来鱼苗的池塘需要施肥和投喂饲料，一旦鱼苗可自主游动，旧的产卵垫需要取出晾干，下次重复使用。这个阶段，上一年的鱼必须已经捕获、分拣和售卖掉，额外的池塘需要干塘并重新注满水，以养殖新一批饵料鱼。

初夏，金鱼和金体美鳊产卵减少，这是收获和售卖鱼苗的季节。如果鱼塘中鱼的密度大，可转移至鱼少的池塘中。到了仲夏，池塘劳作减少，由于高温，销售量减少。水质是此时的一个主要问题，因为浮游藻类密度加大，容易产生低溶解氧问题。鱼类日常饲喂，必须检查是否有发病的迹象。防止鸟类捕食的措施要做好。池塘岸线上必须割草，去除灌木和杂草，可能也需要修复岸线侵蚀。

秋季销售量增加，持续捕获饵料鱼。秋季在天气转冷之前，池塘通常要再次进行施肥，以保证浮游藻类在冬季仍有一定数量。尽可能多地投喂饲料，以帮助其储备脂肪过冬。波动的水温和高强度的捕捞可能导致疾病的发生。狩猎季的到来意味着饵料鱼市场需求的降低，此时鱼塘不需要过多的管理。

冬季气温低，水面可能结冰，不过即使是从冰面以下，饵料鱼仍然会被捕捞。在暖和点的天气，需要给饵料鱼投喂饲料，以保持鱼类健康和肥瘦。吃鱼的鸟，特别是能够潜水的鸭子，是冬春季一个主要的麻烦。销售贯穿整个冬季，冬季需要维修装置，评估前一年的生产成果。池塘管理者可能参加培训会议、贸易展览等，收集信息，了解下一个养殖季如何改进养殖方法。

本章小结

本章主要介绍了全球主要国家或地区自然水域的休闲渔业，包括休闲渔业产业经济和社会效益，休闲渔业管理机构，管理法规，以及管理措施等。同时，本章还介绍了几个休闲渔业发展成功的案例。另外，本章介绍了美国的池塘休闲渔业，包括休闲池塘的特征及管理、饵料鱼的特征及池塘管理等内容。

名词解释和概念理解

最大持续产量（maximum sustainable yield，MSY）；日本“农林渔业体验”；日本 6 次产业化；集鱼装置

思考题

1．美国渔业的行政管理体系是什么？管理措施有哪些？
2．澳大利亚的渔业行政管理体系和管理措施有哪些？
3．韩国的自然水域休闲渔业主要包括什么？
4．美国休闲垂钓池塘的鱼种主要有哪些？
5．美国休闲垂钓池塘的管理主要有哪几个方面？

6．美国休闲饵料鱼池塘的管理需要注意哪些内容？

主要参考文献

全国水产技术推广总站．2020．休闲渔业：国内外经验与启示．北京：中国农业出版社．

孙吉亭，王燕岭．2017．澳大利亚休闲渔业政策与管理制度对我国的启示．太平洋学报，25（9）：78．

王鲁军．2020．澳大利亚渔业现状及发展概况．渔业信息与战略，35（4）：315-321．

Arlinghaus R, Aas Ø, Alős J, et al. 2021. Global participation in and public attitudes toward recreational fishing: international perspectives and developments. Rev Fish Sci Aquac, 29(1): 58-95.

Arlinghaus R, Alős J, Beardmore B, et al. 2017. Understanding and managing freshwater recreational fisheries as complex adaptive social-ecological systems. Rev Fish Sci Aquac, 25(1): 1-41.

Hyder K, Weltersbach M S, Armstrong M, et al. 2018. Recreational sea fishing in Europe in a global context-participation rates, fishing effort, expenditure, and implications for monitoring and assessment. Fish Fish, 19(2): 225-243.

Nakamura T. 2019. Public awareness and recognition of Japan's inland fishery cooperatives. Aquacult Sci, 67: 265-269.

Townhill B L, Radford Z, Pecl G, et al. 2019. Marine recreational fishing and the implications of climate change. Fish and Fisheries, 20: 977-992.

Winfield I J. 2012. Review of the state of the world fishery resources: inland fisheries. Journal of Fish Biology, 81(6): 2099.

Young E. 2009. Economic Study of Recreational Fishing in Victoria. Melbourne: VRFish.

（刘静霞　陈宇顺）

第 4 章 都市休闲渔业

本章资源

都市休闲渔业是一种新型渔业产业模式。该模式依托于都市及城郊独有的休闲渔业设施资源，如水族馆、渔业博物馆、渔人码头等公共场馆，或地区特色美食文化、渔业民风民俗等文化软实力，将休闲渔业、文化传承、科普教育有机结合，实现一二三产业融合发展，为休闲渔业产值创造新增长点，为城市居民提供新的休闲方式选择。本章将都市休闲渔业分为观光和观赏型、休闲体验型、科普教育型及依托渔业科技园的综合园区型都市休闲渔业四大类进行介绍。

4.1 概　　述

都市休闲渔业是利用各种形式的都市及周边渔业资源（渔业生产资源、渔具渔法、渔业产品、渔业自然生物、渔业自然环境、城市水系及人文资源等），通过资源优化配置与深入挖掘加工、创意设计，以水族馆、渔业博物馆、观赏鱼鱼展、都市垂钓馆、都市公园或都市科技渔业园区等呈现方式，将渔业与休闲娱乐、文化传承、科学普及等有机结合，向社会公众提供满足人们休闲需求的产品和服务，实现一二三产业融合的一种新型渔业产业形态。这种产业模式集渔业、休闲、旅游为一体，既是第一产业与第三产业的有机结合，也是第一产业的延伸和发展。都市渔人码头景观欣赏、水族馆与渔业博物馆及科普中心研学游览、渔业饮食文化体验、渔业遗址旅游观光、都市渔文化节庆活动、都市江河湖泊休闲垂钓及其竞技、都市观鱼景点等都是都市休闲渔业的具体承载形式。

近年来，我国经济迅速发展、生活节奏不断加快，旅游休闲成为都市居民的重要生活方式之一，休闲旅游经济持续繁荣。都市休闲渔业一般发展于大都市中心及其延伸地带，是在充分利用大都市自身的各种资源，在借助渔业文化的基础上，满足大都市环境生态保护需要和居民的休闲旅游需求，增加旅游经济收入，促进都市及周边传统渔业转型的现代都市渔业，是我国沿海地区和传统渔业发达地区颇具发展潜力的产业之一（李皓青，2015），是我国渔业发展的新模式，是实现渔业结构调整的新方向。

我国的都市休闲渔业内容丰富，主要围绕观光和观赏（观赏鱼、渔业遗址、渔人码头）、休闲体验（渔美食、垂钓、渔文化活动体验等）、科普教育（现代水族馆、渔业博物馆等）3 种模式而开展，依托渔业科技园发展的综合园区型都市休闲渔业通常包含了以上这 3 种模式。观光和观赏型都市休闲渔业主要是利用地处城市及周边的渔人码头、渔业遗址、观赏鱼展、公园或园区观赏鱼等人工场景，以及江河、湖泊、海岸的自然景观，为游客提供渔业风情体验。休闲体验型都市休闲渔业主要利用城市湖泊、河流、游钓场、海岸或近海岛礁等供游客垂钓，或让游客体验沿江河湖海居民长期适应其环境而发展的食鱼行为和食鱼风俗等，或让游客体验该都市的独特渔文化传承活动。都市休闲渔业科普教育模式是依托现代水族馆，包括以展示与观赏水生动物、标本、海洋环境、人文历史等而开发的水族馆、科技馆、海洋世界等，以及依托渔业博物馆和科普教育基地等，以及对社会开放的研究所和高校实验室等机构，以公益性质为目的，为社会公众普及渔业和水生生物相关科学技术知识等。

都市休闲渔业属于传统渔业产业在都市的升级和延伸，是现代的旅游经济，有其自身的魅力也有其要求。现代都市普遍具有人口密集、流动性强、工作节奏快、生活压力大的特点，工作之余的休闲放松成为大家的新型生活方式。都市休闲渔业兼具居民休闲的承载空间和渔业产业延伸的经济价值。都市休闲渔业中的原生态性和娱乐性能缓解压力，有助于促进居民的身心健康发展，都市休闲渔业同时具备提升渔业产值的价值。我国江河湖海渔业资源正面临衰退威胁，加快渔业产业结构调整，挖掘渔业经济新的增长点，实现传统渔业向现代渔业转型是必然选择。发展都市休闲渔业是顺应渔业发展趋势，结合传统渔业与休闲旅游业，实现第一产业与第三产业升级转型，拓展了城市旅游产业空间。目前发展都市休闲渔业主要在城郊地段，相对于市中心地区经济相对不发达，都市休闲渔业在这一区域具有巨大的产业价值和区域发展价值。都市休闲渔业通过发挥城市渔业特色，带动当地旅游业和郊区经济发展，提升城市区域竞争力。都市休闲渔业兼具文化价值，都市休闲渔业依据不同市场需求，在发掘和弘扬江河湖海文化基础上，建立各种渔业展览馆、博物馆、海洋馆，培养大众对海洋渔业的热爱，宣传普及江河湖海渔业文化知识，有助于居民对江河湖海的了解和认识，提高居民保护渔业资源和环境的意识。

4.2 观光和观赏型都市休闲渔业

观光和观赏型都市休闲渔业主要是利用地处城市及周边的渔人码头（图 4.1）、游艇码头、观赏型水族馆（图 4.2）、海洋公园、观赏鱼展、公园或园区观赏鱼等人工场景，以及江、河、湖、海的沿岸景观，为游客提供渔业风情体验。

图 4.1 渔人码头型都市休闲渔业

观光和观赏型都市休闲渔业的主要特征体现在以下几方面：①依托都市及近郊特有或挖掘、开发的渔业资源；②展示都市及周边区域特有的传统或转型升级、开发的渔业文化风貌；③强调通过最直观的感官体验营造浓厚的渔业意趣和丰富的观赏性，以满足大众休闲旅游、观光的基本需求；④拓展渔业产业在现代都市的发展空间，实现传统渔业产业的延链和转型升级。

4.2.1 都市休闲渔业与观赏鱼

观赏鱼是指具有观赏价值和养殖价值的具有鲜艳色彩或奇特形状的鱼类。它们

图 4.2　水族馆型都市休闲渔业

分布在世界各地，品种达数千种。有的生活在淡水中，有的生活在海水中，有的来自温带地区，有的来自热带地区。有的以色彩绚丽而著称，有的以形状怪异而称奇，有的以稀少名贵而闻名。在世界观赏鱼市场中，通常由三大品系组成，即温带淡水观赏鱼、热带淡水观赏鱼和热带海水观赏鱼。我国的观赏鱼养殖历史可以追溯到西周时期。

温带淡水观赏鱼主要包括金鱼和锦鲤两大类。金鱼素有“水中花卉”“动态花卉”的美称，是观赏鱼市场中最常见、最受欢迎的观赏鱼类。2002 年被评为全球最受欢迎的十大观赏鱼之首。金鱼是由普通鲫中的色彩突变个体金色鲫在人工长期定向选择下逐渐演变而来的。最早发现并进行金鱼驯养的是我国。《山海经》记载，在 2000 多年前，安徽有金色鲫。《本草纲目》记载，江西在 1500 年前也有金色鲫。金鱼见于西周，始于两汉，兴于唐宋，盛于明清，金鱼有 280 个品种。因此，我国是金鱼的发源地，是世界上金鱼的故乡。公元 1500 年金鱼从我国传入日本，300 年前传入欧洲，100 多年前传入美国。金鱼比较有名的品种有龙睛、朝天龙、水泡、狮头、虎头、绒球、珍珠鳞、鹤顶红等。图 4.3 展示了龙睛蝶尾金鱼的优美姿态和观赏价值。

图 4.3　龙睛蝶尾金鱼观赏鱼

锦鲤（图 4.4）的原始品种为我国红色鲤（我国江西的红鲤、浙江杭州的金鲤），其作为观赏鱼在明代已非常普及。传入日本后，日本人在饲养过程中进行选育而成。1804～1829 年，日本贵族最早将锦鲤放养池中以供观赏，初期叫“绯鲤”“色鲤”“花鲤”，第二次世界大战后改称“锦鲤”。目前，锦鲤品种已达十三大类 119 种。最有名气的有红白锦鲤、大正昭和和大正三色。锦鲤养殖业在我国的兴起已有 40 多年。

热带淡水观赏鱼主要分属于 7 科，即鳉科、鲤科、脂鲤科（拉加辛科）、慈鲷科、攀鲈科、鲇科及骨舌鱼科。主要分布在南美洲、非洲、中美洲、北美洲南部及东南亚等地区。我国出产的热带鱼主要在我国台湾省及大陆南方地区。南美洲的亚马孙河流域，素有“热带鱼的宝库”之称，那里有广阔的热带雨林和丰富的水域，为热带淡水鱼的生存创造了良好的条件，主要的观赏鱼品种有孔雀鱼、灯鱼、鼠鱼、神仙鱼等。

图 4.4 锦鲤观赏鱼

热带海水观赏鱼（图 4.5）主要是指有观赏价值的近海珊瑚礁鱼类，主产地为印度洋、太平洋中的珊瑚礁水域，目前发现的热带海水观赏鱼有 800 多种，品种很多，体型怪异，体表色彩丰富，极富变化，善于藏匿，具有一种原始古朴神秘的自然美。热带海水观赏鱼分布极广，它们生活在广阔无垠的海洋中，许多海域人迹罕至，还有许多未被人类发现的品种。常见产区包括菲律宾、日本、澳大利亚、美国夏威夷群岛、印度，以及红海、非洲东海岸等，主要种类包括雀鲷科、蝴蝶鱼科、盖刺鱼科、粗皮鲷科、皮剥鲀科、鮨科、鲉科、海龙科。

图 4.5 热带海水观赏鱼

20 世纪 80 年代末至 90 年代初，我国观赏鱼产业起步，形成东南沿海和北方两大观赏鱼产业带。根据《中国休闲渔业发展监测报告（2023）》显示，近年来，随着经济社会发展，并受城乡建设和环境治理等因素影响，观赏鱼产业逐步转移，北方观赏鱼产业带的重心逐渐由北京、天津向山东、河南、吉林等地转移；东南沿海观赏鱼产业带向外辐射，重庆、成都等超大城市周边地区观赏鱼产业形成一定规模，观赏鱼产业形成多元竞争和集聚发展并存的态势。

观赏鱼作为城市人工水体旅游景观最重要的配景元素之一，对提升水景的灵动性、提高其观赏质量和美学品质、美化城市环境、营造人与自然和谐共生的城市环境具有不可估量的作用。目前适用于水景的各种观赏鱼在生活习性和生理特点上都不尽相同，选择合适种类的观赏鱼对提高城市人工水体旅游景观的观赏度非常重要。都市休闲观赏鱼基本分布在景区、家庭水族箱、庭院、都市农汇示范园、观赏鱼展，是观光和观赏型都市休闲渔业的重要组成部分。

1．景区观赏鱼　景区观赏鱼是指在公园、广场、游乐园、旅游景区等公共场所设置的供游客欣赏的观赏鱼区域，是都市休闲渔业的重要体现形式之一。景区、园区等室外空间观赏鱼的特征主要体现在以下几个方面：观赏鱼种类繁多，色彩丰富，形态各异，给人带来视觉上的享受；观赏鱼区域通常设计雅致美观，通过与流水、假山、绿植等元素相融，营造出宁静和谐的氛围；部分景区还会提供鱼饲料，让游客可以亲自喂食观赏鱼，增加游客的参与感和乐趣。

花港观鱼地处西湖西南，位于苏堤南段以西，是以花、港、鱼为特色的西湖十景之一。花港观鱼三面临水，一面倚山，位于苏堤的南段以西，在里西湖与小南湖之间的一块半岛上。花港观鱼历史悠久，乾隆曾在此著下“花著鱼身鱼嘬花”的名句。现如今，花港观鱼是一座占地 20 余公顷的大型公园，是西湖景区内规模最大的公园。红鱼池面积近 10 000m^2，是在以前的沼泽鱼塘的基础上挖掘而成的，岸线曲折，以犬牙交错的湖石驳岸，池中央共有 20 000 多尾红鲫，是花港中观鱼的胜景所在。

2．家庭水族箱、庭院观赏鱼　随着人们生活水平的提高和居住条件的改善，观赏鱼和水族箱成为现代室内美学的新风尚。水族箱养殖观赏鱼不仅能够满足人们的视觉享受、陶冶情操，而且被越来越多的人作为艺术品装饰室内空间；同时还可以作为一个天然加湿器，随着水族箱内水分的持续蒸发，能有效保持室内的湿度。

近年来随着经济与技术的发展，许多大城市都有了出售海水观赏鱼的水族店，饲养成本较高的海水观赏鱼开始进入市民生活。海水观赏鱼对生活环境的要求非常苛刻，水族箱生态系统的建立、观赏鱼品种的选择、饲喂等都有一定的技术要求。

中国传统文化讲究住宅门向南且门前为庭院，讲究环境美观的房屋主人会在庭院左侧修建鱼池。而鱼池内如果不养鱼，会滋生蓝藻、蚊虫、产生臭味，不但不美化环境还破坏环境，而鱼池中养什么鱼，还要依据当地的文化习惯及主人的需要。随着我国人民生活水平的提高，越来越多家庭庭院水池的养殖对象由暂养食用鱼逐渐转变为以锦鲤等观赏鱼种为主。居住条件日益改善，越来越多的家庭将会建庭院水池。因此，在都市休闲渔业中家庭观赏鱼消费市场潜力巨大。

3．都市农汇示范园观赏鱼　闽侯县荆溪镇正在打造“金鱼小镇”休闲渔业模式，潘氏金鱼养殖基地、闽侯观园里金鱼养殖场、闽侯洋润水族科技发展有限公司等 7 家规模较大的金鱼养殖企业聚力打造金鱼小镇，推出体验闽侯金鱼文化的旅游观光项目。金鱼小镇形成以金鱼为主打产品，结合周边的景区开发一日游、二日游路线，吸引游客前来观光旅游，体验闽侯的金鱼文化（王宇等，2021）。在推动金鱼小镇建设的过程中，借鉴外地的先进经验，赋予小镇以养殖、展示、交易、科普等功能，并融入文化创意元素，不仅面向金鱼产业链条内的专业人士，也要开发出多层次的文旅产品，延伸至普通人群。

4．观赏鱼展示与赛事　“长城杯”世界观赏鱼锦标赛是由中国渔业协会与长城国际展览有限责任公司联合主办的世界观赏鱼赛事，是公认品种全、规模大、参赛国家数量多、质量高、赛制严、人气旺、奖金高的世界级观赏鱼盛会。历年比赛包括龙鱼、金鱼、孔雀鱼、斗鱼、观赏虾等赛项。展会同期还举办了中国水族行业高峰论坛，各类水族的颁奖典礼、鱼友沙龙、行业交流会、拍卖会等活动。

北京每年由全国水产技术推广总站联合北京市农业农村局、故宫博物院、劳动人民文化宫等单位主办的宫廷金鱼展（图 4.6 和图 4.7），让更多人认识、了解了国粹金鱼的发展历史与文化传承，体现了都市休闲渔业的城市服务功能与休闲展示功能。该活动是宫廷金鱼文化与故宫博物院藏金鱼题材文物首次联展，是弘扬传统渔文化、培养现代休闲渔业文化方面的一次探索和尝试，目的是促进实现传统文化和渔文化的有机结合。

图 4.6　宫廷金鱼展

图 4.7　线上 VR 参展

4.2.2 都市休闲渔业与水族馆

水族馆是拥有相对固定地理位置和设施，以娱乐休闲、科普教育、科学研究、自然保护为目的，用于收集、饲养、展示、教育、研究、保育多种水生生物及其标本的场所，并为公众提供水生生物相关知识，是科普教育、水生生物资源保护和科学研究的场所，是饲养和展示水生生物的生态系统，也是野生水生动物移地保护的设施。水族馆除了拥有展览、陈列、教育、科普的职能之外，还具有对珍稀水生生物保育和研究的职能。水族馆在进行收集、研究、饲养、保藏和展览的过程中，重塑和再现海洋、海洋生态及其水域生态学，从而达到传播科学技术和文化知识的目的。同时，水族馆还能够充分发挥其旅游观光、教育科普、科学研究、自然保护、水生野生动物迁地保护的功能。

青岛水族馆作为中国第一座水族馆，从 1932 年开放起，每年接待游客的数量呈上升趋势，20 世纪 60 年代改造后更是每年接待游客数十万人。20 世纪 80 年代，中国内地仅有 4 家水族馆。1990～2001 年，中国共建成开放 35 家水族馆。后续建成的水族馆扎根当地，发挥地区优势，纷纷推出独树一帜的特色展出物种、特色游览设施或特色活动项目（柴寿升，2008）。例如，大连圣亚海洋世界拥有 118m 海底透明通道，游客可通过乘坐海底列车或行于海底步道实现置身于奇幻海底世界的独特游览体验；上海海洋水族馆仿照五大洲四大洋进行布局，更着重建设了目前世界上唯一一个中国展区；日本冲绳美丽海水族馆是世界上第一次在水族馆内人工饲养自然珊瑚的水族馆；哈里法塔中的迪拜购物中心水族馆号称拥有世界上面积最大的丙烯酸观光隔离板。同时，每个水族馆基本上都是当地的科普教育基地，青岛水族馆是全国科普教育基地、全国青少年科技教育基地、全国海洋意识教育基地等，大连圣亚海洋世界是全国科普教育基地、全国海洋科普教育基地、青少年生态环境教育公益实践基地、大连市科普教育基地、大连海洋科普教育基地、大连市环境教育基地、大连海洋大学实践教学基地等，宁波海洋世界、长隆海洋王国及其他国内外知名水族馆都在面向社会的科普教育工作中发挥着重要作用。利用水族馆自身的优势，开展形式多样的科普教育活动，唤起人们关爱海洋动物、热爱海洋、保护水环境的自觉意识，真正体现了水族馆寓教于乐的功能。

1. 大连圣亚海洋世界 大连圣亚海洋世界（图 4.8 和图 4.9），位于星海广场西侧、星海公园内，面朝大海，与星海湾游艇码头为邻，星海公园浴场及星海湾浴场信步可至，共有

图 4.8 大连圣亚海洋世界场馆

图 4.9　大连圣亚海洋世界海洋生物表演场景

海洋世界、极地世界、银河星海、珊瑚世界四大场馆，营业面积超过 5 万平方米，是集海洋极地环境模拟、海洋动物展示表演、购物、娱乐、休闲于一体的综合性旅游项目。大连圣亚海洋世界是我国第一座人造“海底隧道”式水族馆（图 4.10）。它是由中国、新西兰共同投资 1 亿元合资兴建的，于 1995 年 6 月 6 日正式向游人开放。大连圣亚海洋世界经历了近 30 年的发展，已建立一整套符合水族馆旅游特点的宣传策划、技术更新维护和服务管理体系，并且成为我国水族旅游业内具有较高知名度和水族馆，成为大连市旅游业的一个名牌。

图 4.10　大连圣亚海洋世界海底隧道

大连圣亚海洋世界拥有 118m 海底透明通道，能将游客带进全景式的海底世界。乘上缓缓前行的海底列车（水平步道），置身于透明的拱形通道中，神奇迷离的海底景观将围绕在游客的上方和四周。300 多种、万余尾世界各地的珍奇鱼种，凶猛威武的鲨鱼、头大无朋的鳐鱼、色彩斑斓的热带鱼，大大小小的鱼群竞相变换队形，向人们展示优美奇丽的海底梦幻世界。通道式的水族馆在水下开辟了一块属于人类的空间，使水下漫步成为可能。大连圣亚海洋世界以提供海洋生物和水下海景观赏为主，为世人开辟了一条通向海底之路，以丰富的展示手段和生动的水生环境造景，再现了海底的美丽与神奇，使人们在轻松愉悦的心情中，真正贴近海洋，了解关心海洋。在展示水族生物的同时，在海洋生态与人类发展的关系上给人们留下了思考和联想的空间。

大连圣亚海洋世界的科幻主题海洋馆——星辰大海的奇遇世界，探寻动物复活的无穷奥秘。整个场馆空间被打造为带着探索宇宙终极计划——“银河星海计划”的太空战舰“圣亚号”，包含八大太空舱场景体验区，内设北极熊、海狗、海狮、北极狼、南极企鹅、水獭等珍稀动物，为游客开启一场奇妙的科幻海洋之旅。

大连圣亚海洋世界构建未来发展理念，未来所有海洋馆存在的价值终将回归于人类对于海洋的无尽探索！让更多人爱上这片我们赖以生存的海洋，让逛海洋馆成为一种不可或缺的生活习惯，让每个海洋馆成为每座城市最向往的美好家园。

2．上海海洋水族馆 上海海洋水族馆位于繁华的上海浦东陆家嘴金融区，紧邻东方明珠塔。是上海颇具吸引力，以展示水世界生物、生态为主题的旅游景点，也是极具特色的人造海水水族馆之一。

2002 年 2 月上海海洋水族馆对公众开放，现每年接待来自世界各地的游客超过 200 万人次，被授予国家及上海市科普教育基地称号。2003 年，上海海洋水族馆击败国际上其他对手，为中国第一次夺得 2008 年“第七届国际水族馆大会”主办权。上海海洋水族馆拥有独特的外观，主辅楼两幢建筑呈大小金字塔型。建筑面积为 20 500m^2，其中，展示区 12 000m^2，特色礼品店 500m^2，另设有可容纳 300 人的水族餐厅。

上海海洋水族馆是目前世界上唯一一个设有中国展区，并对长江流域水生物、生态进行主题展示的水族馆（图 4.11）。从“长江”出发，经过“亚马孙丛林”，来到“南美洲”区电鳗池畔，与“澳大利亚”锯鳐、射水鱼隔水相望，在缤纷的“东南亚”区流连，与南极企鹅一起领略寒冬，尽情欣赏草海龙的风姿，惊叹水母的曼妙身影，穿越呈现包括惊险的“鲨鱼海湾”在内 4 种不同海洋风情、长 155m、也是目前世界上最长的海底隧道……在新奇独特、风光各异、美轮美奂、自然欢快的海底世界，在 450 多种，超过 15 000 条鱼儿的簇拥下，引领每一位游客穿越“五大洲四大洋”，经历一次终生难忘的“海洋之旅”。

图 4.11 上海海洋水族馆中国馆展出的扬子鳄（左）及大鲵（右）

4.2.3 都市休闲渔业与渔人码头

渔人码头是传统渔港更新发展后的以渔业生产为基础，集旅游、休闲娱乐、文化、教育、体育、观览、商业等要素为一体的滨海复合休闲渔业空间。渔人码头绝非简单地将休闲娱乐等功能复合于传统渔港之上，它要求在满足人们娱乐休闲需求的同时又保持原有渔业活动功能，两者密切联系相互促进。渔人码头作为休闲渔业的载体，是社会资源、自然资源、人文资源的集合，其通常具有以下特征：①生产、休闲和贸易相结合；②挖掘海洋文化内涵；

③地处城市滨海空间；④功能多样化。

渔人码头遍布世界各地，是极具海洋特色和历史文化底蕴的城市滨海空间，其功能独特、形式多种多样，包含一到多个海洋建筑。将渔人码头作为滨海城市空间更新和发展资源加以深度研究，既是滨海城市空间更新与发展的现实需要，也是挖掘、培育、保护和宣传海洋文化的一种有效途径，更是将滨海城市空间更新和发展与海洋建筑发展相结合的有益探索。

1. 大连老虎滩渔人码头 大连临港而建，因港而兴，港口文化是大连海洋文化的重要标志。老虎滩渔港历史悠久，同时也是主城区最后一个国家一级渔港，它的百年历程正是大连这座城市发展的缩影。大连老虎滩渔人码头（图 4.12）是在老虎滩渔港的环境基础上，由大连市开发区管委会发起、打造的欧陆风情特色多功能文化休闲空间。自此，大连老虎滩渔人码头从传统地方性的渔业劳动场所，转变为集渔业生产、休闲消费、旅游观光、度假娱乐等多元关系共存的都市休闲渔业载体（邓薇等，2015）。

图 4.12 大连老虎滩渔人码头落日美景

2. 加拿大温哥华渔人码头 加拿大温哥华渔人码头（图 4.13）又名史蒂夫斯顿渔村，其拥有深厚的文化底蕴，位于加拿大不列颠哥伦比亚省大温哥华区列治文市（Richmond）南端的弗雷泽河（Fraser River）出海口，坐落在鲁鲁岛的西南角，是当地著名观光景点之一。

图 4.13 加拿大温哥华渔人码头

史蒂夫斯顿渔村紧邻太平洋，因最早来此定居的日本渔民而得名，环境优美宁静、海洋自然资源丰富。曾经为河流下游的渔产品加工业重镇，因此此地聚集了大量温哥华渔民。鲑罐装加工业始于 1871 年，渔业的发展促进了港口贸易，带动了造船业的发展。后因战争影响，罐头厂于战后纷纷歇业。1958 年渔村往来温哥华的电车停驶，交通闭塞，导致该区发展进一步滞后。

城市更新发展中城镇特色被发掘，旅游业逐渐发展起来。海洋资源丰厚，海鲜也成为这里的一大特色，水产品交易丰富。温哥华渔人码头将传统渔港码头改造为综合型码头，其是从商业捕鱼港口转化为集服务业、旅游产业于一身的代表。渔人码头周边，形成了很好的商业氛围，有各色商店、餐馆、书店、服装店、古董店、船具用品店等。

3. 日本神户渔人码头　神户港位于日本本州，起初是一个小渔村，由于其地理位置优越，12 世纪平安时代末期武将平清盛将神户港修建成为一个军事港和贸易港，用以与中国进行贸易往来和本国的军事储备。一个小渔港经过数百年的时代变革，成长为一个现代化的大型商业港口。

如今的日本神户渔人码头（图 4.14）发展为日本观光旅游的重要景点之一。神户渔人码头修建了观光步行道，供人们观览休闲之用。港区新建神户塔、神户海洋博物馆等观览设施，建筑提取渔港特色，融入现代化设计风格夜晚辅以艺术灯光。还会定期举行海上烟火、露天音乐会等活动。标志性建筑具有高识别性，形成地域特色，提升滨海空间品质，区域内设置超高的红色观光塔及造型独特的酒店，一个代表码头的渔网和一条大鱼的造型交相辉映。

图 4.14　日本神户渔人码头

周边有神户港震灾纪念公园，所纪念的是 1995 年发生的一场特大自然灾害——阪神大地震。纪念公园里保留震后真实面貌，震后惨烈的场景给游客直观冲击力，几处石墙上的文字和照片，阐述着历史事件（张颖，2018）。

4.3　休闲体验型都市休闲渔业

休闲体验型都市休闲渔业主要由都市湖泊海岸水域休闲垂钓、海洋潜水遨游、都市渔饮食

图 4.15 休闲垂钓型都市休闲渔业

文化体验及都市渔业文化节四个部分组成。强调依托渔民生产生活方式，关注游客的身心，全方位沉浸式地带领游客身临其境地体验捕鱼、吃鱼、戏水、文化等休闲活动。休闲体验型都市休闲渔业可利用城市湖泊、河流、游钓场、海岸或近海岛礁等供游客垂钓（图 4.15），体验捕鱼的乐趣。休闲体验型都市休闲渔业也可凭借当地渔饮食文化（图 4.16）让游客体验沿江河湖海居民长期适应其环境的食鱼行为和食鱼风俗等，或让游客体验该都市的渔文化传承活动，如鱼拓、摇木船撒网、渔文化表演等。

图 4.16 渔饮食文化

休闲体验型都市休闲渔业的主要特征体现在以下几方面：①依托了都市及近郊特有或挖掘、开发的渔业及相关资源为体验型内容提供支持；②注重游客的沉浸式体验带来的休闲快乐，强调从沉浸式活动、运动、美食和文化等方面带来全方位或某方面愉悦体验；③从感官刺激向体验刺激转换，带给游客更高的参与度、更佳的体验度、更好的愉悦感、更深的留恋感。

4.3.1 休闲垂钓

休闲垂钓是休闲体验型都市休闲渔业的主要形式之一，其中所体现的垂钓文化起源于我国古代先民的渔猎生产生活。随着生活环境的日趋安定和生活水平的日益提高，垂钓文化从最初的生产活动中分离出来，成为充满趣味、富有智慧、饱含活力的休闲娱乐活动。河流湖泊等水域资源是我国城市城郊建设的重要部分，这为人们在都市生活中进行休闲垂钓活动提供了优良的自然钓场和丰富的鱼类资源。

城郊或都市中的池塘垂钓及其管理，在本书第 6 章“池塘休闲渔业”中展开；城市江河湖泊自然水域的休闲渔业及其垂钓和管理，也在本书第 7 章“内陆自然水域休闲渔业”中展开。

4.3.2　潜水遨游

休闲潜水是一种以娱乐休闲观光为目的的潜水活动，其潜水深度一般不超过水下 30m，极限深度为水下 40m，40m 以下为技术潜水的范畴。休闲潜水者使用水肺潜水装备，享受水下世界的美妙，探索水生生物和珊瑚礁。这项休闲体育运动为都市休闲渔业提供了一种休闲体验型的新方式。

三亚珊瑚礁国家级自然保护区内，具有珊瑚种类 110 余种，浮游植物也多达 130 余种，再加之鱼类、甲壳动物等海洋物种十分丰富，能让潜水体验者欣赏到异彩缤纷的海洋世界。浙江千岛湖经过合理的开发，成为我国休闲潜水旅游发展较好的地区。千岛湖湖水清澈，天气晴朗时水中能见度最高可达 12m，且湖中具有丰富的鱼类资源，能够满足游客潜水与水中赏鱼的双重需求。

4.3.3　都市渔饮食文化体验

饮食文化是指食物原料开发利用、食品制作和饮食消费过程中的技术、科学、艺术及以饮食为基础的习俗、传统、思想和哲学。渔饮食文化作为渔文化的重要组成部分反映了沿海居民长期适应海洋环境的饮食行为和饮食风俗等文化特征。品尝水产美食、体验渔业美食是休闲体验型都市休闲渔业的重要一环。水域资源丰富的城市往往具有浓厚的渔业饮食习惯。休闲体验型都市休闲渔业的发展更要求以当地特色饮食文化为承载吸引游客，创造新的都市休闲渔业产值增长点。

1. 大连饮食文化　北纬 39°线通常被视为全球海鲜的黄金生长带，在我国北纬 39°线处于黄渤海和冷暖海水交界带，有着中国冷暖交换能力最强的海水。这一海域的海水凉，海鲜生长周期长，加上北黄海及渤海湾又地处北温带，这里的海鲜肉质更紧实，所积累的鲜味物质、氨基酸和蛋白质成分也更多。大连就处于这一黄金海域，大连的海鲜也享誉海内外。

大连沿海盛产鱼、虾、蟹类和海珍品（图 4.17），为“海食文化”旅游提供了基础条件。大连海味名菜有 600 余种，大都以本地沿海特产的海参、扇贝、鲍鱼、对虾等海珍品为主料，经过精心烹调，具有“鲜嫩清脆、以鲜为主”的特殊风味，如烧海参、蒸鲍鱼、爆干贝、炒香螺、涮文蛤、扒鱼翅等，体现了中国烹饪艺术和饮食文化的独特魅力。

大连海鲜生猛鲜活，营养丰富，品类齐全，名声在外。一言以蔽之，正是由于纬度、水质、水温及含盐量的特殊，大连海鲜超凡脱俗，独树一帜。《本草纲目拾遗》中记载：“海参出盛京奉天等处者第一。”所谓奉天海参是指辽东半岛黄海沿岸所产，背生 4～6 道肉刺的刺参。大连对海鲜的加工和烹饪技法别具特色，风格独特的海洋美食更是彰显着大连与众不同的特色餐饮文化。连菜结合了鲁菜技法，融合了日餐、俄式西餐的口感，结合当地相关海产品及农牧业产品的特点，对大连人的饮食习惯进行改良，以原汁原味的烹调为主线发展而来。2011 年《大连连菜烹饪操作规程》正式发布，连菜也成为全国第一个以海产品为主要原料的菜系。大连特色菜有灯笼海参、紫鲍鲜贝、清蒸加吉鱼、五彩雪花扇贝、红烧海味全家福等。连菜标准的发布实施有效促进连菜品牌化建设，提升连菜在国内外的知名度，提高连菜菜品质量和档次，对于促进连菜健康发展，以及弘扬大连饮食文化有重要意义。

大连黄蚬贝

大连海蛎子

大连海参

大连扇贝

大连鲍鱼

大连海胆

图 4.17 大连海鲜美食

2．温州饮食文化 在温州饮食中，其食材、口味、烹饪方法等都呈现一定的特色。基于温州民间饮食习俗，民众对原料的选择多以海产为主，口味多以清鲜为主，烹调上注重突出食材的本味等，形成自成一体、独具风味的温州菜系——瓯菜。在长期的饮食实践中，温州人就地取材，因材施艺，利用当地丰富的海产资源进行分类制作，形成不同的食用方法与制作特点。

瓯菜是汉族八大菜系浙菜的四个流派之一，是传统温州菜系的代称。创造瓯菜的源泉和基础来源于民间饮食习俗，因此瓯菜的制作与温州民间海产的制作之间必有交叉的共性。制作瓯菜的原料主要以海产为主，瓯菜讲究时令，在选料上秉持“细、特、鲜、嫩”的特点。细，要选用原料的精华部分，使制作的菜品显得细致文雅。特，选用当地特产尤以海产为主作为制作原料，使菜品具有明显的地方特色。鲜，是瓯菜的灵魂所在，食材讲究鲜、活，使制作的菜品保持原汁原味。嫩，选用肉质肥嫩的原料，使制作的菜品食之滑嫩鲜美。另外，瓯菜口味的制作以清鲜为主，淡而不薄，比较注重真味本色，讲究以老酒、葱、姜、醋、糖等配料调味，借以去腥、解腻、吊鲜、起香。形成这一口味特点的原因有以下三点：一是由于地理环境，温州属于沿海地区，其气候温和湿润，人们的饮食口味较为清淡；二是由于海产品的特性，人们讲究海产的鲜嫩，对于一些时令海鲜，人们大都力求原汁原味，因此制作时不需要人为过多加工；三是烹调上因材施艺，根据不同的原材料使用不同的制作方法，从而突出食材的本味。瓯菜在烹调上讲究“二轻一重”，即轻油、轻芡、重刀工的特点，并且因材施艺。例如，在加热上采用以水为传热体的烹调方法用来保持和突出海产的本味和鲜度（徐小娟，2016）。传统瓯菜有三绝，分别为三丝敲鱼、锦绣鱼丝和爆墨鱼花，代表菜有三片敲虾（图 4.18）、凤尾鱼卷、金钱明虾、蒜子鱼皮、三敲汤、兰花鱼卷等。其中，三敲汤最能体现瓯菜在口味上追求淡而不薄，对食材的加工追求极致精细的特点。三敲就是敲虾、鮸、比目鱼。而能否敲好比目鱼片是这道菜能否做好的关键。由于比目鱼有很大的水分，敲的时候便会黏住槌子。因此敲打的时候力道与技巧都非常讲究，使充满水分的比目鱼片被敲成薄如蝉翼的圆形鱼片。不仅如此，敲虾比敲鱼的要求更为严苛。敲虾前要先去掉虾头、虾壳，留住虾尾，敲出来的形状呈扇形。由于煮过的虾色白、透明，有着淡粉色的纹路，虾尾鲜红，呈扇形，因此又叫凤尾敲虾。整道菜肴色白汤清，鲜美爽滑，体现了瓯菜鲜明的制作特点。此外，由于“鲜”是瓯菜的灵魂，瓯菜师傅尤其注重原材料的“鲜”。他们往往会因为食材没有达到鲜活的要求而赶往洞头等近海边挑选刚从海里打捞起来的海产，因为这样的海产还没有经过冷冻等任何处理，做出来的味道才会更鲜美。正是温州民众这种迷恋大海味道的味觉基因，使得瓯菜对鲜的追求做到了极致。瓯菜不仅是一种饮食民俗，也是一种民间文化，它承载的是浑厚悠久的温州传统民间食俗，反映的是它背后所蕴藏着的特色地域文化。

图 4.18　温州三片敲虾（左）和鱼羹（右）

4.3.4 都市渔业文化节

都市渔业节庆是指以当地海洋、江河、湖泊、湿地、滩涂等水域资源及与水域有关的一系列渔业、渔村、渔民资源为依托的，结合举办地的民俗风情、自然地理条件和社会经济条件，具有一定规模的节庆活动，包括各种开渔节、钓鱼节、海洋节、海鲜节等。现代休闲渔业主题旅游及博览会也是体验型都市休闲渔业的重要组成部分，是依托城市之间不同的渔业特色及发达的交通吸引外来游客，为都市休闲渔业及城市旅游产业增值。不同城市应以本地渔业特色为立足点，因地制宜地打造品牌产业，通过开展现代海洋节庆、渔业博览会等活动助力都市休闲渔业发展。知名海洋文化节庆活动、渔业博览会有千岛湖巨网捕鱼、象山开渔节、威海国际钓鱼节、青岛国际海洋节等。

海洋孕育了青岛，造就了青岛富有魅力的城市特色，作为海滨旅游度假城市，青岛积极利用自身的优势资源，充分开发旅游市场，创立新兴节庆。例如，创始于 1999 年的青岛国际海洋节，以“海”为主题，突出海洋文化、海洋旅游；依托风光迷人的海滨风景带，以弘扬海洋文化内涵为基调，突出群众的参与性、娱乐性，力求使各项活动内容多角度、立体化地体现海洋特色，深层次地挖掘海洋文化内涵，突出青岛“海洋城”的独特魅力。创始于 1998 年的青岛金沙滩文化旅游节，以“亚洲第一滩”金沙滩为载体，强调活动的开放性、国际性、时尚性和群众性，注重沙滩文化、海洋文化和旅游时尚文化的有机融合，以金沙滩这一旅游名胜为媒介，融文化、论坛、经贸、体育、旅游等板块活动为一体，努力把青岛金沙滩文化旅游节打造成享誉全国的品牌节庆活动。青岛国际沙雕艺术节、红岛蛤蜊节、青岛国际沙滩节等一系列充满海洋特色的新兴节庆，无不突出了青岛“滨海旅游休闲度假城市”的名片，契合了人类与海洋和谐发展的理念，不仅实现了人类对海洋资源的合理利用与有效保护，更拓宽了休闲渔业的发展渠道，开拓了青岛休闲渔业发展的新类型（王赟，2013）。

该类型的青岛休闲渔业是对青岛涉海涉渔人文资源的充分挖掘与有效利用，既包括传统历史民俗活动的传承与演变，又包括融合现代休闲度假理念的新兴节庆的创立与开展，众多活动充满了浓厚的海洋色彩与人文特色。

4.4 科普教育型都市休闲渔业

科普教育型都市休闲渔业结合了科普教育和都市休闲活动（图 4.19），通过各种载体向公众传播渔业和水生生物相关的科学技术知识。这种模式对都市休闲渔业产值增长有限，但其科普教育意义举足轻重，是推动渔业可持续发展，提高公众科学素养，促进人与自然和谐共生的重要途径。其主要表现形式多元，包括依托水族馆或渔业博物馆，依托开设水产、海洋

图 4.19 科普教育型都市休闲渔业

科学学科的高校实验室，依托研究院所、科普教育基地，或依托综合型渔业科技园，对公众特别是对中小学学生普及渔业和水生生物相关科学技术知识。该类型都市休闲渔业载体不仅承担着发展现代渔业和保育救治水生生物等科研工作，更是以公益性质为目的，向社会公众普及渔业知识及渔文化。

科普教育型都市休闲渔业的主要特征体现在以下几方面：①依托专门的途径和资源提供支持，如博物馆、实验室等；②主要以公益性和服务性为目的；③注重渔业文化遗产的保护、注重向游客的科学知识普及和文化传播；④从感官刺激、体验刺激向更高级的文化盛宴转换。

4.4.1　渔文化和渔业（渔标本）博物馆

《中国渔文化与休闲渔业》一书综合了前人的研究成果，对渔文化做出了一个比较全面的解释，该书指出：渔文化是人们从古至今的实践成果，凝聚着人们探索创造的伟大智慧。在人类进化史上，渔文化在一个相当长时期为人类智力和行为进化发挥了举足轻重的作用，是自然与人类、生存与实践、应用与创造、衍生与互动的多种关系的结晶。该书进一步阐释，所谓渔文化，就是人类在渔业实践过程中所创造的物质和非物质文化的总称。狭义而言，渔文化主要指人类在渔业活动中所创造的精神财富总和，基本上以非物质文化形态存在；广义而言，渔文化是人类在渔业活动中所创造出来的人与渔业资源、人与渔业、人与人之间的各种有形无形的关系与成果，如渔船渔具、渔业信仰、渔歌渔号子、渔风渔俗、渔业法规与制度等文化事项。

在渔业生产过程中，渔民解决了最基本的温饱需求之后，便会转向更高层次的物质追求和愉悦轻松的文化产品来满足自身的精神需求和寄托。渔文化在发展过程中融入了许多与渔业相关的元素，如渔拓、鱼饰，以及寄托渔民美好情感的陶艺作品，这些成为渔民在长期社会实践中创造发展的精神产品。把鱼形的物件做成饰品，渔船以鱼龙文化图腾装饰，是渔民对船只进行实用美化的一种艺术形式；从远古的装饰到今天的陶瓷工艺品，这些渔文化艺术品与渔民的生活交融共生，渗透到社会的各个群体，将渔民的雅趣与时代特色融合在一起，很好地反映了渔文化的悠久历史和元素内涵。

渔业博物馆是一个集渔具渔法文物保存、渔业科普教育与休闲渔业旅游景点于一体的综合性博物馆，利用渔业生产场地、渔法渔具、渔业经营活动、渔业自然环境及渔村人文资源，经过规划、设计、收集，以发挥渔业与渔村的都市休闲渔业功能，让已被淘汰的渔业生产方式再现于人们眼前，让曾经支撑过人民渔业生产生活的渔具渔法发挥其历史教育意义。

渔业博物馆是发展渔文化的物质基础。长江十年禁渔后，政府大力建设公共文化设施。2022 年 3 月 28 日，全国唯一的长江渔文化博物馆在安徽芜湖开工建设，总占地面积约 23m×104m，共有中国渔业史与渔文化历史陈列、长江流域渔民与渔村文化陈列、长江流域传统渔船渔具与渔法展、长江水生生物与渔业资源展及长江十年禁渔与生态文明展 5 个展区，另有稻鱼鸭复合体验区、生态体验区等互动体验区。未来还将有更多公共文化设施陆续投入建设和使用，将成为都市休闲渔业发展的重要资源。

1. 大连自然博物馆　在黑石礁国家地质公园内，一座三面环海的白墙蓝顶欧式建筑引人注目，这就是有着百余年历史的国家一级博物馆——大连自然博物馆（图 4.20）。其建筑面积为 1.5 万平方米，是国内唯一拥有 27 万平方米海域的博物馆，在国内外享有很高的知名度。

图 4.20 大连自然博物馆

大连自然博物馆是一座集收藏、研究、展示于一体的综合性自然科学博物馆，馆藏动物、植物和矿藏标本 20 余万件，其中珍贵标本 6000 余件，展陈面积近 $8000m^2$，基本陈列以“自然与人”为主题，采用主题单元展示法布展，体现人类、生物、环境的相互依存关系，突出“天人共泰、物我同舟”的人与自然共生理念。该馆曾荣获“全国博物馆十大陈列展览精品奖”“最佳新材料、新技术运用奖”，并被授予“全国青少年科技教育基地”“全国科普教育基地”“大连市优秀科普教育基地”“全国野生动物保护科普教育基地”“辽宁省爱国主义教育基地”等多个荣誉称号。

大连自然博物馆的建馆史可追溯至 1907 年，其曾被命名为“东北地质博物馆”“东北资源馆”等，1959 年正式定名为大连自然博物馆，由郭沫若题写馆名。

1998 年，大连自然博物馆新馆建成并对外开放。馆内设有地球、恐龙、海洋生物、东北森林动物、湿地、物种多样性、辽西古生物化石等 12 个展厅，展示标本超 5100 件。其中，海洋生物、大连第四纪古生物化石、辽西化石、东北野生动植物、非洲动物等为展示特色。

鱼类多样性展厅系统介绍了海洋鱼类的相关知识，将生态文明和鱼类资源保护的理念贯穿于展览。海洋无脊椎动物暨海藻展厅通过 1000 余件色彩斑斓、形态各异的标本，展示了海藻和海洋无脊椎动物是一个种类繁多、生活方式多样的海洋生物大家庭，共同维持着海洋生态系统的稳定。该馆拥有海兽标本 20 余种，种类和数量在国内自然博物馆中名列前茅，大型海洋哺乳动物标本是大连自然博物馆的突出特色之一，大型鲸类标本陈列在国内居首，重点标本为北太平洋露脊鲸、长须鲸、灰鲸、抹香鲸、虎鲸、白鳖豚等。

一头雌性北太平洋露脊鲸生态剥制标本横卧于展厅中，极具视觉冲击力。这头鲸全长 17.1m，体重约 66.7 吨，是目前国内最重的鲸类动物标本，在亚洲也属罕见。北太平洋露脊鲸行动迟缓，喜栖息于海水上层，头部经常隐没在海面下，将光滑的背部露出水面，故名露脊鲸。在它旁边展示的小鲸标本是它的胎儿。

露脊鲸标本旁陈列的小须鲸双胞胎标本十分罕见。鲸类通常一胎只生一只幼仔，多胞胎极为少见（图 4.21）。1972 年，工作人员从一头雌性小须鲸腹内解剖出一对双胞胎胎儿，双胞胎共用一条脐带，长得一模一样。

在大连自然博物馆门口，黑石礁公园海边的黑色礁石是十几亿年前形成的岩溶景观，面积约 $3km^2$，退潮时露出漆黑的岩体，层层叠叠如凝固的海浪，千姿百态，并与大连繁华市区靠近。经过大连市的环保、城建部门及民间环保人士的努力，黑石礁的自然景观和自然生态得到保护和恢复。公园重点突出海洋文化，建有雕刻着 312 块海洋生物图形、275

墩海洋生物观光石栏的 8000 余平方米的海洋科普广场，是都市休闲渔业及海洋生物科普的独特表现形式。

图 4.21 大连自然博物馆露脊鲸标本及小须鲸标本

2．上海海洋大学博物馆 上海海洋大学博物馆是依托鱼类学、水生生物学等学科而建的特色展馆，下辖鲸馆、水生生物科技馆、校史馆和三史馆，是专业从事收集、研究、展示海洋生物及其文化的博物馆，以“普及海洋科学，传承海洋文化”为己任，致力于海洋教育事业。其前身为著名鱼类学家朱元鼎 1952 年所建鱼类标本室。现有馆藏标本数万号，其中定名标本约 2000 种，模式标本近 40 种。

鲸馆位于杨浦校区，展示面积约 900m^2，“镇馆之宝”是一条体长 18.4m 长的雄性抹香鲸外形与骨骼标本（图 4.22），还有“海中大熊猫”之称的中华白海豚标本，有活化石之称的鹦鹉螺、翁戎螺，以及数百件绚丽多姿的贝类标本。水生生物科技馆（图 4.23）位于临港校区，展示面积约 300m^2，围绕“人类与水世界和谐共处”主题，通过栩栩如生的水生生物标本和图文并茂的展板，利用灯光布景与现代化多媒体技术，营造多姿多彩的水生生物世界。

图 4.22 长 18.4m 的雄性抹香鲸骨骼标本

图 4.23 上海海洋大学水生生物科技馆

3．中国科学院水生生物博物馆 中国科学院水生生物博物馆的前身为淡水鱼类博物馆，2005 年，以淡水鱼类标本馆为主体，整合其他标本收藏构成了水生生物博物馆。博物馆中收藏有丰富的水生生物标本，其中包括我国淡水鱼类标本 1000 余种，40 余万尾；来自国外34个国家和地区的鱼类标本600余种；藻类标本2万多号；各类群的无脊椎动物标本。目前在该博物馆中对外展览标本有活化石矛尾鱼，国家一级保护动物中华鲟、白鲟、白暨豚，以及二级保护动物江豚、山瑞鳖、大鲵、胭脂鱼和扬子鳄等。在中国科学院水生生物研究所白暨豚馆生活长达22年185天（1980～2002年）的雄性白暨豚“淇淇”，是在人工饲养条件下生存时间最长的白暨豚，去世后被制成标本，现依然保存于白暨豚馆（图4.24）。

图4.24 白暨豚标本

2005年，中国科学院水生生物研究所建成5000m^{2}博物馆大楼，把全所分散保存的标本集中起来存放在新的标本库中，并建成了名为“水生生物世界的奥妙”的科普展览。展示面积达1000m^2，它将为大、中、小学提供直观的自然科学教育场所。博物馆除每年的“科技活动周”“公众科学日”期间免费对外开放外，其他时间也长期开放，每年要接待2000名以上的参观者。

4.4.2 科普教育基地

全国科普教育基地，由中国科学技术协会命名，主要是由国家政府部门、科研院所、大专院校、企事业单位、社会团体和个人建立的，以公益性为目的，面向社会公众常年或经常从事普及科学技术知识、倡导科学方法、传播科学思想、弘扬科学精神的活动的地方或机构，包括博物馆类基地［含科技馆、博物馆、动（植）物园、海洋馆、公园等］和青少年活动场所等。

北京市水生野生动植物救护中心位于北京市延庆区，是农业农村部和北京市共同出资建设的，履行政府公益服务职能。

中心建有2800m^{2}的水生野生动物博物馆，1000m^{2}的水生动物繁育展示馆，4000m^{2}的救治车间，20 000m^{2}的驯养、繁育池。对外展示国家级保护及濒危、珍稀水生野生动物标本400余种3000余件，是国家重点保护水生野生动植物扩繁基地，是社会公众特别是中小学生重要的水生野生动植物科普教育基地。

作为全国科普教育基地，北京市水生野生动植物救护中心开展了一系列具有特色的活动，有效地提高了人们保护环境、爱护动物的意识，使北京野生动物保护宣传工作走在全国的前列，起到很好的示范作用。被相关部门授予“北京市科普先进集体”“北京市校外教育先进集体”“优秀科普场馆”“爱国主义教育基地先进单位”等荣誉称号。

4.5　综合园区型都市休闲渔业

综合园区型都市休闲渔业科技园（图 4.25），是以科技为支撑的渔业发展的新型模式，是渔业技术综合集成的载体，是市场与渔业产业者连接的纽带，是现代渔业科技的辐射源，是人才培养和技术培训的基地，对周边地区渔业产业升级和经济发展具有示范与推动作用。

园区俯瞰实景

园区展览馆

图 4.25　综合园区型都市休闲渔业

都市休闲渔业园区的建立要突出涉渔休闲主题，将传统渔业生产与服务业相结合，规范生产、经营、管理活动，形成集休闲、垂钓、体验、观光、美食、水族观赏、文化等于一体的综合性休闲渔业基地，将涉渔先进生产设施、技术集成的渔业技术及渔业生产活动很好地融入休闲观光活动中，体现出较高的产业融合度和景点特色。具有休闲渔业主题项目或观光活动景点，有渔业文化、当地渔业特产展示，内容健康、丰富，形成特色主题，具有示范性，渔文化建设突出，能有机地与传统文化和当地特色文化相结合，体现社会主义精神文明风貌。生态效益明显，未对周边环境造成建设性和运营性破坏。

综合园区型都市休闲渔业的主要特征体现在以下几方面：①依托了现代渔业发展的先进生产方式、生产资源；②涵盖了渔业生产、渔业加工、渔业服务、渔业休闲旅游、渔业科普等复合功能；③在休闲渔业主题方面，可涵盖观光观赏、休闲体验、科普教育等多重需要；④展示了渔业产业的新质生产力和未来产业发展趋势。

4.5.1　大连富谷现代化渔业园区示范基地

大连富谷集团位于黄海之滨——大连庄河，紧邻庄河港，风景优美，交通便利，创建于 1981 年，是一家集水产品种苗繁育、养殖、加工、销售、科研、产业旅游为一体的综合性现代渔业企业，具有自营进出口权。

大连富谷集团主要从事河鲀、黄条鰤、欧洲舌齿鲈、刺参等海珍品高效生态养殖及水产品加工的国家级农业产业化重点龙头企业。公司先后被认定为“国家红鳍东方鲀良种场”“河豚鱼健康养殖示范基地”“国家农业产业化重点龙头企业”，“富谷”牌商标被认定为“中国驰名商标”。

大连富谷现代化渔业园区将现代渔业生产和休闲观光旅游紧密融合，集渔业观赏、垂钓、赶海、餐饮、购物业于一体。园区在集水产繁育、养殖、加工、销售、科研于一体的全产业链发展的基础上增加了餐饮、观光、游览等项目，实现了一产叠加二产带动三产，三产融合建设。休闲渔业区分为以科普知识为着重点的“教”区及以观赏、休闲、娱乐为主体的“乐”区。“教”区与“乐”区相辅相成，寓教于乐（图 4.26）。

园区中央雕像

加工厂

循环水养殖车间

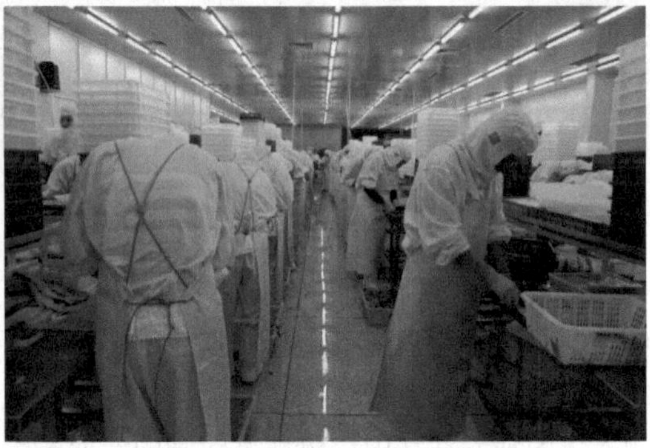

加工车间

科普展览区一

科普展览区二

图 4.26　大连富谷现代化渔业园区各功能区图

4.5.2　大连天正实业渔业园区示范基地

大连天正实业有限公司是我国最早、最大的养殖示范基地及海水鱼种业繁育基地。天正实业渔业园区设有健全的河鲀科普课程体系，有河鲀文化博物馆、标本室、养殖车间等可供参观（图 4.27）。每年适时对青少年及高校举办“蓝色海洋”“河鲀生命奥秘探索”等科普活动（图 4.28）；举办“探索海洋生命奥秘，揭开河鲀神秘面纱”夏令营主题活动；举办河鲀地理标志、美食节、旅游节、烹饪大赛等文化推广活动（图 4.28）。

园区主体

鱼类研发实验室

河鲀

天正河鲀主题餐饮

加工车间

河鲀形象雕塑

图 4.27　大连天正实业渔业园区各功能区图

图 4.28　天正科普基地接待青少年参观

本章小结

本章介绍了都市休闲渔业及其分类，围绕观光和观赏型都市休闲渔业、休闲体验型都市休闲渔业、科普教育型都市休闲渔业和综合园区型都市休闲渔业，从各个模式概念、特征、内容与承载形式、典型案例等方面进行了详细介绍。全面地为读者展示了都市休闲渔业这一结合了渔业、旅游与城市发展的渔业经济新方向。

名词解释和概念理解

都市休闲渔业；观光和观赏型都市休闲渔业；休闲体验型都市休闲渔业；科普教育型都市休闲渔业

思考题

1. 都市休闲渔业有哪些主要类型？
2. 观光和观赏型都市休闲渔业的主要特征有哪些？
3. 都市休闲渔业未来的发展方向有哪些？

主要参考文献

柴寿升. 2008. 休闲渔业开发的理论与实践研究. 青岛：中国海洋大学博士学位论文.
邓薇，林宪生，单良. 2015. 大连“渔人码头”特色街区的文化价值形成研究. 辽宁师范大学学报（自然科学版），38（4）：547-554.
李皓青. 2015. 上海都市休闲渔业发展策略研究. 上海：上海海洋大学硕士学位论文.
王宇，姜巨峰，史东杰，等. 2021. 中国金鱼产业发展现状与机遇. 中国渔业经济，39（1）：74-80.
王赟. 2013. 青岛海洋文化资源及其保护与利用研究. 青岛：中国海洋大学硕士学位论文.
徐小娟. 2016. 温州海产食俗研究. 温州：温州大学硕士学位论文.
张颖. 2018. 以渔人码头为例探究滨海城市空间更新与发展之海洋建筑设计. 青岛：青岛理工大学硕士学位论文.

（任效忠　王　峰　刘雅丹）

第5章

美丽乡村与休闲渔业

本章资源

中石器时代以来，位于多瑙河畔和铁门溪谷的巴尔干半岛石器时代铁门文化的重要考古遗址——塞尔维亚莱潘斯基维尔的原始人，开始相对定居生活，渔业捕捞通常是他们的重要食物来源。群居的生活习惯导致村落的形成，通过渔猎或晒盐获得主要食物和作为经济来源的村落便演化为渔村。中国几千年的渔业也促进了渔村的产生。传统渔村大多依水而建，位于海岸、江边、湖滨或其他近水的地方，有着极强的地域界定。渔村渔民与普通农民不同，渔民不从事土地耕作等传统农业生产活动，而是主要从事摆渡、捕鱼、晒盐等渔业经济生产活动，“靠水吃水”是渔民世代生存的法则。渔民在共同从事渔业经济生产过程中形成了一定的社会交往和社会关系，并自然形成了传统的渔村村落。

远古的文字对渔猎及渔村早有记载。《小雅·南有嘉鱼》记载：“南有嘉鱼，烝然罩罩。君子有酒，嘉宾式燕以乐。”《国风·陈风·衡门》记载：“岂其食鱼，必河之鲂。岂其取妻，必齐之姜。”古代诗词歌赋也记载并描述了渔村恬淡而宁静的景象。唐代王勃《滕王阁序》中的名句——“渔舟唱晚，响穷彭蠡之滨；雁阵惊寒，声断衡阳之浦”，便描述了夕阳西下，渔人摇着渔船、唱着渔歌满载而归的欢快场景。宋朝诗词也有大量描述渔村、渔市、渔船、垂钓和渔歌等的美好画面。“渔舟唱晚”的渔村景象最早见于宋代周密所作《有以渔舟唱晚作图命题拟试者因戏成三首》。至近代，渔村周边碧波荡漾的河水，渔翁驾舟捕鱼，水鸟掠过清澈的河面，夕阳西下晚霞满天的壮美，也成就了一首蜚声世界、举世公认的中国传统古筝名曲《渔舟唱晚》，该曲是中国十大传统名曲之一。

5.1 渔村的特征

渔村一般远离城市，依水而居，交通不便，与外界交流很少，进而保留了它独特的生产特征和民俗文化特征，渔民也具备其特有的信仰。

5.1.1 渔村的地域和生产特征

渔村一般偏远，远离各级经济和政治中心，依山傍水，腹地狭小，很难发展农耕，较一般的农村交通更不方便，与外界交流较少。由于“孤立”和偏远而自然形成封闭或半封闭状态，渔民心理和渔村的传统长期凝固不变，文化传承也随着社会的发展和进步保留下来。另外，渔村奇特的自然景观也促进了渔民特色的性格及其传统文化的形成。

5.1.2 渔村的渔民心理和信仰文化特征

渔村生态的周而复始及渔村渔民面临生存的不稳定性、生产的流动性、与家人周期性的离合等特点，促进了渔民的冒险精神和粗犷豪爽性格的形成。渔村因海、因湖、因河而生，渔民傍海、傍湖、傍河而居，对江河湖海抱以畏惧之心、感恩之心、企盼之心，并产生了膜拜祭祀及创制神话故事等的情感和行为，促进了民间自发的祈求平安的祭海、祭湖、祭河活动的形成，使得江海河湖渔文化与宗教相结合，形成了渔业宗教文化，具有强烈的鬼神崇拜的特点，如对海神龙王爷、妈祖和鱼师的崇拜，对河神、湖神、鱼神、潮神、港神、船神、礁神等的信仰。早在五六千年前，浙江沿海和海岛居民就萌发了海洋宗教信仰崇拜。《唐书·礼乐志》记载，唐代已制定了祭奠四海龙王的制度，宋、元、明、清代也延续着唐代的祭祀制度。祭祀时间从四立日祭四海龙王，改为春秋季仲月上旬择日祭拜，最后是春秋二祭制。

5.1.3 渔村的民俗体育文化特征

《体育科学词典》将民俗体育界定为“在民间风俗或民间文化以及民间生活方式中流传的体育形式，是顺应和满足人们多种需要而产生和发展起来的一种特殊的文化形态”（袁伟民，2000）。渔村民俗体育文化发展具有涉水性、传承性、地域性、劳动性、风险和刺激性、娱乐性、竞技性、交际性等特征；具群体性特征，娱乐活动极具动态性、竞技性、吉祥快乐性特征，如舞龙、舞狮、舞鱼、划船等，而且更多使用号子和锣鼓等雄猛的器乐。代表性渔村的民俗体育如“赛泥马”，为明代抗倭名将戚继光所创，在抗倭战斗中屡显奇效。后人效而仿之，流传至今，从滩涂移到岸上，成为海岛渔村民俗体育项目。再如“船拳”，起源于吴越春秋，流行于明清时期，因当时倭寇横行，海盗猖獗，海岛渔民为护船、防身、御敌等而盛行，但现在和其他拳种一样作为表演和健身之术。

5.1.4 渔村的建筑风格

渔村在中国沿江和沿海广泛分布，具有鲜明的地方和民族特色。渔村居民的房屋具有典型的“渔”或“水”的特征。赫哲族仍保留着部分传统渔村建筑风格的民居。传统的赫哲族住房主要分为临时住房和固定住房两种。临时住房主要有“撮罗昂库”“阔恩布如昂库”（在赫哲语中，“撮罗”是尖的意思，“昂库”是窝棚的意思，“阔恩布如”是圆顶的意思）等，主要为方便捕鱼和狩猎之用，搭造简单，用后弃之。这些临时住房多建造在渔猎生产地点，居落极小。固定住房主要有地窨子、马架子和正房，大多建造在村屯中，在靠近江、河岸边的高地上。其中，地窨子、马架子都是赫哲族较为古老的居住形式，近代以来，受到满汉建筑文化的影响，正房开始成为赫哲人的主要固定居所。另外，体现赫哲族渔文化色彩的传统民居中，还有两种是在院落里搭建的附属建筑物——“晾鱼架”和“鱼楼子”，主要是用于晾制鱼坯子、存放粮食及杂物的辅助性建筑。赫哲族渔村新房外墙上仍然可以看到体现赫哲族渔文化特色的装饰。

海草房可以说是世界上最具有代表性的生态民居之一（图 5.1）。它主要分布在我国胶东半岛的威海、烟台、青岛等沿海地带，特别是威海荣成地区更为集中。据考证，海草房从秦、汉至宋、金逐步形成并在胶东半岛广为流传，到了元、明、清则进入繁荣时期。目前，在荣成市港西镇巍巍村尚保存 20 多幢有 200 多年历史的海草房。而宁津镇宁津所村还保留着创建于明代的屯田军户海草房一条街。那些历经无数风雨、长满青苔的海草房屋顶的阴坡面，印证了历史的久远，向人们展示着海草房的厚重与耐久。自 20 世纪 70 年代以来，海草房已改用砖墙建造。渔村现存的海草房大多是代代相传，祖祖辈辈守在这古朴的居室中，特别是一些老人，对冬暖夏凉的海草房有着难以割舍的情结。一栋房子可以住上几代人，祖祖辈辈传下去。

图 5.1 山东荣成海草房

胶东半岛的海草房，亦如它独具特色的样式和悠久的历史，也蕴涵着丰富的地域文化，承载着当地人在建设家园时的风俗习惯、思维方式、行为规范、祭祀信仰等。据当地老一辈居民讲，在建海草房之前，要选定基地，择吉日动工。砌墙基时也很有讲究，在地基槽的四个角要压上元宝或象征元宝的东西，叫作“压宝”，以求富裕、吉祥。在这一天，还要煮一锅热腾腾的饺子吃，饺子也如同元宝一样，充满了吉祥与喜庆。海草房建成后，要举行“支锅”“祭祀”“拉席上炕”“糊窗、贴窗花、挂门帘”等一系列活动。所有这些无不渗透着浓厚的胶东风土人情，有的民俗一直沿袭至今。

另外，闽南泉州地区的蚵壳厝，始建于宋末元初，石基以上整墙均嵌满牡蛎壳。而离闽南泉州地区 1000.0km 的珠三角地区类似的蚝壳屋，则利用产自海洋的蚝壳组成，其不惧湿气和盐分，能抵挡海风的侵蚀，防止渗水，冬暖夏凉。

5.2 代表性渔村

本节将简要介绍一些世界或我国著名的代表性渔村，包括沿江、沿湖、沿海的一些渔村，并简要介绍这些渔村的特色。

5.2.1 世界著名渔村

世界比较著名的五大渔村包括意大利五渔村、中国香港大澳、卡塔尔多哈、越南小渔村奈美及荷兰北海渔村沃伦丹。

1. 意大利五渔村 享有“世界文化遗产”桂冠的五渔村（Cinque Terre）（图 5.2）位于地中海的利古里亚海边，5 个与世隔绝的小村庄——里奥马焦雷（Riomaggiore）、马拉罗拉（Malarola）、科尔尼利亚（Corniglia）、韦尔纳扎（Vernazza）、蒙特罗索（Monterosso），被勤劳勇敢的渔村人民用在悬崖上架起的小路连接起来，其中最著名的当属适合情侣漫步的“爱之路”。

图 5.2 意大利五渔村

意大利五渔村是优美的海岸线景观与文化结合为一体的景观，依托于民居建筑景观、文化景观、生产性景观、生态性景观而成为世界著名的渔旅场所。五渔村最突出的核心特点之一是民居建筑特色，彰显着渔村的魅力，新建筑与旧建筑的和谐共存，在保留原有风格的基础上，积极创新，与古老的教堂、城堡等地域性特色建筑形成鲜明的对比，创造出独特的建筑群落景观。意大利五渔村的另一特点是优美的海湾，五渔村依靠地中海，海岸线长且优美，海岸景观一览无余，沙滩沙质细腻干净，海水清澈见底。五渔村中还存在着大量的民俗文化和传统节日，政府为推动五渔村的经济发展，设立了年度狂欢节，狂欢节主要是为了庆祝村庄农产品的丰收。这些传统节日不仅保护了五渔村的历史文化资源，同时也吸引了游客争相前来。

2．中国香港大澳 中国香港大澳有“香港威尼斯”之称，是香港最著名的渔村，位于香港新界大屿山西部，纵横的水道和水上棚屋凑成了这里独有的水乡情怀。这里仍保留了早期香港的渔村风貌，棚屋无疑是大澳最具特色的建筑之一，大都从以往的竹枝、树皮、葵叶和铁皮改为木材及麻石建筑，架在水道中林立的木桩之上。

3．卡塔尔多哈 多哈是卡塔尔的首都，为波斯湾著名港口之一，是一个以采珠和捕鱼为主的渔村。它原来是以打捞鱼虾为主的小城镇，随着卡塔尔石油工业的发展，一跃成为繁荣新兴的现代化城市。其因与海的交往密切，海上体育运动项目很多，每年三四月份，多哈都要举行模拟采珍珠和赛木舟活动。湾内摇曳的传统木质独桅帆船提示着人们卡塔尔过去辉煌的航海历史。

4．越南小渔村奈美 其因具有世界上绝无仅有的风大浪高而名声大噪，是世界上最棒的风筝冲浪中心之一。另外，它有如马尔代夫一般蔚蓝的海水和私密的个人空间，价格低廉；有如海南蜈之洲岛椰影银滩一般的海景，而且海沙细如粉末。

5．荷兰北海渔村沃伦丹 沃伦丹（Volendam）是艾瑟湖边一个传统的小渔村，这里以传统服饰、水上运动、音乐、鱼而著称。这里有红砖小屋和着传统服饰的农夫，保有传统的荷兰渔村风貌。传统食品包括烤鲱鱼和荷兰小土豆等。

5.2.2　我国代表性传统渔村

除了香港大澳，2017 年，农业部还公布了休闲渔业品牌创建主体认定名单，27 个村（镇）被命名为“最美渔村”，以弘扬、保护、传承渔业文化和推进渔业三产融合发展为目标，积极推动休闲渔业绿色发展。这些渔村或以深厚的历史人文景观著称，或是海洋文化的发祥地，或是生态民居“活标本”。

1．淡水渔村　长江流域、太湖流域、乌苏里江流域及洞庭湖区、鄱阳湖区等地区，分布了不少传统的淡水渔村。2019 年，我国淡水渔村数量为 4160 个，占渔村总量的 55.10%（李竣等，2021）。2016 年起，中央先后提出长江大保护和黄河流域生态保护战略，根据《国务院办公厅关于加强长江水生生物保护工作的意见》和《长江流域重点水域禁捕和建立补偿制度实施方案》，长江流域按照国家和所在地相关政策重点水域分类实行禁捕，以捕捞为生的渔民退捕转产，传统渔村面临转产转型。在产业结构的不断调整下，淡水渔村经济催生出多样化的村落经济类型，包括现代渔业型村落经济、工业型村落经济、旅游型村落经济等相互融合的局面。与渔村整体变迁类似，全部由渔民这一单一从业人员构成的纯淡水渔业村已经很难找到，而代之以渔、农、工、商等不同行业人员和经济业态在同一渔村社区里共同存在和共同发展的状态。

1）佳木斯市赫哲族乡渔业村　由我国东北地区一个历史悠久的少数民族赫哲族族人组成，赫哲族族人主要分布于黑龙江、松花江、乌苏里江交汇构成的三江平原和完达山余脉。赫哲族乡渔业村渔猎文化起源于 4000 年前兴凯湖“新开流”渔猎文化时期，是北疆渔猎文化的源泉。在古代，赫哲族人主要依靠捕鱼为生，他们食鱼肉、穿鱼皮，并用鱼皮加工制作生活用品。赫哲族人在漫长的社会历史发展进程中，创造了独具特色的以渔猎文化为核心的原始艺术和民族传统文化。古老的渔业村世代口耳相传，赞颂英雄功业，堪称民族历史、宗教、文化、科学、传统知识汇总的伊玛堪在这里唱响。渔业村成立了“伊玛堪艺术团”，培育了多名国家和省级非物质文化遗产代表性传承人，建立了赫哲族民俗文化村和鱼展馆，每年举办乌日贡节、祭江节、赫哲图腾文化节等各类节庆活动，不仅保护了赫哲族非物质文化遗产，还有效提升了赫哲族渔文化的知名度。以渔旅为主的旅游业已经成为赫哲族渔民增收的新兴产业。

2）松原市查干湖屯　查干湖屯，位于吉林省松原市前郭尔罗斯蒙古族自治县的查干湖畔。查干湖是我国第七大淡水湖，是辽、金、元几代帝王巡幸游乐的渔猎之地。这里的人们世世代代以捕鱼为生。查干湖屯既有悠久的历史文化，又有厚重的渔业传统，而且有闻名全国的国家级非物质文化遗产——冬捕活动，每年第一网打出的头鱼还会进行拍卖，近两年的头鱼都拍出了上百万的天价，2020 年冬捕头鱼拍出 296.6666 万元的天价。

3）大理市金梭岛村　金梭岛的历史悠久，文化积淀丰厚，民风民俗浓郁，是一个拥有 5000 年洱海文明的宝岛，是洱海文明的源头、白族的族源胜地，古称“舍利水城”，是南诏国皇家避暑行宫，是古龙舟百人划竞技发源地，是洱海三岛中最负盛名的第一大岛。金梭岛村属于海东镇专业渔业行政村，是苍洱生态民俗旅游第一村。该村渔作景观被农业部命名为 2013 年“中国美丽田园”；2014 年，该村注册商标“金梭岛”“海八碗”；2015 年，大理市金梭岛渔民旅游产业专业合作社被评为“州级专业合作社示范社”。

一些未入选 2017 年全国“最美渔村”名单的传统渔村，也具有悠久的渔业历史。2015 年，住房城乡建设部、国家旅游局公布的第三批全国特色景观旅游名镇名村示范名单中，洞庭湖区有 5 个渔村上榜（李竣等，2021）。洞庭湖区、鄱阳湖区、太湖流域等地区的传统渔村充分利用湖区优势资源，大力发展湖区生态旅游和观光渔业，转型升级为三产融合的休闲渔业渔庄。

2．沿海渔村

1）*福建省泉州市围头村——海峡第一村*　围头村位于东南沿海围头半岛，是祖国大陆距离大金门岛最近的地方，被誉为“海峡第一村”。围头村具有 1200 多年的历史，早在唐宋时期就以“南北洋舟船往来必泊之地”而闻名。从昔日的海防前线到今日的对台交流最前沿，它成为新中国成立 70 多年来两岸关系冷暖变化的一个缩影。在这里，战地文化、滨海文化、渔村文化、华侨文化、涉台文化等多元文化相映生辉，铸就了独特的历史人文气质。

2）*广东省阳江市大澳渔村·南海古港*　大澳渔村史称“六澳之首”，是中国古代海上丝绸之路的必经港口。明清时期的大澳鼎盛繁华，店铺达数十间，与广州“十三行”并称“十三行尾”，至今仍保存着大澳商会会馆、银库、门楼、街道和万人坟古墓等。渔村民风淳朴，具有深厚的渔家文化特色，是广东省保存较为完整的明代原始渔家小屋风貌的渔村。

3）*海南省琼海市潭门镇·千年渔港*　潭门港被誉为“千年渔港”，早在宋元年间，潭门人便组船队出海，赴南海海域捕鱼谋生。潭门渔民是世界历史上唯一连续开发西沙群岛和南沙群岛的特有群体，悠久的远洋航行和远海捕捞历史，使潭门成为非物质文化遗产“南海航道更路经”“祭兄弟公出海仪式”“鲤鱼灯”等海洋文化的发祥地。如今的潭门，是琼海最具魅力和特色的南海渔业风情小镇，在那里可以感受到深厚的耕海文化和民俗文化。

4）*浙江省宁波市东门渔村·渔文化博物馆*　风光旖旎的东门渔村位于石浦港畔东门岛上，不仅是浙江省闻名的专业特色海洋捕捞渔村，而且海防历史悠久，岛上古迹、古貌、人文景观众多，海洋文化历史遗存丰富，渔家风情浓厚，是一个“活态”的渔文化博物馆。石浦-富岗如意信俗和象山渔民号子均被列入《国家级非物质文化遗产名录》。

5）*山东省荣成市烟墩角村*　烟墩角村位于山东省荣成市俚岛镇，它是整个胶东半岛最东部的部分，村庄三面环海，风景秀丽。村民依靠海洋，以种植海带、养殖贝类为主。依托其独特的民居建筑景观、文化景观、生产性景观、生态性景观，烟墩角村已经发展为我国特色渔村。在民居建筑景观方面，烟墩角村的海草房（图 5.3）是最具有代表性的生态民居之一，拥有特色的样式和悠久的历史，也蕴涵着丰富的地域文化，承载着当地人在建设家园时的风俗习惯、思维方式、行为规范、祭祀信仰等。同时，烟墩角村的文化景观以彩石文化景观为主，彩石文化景观主要指的是位于烟墩角村东南方，东临黄海、南依石岛港的中华海上第一奇石——花斑彩石岛。花斑彩石岛中的奇石不仅颜色丰富多彩，而且造型各异，花纹与线条曲直流畅，立体感极强，为烟墩角村的文化景观增添了色彩。另外，烟墩角村生态性景观主要表现在环境优越的海湾。海湾湾线较长，景致较好。海湾优质的水质及丰富的生物元素，每年冬季都会吸引成群结队的天鹅到此地过冬。为推进天鹅的知名度，当地政府专门在此地设立了天鹅国家级自然保护区，着力保护和维持海湾的生态环境（图 5.4），积极推动烟墩角村的宣传，吸引游客的游览。

图 5.3　趣味别致的烟墩角村海草房

图 5.4　天鹅国家级自然保护区

3. 渔村渔（鱼）文化　我国渔（鱼）文化历史悠久，最早可追溯到早期原始人类。渔文化资源散发着与鱼紧密联系的人文气息，是在生产活动中凝练总结出的文化资源。从古至今，渔文化体现了劳动人民对自然的敬畏、对生命的尊重，是与自然和谐共处下获得美好生活的希冀。

节日是渔文化传承发展的重要途径。为感恩江河湖海的无私馈赠，强调保护江河湖海的重要性，以渔文化为主线的江河湖海民俗文化类节庆也在蓬勃发展。例如，具有浓厚渔文化底蕴的开渔节是渔文化千百年来的传承。作为开渔节的主要活动如祭海、启动开船仪式、妈祖巡安、放生及其他文化表演等在设计上充分考虑了渔民节日的因素，在活动内容和环节安排上也充分考虑了游客的参与性，以提升参与者的体验感，加深其对早期和现代渔文化的了解。

传统渔业手工艺是渔文化资源重要的组成部分，也是休闲渔业文化和实践的重要组成。石浦鱼灯等作为重要的渔业手工技艺已有 600 多年的历史。它是上元节花灯的主要组成，寓意深厚，渔民祈盼新的一年风调雨顺、鱼载满仓。中华民族五千年的文明发展史和渔猎文化的发展，也促进了很多传统渔业手工艺的发展。加强对传统渔业手工艺的认知，是普及和推广渔业文化，也是促进休闲渔业的特色化发展。人们在休闲渔业中体验独特的文化习俗和深远意义，为了解、传承渔文化提供了新的契机和有益载体。

1）*海洋渔文化*　我国沿江、沿湖、沿海地区众多，渔村聚落的民俗活动各有特色，但均表现出渔业生产、生活与自然地理环境的协调性。沿海渔文化主要表现为三个方面：①祭海祈风，渔船是渔民谋生致富的主要工具，为了平安捕鱼、多捕鱼、捕好鱼，渔民在每年除夕及正月十三日到海边鸣鞭炮、焚香纸，虔诚叩拜，举行祭海仪式；同时，于龙华日（即每年正月二十五日）测定风向，渔民开展祭祀活动，祈盼“顺风行舟”。②祭祀妈祖，从古至今，妈祖都是沿海渔民信仰的可为他们带来福祉的神明。祭祀妈祖是比较古老的沿海地区传统的习俗，是一种海洋文明体现，体现着以渔民为代表的广大劳动人民在生产实践和生活上的一种精神寄托，即为了通过自己的辛勤劳动获得丰收且能平安出海归来。在这种契机下，经过不断发展，妈祖文化最终形成了中华文明的习俗文化，成为联系华夏儿女的纽带之一。③生活习俗，渔民的日常生活都表现出沿海地区的风俗习惯，具有独特的魅力。渔民依水而生，以鱼为生，因此食鱼成了他们的饮食习惯。将鱼类剔除内脏后，烹饪后呈现出“全鱼”的模样，如有客人时，客人会品尝第一筷。一面吃净后，主客均不能用筷子翻鱼，只可从鱼刺间隙进行食用，以避免 “翻”的禁忌习俗。除了饮食习俗，其穿着也有自己的特色。早期渔民的穿着均为粗布衣衫，腰上系有“撩樵”等。东海渔民则喜爱裆龙裤，其上印有各种“八仙过海”“花莲祥云”等图案，寓意平安丰收。在居住方面，我国北方早期沿海地区海草房诠释了当地的风土人情和人文特色，同时还具有工艺价值、美学价值、民俗价值及开发利用价值。例如，山东威海的东楮岛民俗博物馆，以海草、木、石等自然材料作为建筑用料，对海草房的建筑形式、空间结构、建筑文化等加以优化改进，使得海草房生命得以延续和再生，使海草房的人文价值得以提升。南方受季节和历史因素影响，大多渔民均以船为家。

修织渔网是沿海渔民生活中随处可见的场景。自古以来，东山人以海捕鱼而生，因此渔网手工编织传承了数百年。时至今日，东山依然保留着纯手工操作编织、修补渔网的生产技艺。虽然劳动强度大、效率低，但它属于传统渔业手工艺的重要组成部分，具有独特的艺术价值和文化魅力。游客可在渔民的传授指导下编织渔网，在编织中感受渔文化，寻找乐趣。

起源于 6000 多年前的金山嘴渔村是上海市沿海最早的渔村，岁月更替，一代又一代金山嘴渔村人从事着以海为生的工作，他们对渔船充满了感情。随着捕捞技术的发展，早期的木船虽已退出了历史舞台，但金山嘴渔村渔民与木船的情结却依然在被诉说着。2014 年，木船模型制作技艺被选为当地非物质文化遗产代表性项目。

2）*内陆水域渔文化*　中华民族历史悠久，具有 5000 年的文明发展史，而且中华民族是由 56 个民族组成的大家庭，多个民族传承保留了渔猎文化，如世代繁衍生息于黑龙江、松花江、乌苏里江流域的赫哲族，是黑龙江省独有的少数民族，在长期的历史生活中创造了独特的渔猎文化。至今每年仍在贵州福泉举办的“杀鱼节”，是贵州清水江一带苗族的农祭节日，是保存至今的人类远古集体渔猎生活遗迹，是渔猎生活在农耕社会的仪式性记忆，也是渔猎文化向农耕文化过渡的文化遗存。节日带有浓厚的原始群居狩猎的生活遗风，2006

年被列为《贵州省省级非物质文化遗产保护名录》。挖掘当地渔文化，讲好渔文化故事，将助力休闲渔业的发展。很多特色渔业活动都有各自特色。例如，查干湖冰雪渔猎文化节是著名的渔业节庆活动，由冬捕祭祀仪式“祭湖·醒网”、拉网冰下捕鱼、头鱼拍卖、大型文艺活动等组成。

赫哲族是我国北方少数民族之一，其历史文化源远流长，文化、生产、生活方式不同于农耕民族和游牧民族，具有独特的社会经济文化形式——渔猎经济文化，赫哲族鱼皮服饰也应运而生。赫哲族族人对鱼皮的利用有着悠久的历史。《山海经·海外东经》载：“玄股之国在其（黑齿）北。其为人衣鱼食鸥……”有学者认为这里所描述的就是远古黑龙江流域人们的生活状况，其中包括了赫哲族的先民。在后来的历史上关于赫哲族衣鱼皮的记载屡见不鲜，赫哲族也因此被称为“鱼皮部”。这也充分说明鱼皮在赫哲族的生活中有着极为广泛的应用以至于被人们视为其民族特征之一（于新月等，2018）。

5.3　稻田养鱼

我国稻田养鱼的历史十分悠久，中国古代农民懂得利用稻田，巧妙地将鱼类和水稻并作，以提高稻田的生产力（图 5.5）。洪武二十四年（公元 1391 年），浙江省《青田县志》土产类中记载：“田鱼，有红、黑、驳数色，土人于稻田及圩池中养之”，证明浙江省青田县在 600 多年前就开始稻田养鱼了。2005 年 6 月，浙江省青田县方山乡龙现村的稻田养鱼被联合国粮食及农业组织列入全球重要农业文化遗产（Globally Important Agricultural Heritage Systems，GIAHS）——传统稻鱼共生农业系统，稻田养鱼成为首批世界农业遗产保护项目。《中国大百科全书·农业卷》称：“稻田养鱼是一种淡水鱼类饲养方式。传统饲养对象主要为鲤鱼（*Cyprinus carpio*），我国提倡以养殖草鱼（*Ctenopharyngodon idella*）为主，鲤鱼和罗非鱼（*Oreochromis mossambicus*）及其他鱼类亦有饲养”（中国大百科全书总编辑委员会《农业》编辑委员会，1990）。

图 5.5　稻田养鱼（左图为禾花鲤）

稻田养鱼是一种淡水鱼类的饲养方式，重点在“养”，必须是人工养殖；有一套相应的养殖技术和管理方法；必须是利用稻田水面养殖鱼类，是指在稻田种植水稻的同时，兼及养鱼或稻鱼轮作。稻田养鱼两个最基本的问题必须重点强调，那就是“稻田养鱼”和“人工放养”，不具备这两点或失其一，都绝对称不上稻田养鱼。汉代至唐以前的早期稻田渔业主要养殖原生态鲤、鲫、地方鲤鱼品种、泥鳅、中华鳖等常见种类，唐代因养鲤受到限制而养殖草鱼等家鱼，宋代在长江流域稻田开始养殖河蟹，清末至民国开始养殖青虾等。新中国成立后，稻田渔业扩大了养殖种类范围，包括鲤、异育银鲫、地方鲫品种、罗非鱼及其杂交种、草鱼、河蟹、青虾、罗氏沼虾、黄鳝、人工培育的新品种鲫、小龙虾（克氏原螯虾）、鲇、大口鲇、革胡子鲇、黄颡鱼、台湾泥鳅（大鳞副泥鳅）、斑点叉尾鮰、云斑鮰等国内外经济养殖出产品种等，青蛙、牛蛙、美国青蛙等两栖类及育珠蚌、中国圆田螺和中华圆田螺等淡水贝类也逐步成为稻田养殖种类。同时，金鱼、锦鲤、彩鲫等观赏鱼类也相继进入稻田养殖种类序列。稻渔综合种养模式较多，在不同地区形成了各自的特色。稻田水位较浅，水体中的水生动物一览无余，捕捉水生动物也较容易，因此，稻渔生态渔业可发展成为渔（乡）村休闲渔业的重要组成，由稻渔生态养殖带来的渔旅经济的发展也推动了乡村的振兴。

各地区依据地形地貌形成了独特的稻渔生态种养模式，发展方向为“乡村＋农业＋旅游”，形成了“科（研）、种（植）、养（殖）、加（工）、销（售）、（旅）游”的产业链，为我国稻渔休闲产业提供了丰富的自然景观资源和产业资源。

1．浙江青田稻鱼共生系统 为全球重要农业文化遗产保护试点项目。青田县自公元14 世纪开始一直保持着传统的农业生产方式——“稻田养鱼”，并不断发展出独具特色的稻鱼文化，2005 年 6 月该系统被联合国粮食及农业组织列为首批全球重要农业文化遗产，成为中国第一个世界农业文化遗产。据文献记载：浙江省丽水市青田县稻田养鱼距今已有 600 多年历史，最早是由农民利用溪水灌溉，溪水的鱼类在稻田里自然生长，经过长期驯化而形成天然的稻鱼共生农业系统。田鱼是淡水鱼类的一种，由鲤科鱼类演化而来，有红、黑、花、白、青和粉等颜色，由于自古在稻田养殖，故俗称“田鱼”。田鱼虽然出自稻田但无泥腥味，肉质细嫩，味道鲜美，鳞片柔软可食，营养丰富，深受人们的喜爱。青田县地形南北较高、中部较低，自西北向东南略有倾斜。境内海拔高差悬殊，垂直分布差异较大，形成了山区独有的梯田景观，为田鱼的稻田流水式养殖及其品质保障提供了自然环境条件。

2．云南红河哈尼梯田 位于云南南部，遍布于红河的元阳、红河、金平和绿春四县，总面积约 6.67 万公顷，仅元阳就有 1.13 万公顷梯田。元阳梯田是哈尼族 1300 多年来生生不息地“雕刻”的山水田园风光画（图 5.6）。2013 年（癸巳年）6 月 22 日，在第 37 届世界遗产大会上，红河哈尼梯田被成功列入世界遗产名录，成为中国第 45 处世界遗产。元阳境内全是崇山峻岭，所有的梯田均修筑在山坡上，梯田坡度为 15.0°～75.0°。以一座山坡而论，梯田最高级数达 3000 级，在中外梯田景观中罕见。元阳气候温和，雨量充沛，年均气温约 15.0℃，全年日照 1670h。其到处都是梯田，出门随便往哪边走，均能看到壮观的梯田景色。拍摄梯田日出最佳的地点是多依树景区，包括多依树、爱春和大瓦遮等连片近千公顷梯田。这里三面临山，一面坠入山谷，犹如一个大海湾。梯田上部比较平缓，下部则地势陡峭，从上俯瞰，犹如巨瀑倾泻，无比壮观。多依树常年云雾缭绕，云海奇景也颇有可观。多依树是拍摄梯田日出的热门地点。拍摄梯田日落最佳的地点是老虎嘴片区，包括勐品、硐浦、阿勐控、保山寨等 400.00hm^2 的梯田，勐品梯田位居中央，犹如盛开的白色巨花，从山顶俯视，颇有航拍的感觉。西侧阿勐控梯田分布在三座山梁上，忽高忽低，忽曲忽直，极具韵律感。东侧是弯月形的保山寨梯田，形体优美，立体感较强。老虎嘴视线最远处的左上角，还能隐约看到一匹疾驰的骏马，这正是元阳梯田的标志性景点，曾经出现在《中国国家地理》的封面。

图 5.6　云南红河哈尼梯田

3．紫鹊界梯田　成型已有 2000 年历史，起源于先秦、盛于宋明，是中国苗、瑶、侗、汉等多民族历代先民共同的劳动结晶，是山地渔猎文化与稻作文化融化糅合的历史遗存，是古梅山地域突出的标志性文化景观。紫鹊界梯田山有多高，田有多高，水就有多高，这里没有一口山塘，也没有一座水库，也无须人工引水灌溉，天然自流灌溉系统令人叹为观止，国家水利专家评价其可与都江堰和灵渠相媲美，把这种自流灌溉系统称为"世界水利灌溉工程之奇迹"。紫鹊界梯田依山就势而造，小如碟、大如盆、长如带、弯如月、形态各异、变化万千，宛如天上瑶池、人间仙境。2018 年 4 月 19 日，中国南方稻作梯田（包括广西龙胜龙脊梯田、福建尤溪联合梯田、江西崇义客家梯田和湖南新化紫鹊界梯田）在第五次全球重要农业文化遗产国际论坛上，获得了全球重要农业文化遗产的正式授牌。

4．贵州从江侗乡稻鱼鸭系统　每年春天谷雨季前后，侗乡人劳作的身影就出现在层层的梯田里了，秧苗插进了稻田，鱼苗也就跟着被放了进去，等到鱼苗长到两三指，再把鸭苗放入稻田。稻田为鱼和鸭的生长提供了生存环境和丰富的饵料，鱼和鸭在觅食的过程中，不仅为稻田清除了虫害和杂草，大大减少了农药和除草剂的使用，而且鱼和鸭的来回游动搅动了土壤，无形中帮助稻田松了土，鱼和鸭的粪便又是水稻上好的有机肥，保养和育肥了地力。这种方式在从江已经延续了上千年，为一种独特的农业文化遗产。侗乡人所养育的鸭种是经过世代选育驯化的小香鸭，小香鸭的个头很小，可以灵活地在水稻间穿行，水稻中的害虫、小虾、小鱼、各种杂草都是其上好饵料。近年来，从江县不断加大稻鱼鸭系统保护工作力度，制定了保护规划和管理办法，努力探索对这一重要农业文化遗产的动态保护途径。

5.4 渔（乡）村休闲渔业开发

随着渔业的蓬勃发展，新渔村建设中存在的诸多制约因素也凸显出来，包括总捕捞能力过剩、水域污染加剧、生态环境破坏、渔业资源面临衰竭、鱼类种质退化等问题，促使政府和学者提出了基于“内生性发展”进行新渔（乡）村建设的发展思路。内生性发展理论最早由日本经济学家宫本宪一先生提出。宫本先生认为，内生性发展是一种地区开发形式，地区自主研发，按计划和主动进行技术开发，且在保护环境的前提下，合理利用资源，依据本地区文化特点，实施经济发展，提高居民的福祉。其主要内容是：①以地域内的文化、技术、产业为基础，以地域内市场为主要研究对象进行开发；②在环境保护的前提下，通过自然保护、创造舒适的生活空间、繁荣经济文化等的综合开发，来实现经济发展；③开发具有地域特色的产业，并创造出高附加值的产业；④为了提高资本与土地等资源的利用效率，要建立由本地居民参与并享有充分自主权的地域经济自治体。对于内生性发展应遵循的基本原则，宫本先生也提出了一些建议：①地区开发不是大企业和政府的事业，本地区的居民应该以当地的技术、产业、文化为基础，以本地区的市场为主要对象，进行研究，并加以规划，付诸实施；②应该在保护环境的总体框架下考虑开发，以生态环境为中心，保护自然，建设美丽的街区，综合提高福利和文化水平，确立各地居民的人权；③应该努力发展地区产业群，不要只局限于某一特定产业，而应该跨越多个产业领域，尽量使产业附加值的所有阶段都留在当地；④地方政府建立自主权，制定群众参与制度，在规划中吸收居民的意见，抑制资本发展和滥用土地（联合国教育、科学及文化组织，1988）。

5.4.1 渔（乡）村发展原则和策略

渔（乡）村发展应遵循的原则：注重经济效益与社会效益相统一，与社区建设和乡镇建设相结合，促进渔村特色文化的发展，是新时代背景下我国社会建设和发展的重要任务。完善物质性的基本设施及视觉性突出的物象空间，进而综合性和系统性地传承和建设渔村文化，通过文化机制、文化治理、文化生产的完善来提升渔村文化内涵，激活以“资源、认同、参与”为核心的渔村文化内生性发展之路。渔村文化的内生性发展和提升需要地方及其渔民参与，利用渔村物质和非物质文化的优势，实现“文化＋、体验＋、科技＋”为导引的地方产业价值发展，促进以渔村主体为导向的“资源-知识-价值”共享机制的生成，并形成服务公众的机制，才能实现渔村文化的内生性发展和文化产业发展的无限效益。

渔村振兴需突破实践性困难和基础设施落后等限制要素。同时，渔村存在规划落后、医疗和卫生资源严重不足、公共卫生体系建设薄弱、信息资源少、服务体系不完善等问题。同时，渔村建设存在缺少强大且长效的财力支援、乡镇收入渠道狭窄、缺少渔村集体经济支撑、渔民收入有限、国家的投资费用有限且有时效性等限制因素。因此，渔村振兴需依赖国家的政策保障，包括加强惠渔政策扶持，优化渔村发展环境等，以及落实渔业扶持和补贴政策、转产转业补贴政策等；需要强化体制保障建设，包括鼓励发展多种所有制渔业经济，推进渔业专业合作经济组织的规范化建设经营。同时，建立多元化投资机制，积极争取国家财政投入，鼓励企业、社会资本、渔民个人投资，凝聚乡贤共同体（这一共同体打破了囿于“同本同宗”和“同质文化身份和阶层”的传统乡村治理思维），以多元化、融入性、创造性的文化主体身份投入渔村建设。另外，渔村发展与振兴需大力促进渔村生产发展和产业结构调整，加快渔业科技创新和技术推广体系建设。充分发挥科研机构和渔业高校在渔业科技创新方面的引领作用。建立和完善渔业资源环境保护体系，促进渔村生态渔业可持续发展。渔村振兴要科学论证，合理布局，搞好渔港规划，同时建设渔用码头、供油设施、水产交易市场、水产加工园区等配套设施，促使渔港发挥整体功能；推进水产品市场和物流体系建设，完善相关标准及检验检测体系、认证认可体系和质量监管体系等，推动渔村产业的健康发展；积极推进渔业信息化建设，充分利用和整合涉渔信息资源，强化面向渔村的广播、电视、电信等信息服务，推进渔村发展的信息化建设。

在渔村渔旅的发展和管理中，需依赖健全的法律法规、完善的管理制度、公共文化服务体系。渔村建设需要深入开展渔村普法教育，增强渔民依法行使权利和履行义务的自觉性。渔村管理上，完善村务公开和民主议事制度，让渔（村）民群众享有知情权、参与权、管理权、监督权，最大限度地调动渔民建设新渔村的主动性和积极性；鼓励和支持渔民上岸发展“渔家乐”和餐饮服务等旅游产业，不断拓展渔民增收空间。在共同服务体系的建设上，建立和完善市场预警系统，为渔民提供稳定的产品销路，推进渔业产业化经营，带领渔民走共同富裕的道路。努力改善渔区学校的办学条件，不断提高教育质量；逐步提高渔民的医疗保障水平，健全医疗卫生服务体系；建立符合渔村实际的社会救助和保障体系，探索建立渔村社会养老保险制度；加强公共文化设施建设，构建渔村公共文化服务体系，充实渔民的精神生活。

5.4.2 渔（乡）村文化振兴

渔村文化涵盖了渔业文化、渔村民间文化艺术、渔村民俗、渔村传统美德等，并通过渔村集体文化活动、日常生活和生产及手工艺品等载体呈现并传承。渔村特有的自然生态景观资源、特色建筑资源、民间非物质文化资源等，是渔村文化振兴和发展的优势与关键要素。同时，渔村非物质文化，如抬阁、马灯、龙灯、鱼灯、舞龙、船鼓、稻田摸鱼等，以及其凝聚性和承载性的文化与艺术性特征，不仅将渔（乡）村的民俗精神、民俗信仰、民族特色世代相传，也通过活动的组织，以极大的吸引力和凝聚力将一定的渔（村）民聚集于独特的渔村文化活动中。例如，浙江舟山自2005年起，每年休渔期间举行“祭海出洋和谢洋大典”。舟山群岛渔村的每个乡镇或村都有一支舞龙队，每年舟山休渔期间都有舞龙比赛，通过“舞龙”（舞灯笼、祭龙王、赛龙舟）等“舞龙求雨”，并在开洋祭海和谢洋祭海、逢年过节进行酬神悦神的表演，同时与渔民号子和舟山锣鼓等多种艺术形式交融在一起，历史上是为博取海龙王高兴，祈求龙王保佑出海渔船，鱼丰人安，现代则娱人，进而实现经济、旅游、艺术、娱乐、健身、教育和传承等功能。另外，渔村的舞龙等艺术表演也彰显了渔民特有的威武刚毅的性格，蛟龙出海似的奋发向上的胆魄，千里马似的追求和创业大志，以及“龙择四海”忍辱负重的精神内涵，同时也可以体现渔民海纳百川、同舟共济、齐心协力、求真务实的团队精神和生产风范。

渔村民俗文化在其传承和发展中也面临渔民整体素质不高、公共服务水平低、集体经费缺乏等问题，影响文化活动开展和传承的连续性，以及民俗文化的教育和技术培训。年轻和有文化的渔民后代涌入城市，导致渔村出现民俗文化专业及储备人才严重缺乏的问题。渔村民俗活动的同质性也逐步推动“一村一特色”的渔村建设发展。渔村建设可采用多夫兰夫妇（John & Lyn Lof Land）的方法和程序进行：综合体育、经济、旅游、民俗等方面的专家对渔村的实践（渔业生产行为等）、情节（鱼汛、年祭等）、邂逅（渔民人际关系互动等）、角色（渔业地区、职业家庭角色、宗教、群体等）、关系（外来工与当地渔民关系）、群体（外来工群体、本埠渔民群体等）、组织（渔工中介组织、村委会等）、生产形态、文化特点等进行长期综合考察研究，从地理环境、人口分布、经济发展水平、生活方式、传统习惯、活动形式等方面入手，发掘收集原始素材，夯实基础，协作攻关，加强渔村民俗体育的研发，挖掘海岛渔村民俗体育的潜力，筛选出适合本地区开展的项目，制定相关规则并加以推广。渔村文化建设的思路：①建立和培养不同级别（市、区、社区）民俗指导员队伍，如传承人及组织指导和策划人才等；②可在传统渔业的现代性植入和转型思维下，将现代种植业与文化游览相结合，形成综合观光开发渔（乡）村业态文化，植根于农业生产、田园环境、民风习俗等渔（乡）村相关的诸多元素，促进渔（乡）村业态文化的延伸性和生长性发展；③在传承和振兴渔（乡）村民俗文化的同时，也要引导渔（村）民破除迷信、崇尚科学、树立先进的思想观念和良好的道德风尚，倡导科学健康的生活方式，在渔（乡）村形成文明向上的社会风貌。

基于这些理念，渔（乡）旅开发极成功的典范有“中国渔村”，位于宁波市的石浦中国渔港，其是在原始渔村的基础上进行开发而建设的。“中国渔村”是集全国渔区文化和生活风情于一体的休闲度假区，由渔文化民俗街、皇城沙滩、旅居结合的欧美风情小镇，以及石浦渔港、石浦古街、檀头山、渔山岛、渔人码头等组成。依托石浦海洋自然资源和渔文化资源，“中国渔村”充分吸收了世界各著名海滨度假区的成功经验，注入先进的环保意识和规划理念，打造“渔文化民俗游”主题和“海滨海洋游”休闲度假特色，为国内最具特色、规模最大的海洋文化休闲城。

5.5 渔（乡）村的休闲渔业模式

渔（乡）村或依托其稻渔产业，或依托其传统渔村景观和渔文化，并配套建设相应渔博物馆、渔文化体验馆、渔（乡）村渔业园，开发特色渔文化活动，如渔美食节、巨网捕鱼、稻田摸鱼、特色冬捕节等，推动“一村一特色”的休闲渔业发展，带动渔（乡）村经济发展。

5.5.1 产业依托型

中国稻渔综合种养中的主体是水稻，其吸收太阳能，形成稻谷和稻草提供给人类。原始生产者包括杂草、浮游生物、腐屑、部分光合细菌等；稻渔水产养殖生物可摄取杂草、浮游生物、虫菌、蚊蚋等，其排泄物可作为肥料；水稻可为水生水产养殖生物遮阴，降低水温，净化水体；水产养殖生物可为水稻提供的有利条件是降低虫害和草害，提高土壤养分可利用率，进而促进稻渔水产产品的多样性，以及稳定的水稻产量、较低的农药化肥投入、提高土壤养分利用率和水土资源的利用率等（图 5.7）。

中国稻渔生态休闲产业的经济效益由水稻产品、（稻）渔产品、观光观赏、体验参与等 4 部分组成。由于稻渔综合种养模式采用水稻仅施基肥，在生长过程中不施追肥（化肥），水稻生长所需营养由鱼、虾、蟹等养殖的水生动物代谢的氨氮和排泄的粪便提供，其产量不减少；

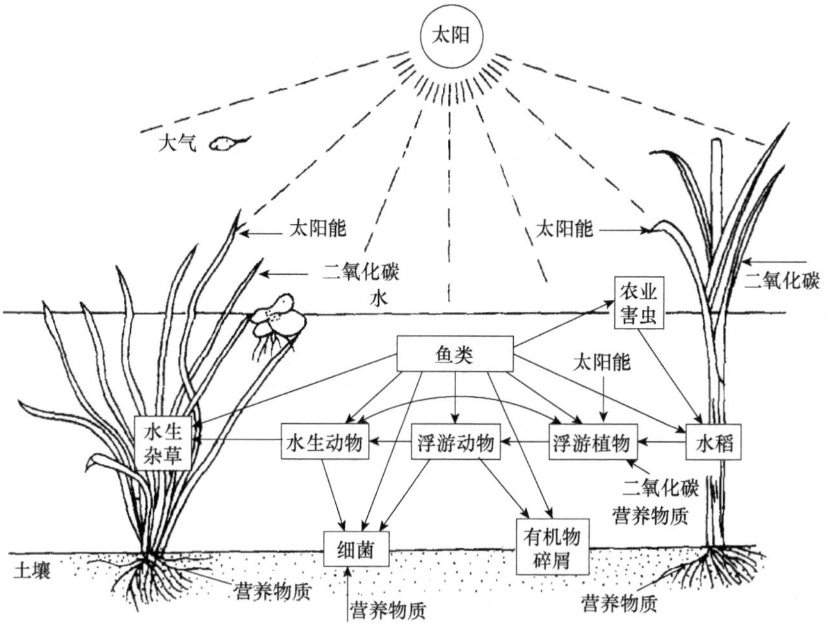

图 5.7　稻渔养殖模型

少施或不施农药，其稻谷均为有机稻或生态稻。因此，稻谷的价格较高，是利润的主要来源。养殖的渔产品相对于池塘养殖，产量较低，利润也较低。由于稻田水位较浅，水体的水生动物较易观察，也易徒手捕捉，产生了附加的观赏和休闲体验经济效益。

1．产业品牌　通过培育优质鱼米品牌，引导扶持经营主体打造了一批知名品牌，各地将“绿色、生态、优质、安全”的理念融入产品包装、设计和品牌宣传中，有效提升了稻渔综合种养中的水产品价格。湖南省在环洞庭湖区集中发展稻虾种养。2019 年，区域内从事稻虾种养的公司 100 多家、专业合作社（协会）800 多家、家庭农场近 800 家，年加工克氏原螯虾 10.0 万吨以上。辽宁省盘锦市以盘锦光合蟹业有限公司为龙头，立足育苗和养殖，向二三产业延伸，打造了全国最大生态蟹苗繁育基地、全国最大河蟹交易市场、全国唯一以湿地和稻蟹种养为主题的科普教育基地。广西壮族自治区柳州市为发展螺蛳粉产业，集中发展稻螺种养，推广面积 1000.0hm^2，助力小米粉变成大产业。

稻渔综合种养产业，如“稻渔＋文化”“稻渔＋休闲观光”“稻渔＋电子商务”等正在蓬勃发展。通过打造一批具备加工、餐饮、旅游等融合发展业态的稻渔综合种养经营主体，推动稻渔综合种养产业规模化水平的提升。以湖北潜江克氏原螯虾为例，湖北以“潜江龙虾”为引领，集中发展稻虾种养，一二三产业同步融合发展，2019 年克氏原螯虾产业总产值达 913.0 亿元，其中二三产业产值分别为 162.0 亿元和 498.0 亿元，全产业链就业人数近 70 万人。

2．产业扶贫　稻渔综合种养是一些地区产业精准扶贫的有效手段。通过挖掘稻渔综合种养产业潜力，提高技术模式水平及推动稻渔综合种养集约化、规模化、标准化发展，提升其产业效益和脱贫致富带动能力。近年来，稻渔综合种养产出的水产品已占淡水养殖产量的 11%以上；节肥减药效果突出，开展稻渔综合种养可节省化肥使用量 30%以上、减少农药使用量 50%以上；增收增效作用显著，据测算，仅增加水产品一项，稻渔综合种养每年可为农渔民增收 600 多亿元。

1）红河县哈尼梯田“稻渔共作”助推精准脱贫　技术示范基地在红河县挂牌。基地围绕“稻渔共作”全产业链开展科技攻关，瞄准产业发展需求和建档立卡贫困户的脱贫目标，进一步推广和集成区域特色“稻渔共作”综合种养模式，满足全县0.67万公顷高效梯田养殖需求，示范带动全县1.63万公顷梯田水产养殖，为保护世界重要农业文化遗产，带动贫困人口精准脱贫注入了新动力。

2）稻田养鱼养蟹助脱贫　依靠稻田养鱼养蟹等特色产业，2016年，融水苗族自治县全县实现脱贫摘帽贫困村17个，是柳州市完成贫困村和贫困人口脱贫摘帽数量最多的县区。融水苗族自治县采取“公司＋基地＋贫困户”模式规模发展“稻＋鱼（螺）”产业。该县在融水镇成立金边禾花鲤生态农业有限责任公司，提纯培育大苗山金边禾花鲤。目前，金边禾花鲤建有“稻＋鱼（螺）”综合种养示范基地、科技繁育基地总场等，以产本地金边禾花鲤种苗和成品鱼为主，极大地推动了渔（乡）村经济的发展。

5.5.2 游览观光型

游览观光型渔（乡）村休闲渔业，是依托渔（乡）村渔业和稻渔生产自然生态风光，以及其衍生的渔文化和文化节庆活动，并配套相关饮食和民宿服务等而发展的休闲渔业产业，是传统渔村和传统稻渔乡村的休闲渔业产业发展模式之一。

1. 紫鹊界梯田传统文化　南方稻作文化与渔猎文化的巧妙融合成就了紫鹊界人与自然和谐共处的稻渔文化遗存，这里民风淳朴，苗、瑶风俗世代相传；紫鹊民居古色古香并颇有特色；草龙舞和傩面狮身舞等风俗表演更是原始神秘和别有风情；山歌、民歌、情歌广泛流传于民间；苗、瑶风俗依然如故。紫鹊界的梅山草龙又称万岁龙，是用紫鹊界特有的万岁藤香草编制而成的，不但编制精妙，而且舞耍奇特，主要用于祈祷五谷丰登、风调雨顺。紫鹊界龙舞表演风格品种多样，有敬奉天地的草龙、祈请五谷丰登的夜游龙、小孩戏耍的地滚龙及板凳龙，但以草龙舞尤为盛行。

2. 宁夏贺兰县——“稻渔空间”　园区对原有的稻田、鱼塘、田园景观重新规划设计，将自然生态和农业、渔业、休闲旅游相结合，给游客带来“塞上江南，鱼米之乡”的旅游体验。渔业是“稻渔空间”的有机组成部分，没有渔业，稻田只有静态的水体和水稻组成的平面结构；增添渔业，形成了浑然天成的“上有稻，下有渔”的立体空间，水体因渔而动。

3. 浙江东坑镇——爱情梯田　从马坑村拾步而上，一共有1314.0m长的水田爱情步道，一路展示了藕鳅共生、稻螺共生、稻鳖共生等具有地方特色的渔业养殖，推动了地方渔旅产业的发展。渔业成为爱情梯田的点缀，鱼（虾、蟹、螺和鳖）类在爱情梯田中就像五线谱上“跳动的音符”，在稻田畅游和跳跃。

4. 稻田画　稻田画是以彩色水稻为“颜料”，以稻田为“画布”，经过彩稻选育、图案设计、秧苗栽植、田间管理等环节，用科技手段进行空间和图案设计，得到的多种丰富多彩的稻田画图案（图5.8）。广西壮锦与云锦、蜀锦、宋锦一起并称中国四大名锦，壮锦技艺更是广西非物质文化遗产。2023年11月14日，广西壮锦登上稻田画“舞台”，展现出独属广西的优美意境。画面中，《一幅壮锦》以传统民间故事为背景，将勤劳织锦的老妇、身骑白马的少年、落入凡间的仙女等人物刻画得栩栩如生，展现着村民对生活、大自然的热爱及民族文化的传承与自信（图5.9）。稻渔养殖与稻田画相得益彰，积极推动了乡村旅游经济的发展。

图 5.8　稻田画（昊禹米业农产品开发有限公司提供）

图 5.9　南宁市宾阳县古辣镇大陆村推出的
"绝对广西"系列稻田艺术画新作《一幅壮锦》

5.5.3　渔文化节依托型

依托各种渔（鱼）文化、渔业自然或产业资源而开展的渔文化节，是渔村休闲渔业的一种重要形式，推动了渔旅及渔村经济发展。

1．祭海节　祭海节是一个因自然崇拜而形成的传统节日。最著名的祭海节是位于山东省青岛市即墨区田横镇周戈庄村的传统祭海活动，通称"田横祭海节"，已有 500 多年的历史，是中国北方规模最大的祭海节。祭海民俗是渔民在漫长的耕海牧渔生活中创造的一种独具地域特色的渔家文化和民俗文化活动。每年谷雨前后，田横渔民在修船、添置渔具等生产准备工作就绪后，把渔网抬上船，便开始祭海，俗称"上网"。每年祭海节过后，渔民就开始蓄帆向海，准备打鱼了。自 2004 年起，人们挖掘散落民间的文化元素，为祭海节新增了开船仪式、香饽饽面塑大赛、巨书表演、威风锣鼓、"秦风唐韵"表演、摄影大赛、老照片展、民俗研讨会等文化活动，丰富了祭海民俗的文化内涵，并专门设计了祭海节的节徽、吉祥物、主题曲，节庆时间由传统的半天延长为3d。2008年，田横祭海节因为是古老的沿海人类文化的活化石，具有较强的学术研究价值、文化价值、社会影响价值，被确定为中国第二批非物质文化遗产。

田横祭海节（图5.10）是我国北方地区规模较大的祭海仪式之一。旧时，由于捕捞设施落后，多有海难发生。人们为寻求精神寄托，便在海边建起龙王庙，每年初次出海前（谷雨前后），渔民都到龙王庙祭祀，祈求龙王保佑出海平安，满载而归。田横镇周戈庄村一带的渔民，习惯称每年谷雨节期间的祭海日为“上网日”。1987 年，田横镇政府开始组织“渔业上网誓师大会”仪式。1996年，将每年的3月18日定为统一祭海日，逐步形成周戈庄村的一个独特节日——“上网节”。2006年将其正式定名为“田横祭海节”，并首次提出“人海相谐，兴我家邦”的主题口号，首次将祭海仪式搬上舞台。而后，每年举行一次。

图5.10　青岛田横祭海节

田横祭海节给当地带来了人气，也给当地产业的发展带来了希望。2019年，田横岛省级旅游度假区全面实施生态立区、产业富区、旅游强区三大战略，紧紧围绕“实施乡村振兴、推进双招双引、培育增收产业、发展文化旅游、提升幸福指数”的宗旨，提升海洋文旅品牌知名度，丰富海洋民俗文化节庆品牌内涵，祭海节在文化内涵、产业链条、文化承载力等层面全面升级，亮点纷呈。

2．赫哲图腾文化节　赫哲族世居黑龙江、松花江、乌苏里江交汇构成的三江平原和完达山余脉。正如《醒世恒言》所言：“靠山吃山，靠水吃水。”靠山，狩猎是赫哲族的一种经济来源；靠水，赫哲族曾是我国北方少数民族中唯一以渔业为主的民族。赫哲族是一个信奉“万物有灵”的民族，赫哲族族人过去信仰古老的原始宗教——萨满教，每逢出猎或捕鱼，必祭祀神灵。人们以祭拜神树表达对万物生灵的崇拜、对大自然的敬畏，祈求神灵赐福，后来演变为每逢农历七月十三祭拜神树的习俗，赫哲语为“呼日堪嘚布”。“呼日堪”，赫哲族语谓祭拜神树之意。“呼日堪”赫哲图腾文化节体现了赫哲族对自然生态的崇拜，对万物生灵的祈福，对美好生活的向往和憧憬。

历史上，赫哲族族人以鱼为主要生产生活来源，形成了独特的鱼皮衣、鱼皮画等民族传统文化。如今赫哲族族人打造文化全产业链，既增收又传承了文化。在黑龙江省同江市八岔赫哲族乡新强村，为弘扬独具特色的赫哲民俗，该村开办了赫哲手工艺品培训班，研发制作精品鱼皮画、鱼骨手串、鱼骨挂件等手工艺制品，并向游客销售。赫哲族族人的鱼松深受游客欢迎，冷却包装后可形成鱼松产品销往全国各地。赫哲手工艺品及其鱼产品等的产业化发展极大地推动了当地渔旅经济的发展。

5.5.4 休闲体验型

依托渔村资源，针对不同消费人群，以渔家乐、渔业示范园、研学体验及渔（鱼）文化传统手工创作等方式开展的休闲渔业活动，增强了渔（乡）村休闲体验性。

1. 休闲渔村和渔家乐 休闲渔村一般是指因地制宜，借助渔村资源，打造集旅游观光、耕海牧渔、渔家民俗、休闲度假、健身娱乐等为主题的滨海或湖滨旅游区。景区依托丰富的滨湖或海洋资源及独具特色的湖岸海岸地貌，结合渔村系列特色房屋，形成了滨海观光、赶海拾贝、娘娘庙、民俗文化、农家乐园、情侣园、接待中心、渔家餐饮住宿和休闲度假等功能区域。具有特色景观资源和区位地理优势的渔村，可因地制宜，加以规划，推出旅游观光、赶海拾贝、海上游览、耕海牧渔、购海垂钓、渔家美食等特色旅游项目，具有较强的参与性、知识性、趣味性、健身性、娱乐性与安全性。比较有名气的休闲渔村如厦门小嶝休闲渔村、青岛红岛休闲渔村、宁波北仑梅港渔村等。

而渔家乐是当前新兴的一种旅游项目，是沿江河湖海渔民向城市居民提供的一种回归自然从而获得身心放松、愉悦精神、了解渔家民俗的休闲旅游方式。渔家乐一般是欣赏江河湖海的风光，吃当地特色海鲜，游泳、钓鱼、赶海、沙滩游戏（排球、足球等体育活动），篝火晚会，住渔家体验渔家风情。渔家乐的发展依托自身的自然和资源优势，置身于全省乃至全国经济发展的大格局中来寻求自己的定位、放大自己的优势、培植自己的强势，做大做强渔村渔业特色经济。日照、蓬莱、长山群岛、舟山群岛、大长山岛、长岛、广鹿岛等海岛及一些内陆水域因自然条件优越，渔家乐发展较好。

1）内陆水域休闲渔村 武当山脚下、南水北调中线水源区——丹江口水库的中心腹地，有一个三面临水、盛产鲌鱼、橘果飘香、环境优美的移民新村，这就是湖北省丹江口市均县镇关门岩村。2017 年，关门岩村被国家农业部渔业渔政管理局命名为“中国最美渔村”称号，该村是湖北省唯一一个入选的渔村。关门岩村地处古均州旧址，全村水域面积 8000hm^2 以上，拥有丰富的水面渔业旅游资源。

近年来，关门岩村依托山水资源优势，紧紧围绕生态产业建设发展，以水产和柑橘产业为主，大力发展天然生态有机渔业，可谓南水北调丹江口库区第一渔村。渔村的名优淡水鱼和优质橘橙等农副产品，已经在国内市场享有盛名，初步形成了“水面鱼，陆地橘”的生态产业格局，渔村先后荣获“湖北省水产养殖第一村”和“十堰市文明单位”等荣誉称号。

全村有 200 多户（单位）从事养殖、捕捞、苗种繁育等渔业生产，近 50 户渔户企业从事垂钓休闲、渔家食宿经营和渔需物资供应服务；建成以垂钓为主，以捕鱼采果体验为两翼，集休闲观光、食宿于一体的休闲渔业基地；多次组织开展全国性、区域性的垂钓比赛和捕捞活动。

2）海水水域休闲渔村　厦门小嶝休闲渔村集中了游船、餐饮、客房、水上休闲、户外拓展等经营项目，是一座以“旅游、休闲、度假、娱乐”为一体的综合旅游度假风景区。渔村配套包括亲水别墅、会所客房、渔人阁中餐厅、自助烧烤区、多功能会议室、浪琴自助KTV、棋牌室、望金长廊茶座、汗蒸房、盐屋、美人海漂浮、水上自行车、陆地多人自行车、水上皮划艇、休闲垂钓、摸虾摸贝、海豚湾海滨浴场、沙滩排球等休闲活动项目。

城阳区红岛“赶海园”位于红岛南端偏东近海区域，总占地面积113.3hm^2，是一个以赶海和休闲渔业系列活动、渔红岛赶海园渔家民俗旅游、娱乐为主体功能的休闲渔业和渔家民俗旅游区，开发了以了解渔家风情、体验渔民生活、品尝红岛海鲜、参与节庆集市活动为内容，集参与性、娱乐性、观赏性为一体的旅游项目，形成“赶海、耕海、吃海、玩海、知海、购海”六大板块的旅游项目。

梅山梅港渔村也是比较著名的海岛休闲渔村。东海绿岛看梅山，休闲渔村数梅港。梅山不仅是“水浒名拳之乡”，更是“民间文艺之乡”。狮舞、龙舞、高跷、造跌等传统民间文艺五彩缤纷，造就了梅山独特的渔家文化神韵。梅港渔村将农业、渔业、盐业、渔村等乡村休闲旅游融会于一体，成为观光、度假、美食、体验的综合型海岛休闲度假渔村。梅山海鲜特产远近闻名，游在梅山，享受美食，尽情观赏和参与渔家民俗表演，体验海岛渔家风情。

3）内陆水域渔家乐　随着经济的发展，内地兴起了一场内陆水域渔家乐的浪潮，长江十年禁渔，渔民上岸，建档立卡，渔船“退出江湖”，全部封存。禁渔退捕后，江苏省固城湖、洪泽湖、太湖三大湖区渔民转行鱼塘养蟹，办起了渔家乐，在生态渔业园找到了新岗位。在高淳，已实现从“大养蟹”向“养大蟹”的转变，“螃蟹节”期间活动的开展吸引了大量游客，也促进了地方经济的发展。在淮安市洪泽区张福河村，村民合伙办起洪泽区渔家风情旅游，吸纳本村渔民入股，通过生态养殖、渔家旅游，让渔民找到了新职业。渔家体验项目包括住民宿、坐游船、钓螃蟹、采菱角、摘水果、吃农家菜等。

4）海水水域渔家乐　日照渔家乐位于山东省日照市，是中国最大的民俗旅游基地，开始于1999年，拥有7万多张床位，有北苗家村、董家滩、王家皂、乔家墩子、桃花岛、任家台、吴家台、李家台、肥家庄、大陈家村、后滩西等13个民俗村，每年有1000多万名游客到日照渔家乐体验渔家风情，住渔家屋、吃渔家饭、做渔家活，已成为日照渔家乐的鲜明特点。凭借着蓝天、碧海、金沙滩的天然优势，日照的旅行业得到了蓬勃发展，特别是以“住渔家屋、吃渔家饭、乘渔家船、做渔家活、享渔家乐”为主要内容的“渔家乐”民俗旅行，满足了现代都市人回归自然、放松身心的需求，成为许多外地游客到日照旅行的首选。同时，在民俗渔旅经营农户的行为规范和民俗旅行档次提高上，日照市制定并公布了《“渔家乐”民俗旅行户等级划分与评定》（DB3711/T 21—2007）地方服务规范，这是日照市在服务业领域正式公布的第一项地方标准。随着标准的实施，渔家乐行业也在一步步走向正规，营业执照、餐饮卫生许可证等正规手续的办理，各种旅游培训、卫生培训，也使得日照渔家乐行业的水平与服务得到了提高。

长岛渔家乐起源于2000年，主要分布于北长山岛和南长山岛两个岛屿，集中在13个旅游民俗村，包括店子村、嵩前村、北城村、花沟村、王沟村、连城村、鹊嘴村、乐园村、荻沟村、黑石嘴、后沟村、山前村、南城村。长岛又被人们称作庙岛群岛，位于胶东和辽东半岛之间，黄海、渤海交汇处，南邻烟台。长岛共由32个岛屿组成，其中有南、北长山岛两岛作为主岛，并以大桥相连接。相关资料显示，长岛渔家乐旅游直接从业人员有 2 万多人，长岛渔家乐旅游业全年税收占全县收入的 69%。

2．渔业示范园　渔业示范园相对优良的生态环境是契合人们实现渔（乡）村休闲的重要空间载体。渔业示范园倡导将“渔业”与“旅游业”相结合，强化渔业观光休闲功能，即将渔业生产、渔业生活、生态环境三者合为一体进行旅游休闲开发，并以农业生产为基础，形成集科普、生产、销售、加工、观赏、娱乐、度假等于一体的综合性农业园区，成为休闲渔业的一种新型形态。将园区渔业生物资源与气候、水文、土壤、地貌等景观要素相组合，构筑园区内独具观赏性或科普性的渔业养殖区，结合自然环境及不同渔业习俗，形成了各种不同风格和特色的渔业景观；同时，渔业科技示范园的禀赋条件为休闲渔业发展注入了全新的消费空间，通过园区渔业景观、环境、水产品吸引游客，由旅游地的观光、住宿、餐饮、购物、娱乐等消费带动渔业经济。

渔业科技示范园可通过以下各种策略，提升其休闲服务功能。

1）*主题提升*　主题提升就是强化示范园的渔业景观的印象，或强化园区的渔业观光休闲功能。前者如各种类型的体验休闲渔业，如垂钓、撒网、摸鱼等；后者如通过观赏、品尝、购物、娱乐、疗养等观光休闲渔业，从而提升休闲渔业主题。

2）*空间提升*　空间提升要求跳出示范园的区域范围而考虑示范区的建设发展。除了示范园核心的养殖园区，还需要考虑示范园的周边辐射区范围。例如，周边的乡村聚落可考虑延伸发展乡村风情区，发展民宿、餐饮、农家乐等休闲活动；在沿路、沿河、沿山、环景区的周边区域延伸发展休闲度假板块等。

3）*活动提升*　渔业科技示范园的活动提升包括两类：一类是休闲项目活动，另一类是渔村节庆活动。休闲项目活动是示范园除生产活动以外的各种游憩活动的设计，如观光活动、体验活动、科普教育活动、度假活动、养生疗养活动，以及各种主题活动如 DIY 活动中心、乡村俱乐部等；渔村节庆活动要在深度挖掘地域文化特征与传统节日的基础上设计相关的节庆活动，突出地方特色。

4）*景观提升*　景观提升就是在强调示范园以渔业生产功能为主的同时，通过园林造景手法，使示范园区观赏效果、景观特性大大加强，营造一个完善的、自然性和文化性相结合的游览空间，以保证示范园区景观建设与周边环境的协调和完整。

3．稻渔养殖与研学体验　稻渔养殖的研学体验是面向中小学生群体的重要的休闲渔业方式。宁夏稻渔空间乡村生态观光园一直面向中小学生群体开展现代农业研学实践活动。研学学子领略了“稻渔空间”之美，稻、鱼、鸭、蟹、螺和谐共生的种植养殖综合生态农业发展模式，让孩子们的思想和视野更加开阔。呈贡渔乐谷是昆明市中小学学生学习体验农耕文化和体验稻渔文化的农耕研学基地，耕读研学学子在这里可以亲自然、趣山村、食农味、学农识、捉田鱼，品尝渔稻共生的有机大米和鲜美的有机田鱼。

4．传统渔文化产品制作体验　传统渔文化产品制作包括渔卡、鱼灯、鱼皮鱼骨画、鱼拓制作等，还包括一些极具地方特色的渔相关产品制作，如赫哲族的鱼皮衣、青田鱼制作等。

1）*渔卡制作*　把具有弹性与韧性的小竹签削成两头尖、中间宽、带有凹陷的“卡”；剪取 10.0cm 的短线，拴住卡的中部，再按约 1.5m 的间距系到长线上；做成的渔卡放入卡篮；到湖里割些嫩苇，锅里煮熟，晾干后剔去苇叶，将苇茎剪成一截截圈儿做成“卡套”；将干面擀成饼儿，用开水烫熟后放在太阳下晒干，搽油，切成细条做成“卡面”。张卡之前的主要工作是装饵，方法是将卡弯曲两端并拢，用卡套套上，再将卡面插入卡套。鱼类摄食诱饵时，往往连卡一起吞入，卡套或破裂或滑落，卡的两端忽地张开，卡住鱼嘴，鱼儿成为猎物。这种卡又称作“小卡”，捕获对象大多是鲫、鳊、鲌、鲹鲦。另有一种“大卡”，其“卡芒”相对粗、长，卡套取芦苇的根段，诱饵则用玉米粒，张捕对象以鲤为主。

2）鱼灯制作　每逢重要的庆典活动，渔村家家户户门前便会高高挂起各式各样的鱼灯，如黄鱼灯、蟹灯、虾灯等，并载歌载舞，欢庆美好的时刻。为此，1998 年象山举办了第一届中国开渔节，一盏盏鱼灯展现在渔民和游客的眼前。鱼灯不但讲究形似，也追求神似。通常在“T”式木架的横梁上，用细竹篾按各种圆体海鱼的形态扎制轮廓，蒙上白漂布，再按照各种海鱼的首尾身形、鳞鳍皮色描线着色，制成鳌龙、黄鱼、马鲛、乌侯、海豚等灯具。灯内可以燃插蜡烛或装上小灯泡，夜间舞动，最为壮观。

石浦鱼灯是上元节花灯的主要组成，寓意深厚，渔民祈盼新的一年风调雨顺、鱼载满仓。2008 年，石浦鱼灯入选宁波市第二批非物质文化遗产名录。随着海洋休闲渔业的发展，石浦鱼灯走进游客身边，处理竹篾、扎骨架、糊布、勾线上色，游客可以近距离亲自体验鱼灯的制作过程，了解石浦鱼灯的故事。

3）鱼皮画制作　鱼皮画分为粘贴、镂刻、缝绣三种。粘贴画制作较为容易，先勾勒出初稿，然后选好底衬，再选适当的鱼皮进行剪制。这一步骤特别重要，首先要确定粘贴的部位，再选择鱼皮的颜色，剪完之后，就可往底纸进行粘贴了，可粘动物和人物等。鱼皮镂刻是先选好鱼皮，一般都是选择比较大的鱼皮，有阴刻和阳刻两种，在鱼皮的反面进行勾画经过剪刻（也可直接剪制）完成。此种方法不适于剪刻过于复杂的图形。鱼皮画制作分为传统原生态工艺和现代工艺两种制作方式。传统原生态的工艺是：先扒下鱼皮，用木刀反复刮使鱼皮柔软，再用玉米面糊给鱼皮去腥，搭在地窖里晾 1～3 个月，最后钉在木框上风干，然后才能用于制作鱼皮画。作画时，先在纸上设计画稿，根据画稿用硬纸板制模，然后按图形分解剪裁下来，根据需要选择不同颜色的鱼皮，将剪好的鱼皮用胶粘到画板上，一幅鱼皮画才算完工。现代工艺制作鱼皮画，首先必须对鱼皮进行加工处理。费时约 7d，经过剥制、晾干去鳞、晾晒鱼皮、捶熟、漂色等许多细致环节。先扒下鱼皮、去鳞、去油脂。用药水泡发鱼皮，取出平铺晾干，然后用机器反复揉搓，打磨，上光，最后定型。现代工艺熟制出来的鱼皮比传统方法在保存时间、颜色、纹理、质感上更形象、清晰、耐用。缝绣比较复杂，此处不进行讲述。

5.5.5 科普教育型

随着经济的发展，很多传统渔村或稻渔养殖乡村的生产方式由渔业向包括渔、农、工、商的多样化业态转化。为了保留渔猎时期的作业工具和方式及其渔业传统文化，一些传统渔村或稻渔养殖乡村建设了渔业博物馆或展览馆，以公益性、非营利性方式向游客开放。

1. 渔业博物馆　以佛山市渔耕粤韵文化旅游园内的渔业博物馆为例，该馆分为几大板块：历史文化民俗板块、产业发展变迁板块、现代渔业产业园板块、淡水鱼知识与养殖基础技术板块、养殖模式板块、体验游乐板块。历史文化民俗板块详细地介绍了珠江三角洲与珠三角冲积平原的形成，池塘养鱼的起源、发展、变迁，还有与渔业相关的类似数鱼花的民俗。珠江三角洲地区的池塘养鱼业历史悠久，入清以后池塘渔业日益发展，并在清末及民国时期达到鼎盛，珠江三角洲也成为我国重要的塘鱼生产基地之一。池塘养鱼是珠江三角洲地区历史悠久的农作方式之一，时至今日，塘鱼养殖仍在珠江三角洲地区的农业生产中占据重要地位。明中叶以后，南海九江堡凭借地利和技术优势获得了官方许可的西江鱼花捕捞权，率先发展为珠江三角洲地区的养鱼基地。谚曰："九江估客，鱼种为先；左手数鱼，右手数钱。"清代以来，池塘渔业，包括桑基池塘渔业，率先在这些区域发展成熟。

2．渔村渔业市场和展览馆　民俗博物馆是重要的渔村及其渔（鱼）文化展示的平台。以崂山湾渔村民俗博物馆为例，该馆位于青岛市崂山区王哥庄街道黄山社区，南距崂山太清宫 1.5km，北距华严寺 4.0km，为公益性、非营利宣传教育性质，在展陈中积极探讨创新海洋文化教育的路径和方法。其建筑面积 1600.0m^2，展陈面积 1200.0m^2，共收藏民俗展品 320 余件，共设海洋生产、渔乡情韵、海洋物产三大展厅及黄山渔村、民生民情、海蜇扬名、海鲜多姿、渔村乐趣、体验渔韵、留住民风 7 个展区。该馆主要通过实物、图片、影像等手段，反映黄山渔村近代具有代表性的海洋文化及传承变化，展示渔村的风土人情和人民的勤劳智慧。本馆是展示中国特色海蜇第一村的历史和民俗文化的窗口。该馆通过对渔村民俗的收藏与展示，成为了解青岛崂山地区渔业民俗的窗口，对市民、游客尤其是青少年进行海洋科普教育的基地。民俗博物馆自开放以来，吸引了众多的各地游客前来参观，赢得了广大游客的青睐。

5.6　典型案例分析

我国是一个多民族国家，因此传统渔（乡）村及其渔文化具形形色色的地方特色、历史悠久的文化特色及多姿多彩的民族特色。本节将讲述比较有代表性的渔（乡）村及其休闲渔业发展。

5.6.1　哈尼梯田稻渔和青田鱼

红河哈尼族彝族自治州南部 6 县有 4.0 万公顷的梯田，由于受气候、地理等条件影响，每年只种一季水稻，其余半年多时间关水闲置，长期以来对梯田的利用率较低。随着人们经济收入的增长，实行生态养殖的绿色食品越来越受到人们的欢迎，而正季梯田养鱼和冬闲梯田养殖生态鱼投资较少、见效较快、收益较高、市场较好。充分利用红河哈尼族彝族自治州南部梯田资源优势，大力发展哈尼梯田生态鱼养殖，可使哈尼梯田生态鱼养殖项目成为增加农民收入、促进红河哈尼族彝族自治州南部地区经济发展的一项支柱产业。云南省红河县哈尼梯田自然资源丰富，稻渔综合种养文化历史悠久，产业发展潜力巨大。建立"稻-鲤""稻-鳅"等稻渔综合种养技术，创建冬闲田生态养殖技术，铸好"梯田魂"，打造"千年梯田"文化品牌，提高一二三产业的融合度，通过加强科技支撑，提高农机农艺，带动产业化、规模化经营，创新边境渔业产业新模式，全面推进稻渔综合种养产业发展，不断提升经济效益、生态效益和社会效益。

青田县的稻鱼共生农业系统是一种充分利用稻田环境和资源，发挥水稻和鱼类互惠共生的典型复合生态农业模式，是当地世代相传的传统农业生产系统，是当地生活习惯、农业文化与自然环境长期协同进化和动态适应所形成的独特的土地利用系统和农业景观。青田县独特的稻鱼共生系统延续了 600 多年，已得到国内外专家的肯定，2005 年 5 月 16 日，浙江省青田县被联合国评选为“全球重要农业文化遗产”。2019 年 11 月，《国家级非物质文化遗产代表性项目保护单位名单》公布，青田县非物质文化遗产研究保护中心获得“灯舞（青田鱼灯舞）”项目保护单位资格。浙江省依托青田稻鱼共生系统，将传统农耕文化保护传承和乡村旅游相结合，发展田园综合体。近年来，政府投资建成方山稻渔共生博物园和小舟山梯田稻渔共生休闲观光园等 4 个农业特色休闲观光园，以推动渔旅产业发展。

每逢喜庆节令，青田乡村的民众都要进行鱼灯舞表演。届时领队手举长柄大红珠，参演者各举鱼灯一盏，按举红珠者所吹哨的指挥走出各种阵图。表演开始时多用“进门阵”，行进时以“编篱阵”为基本阵图，高潮时则分出“春鱼戏水”“夏鱼跳滩”“秋鱼恋浒”“冬鱼结龙”等阵图，最后以“鲤鱼跳龙门”结束。青田鱼灯舞是扎根在青田乡土的山水中产生、发展起来的，具有与乡土文化一脉相承的四大风格。其具有淳朴的乡土民俗风格：民俗活动是青田鱼灯舞产生的母体、成长的摇篮、发展和壮大的载体；反过来，青田鱼灯舞是众多民俗的表现形式。同时，青田乡村的民众通过春节、元宵期间悬挂鱼灯、舞鱼灯等民俗活动，传递着人们的美好愿望。

青田鱼灯舞具备独特的军事操习风格：青田鱼灯舞按照军事阵图不断变换队形，首先以“进门阵”（单龙喷水）进场，变“进门阵二”（双龙喷水阵）包围“敌人”，再走“四角循”消灭“敌人”，整套舞蹈具有鲜明的军事操习风格。青田鱼灯舞具备丰富的阵图变化风格：阵图的流动和变化俗称“走阵”，是青田鱼灯舞的主要表演方式，其阵图共有 100 多种，通常带有鲜明的文化寓意，如“鲤鱼跳滩循”，外围四角是两鱼小跳跃相交，中间是两鱼高跃，双手将灯举高“派”过去相交，表示鲤鱼勇敢跳滩；又如“戏水阵”（即“春鱼嬉水”），表现鱼类在春水中嬉戏的欢乐场面。

青田鱼灯舞具备洒脱的人鱼合一风格：鱼类具有灵性，艺人操舞鱼灯，不能等同于一般的道具舞，必须赋予鱼灯以生命，把鱼灯舞活。因此，青田鱼灯舞艺人要把自己的精神融入鱼灯之中，做到人鱼合一。青田鱼灯舞主要模仿淡水鱼类的习性动作，“春鱼戏水”时，舞者参照“一字长蛇阵”“二龙出水阵”等阵式，演绎两鱼频频相交、时时“泛白”（具体动作为双手握住灯柄，小跑步，将鱼灯划向一侧，使鱼灯侧倒，鱼腹向上）、跳跃摇摆的情景。“夏鱼跳滩”时，外围舞者做小跳跃，中央舞者做大跳跃，互“派”（青田方言，即抡起并举过头顶，再向前劈过去。只有将灯“派”过去、“派”得圆，才能体现鱼灯翻滚的韵味）相交而过，演绎鱼群跃过湍急滩流的景象。“秋鱼恋浒”时，舞者均以弓箭步，将灯朝向中间侧身贴地“泛白”，做摇头摆尾之状，虾、豚二灯点缀其中，时嬉时闹。“鲤鱼跳龙门”是整个舞蹈的高潮，在鼓点声中，众鱼类依次高越跳过由双珠组成的“龙门”，立即左右“泛白”，沉入水底。“冬鱼结龙”是高潮后的尾声，鱼类抱团成群，沉入深潭，抵御严寒，寓意不管能否跳过龙门，族人都要团结一致，同心同德。

青田鱼灯队一般有单珠和双珠两种：单珠领队的队伍人数为奇数，以 15 人、17 人、19 人、21 人为一队；双珠领队的队伍人数为偶数，以 16 人、18 人、20 人、22 人为一队。有些鱼灯队少于或多于这些人数，也有单珠领偶数或双珠领奇数为一队的。总之，因各地情况不同，青田鱼灯队在人数上并没有严格的规定和固定的模式。青田鱼灯舞的主要表演道具为鱼灯，青田鱼灯多模仿江河溪涧中鲫、草鱼、鲢、塘鱼等淡水鱼类制成，鱼灯主要用杉木作灯柄，竹篾扎骨架，皮纸糊鱼身，彩纸贴鱼鳞。整个鱼灯着色大胆，色彩以金红翠绿为主，具有浓郁的乡土气息。青田鱼灯舞表演时，以长柄红珠为领队，队列中龙头鱼身的红鲤称为“龙鱼”(也称“头鱼”)。奇数队有两尾“头鱼”，偶数队有两尾“头鱼”、两尾“二鱼”。“头鱼”紧跟领队的红珠，“二鱼”紧跟“头鱼”，“二鱼”后面依次跟着鲳、鲢、草鱼、鲫、田鱼、塘鱼、石斑鱼、膀甲鱼、金鱼、青龙鱼、滩婆、虾、河鲀、金蟾、蟹，后来，金蟾和蟹已不常见。

5.6.2 象山渔村

海洋渔文化（象山）生态保护区是文化和旅游部于2019年12月批准设立的国家级文化生态保护区，位于浙江省宁波市象山县，以保护非物质文化遗产为核心，对象山县境内历史文化积淀丰厚、存续状态良好、具有重要价值和鲜明特色的海洋渔文化形态进行整体性保护。象山县地处浙江中部沿海，三面环海，两港相拥，是全国少有的兼具山、海、港、滩、涂、岛资源的地区，有国家级非物质文化遗产代表性项目6个。在长期耕海牧渔的生产和生活实践中，象山人民创造了历史悠久、内涵丰富的海洋渔文化，并成为象山最具特色的地域文化和象山人民代代相传的文化基因。

根据《国家级海洋渔文化（象山）生态保护区建设方案（2021—2025）》，象山县将全力推进文化生态区建设。重点任务包括：做好保护文章，夯实非遗保护基础、加强母体环境保护、贯彻分区保护策略、加强阵地建设和理论研究支撑，全面推进文化生态整体保护；做好创新文章，挖掘IP提形象、创作精品促发展、活跃节庆引流量、组建队伍强力量，扩大文化生态传承展示；做好融合文章，推进“文化＋旅游”“渔俗＋美食”“工艺＋创意”和“非遗＋科技”的融合，转换文化生态保护成果。

重点建设项目如下。

1. 一个核心区　东门岛村。按景区化思路规划建设好东门岛村浙江渔业第一村，变原生态渔业生产生活场景为风景，推出晒鱼鲞、织渔网、修船厂等旅游场景，提升非遗主题公园、非遗传承所、研学基地等硬件环境。

2. 一个民宿村　沙塘湾渔文化民宿集聚村。将沙塘湾打造成具有浓浓非遗味儿的民宿集群、非遗会客厅。建设一批有代表性的非遗民宿，并形成可以在全国推广的非遗民宿标准。

3. 一条古街　渔港古城历史街区。把渔港古城建设成以“渔乡味、年轻态、烟火气”为方向的渔文化历史街区。

4. 一个体验区　渔人码头。在石浦港畔打造一个吃、住、玩、购为一体的渔乡风情体验综合休闲中心。

5. 一个渔市　石浦特色渔市。在石浦打造一个可以供市民和游客线上线下交易的渔货市场。

6. 一座展示馆　中国海洋渔文化馆。完善海洋渔文化馆的功能及业态，策划开展渔文化主题活动。

7. 一座文化生态岛　花岙海岛公园。结合创建，深入挖掘花岙岛海防文化和非遗内涵，打造文化体验场景，建设以海洋文化为主题的海岛公园。

8. 一个特色景区　半边山旅游度假区。推进东海半边山省级旅游度假区国家4A级景区等创建，充分融入渔文化元素，沿街设置非遗店铺，广泛开展渔味活动。

9. 一个渔文化主题酒店　鹤浦爱琴丽旎酒店。以圣托里尼、爱琴海、希腊神话为灵感，结合原生态物质文化遗产和自然资源，打造集文化养生、儿童研学、休闲度假为一体的生态休闲度假酒店。

10. 一个滨海康养度假区 中国渔村。突出渔村风貌，展示渔乡风情，力争建成一个具有滨海渔文化特色的集度假、演艺、海洋游乐等为一体的国际滨海康养度假区。

11. 一个IP 最美海岸线IP。将最美海岸线IP作为城市形象来推广和运用，运用于城市建设、旅游行业、餐饮行业等。

12. 一句口号 渔文化生态保护区宣传口号。打响“万象山海，千年渔乡——国家级海洋渔文化（象山）生态保护区”和“石浦——一座活着的古渔镇，国家级海洋渔文化（象山）生态保护区核心区”。

13. 一组曲子 征集“新”渔光曲。征集反映海洋文化、海洋文明的经典乐曲“新”渔光曲。

14. 一组渔区节庆 中国开渔节。通过创新方式，将中国开渔节做强做亮，打造永不落幕的开渔节；重点打造十四夜，开洋、谢洋节，三月三，关公磨刀节等具有渔区特色的非遗类民俗活动。

15. 一个论坛 中国海洋论坛。将中国海洋论坛办成在国内有一定影响力、有特色性的主题论坛。

16. 一味佳肴 象山海鲜餐饮。推出10道能够叫得响、推得出、群众认可度高的海鲜美食，重点打造一个标志性特色美食，打造海鲜餐饮旗舰店。

17. 一个品牌 “象山北纬30度最美海岸线”文旅品牌。策划开展“象山北纬30度最美海岸线”踏沙季、赶海季、品鲜季系列活动，开展“象山北纬30度最美海岸线”IP和产品宣传推广。

18. 一组文创 渔文化系列文创。通过文化基因解码工程，研发一批具有象山地域特色和文化内涵的文旅创意产品。

19. 一场运动 渔文化滩涂运动会。提炼渔区传统劳作技艺，创新转化为渔区体育运动项目，打造特色滩涂运动会。

20. 一个考古见证 横湾沉船考古发掘。科学、系统、专业、规范地获取沉船本体及其相关历史信息，妥善做好船体和船载文物的科技保护，推进沉船展示和利用，彰显古海上丝绸之路的辉煌过往。

本章小结

本章介绍了渔（乡）村的特点，并介绍了一些代表性渔（乡）村；介绍了渔（乡）村休闲渔业的开发及其面临的问题；介绍了渔（乡）村的休闲渔业模式；介绍了代表性渔（乡）村的渔（鱼）文化及其休闲渔业产业开发特色。

名词解释和概念理解

民俗体育；内生性发展理论；稻田养鱼

思考题

1．渔村的特征是什么？
2．渔（乡）村的休闲渔业产业模式有哪些？
3．简述渔（乡）村产业开发原则。

主要参考文献

李竣，杨旭，陈洁．2021．改革开放以来淡水渔村发展变迁研究．中国渔业经济，4（29）：1-10．
联合国教育、科学及文化组织．1988．内源发展战略．北京：社会科学文献出版社．
于新月，董文杰，张晓光．2018．试论赫哲族鱼皮服饰文化的传承与发展．边疆经济与文化，（10）：3．
袁伟民．2000．体育科学词典．北京：高等教育出版社．
中国大百科全书总编辑委员会《农业》编辑委员会．1990．中国大百科全书·农业卷．北京：中国大百科全书出版社．

（马旭洲　刘静霞　张沛东　唐衍力　王　峰　任效忠　陈静涛）

第6章
池塘休闲渔业

本章资源

我国是世界上最早进行淡水养鱼的国家，开展池塘养鱼的历史已有3000多年。公元前460年左右，当时著名的政治家、军事家、经济学家范蠡根据自己的养鱼经验，撰写了《养鱼经》，成为我国最早的鱼类养殖的珍贵文献。利用自养池塘、竞技池塘、黑坑池塘开展休闲垂钓，已经发展为我国池塘休闲渔业的重要模式。

6.1　池塘养殖概况

池塘养殖在我国有着几千年的历史，是传统农业的重要组成部分，早在公元前5世纪，《周礼》就有关于池塘养殖的记载。唐宋时期，池塘养殖技术逐渐完善，明清时期更是发展迅速。其中，始于明代的桑基鱼塘生产模式更是被誉为“世界循环生态农业的典范”，被FAO认定为全球重要农业文化遗产。我国池塘养殖广泛分布于各个省份，特别是在长江中下游、珠江三角洲和华南地区。主要的养殖省份包括江苏、浙江、广东、福建、湖南、湖北等地，这些地区的水资源丰富，气候适宜，适合池塘养殖的发展。我国池塘养殖的主要品种包括鱼类、虾类、蟹类和贝类等。常见的养殖鱼类有草鱼、鲢、鳙、鲫、鲤和罗非鱼等；虾类主要是对虾和河虾；蟹类主要是大闸蟹；贝类包括珍珠蚌等。

2000～2023年，我国淡水池塘养殖总产量从1087.65万吨上升至2453.19万吨。总产量前期保持持续增长，在2007年与2016年出现下拐点后，养殖产量稳步上升（图6.1）。淡水池塘养殖面积增加了40.86万公顷，增幅为18.41%。我国的休闲垂钓及采集业也主要是以淡水为主，长江流域发展优势明显（于秀娟等，2023）。湖北、江苏、湖南、安徽、江西、四川

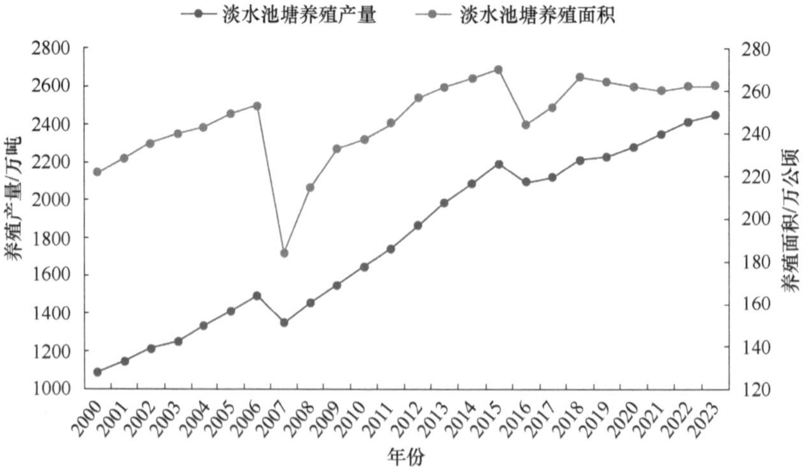

图6.1　我国淡水养殖池塘产量和面积（中国渔业统计年鉴2000～2024）

6 省位于长江流域，区域内水网密布，江湖河库等资源丰富，其淡水池塘养殖面积占据全国的 59.94%，具备发展休闲垂钓及采集业的天然优势（图 6.2）。

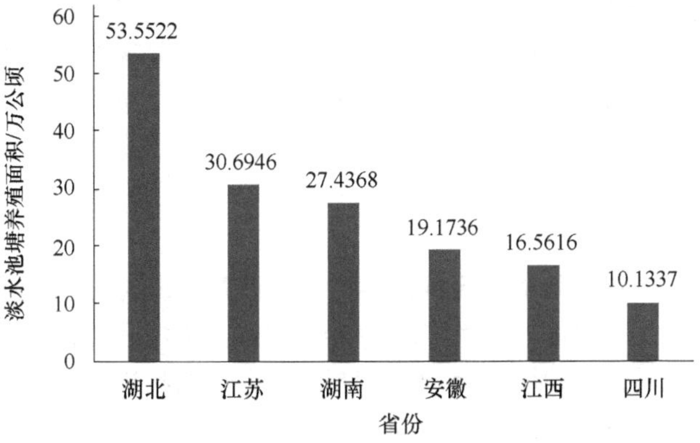

图 6.2　2023 年长江流域 6 省的淡水池塘养殖面积（农业农村部渔业渔政管理局等，2024）

6.2　池塘休闲渔业模式

本节将池塘休闲渔业模式从自养垂钓型、竞技鱼池型、黑坑型三种不同且具代表性特征的模式展开介绍。

6.2.1　自养垂钓型

我国目前养殖的食用鱼主要来自池塘养殖、湖泊水库等自然水域的鱼类增养殖、网箱养殖及工厂化养鱼等模式。其中池塘养殖是我国养殖鱼类的主要形式。例如，在淡水养殖业中，池塘养殖的总产量占据着我国总淡水养殖产业 70%以上的规模。

我国的池塘养殖一般是通过人工开挖或整理的面积较小（通常为数亩至十余亩）的静水水体进行的鱼类养殖生产活动。通过人为干预和调控养殖动物生存的环境条件，从而获得高产、优质、低耗、高效的养殖效果（王武，2000）。自养垂钓型休闲渔业池塘的养殖模式根据与养鱼相结合的作物种植、畜禽种类和加工方式的不同分为鱼-渔、渔-农、渔-牧、基塘渔业等。休闲渔业要求尽可能投喂天然饲料来养殖鱼类，因此在建造休闲渔业养殖场地的时候要充分考虑天然饲料的来源，可因地制宜。与普通的池塘养殖采取相同的模式，如与种植农业结合、与畜禽养殖业结合、与食品加工业结合等。

1．鱼-渔模式下的休闲池塘养殖　与传统养殖池塘相同，即通过在池塘中饲养不同种类的鱼、虾、蟹等水产动物，综合利用池塘水体的溶解氧、营养物质及饵料肥料等物质，通过“八字精养法”（水、种、饵、密、混、轮、防、管）为核心对休闲养殖池塘进行综合管理与调控，以达到最大的产出和经济效益的养殖模式。这也是我国池塘养殖中最重要、最基本的养殖模式。

2．渔-农模式下的休闲池塘养殖　根据休闲池塘种植的作物不同又可分为以下几种类型。①养鱼与陆生作物种植相结合：通常在休闲池塘周边的土地及池埂上种植陆生作物，大部分的渔场采用此模式，有些还在作物间种植果树。②养鱼与水生植物相结合：利用休闲池塘水面种植有经济价值的水生植物或者蔬菜等，多常见于南方等地区。③鱼草轮种：在冬春季节利用空闲的池塘种植牧草，收割牧草用于养鱼或作为绿肥肥水。

3. 渔-牧模式下的休闲池塘养殖 该养殖模式主要有渔-畜（猪、牛、羊）、渔-禽（鸡、鸭、鹅）等模式，即通过在休闲池塘附近搭建猪舍、鸡鸭棚等来饲养这些畜禽动物。同时由于畜禽动物排出的粪便中混有消化不完全的饲料及肠道等消化道新陈代谢中产生营养盐、维生素等，畜禽粪便中含有较多的蛋白质、营养盐和能量。这些物质能够直接被鱼类所利用，或通过食物链传递而间接为鱼类利用，从而促使畜禽饲养与池塘养鱼共同发展（李家乐，2020）。

4. 基塘渔业——一种特殊的综合养鱼类型 该养殖模式是由珠江三角洲地区的人民利用当地的自然条件而设计的一种传统的池塘养殖模式。基塘渔业就是通过在基面种植经济作物，实现水陆的共同利用而形成的池塘养殖模式，并根据种植作物的不同形成不同类型的基塘渔业。在基面种桑的称为桑基鱼塘；基面种植甘蔗的称为蔗基鱼塘；基面种植果树的则称为果基鱼塘。其中桑基鱼塘是最有代表性的池塘养殖模式（陈玉银等，1995）。

普通池塘养殖生态系统是一种人工可控度高的人工生态系统，其特点是水体面积小，深度浅，水交换量较低，而养殖密度又较高，且一般通过大量投饵来提高鱼产量。由于与外界水体交换少，适宜不同栖息习性和食性的品种混养，且饵料充足，利用水体充分，甚至还可使用施肥的方法来培育天然饵料等特点，形成了一个集约化程度高、资源利用充分、物质和能量循环速度快、产出能力大、相对封闭的生态-经济循环系统。

池塘养鱼生态系统的物质能量输入主要是以光温、饲料、鱼苗、水体补充及随水流入物质（包括气体）等形式进入系统。而系统物质能量输出的主要形式是商品鲜鱼、废水排放等。在实际养殖过程中，对系统物质能量的控制主要是通过养殖场地选择，鱼苗、饵料投放，水体管理，科学捕捞，鱼种结构策划，鱼病控制等途径实现的。因此，实现鱼塘物质能量的输入、输出平衡，延长食物链条，提高物质、能量利用率和单位面积的产出率，在保证较高的经济产出能力的条件下，实现池塘养鱼对环境的友好，就必须坚持可持续发展农业的原则要求，在养殖场地选择，鱼种结构策划，鱼苗、饵料投放，水体管理，适时、适量捕捞，鱼病控制等方面遵循生态学原理。

想要利用好养殖池塘开展休闲渔业，其地理位置的选择尤为关键，便捷的交通是发展休闲渔业的首要条件。城市中工作繁忙的人们利用双休日或者节假日去休闲度假，其首要考虑的因素往往是交通是否便捷与畅通。养殖池塘依托于城市、郊区及景区等是较为理想的地方。充分利用这些区位的地理优势与环境优势，以满足人们亲近大自然的愿望。另外，利用养殖池塘开展休闲渔业，还需完善基础的配套设施。其中包括干净、整洁的客房方便客人留宿；完善的垂钓池塘基础设备；供应齐全的钓具钓饵等。通过更好的服务，不仅能够吸引到更多的消费者前来，还能够在竞争日益激烈的休闲渔业当中脱颖而出。同时还要突出“绿色”这一主题。绿色在当代已经成为健康、无污染的代名词。绿色、天然、健康、无污染、无药物残留的水产品深受人们的喜爱。垂钓者从养殖池塘中钓上来的水产品可加工食用，其安全性最受人们关注。因而，休闲渔业的生产经营应对养殖池塘的水质、鱼类严格把关，顺应消费者的需求，确保消费者的健康（蒋晖，2010）。

现如今随着休闲渔业的规模化发展，为满足休闲渔业爱好者的需求，休闲渔业复合产业链的发展也日益增加。随着产业链的扩展与延伸，池塘休闲渔业实现以垂钓业为核心，充分利用自身的渔村资源、空间设施，积极开展渔家宴、渔家旅社、节庆观光度假等主题的活动。

通过休闲渔业与旅游业产业链的结合，让游客充分体验到其特有的观光垂钓、鱼疗、渔制品的观摩与采买。通过充分利用自身的产业资源优势，在保护生态和因地制宜的原则上可设立 4 个产业资源区。

1）休闲度假区　　该区域以休闲住宿和餐饮接待为主体，设计成包括住宿区、餐饮接待区、农产品销售区、休闲娱乐区等，该区域可提供会议室、棋牌室、烧烤场等，使游客在工作或休闲的同时体验乡间野趣，享受清静闲适、淳朴自然的乡间生活。

2）养殖垂钓区　　该区域主要以垂钓休闲为主，游客可以在此悠闲地垂钓，细细地感受鱼戏莲叶间的乐趣；可以体验水上游乐活动，近距离接触水面；可以泛舟于水上，静观岸边美景。

3）观光旅游区　　该区域主要由围绕水域的景观带组成，是生态休闲渔庄人流最为集中的区域。一般设有花卉苗圃、观赏型动物园、展览馆等，可提供沙地乐场或戏鱼小溪供孩子们玩耍，游客也可在此悠闲散步，观光游览。

4）果林体验区　　该区域可种植当地盛产的果树，这样既能在春季观百花，也能在秋季摘百果，野趣横生、生机盎然。还可置办几处休息场所来满足观光采摘者的休憩娱乐活动，让游客在采摘果实的同时感受大自然的乐趣。

还可以根据休闲池塘开展的配套服务，分为以下 4 类。

1）生产经营服务型　　通过以渔业生产活动为主体，让人们亲自参与到渔业生产中，亲身体验猎渔活动的乐趣，并开发具有休闲价值的渔业资源、渔业产品、渔业设备及空间、渔业生态环境及与此相关的各种活动，主要是以垂钓、观赏捕鱼等为标志的生产经营形式。

2）饮食服务型　　让人们更加贴近产地，直接品尝美味的水产品佳肴，建立起集鱼类养殖、垂钓、餐饮与旅游度假为一体的新型经营形式，主要表现在都市郊区以渔为依托的农家乐、避暑山庄、都市鱼庄等。

3）游览观光服务型　　以走进海洋、江河、湖库等自然环境，结合旅游景点综合开发渔业资源，“住水边、玩水面、食水鲜”，既有垂钓、餐饮，又能游览观景、休闲、度假。

4）科普教育服务型　　主要是以水产品种、习性等知识性教育和科普为目的的展示形式，如水族馆、渔文化博物馆等（常亚青等，2019）。

6.2.2　竞技鱼池型

竞技钓，顾名思义，就是指比赛钓鱼所用的钓法，这种钓法从台钓延伸而来，是更系统、更规范化的悬坠钓法。竞技钓因为更加专业，技术含量更大，思索的范围更广，所以现在很多年轻一代的钓鱼爱好者乐此不疲，经常去竞技鱼池打比赛，一方面可以让自己的钓技提高，另一方面可以在钓鱼比赛中认识更多的钓鱼朋友，来共同探讨比较专业的垂钓问题。

竞技钓的主要目的是荣誉，在垂钓过程中战胜同场竞技者，赢得冠军。竞技钓鱼运动在中国、日本、韩国及东南亚地区广为流行。20 世纪，日本黑拉钓法逐渐兴起并随之举办相关赛事，后来我国台湾省引进并推广，20 世纪八九十年代随着台湾省钓手和渔具厂商进入，悬坠钓逐渐兴起，并举办了多场比赛，深受钓鱼人的喜爱，竞技钓增加了钓鱼的趣味性，把垂钓发展成为一项竞技运动。

竞技钓鱼比赛规模较大，一般几十人到几百人。随着竞技钓鱼人的增加，钓鱼运动协会随之成立，垂钓类媒体逐渐增加，各类钓鱼比赛不断开展，进一步推动了竞技钓鱼的发展，培养了一大批职业钓鱼人，目前活跃在垂钓媒体的知名钓鱼人多数为职业钓鱼人，对垂钓技术的推广和更新起到了很大的作用。

现有的垂钓竞技比赛主要分为手竿竞技池钓、手竿自然水域垂钓和路亚。

手竿竞技池钓比赛有比较严格的标准，竞技比赛规则对钓具及钓场环境有比较详细的要求，一般按竞技比赛规则投放特定数量及大小的鱼种，鱼密度较大，一般情况下存鱼周期较长，需要定期喂养及消毒。由于竞技鱼池里面的鱼被垂钓者钓起来后会重新放归鱼池，因此还需要对其健康状况进行观察和改善。手竿竞技池一般以投放鲫、鲤、青鱼、草鱼、鳊（鲂）、罗非鱼等为主。

竞技鱼池主要盈利来源为举办比赛和平常的练竿训练，举办比赛人数较多，除了通过收取一部分费用，还可以通过赞助来给垂钓者发放奖品及荣誉，一般举行大型比赛还会有职业赛积分，所以比赛能够很好地推广钓场；平常的练竿训练也会有钓友间的“掐鱼”，是竞技爱好者非常喜欢的场所。竞技钓鱼在过去 20 年一直处在蓬勃发展的态势，近两年开始热度逐渐降低，人们开始回归野钓与黑坑，竞技鱼池数量在逐渐减少，经营开始逐渐困难。

6.2.3 黑坑型

看上去鱼多，但钓不上来，俗称“黑坑”，属于都市渔业范畴。黑坑经营者会根据投放成本收取一定的垂钓费用，一般情况下垂钓者的渔获需通过经营者进行回收，且给予垂钓者相应的奖励。当垂钓者钓获较多时，则“上岸”（奖励大于支出）。黑坑是目前池塘垂钓发展最迅速的垂钓形式，是垂钓商业化的表现，一般在人口比较集中的城市周边出现。黑坑以手竿垂钓居多，现在由于路亚垂钓的兴起，路亚黑坑也在逐渐增加。随着城市人口的增加，人口更加集中，以前能够在自然水域满足的垂钓要求在城市很难满足，周边有限的自然水域资源和限制垂钓政策的出台，让黑坑成为很好的选择，黑坑是垂钓需求的体现。黑坑垂钓的主要目的是感受钓鱼的刺激和乐趣，“狂拔”是很多人对黑坑垂钓的一种直观感受，在垂钓过程中尽情享受中鱼的乐趣。黑坑是城市周边常见的形成一定规模的垂钓池塘。当一个钓鱼爱好者在周末想要一个比较稳定的垂钓感受，而周边的小河不能钓获理想中个体和数量的鱼种时，那么想要在有限时间内体验垂钓带来的足够的体验，选择一个鱼密度较高的黑坑，则更能满足人们的需求。

经营者一般通过购买成品鱼投放来增加自己鱼池的密度，提供较好的钓鱼环境和服务等吸引钓鱼者。黑坑池塘鱼种选择较多，一般投放鲫、鲤、青鱼、草鱼、鳊、罗非鱼、翘嘴鲌、鲈等，根据经营成本和垂钓需求投放。根据手竿、路亚等垂钓方式的不同，投放不同种类的鱼。一般相较于自然水域，黑坑中鱼密度较大，一般情况下存鱼周期非常短，基本不进行喂养，鱼被垂钓者钓获后，经营者会按照相应价格对鱼进行回收。黑坑有很多种，地域差异和垂钓习惯会影响黑坑的运营方式。地域上的区别，北方地区多以喂养型鲤为主，南方地区以喂养型鲫、青鱼、草鱼、罗非鱼为主。路亚黑坑则以翘嘴鲌、鳜和鲈为主。

黑坑形成的主要原因是垂钓资源满足不了垂钓需求，下面几种情况是黑坑形成的主要原因。

（1）城市周边。当一个城市上班族想要在周末钓获大量的大鲤时，那么他们可以到周边地区选择一个鲤黑坑，因为黑坑老板会提前公布投放鱼种相关信息和作钓注意事项，这样一个垂钓者就能在较短时间准备垂钓所需物品及安排时间，能够比较理想地满足垂钓的愿望。

（2）钓鱼资源匮乏区域，地域环境导致当地自然形成池塘、湖泊较少的地域。北方大部分区域虽然地处大江大河流域，但是水资源时空分布不均，降水大多在特定月份，自然形成的池塘很难长时间蓄水，在没有人为干涉的情况下很难形成适合鱼类生存的池塘。而为了满足当地垂钓需求，人工建设池塘，投放一定数量的鱼种，供当地人进行垂钓，已经成为很多地区垂钓的一种主要模式。

（3）当地垂钓资源满足不了特定鱼种垂钓。当一个垂钓者想要感受路亚钓鲈或者翘嘴鲌时，那么他可以去寻找一个鲈或者翘嘴鲌黑坑。当一个人想要在最短的时间内感受钓获巨物的乐趣时，那么他可以选择大青鱼或者鲟（俄罗斯鲟居多）黑坑。

黑坑鱼池的基础建设没有统一标准，最基础的需要做到塘底大致平整、没有过多淤泥和杂物、塘壁大致规整且坡度不影响作钓、作钓区域水深合适、作钓水下及岸上没有影响钓鱼的障碍物，设置钓位的区域能够很好地放置钓鱼装备，好一点的鱼池会使用水泥固化塘壁、池岸及修建固定钓位或者浮台钓位，也有少数会建设休息、娱乐区域。

大部分黑坑为了节约成本只会满足基本条件，而经营较好的黑坑会加大投入用于基础建设从而提供更好的垂钓环境。修建较好的作钓区域，一般体现为用钢架、木板、浮桶等搭建作钓区域。大圆塘则是整体布局，修建了数个大型的环形水上作钓区域。而像很多小型黑坑，则只是在现有池子的基础上做了一定程度的修整，对路面进行整平及简单铺设以供垂钓，在尽量节约成本的情况下满足钓鱼条件。黑坑大棚是北方室内黑坑鱼池，基础建设投入成本大，一般冬天开放，由于气温过低，会在鱼池上修建封闭的大棚以供垂钓，有供暖设施，垂钓费用也较高。

路亚黑坑的建设正在逐渐兴起，由于国内路亚资源相对较少，随着路亚人群的增加，路亚钓的黑坑渐渐增多。路亚黑坑的建设主要在于鱼池建设，因为路亚鱼种的特殊性，池底有高低结合的结构以形成标点（藏鱼的地方）。路亚是走钓形式，不需要固定钓位。

黑坑的选址及停车场，一般在城市周边，在现在黑坑逐渐增加的情况下，交通便利也是一大竞争优势。停车场是黑坑的标配，不管大小都需要能够为钓鱼人提供足够的停车位，因为垂钓黑坑装备较多，基本上一人一车。

6.3 休闲垂钓池塘管理

休闲垂钓在休闲渔业旅游中占主要地位，如何建造适宜的垂钓池塘，营造舒适宜人的垂钓环境，对一个休闲渔业基地来说就显得尤为重要。最好选择交通方便、水源充足、自然环境好、电力供应正常的地方，尽量远离县城及乡镇街道，在风景优美、环境安静的乡镇农村建造垂钓池塘，为来休闲垂钓的客人营造一种回归大自然的感觉。塘口 10m 以内一般不栽种高大树木，矮小树木也要稀植。同时塘坝要有一定的宽度和高度，能够搭建一些钓鱼平台，给垂钓者预留足够的垂钓操作空间（王权，2019）。

垂钓池塘要格外注意安全管理，提升钓场和垂钓者的安全风险意识管理水平。钓场中的警示牌、警示线及提示牌上标注的内容应当比较清晰，科学、合理地安排钓位，以免在人们休闲垂钓的过程中出现扎堆现象。明令禁止在高压线下及管理力度薄弱的区域开设钓场，钓场的安全风险管理工作应当划归到钓场等级评定领域中（牛永强，2018）。

6.3.1 自养垂钓型

1. 休闲垂钓池塘条件 休闲垂钓池塘是养殖鱼类栖息、生长、繁殖的环境，是通过池塘水环境作用于鱼类，故休闲垂钓池塘环境条件的优劣直接关系到鱼类生长、活动和品质情况。休闲垂钓池塘条件包括池塘位置、水源和水质、面积、水深、土质及池塘形状与周围环境等。在可能的条件下，应采取措施，改造池塘，创造适宜的环境条件。

1）池塘位置 要选择水源充足、水质良好，交通、供电方便的地方建造池塘。这样既有利于注、排水，也有利于饲料、成鱼的运输，以及各地的钓鱼爱好者前来参加垂钓竞技活动。

2）水源和水质 休闲垂钓池塘应有良好的水源条件，以便于经常加注新水。垂钓鱼塘的养殖密度大多都比较高，为防止浮头泛塘，一般要求水体透明度为30～40cm，pH为7.0～8.0，溶解氧在3.5mg/L以上。实际生产管理中可通过注水、增氧和施肥等方式调节水质，使池水保持“肥、活、嫩、爽”，这样休闲垂钓池塘中的鱼活跃度旺盛，上钩率增加，才会激发钓鱼爱好者的垂钓兴趣。

虽然用增氧机可防止鱼类浮头，但不能从根本上改善水质，长此以往不利于鱼类生存。池塘水源以无污染的河、湖水为好，这种水溶氧量高，水质良好，适宜于鱼类生长。因此，鱼池最好靠近河边或湖边。井水可以作为养鱼水源，但其水温和溶氧量均较低，使用时应将井水流经较长的渠道或设晒水池，并在进水口下设接水板，待水落到接水板上溅起后再流入池塘，以增加水温和溶氧量。

3）面积 休闲垂钓池塘的面积一般较大。面积大，鱼的活动范围广，受风力的作用也较大，风力不仅可增加溶氧，还可使池塘上下水层混合，改善下层水的溶氧条件；此外，水体大，水质较稳定，不易突变。因此，渔谚有“宽水养大鱼”。

但休闲垂钓池塘的面积过大，投饵不易均匀，水质也不易控制，操作困难，稍一疏忽，容易造成死鱼事故；面积过大，管理也不方便，并且池大，其受风面也大，容易形成大浪冲坏池埂。因此，一般认为休闲垂钓池塘面积在7～10亩较合适。

4）水深 休闲垂钓池塘需要有一定的水深和蓄水量，以便增加放养量，提高上鱼率。池水较深，蓄水量较大，水质较稳定，对鱼类生长有利。平均水深较深（1.7～2.5m）的池塘，饵料投喂量要比比面积相似但水较浅（1.2～1.5m）的池塘多50%。但池塘也不是越深越好。如池水过深，下层水光照条件差，溶氧量低，加以有机物分解又消耗大量氧气，这就容易造成下层水经常缺氧。因此，池水过深或过浅，对鱼类的生存和生长均有很大影响。一般而言，休闲垂钓池塘常年水位应保持在2.0～2.5m，这也非常符合钓鱼爱好者的需求，不会轻易惊走钓点的鱼。

5）土质 对于休闲垂钓池塘来说，其土质以壤土最好，黏土次之，沙土最差。养殖1～2年后的鱼池，积存的残饵、鱼类粪便和生物尸体与泥沙混合，形成淤泥，代替了原有的土壤。淤泥过多，则其中所含的有机物氧化分解要消耗大量氧气，易造成缺氧，而且缺氧后有机物厌氧发酵还会产生氨、硫化氢等有害物质，影响鱼类生存和生长。通常在鱼种放养时，池底应保持5cm厚的淤泥，这对补充水中营养物质和保持、调节水的肥度有很大的作用。

6）池塘形状与周围环境 以同心圆的环形鱼池为最好。这类池形的优点是池埂遮阴小，水面日照均匀，有利于浮游植物进行光合作用，水面容易起波浪。池水在动态中能自然增氧，可减少鱼类浮头。同时360°的每个点的相对环境一致，有利于钓鱼爱好者公平竞技（周国平等，2011）。

2．具体措施

1）*投放前的准备及放养方式* 因为休闲垂钓池塘相对于普通池塘养殖的鱼来说极易受伤，并且长期有大量的各种诱饵投入；再加上水体中鱼群密度大，特别容易造成水质恶化和缺氧，滋生各种病原体，所以每隔 1～2 年都要进行彻底的干池清塘，以改善池底环境。可以在垂钓淡季的严冬季节，放干池水，清除池塘底层淤泥，并进行冻晒。此外，在放养前用生石灰全池清塘消毒，用量为 1200kg/hm^2 左右，7～10d 后即可注水放鱼。

在常年垂钓的池塘，鱼的放养规格宜采取“三七开”，即成鱼占七成，其他鱼占三成。放养方式可采取一次性放足，也可以多次放养，还可以随钓随补，保证随钓随有。一次性整体放养一般最好在立春前后。放养数量根据池塘条件、垂钓品种、管理水平、增氧设备等因素决定，保持合理的垂钓密度，既不产生浮头，又能有较高的上钩率。一般池鱼承载量控制在 7500kg/hm^2 左右。放养时操作要细致、谨慎，避免鱼体受伤，可用 4%食盐水浸洗 5～10min，以杀灭携带的病菌（陈新华，2011）。

2）*合理投饵* 现代社会越来越注重食品安全，讲究天然绿色无公害食品。因此，垂钓经营者必须从市场进购源头开始，规范使用养殖投入品，生产出无污染、无药残的无公害水产品，才能获得垂钓者的欢迎。垂钓活动的投撒诱饵不能替代正常的饲料投喂，为了满足鱼类生长对营养的需要，使鱼体质健壮不减膘，还需要每天遵循“四定”原则投喂饲料。饲料要求质优、新鲜、营养全面，如选用颗粒性饵料等，对于草食性鱼类，可适当种植一些黑麦草、苏丹草等青饲料，注意切不可投喂霉变、营养单一的饲料。每日按照池塘载鱼量的变化确定投饵量，休闲垂钓池塘相较普通鱼池适当减少投饵量，一般控制在存塘鱼体重的 1.0%～1.5%，并根据水温、天气等情况灵活调整投喂量。每天投喂 1～3 次，投饵时间以 16:00～17:00 为佳，此时鱼进食 7～8 成饱后再经过一夜的消化，第 2 天早晨便处于半饥饿状态，不会影响池鱼上钩率。如当日垂钓者较多，则精料可少投或不投，天气闷热或阴雨天要停止投喂。投喂地点应尽量多设几个。

3）*鱼病防治* 大多休闲垂钓池塘鱼发病的主要原因是钩伤、擦伤及其引起的并发症，同时休闲垂钓池塘的养殖密度高，流动性强，鱼病传播速度快，做好鱼病防治尤为关键。在把好前期市场选购和进塘前消毒这两个环节的基础上，重点要抓好以下几点。

一是做好垂钓鱼入池后的防病工作。垂钓鱼入池 2d 后，先用漂白粉 1.0mg/L 全池泼洒，同时在饲料中添加 0.05%的鱼安康 2 号配制成药饵连喂 3d。

二是定期使用药物预防鱼病。一般每 15 天用生石灰 150kg/hm^2 兑水全池泼洒或使用二氧化氯、溴氯海因和二溴海因等消毒剂进行定期水体消毒，同时在饵料台悬挂漂白粉进行食场消毒，也可采用药饵内服以防治鱼病，预防传染性鱼病的发生。

三是加强鱼病监控。一旦发现鱼病要及时处理，停止垂钓活动，并根据具体情况迅速采取救治措施，对症下药，及时捞出伤鱼和病死鱼，防止病情蔓延。

四是鱼病的发生与防治。水霉病发生在早春，防治上，用水霉净 4.5～6.0kg/hm^2 全池泼洒，或用克霉王、强氯精也可。防治溃烂病（或烂尾病），外用溴氯海因（或强氯精）全池泼洒，内服抗菌消炎灵和大蒜素。防治赤皮病，外用二溴海因、二氧化氯等全池泼洒，同时投喂三病灵和大蒜素。防治暴发性出血病，外用克暴灵配加硫酸铜全池泼洒，内服止血灵 3～5d。防治锚头鳋，外用双效灵、菌虫双杀全池泼洒 1～2 次，内服止血散、大蒜素，防止继发性细菌感染。

4）日常管理

一是坚持巡塘。每天早、中、晚各巡塘1次，观察水质、鱼类摄食及有无浮头等情况，特别是早上、夏季闷热天、雷雨前后、气温突变或刚施肥施药时更要仔细观察，发现异常情况随时对症处理。

二是记好养殖日志。认真登记水温及库存鱼与钓捕、死亡数量，以确定投喂及补放鱼种的数量。记录施肥、鱼类活动及垂钓者的反应等情况，以采取相应的管理措施，保证成鱼密度和垂钓上钩率。

三是搞好池塘的清洁卫生。要及时捞除垂钓者丢弃的塑料袋等废物和被钩伤而死亡的鱼尸等，以免其污染池水。

四是做好其他垂钓服务。为垂钓者准备板凳、鱼饵、鱼竿、遮阳伞等相关渔具及用品；备有饮水、饭菜等，提供“农家乐”餐饮服务；准备音响、麻将桌、扑克和象棋等娱乐用品，供垂钓者休息之用。休闲垂钓渔业和旅游餐饮服务业相结合，两者相互依托，实现产业升级，才能更好地把握市场需求，使经济效益明显提高，发展前景更为广阔。

五是尽量实行多池轮换垂钓，以便于更好地调节水质，恢复池鱼的体质，保持鱼的活跃度和上钩率。

5）特色池塘的管理原则　以渔业为主，在水域生态和环境生态允许的范围内，充分利用水体、池塘及塘基等渔业资源，种植业、养殖业综合开发，是生态养鱼提高综合效益的主要方法。例如，在桑基鱼塘中，塘基上种植果树，树下种蔬菜、花生；修建圈舍养鸡、养猪，鸡粪拌料用来喂猪，猪粪用来培育果树、蔬菜；池塘养鱼，塘泥填还塘基种植花生、蔬菜和果桑等，形成生物链和良性循环，以种促养，提高鱼塘产量和综合效益。

桑基鱼塘的建设要遵循“高标、低耗、好管、丰产”的原则。规格要求为：塘基比为1∶1或者1∶0.3，即水面1亩的鱼塘配备1亩或者0.3亩的塘基；塘基用于栽种桑树或者甘蔗等；鱼塘应为长方形，长60～100m，宽30～40m，深2.5～3.0m；塘埂的坡度比1∶2.5，就是说，当池塘塘埂高1m时，塘基的底部宽度要达到2.5m，斜坡与水平面的夹角为66°～75°。集中连片的桑基养鱼池塘，最好挖成并列式鱼塘，每个塘0.67～1.0hm^2，总面积视具体地域条件而定，使鱼塘之间既相通又相隔，桑基相连，并建好进水总渠、出水总渠及道路（宽2～3m），以利于调节塘水、投放饲料、捕鱼、运输和挖掘塘泥等作业，也利于桑树培育、采叶养蚕。桑基鱼塘的结构一般有鱼塘四周栽种桑树；在长方形鱼塘的长边两侧或者一侧栽种桑树，鱼塘两个短边一般用作出入鱼塘的作业通道，不栽种桑树，也有的在鱼塘短边留出2～3m的道路后再栽植桑树。每年池塘清淤所产生的污泥直接用作桑园的肥料。

生态养鱼在管理上，一是要合理安排种养结构，对于养殖的鱼类，适当调整品种结构，以鲤为主的，需要适当投喂人工颗粒饲料，合理搭配投放鲢、鳙和白鲫，以充分利用水体。在2月底以前，选用优质鱼种投放，鱼种下塘前用5%食盐水浸浴消毒，投放量按高产鱼塘常规标准操作。不套养草鱼的桑基鱼塘，无须投放大量的草料，可投放幼嫩的青绿饲料。配套养肉猪的鱼塘，在两个塘的间堤（基）上修建40m^{2}的简易猪舍，上层养鸡，下层养猪。选用优质的蛋鸡或者肉鸡品种，与肉猪同步饲养。也可利用鱼塘塘基栽种果树、蔬菜、油料作物等。二是在鱼类管理上，以投饵养殖为主的鱼类养殖池塘，无须向池塘大量施用商品肥料，可充分利用距猪舍近、施用粪肥方便的优越条件，向鱼塘少量施用有机肥。每半个月冲注 1 次新水，换水量为池塘水体的 1/15，保持池水活而爽，以利于鲢、鳙生长。从 3 月下旬（水温 12℃以上）开始投喂饲料，随着水温升高、鱼摄食量加大而逐渐增加投喂量和投喂次数。投食时不宜让鱼类采食过饱，每天最后一次投食以达到鱼类八成饱为宜，防止夜间浮头。投喂时坚持定点、定时、定量、定质“四定”原则，每天第一次投喂的时间不可过早，以免因水中溶氧少而降低鱼的消化吸收率，最后一次投喂不可过迟，以免因水中浮游植物光合作用停止，鱼类摄食后耗氧急剧增加而引起浮头。在晴天中午开启增氧机 2h，阴天清晨也须开机增氧，鱼将要浮头时可提前开机。夏季每隔半个月在晴天下午人工搅动池底，以避免池水底层缺氧，防止鱼浮头。同时，实行分批轮捕，达到上市规格的成鱼及时捕捞销售，减少池塘负载，以利于存塘鱼的生长（刘超，2020）。

6）休闲垂钓鱼种的选择　休闲垂钓池塘的鱼类应做到品种齐全，池塘水体的上、中、下层栖息的各种鱼类都要放养，品种应根据当地垂钓者的喜好选择，包括鲢、鳙、青鱼、草鱼、鲤、鲫等常规鱼。在常规鱼中，鲫个体大小适中、上钩率高、游钓趣味性强，受到垂钓者普遍青睐。另外，部分垂钓者偏好个体大的草鱼和青鱼，享受与鱼搏斗的乐趣，因此要根据垂钓者喜好适时调整适钓品种的比例，注意及时补给。放养鲢、鳙可以净化水质，条件好的池塘还可以少量投放罗氏沼虾和青虾，活跃游钓乐趣。同时，放养规格也要多样化。一般来说，鲫尾重 0.3kg 以上即可，鳙、鲤规格则要达到 1kg 以上，青草鱼个体大者最佳，2kg 以上为宜，否则难以激发垂钓者兴趣。在选购鱼时还要注意，不要清塘鱼和体表有伤痕及寄生虫寄生的鱼（这类鱼摄食差、抗病力弱、死亡率高，影响上钩率）。属于外购暂养的品种，必须选择好购鱼渠道，确保购入的水产品绿色无污染。

同时还要突出“名优”特色，提升垂钓品质。以垂钓品种为核心，按照垂钓者的喜好，不同的品种，品种越新越讨人喜爱，如特色的淡水养殖鱼类：鳜、大口黑鲈、乌鳢、黄颡鱼、罗非鱼等。除了享受垂钓的乐趣，垂钓品在自己食用的基础上，还要送给亲朋好友，优质的黄颡鱼、罗非鱼、淡水白鲳等不仅体色鲜艳，而且外观优美，深受垂钓者喜爱。

（1）鲫（图 6.3）：隶属于鲤形目鲤科鲤亚科鲫属。鲫喜嬉清洁安静的水草丛生处，也善舔食岸边和水中物体上生长的藻类，所以芦苇、蒲草、水草丛生处，沉在水中的木桩、树根，池塘的边缘都是理想的钓位。若按季节水温来看，春天钓浅水，夏季宜在阴凉的深水区钓，秋季钓全天，冬季钓中午。

（2）鲤（图 6.4）：隶属于鲤形目鲤科鲤亚科鲤属。鲤是一种底栖性、长得快、繁殖率高的经济鱼类，它的适应能力极强，能在各种水域，甚至能在恶劣的环境条件下生存；喜在大水面沿岸水体的下层活动，尤喜水草丛生和底质松软的环境，能掘泥觅食，是典型的杂食性鱼类。

图 6.3　鲫

图 6.4　鲤

（3）草鱼、青鱼：草鱼（图 6.5）隶属于鲤形目鲤科雅罗鱼亚科草鱼属。草鱼是典型的草食性鱼类，在天然池塘中以食水草为主；人工养殖时，以配合饲料为主。青鱼（图 6.6）隶属于鲤形目鲤科雅罗鱼亚科青鱼属。2 龄前食性杂，主食植食性饵料；2 龄后，食性转向水生软体动物（螺、蚬等）。草鱼、青鱼均为中下层鱼类，一般不在水域上层活动。

图 6.5 草鱼

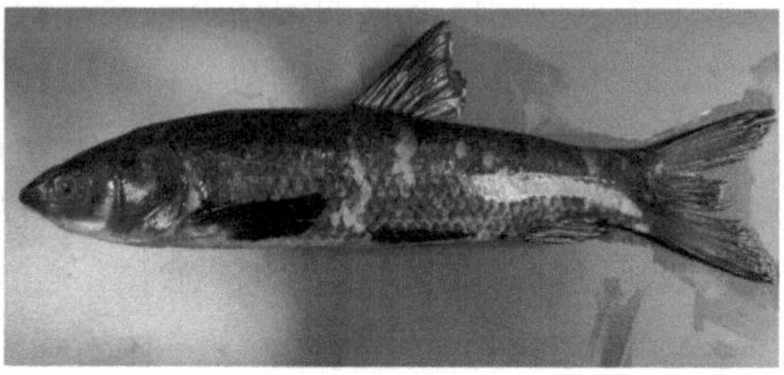

图 6.6 青鱼

（4）鲢、鳙：鲢（图 6.7）也称白鲢，隶属于鲤形目鲤科鲢亚科鲢属。鳙（图 6.8）也称花鲢，隶属于鲤形目鲤科鲢亚科鳙属。鲢、鳙均为上层鱼类，是典型的滤食性鱼类。鲢以水中极细小的浮游植物为食，鳙以水中的浮游动物（如轮虫、枝角类、桡足类）和原生动物为主要食物，兼食多种浮游藻类。垂钓饵料以素食为主，又因为它们喜欢酸臭等发酵气味，所以用酸味糟食钓鲢，酸臭味糟食钓鳙。鱼饵味的浓度应根据水质来决定。例如，在水质很肥的水域垂钓，钓饵的味要更浓，即酸臭浓烈才能上鱼；在水质清淡的水域，则味可淡些。

图 6.7 鲢

图 6.8 鳙

图 6.9 鳜

（5）鳜（图 6.9）：俗名桂鱼、季花鱼，隶属于鲈形目真鲈科鳜属。鳜常栖息在静水或缓流水域，一般昼伏夜出。6～7 月是鳜吃食最旺盛时期，也是垂钓的黄金季节。鳜有以下特点：一是吃荤不吃素，而且以活食为生，不吃面饵、薯类；二是喜净不喜脏；三是喜石不喜泥。因为鳜夜间寻找食物，所以夜钓效果尤佳。雨后涨水时，鳜活动最为频繁，并会做较长距离的游动，以另寻新巢，是钓鳜的好时机。

6.3.2 竞技鱼池型

竞技鱼池是专门为竞技钓鱼比赛或者训练修建的鱼池，以手竿竞技池和抛竿竞技池居多。

竞技鱼池的基础建设有比较严格的标准，竞技比赛规则对钓具及钓场环境有比较详细的要求，主要是为了进行正规的比赛和训练。一般按竞技比赛规则建设鱼池和投放特定数量及大小的鱼种。

竞技鱼池鱼密度较大，一般情况下存鱼周期较长，需要定期喂养及消毒。另外，由于竞技鱼池内的鱼被钓起来后还会重新放归鱼池，因此对其健康状况进行观察和改善也是必要的。

竞技鱼池需形状规整，一般为长方形。鱼池的长、宽、深都需按照标准建设，现在大部分竞技鱼池都采用水泥固化塘壁和池岸。

某竞技鱼池场地要求参考标准如下。

（1）手竿钓对象鱼：鲫鱼池长 90～120m，池宽 18～22m；鲤鱼池长 90～120m，池宽 22～25m；罗非鱼池长 90～120m，池宽 22～25m。

（2）手竿钓混合鱼：池长 100～120m，池宽 22～25m。

（3）抛竿钓混合鱼：池长 300～400m，池宽 100～150m。

（4）水体深度：手竿池 1.5～2.0m，抛竿池 1.8～2.5m。

（5）水面与钓位地面的距离为 0.3～0.5m。

（6）岸堤坡度：与池底水面以上为 90°，水面以下为 45°，池底平坦。

（7）赛池朝向：长方形东西朝向，南、北岸为赛区。

（8）进出水口：赛池东西端为进出水口；以赛池中央铺管进水，赛池四周修溢水槽出水为最正确。

竞技鱼池主要有对象鱼池、混养鱼池、抛竿池。对象鱼池投放单一品种、固定大小和数量的鱼种，常见的有鲫和罗非鱼，比赛过程中一般以尾数为成绩；混养鱼池按规定投放个体较大的鲤与草鱼等，比赛过程中一般以重量为成绩；抛竿池以大个体青、草鱼种为主。

某赛池鱼类投放个体标准和鱼量密度参考标准如下。

（1）手竿对象鱼池：鲫在 50g 以上；鲤在 250g 以上；草鱼在 500g 以上；罗非鱼在 200g 以上；投鱼总量在 $70kg/hm^2$ 以上。

（2）手竿混合鱼池：鲫在 150g 以上；鲤、草鱼、罗非鱼标准同上；鳊在 600g 以上；投鱼总量在 $85kg/hm^2$ 以上。

（3）抛竿混合鱼池：鲫、鲤、草鱼、罗非鱼、鳊个体标准同手竿混合鱼池，同时也可投放一些非主要养殖鱼类，投鱼总量在 $40kg/hm^2$ 以上。

（4）特别提示：手竿赛池投放鱼类个体差异不得过大，对象鱼总量不少于赛池鱼类总量的 60%。抛竿混合鱼池投放鱼类个体差异可不做过于严格的要求。

竞技鱼池与其他鱼池不一样的是，竞技比赛所用的鱼是放回鱼塘反复使用的，所以在作钓多场以后，鱼都会变成猾口鱼。猾口鱼是指对吃饵非常谨慎的鱼，对钓鱼垂钓者来说难度较大，主要是由于多次钓放使鱼产生警惕，频率高会使鱼嘴上存在伤口，吃饵就更加小心，对垂钓者是一种考验，另外对于经营者来说需要实时观测并保证鱼的健康情况。

竞技鱼池需要定期投放饲料喂养，竞技鱼池的密度较大，但是竞技比赛中一般严格禁止使用窝料，所以在垂钓过程中不会产生太多的食物，需要补充饲料。

竞技鱼池也需要根据水中溶氧量情况适时增氧，尤其是夏天的时候使用较多，与黑坑不同的是，黑坑可以在作钓过程中开增氧机，而竞技鱼池不允许。

竞技过程中会钓获大量的鱼并在记录好成绩后迅速放回池塘，鱼嘴和身上都会留下伤口，除了鱼塘的消毒、杀虫，还需要对鱼的健康状况进行监测，送检以后对症下药。

6.3.3 黑坑型

黑坑与专业养殖的区别在于，黑坑一般不需喂养，主要原因是放钓频率高，所以存鱼周期短，大部分鱼在投放后短时间就会被钓起来，另外一个原因是垂钓者使用窝料较大，能够保证鱼有足够的食物，垂钓频率高的黑坑窝料吃不完沉在池底还会形成淤泥层。所以黑坑主要是对水质进行监测和调整，以保证鱼的活性及吃食欲望，在开放垂钓时给垂钓者带来足够多的渔获，保证垂钓体验。

在水质正常情况下，投放的鱼大部分能够被垂钓者钓起来，不正常的常见情况是吃饵不佳、活动范围小，部分情况有浮头、贴边、扎堆甚至翻塘等表现。钓位一般均匀分布，活动范围小还会影响整体的上鱼率。

一个经营得很好的黑坑，其经营者会对水质调整有丰富的经验和方式。保证水质的常用方式是消毒、增氧、杀虫（减少水中微生物、寄生虫、藻类）、肥水（太瘦会影响鱼的进食欲望）、换水等。

消毒主要是指对投放鱼种进行消毒，一般会在投放之前使用浓度很低的高锰酸钾浸泡一会儿，消毒过程需要足够的经验，浓度过低或者消毒时间不够起不到效果，浓度过高或者消毒时间过长会导致鱼活性不佳。

增氧的常用方式是使用增氧机，紧急情况下可使用增氧的相关药剂。增氧机是黑坑标配，除了垂钓过程中使用，天气炎热的时候需频繁长时间使用，水中微生物及藻类增加引起的缺氧很容易导致翻塘。

杀虫一般根据水质情况使用药剂减少寄生虫、微生物、藻类等，一般鱼塘中使用杀虫剂后，鱼的进食欲望会明显降低，所以杀虫以后可使用中和药剂消除杀虫剂对鱼的影响。

肥水，黑坑用水来源很多，从其他水域引水和井水较多，井水普遍偏瘦，影响鱼的开口情况，需要使用肥料增肥。

换水，黑坑垂钓使用大量窝料会使水质迅速变差，需要通过定期换水然后进行消毒、杀虫、肥水、增氧等措施保证水质。

1. 黑坑鱼的养殖及维护 黑坑投放鱼种，手竿黑坑北方以鲤、鲫为主，南方以鲫、罗非鱼、鲤、青鱼、草鱼、鳊、翘嘴鲌等为主。路亚黑坑以鲈、翘嘴鲌居多。黑坑投放鱼种与养殖及运输有一定的关系。鲫、罗非鱼和鲤的黑坑最为常见，这与其适应环境的能力相关，活性较好的鱼能够投放后马上开始垂钓。黑坑鲫一般以投放养殖的工程鲫居多，如湘云鲫、中科三号、苏鲫等个体较大的改良品种。个体一般在半斤以上，平均个体一斤居多。黑坑鲤一般投放养殖的本土鲤及其改良品种、三道鳞（散鳞镜鲤）、镜鲤（松浦镜鲤）居多。个体在一斤以上，平均个体以3～5斤居多，大的能够达到10斤。黑坑罗非鱼一般为垂钓养殖的多品种罗非鱼，以尼罗罗非鱼、奥尼罗非鱼居多（品种有待考证）。个体以1～2斤居多，也有更大的巨非黑坑，个体能达到10斤。黑坑草鱼、青鱼、鳊、翘嘴鲌有混合投放的，也有单独投放的，大个体青鱼池全国都有。

由于成品鱼的投放成本和成鱼资源的限制，对于垂钓上来的鱼，经营者会根据不同情况采取不同措施。为了保证垂钓体验，黑坑选择成本较高的生口鱼，钓上来以后及时出售是比较普遍的方式。直接放回池塘则是最方便且节约成本的方式，但是形成的回锅鱼由于垂钓难度大，非常影响垂钓体验。也会有经营者将钓起来的鱼重新放回养殖鱼塘进行喂养，一段时间后再进行垂钓，这需要经营者有足够的养殖条件。

生口鱼是指没有被钓过的鱼，吃食猛。回锅鱼是指多次钓放的鱼，吃食极其谨慎，吃进去的鱼饵会被快速吐出，垂钓难度大。静养鱼是指钓上来以后喂养一段时间的鱼，吃食较回锅鱼好，有一定的警惕性。价格：生口鱼＞静养鱼＞回锅鱼。

2. 黑坑的垂钓与经营　黑坑常见的垂钓模式包括高低炮、私人定制。高低炮也称大小炮，主要用来形容鱼的密度和收费情况。相较于普通黑坑，高炮坑密度大、收费高、数量少，主要是为了满足部分人对于垂钓狂拔的需求。私人定制一般是垂钓者和经营者协商，根据自身需求来投放一定数量及大小的鱼来垂钓的黑坑。

黑坑的经营。在保证垂钓体验的同时盈利是非常考验经营者的，垂钓体验太好会导致经营者入不敷出，垂钓体验太差会影响黑坑口碑。出鱼率是黑坑垂钓体验的一大标准，单个黑坑单个场次的池塘总体出鱼率及每个钓位的出鱼率都需要考虑，在做到整体出鱼率较好的基础上尽量缩小钓位的出鱼率差别很关键。由于钓位存在好坏之分，大部分长期经营的黑坑都会有一个或者几个黄金钓位，钓位直接决定了钓获的好坏，所以现在钓位选择常用抽签方式，也有定不同区间价格的方式。

黑坑的正钓与偷驴。正钓是指一批鱼投放进去以后的首场垂钓，后面再开放场次则称为偷驴。在黑坑投放鱼以后，首场垂钓不会被全部垂钓起来，所以形成偷驴，钓上来的鱼没有再次放入鱼池，所以相对正钓，偷驴的鱼密度会降低，收费也较低。

6.4　典型案例分析

本节将从自养垂钓型、竞技鱼池型、黑坑型三个方面对案例展开介绍。

6.4.1　自养垂钓型

湖州桑基鱼塘系统位于浙江省湖州市南浔区西部，现存有4000hm^{2}桑地和1000hm^{2}鱼塘，是中国传统桑基鱼塘系统最集中、最大，保留最完整的区域。湖州桑基鱼塘系统的形成起源于春秋战国时期。当地劳动人民将地势低下、常年积水的洼地挖深变成鱼塘，挖出的塘泥则堆放在水塘的四周作为塘基，如此逐步演变成为“塘基上种桑、桑叶喂蚕、蚕沙养鱼、鱼粪肥塘、塘泥壅桑”的桑基鱼塘生态模式，最终形成了种桑养蚕和养鱼相辅相成、桑地和池塘相连相倚的典型的桑基鱼塘生态农业景观。桑基鱼塘系统是我国乃至世界史上人类认识、利用、改造自然的一个伟大创举，是世界传统循环生态农业的典范，被农业部列入“第二批中国重要农业文化遗产名单”。

桑基鱼塘系统（图 6.10）是一种具有独特创造性的洼地利用方式和生态循环经济模式，实现了对生态环境的“零”污染。其主要优点：桑茂、蚕壮、鱼肥大；塘肥、基好、蚕茧多。这就充分表明了桑基鱼塘循环性生产的相互关系。在这种循环性生产的系统中，“桑”是生产者，它利用太阳光能、水和二氧化碳及桑基中的氮、磷、钾等营养元素进行光合作用，制造有机物桑叶。用桑叶喂蚕，这样使桑叶的营养和能量沿着食物链首先转给了蚕，蚕是初级消费者。蚕结茧、缫丝，蚕蛹及部分蚕沙用于养鱼，在这条食物链上鱼是二级消费者。鱼的排泄物及蚕沙、蚕蛹、饲料残渣沉积在淤泥之中，鱼塘内的微生物可以分解各种有机物，使其转化成为简单的无机物（如氮、磷、钾等元素），混合在塘泥中，以后又随着塘泥还原给桑基，这样就构成了一个完整的物质能量循环系统。

图 6.10 桑基鱼塘美如画

纵观历史，桑基鱼塘的发展，既促进了种桑、养蚕及养鱼事业的发展，形成了桑地和池塘相连相倚的水乡生态农业景观，又带动了缫丝等加工业的前进，逐渐发展成了一种完整的、科学化的人工生态系统。为了桑基鱼塘系统的可持续发展，应进一步加强宣传桑基鱼塘的生态和旅游功能，鼓励发展以桑基鱼塘为主题的休闲观光农家乐和渔家乐，加快桑基鱼塘和旅游业的有机结合，如结合养殖、观赏、垂钓等。依据城郊经济与社会发展的要求，在村庄总体规划的基础上，改造村庄建筑、广场、道路、鱼塘等空间环境，力求通过“一片鱼池，二片绿”的村庄特色风光，为村民及观光的游客提供融生态景观、科学教育、商业娱乐、农家乐等于一体的生态环境景观（图 6.11～图 6.13）（王权，2019）。

图 6.11 桑基鱼塘历史文化馆

图 6.12　荻港古村桑基鱼塘

图 6.13　荻港古村捕鱼用的渔具

武汉乐农湖畔生态园位于武汉市江夏区郑店街道洞山村，占地面积近 600 亩，生态园地理位置优越，距离武汉市中心路程在一小时之内，交通便利，园区附近有多个高速路口。该生态园是坐落于云井山的原生态园林，所以风景很美，乐农湖畔在群山的簇拥下，山下就是洞山湖，有山有水，风景优美。因为是生态园林，乐农湖畔生态园景点是以农家风格为主题的，为了让园区更有农家的风格，该园区内种植了百亩的果园，有油桃、水蜜桃、猕猴桃、李子、梨、琵琶、金橘、红心柚等水果。游玩项目有湖边垂钓、水上竹筏（图 6.14）、大巴 KTV、丛林射箭、丛林迷宫、乡村单车、林间吊床、棋牌麻将等，另外还准备了孩子喜欢玩的项目，如手工陶艺吧、棉花糖制作、脸谱制作、石磨豆浆、活字印刷、画油纸伞、织布机体验、打糍粑等活动；园区内部设置的活动场所有野炊区、会议室和大片的活动举办区，可以在上面举行员工拓展、亲子活动、趣味运动会等活动。

图 6.14　水上竹筏

同时为钓鱼爱好者提供了 5 个鱼塘和一个野生水垂钓区。农庄鱼塘有不同鱼种，设有草鱼、青鱼、鲫、鳊、黑鱼、鲤、鳙、鲢等鱼类。在野生水垂钓区（图 6.15），鱼类均纯天然喂养，不投食饲料，偶尔会在鱼塘旁边割点草饲喂鱼类，鱼塘里面的鱼基本上都是吃水长大的。

图 6.15　休闲垂钓

6.4.2　竞技鱼池型

快乐垂钓钓鱼公开赛 CCF（China Championship Fishing）（图 6.16）需要严格遵守国家体育总局颁发的《中国淡水钓鱼比赛规则》，对于比赛方面的相关活动都有较为严格的规定，整个比赛的饵料都由主办方或者赞助商提供，以确保比赛的绝对公平。CCF 同时是我国国内唯一一个以纯重量为衡量标准的大型竞技直播赛事。

图 6.16　快乐垂钓钓鱼公开赛

比赛要求每支队伍中的三名队员渔获量总积分最多的获胜，如果总积分一样，就需要选出三人中两场总重量最大的一个人进行比较，渔获总重量大的选手获胜。如果还是一样，就需要通过抽签来决定排名了。每支队伍在两场的总积分排名第一，就可以晋级 CCF 的分站赛，而且第一名的队伍在分站赛的报名费有时会由赞助商承担。在比赛的过程中，需要完全统一使用赞助商提供的公饵来参赛，不能使用公饵以外的任何饵料和添加剂。

排名达到前十的参赛队伍，获奖的运动员要按规定依法纳税。前三名的获胜者可以分别获得奖牌、奖金、奖品，但是获得的奖金会随着排名而有所不同。排名在第四名到第十名的队伍也有相应的奖励，但是所奖励的奖品都一样，而且只有证书。

在比赛的规定方面，都是有很多较高的要求。使用的手竿长度不能超过规定长度，线组的总长度不能比钓竿超出 0.3m，只能最多准备两只，但是绑钩的方法没有限制，必须使用无倒刺的钓钩。最终总重量需要经过电子秤来计量，成绩以电子秤的准确数值为准。比赛时不能故意锚鱼或者挂鱼，故意把鱼弄死，一旦发现有死鱼，不计入最终成绩。

泗洪县洪泽湖大圆塘垂钓中心（图 6.17），位于泗洪县渔家风情小镇临淮，占地 1200 余亩，计划总投资约 6 亿元，是集“专业垂钓赛事＋体验式旅游＋商业展会＋休闲度假＋研学拓展”等为一体的中国首席生态垂钓休闲旅游目的地。该中心拥有目前世界上最大的淡水圆形钓场——国际大圆塘。自建成以来，其荣获了中国国际休闲垂钓示范基地、全国有影响力的休闲渔业赛事、“苏韵乡情”乡村休闲体育赛事基地、“宿有千香”十佳主题创意农园等荣誉称号。特别是自 2017 年泗洪举办国际大圆塘“超级杯”休闲垂钓邀请赛，诞生了中国垂钓史上第一个百万冠军以来，已相继产生了 10 个百万冠军，创造了中国垂钓行业的一个又一个奇迹，被誉为“钓鱼人实现梦想的地方”。截至目前，该中心已经组织各类垂钓体育赛事 150 余场，成功引领中国垂钓转向职业化体育赛事，让垂钓比赛走向世界舞台，为国内渔具行业及周边各行业带来了更多的商业机会，可深层次挖掘潜在的商业价值。高标准的垂钓赛事、高规格的赛场设施、专业的执裁团队和策划团队，奠定了泗洪国际大圆塘较高的品牌影响

图 6.17　泗洪县洪泽湖大圆塘垂钓中心

力。除了专业的垂钓赛事服务配套设施，还有高标准户外露营地，服务项目包括烧烤露营、亲子垂钓、锦鲤投喂、儿童游乐等。另外还规划建设趣味垂钓馆、综合楼及房车露营地等服务设施。项目可直接带动当地就业人数 500 余人，每年可带动当地旅游、餐饮、住宿、土特产及其他服务消费达 2 亿元，有效带动了当地群众增产增收，为乡村振兴提供了有力保障。

6.4.3 黑坑型

静海花园黑坑钓场（图 6.18）位于天津市静海区花园村，为华北最大的黑坑，黑坑占地面积约 200 亩，有 600 多个钓位，正钓放鱼量多达数十吨。该钓场管理严格，环境一流，垂钓鱼票较贵，常在 1000 元以上，少则垂钓几十斤，多则 300～500 斤，只要钓技不太差，钓鱼者基本都能满意。毫无争议，静海花园黑坑钓场是全国最大的鲤黑坑钓场。但凡钓黑坑的钓鱼人都知道静海花园的名字，是黑坑钓鱼人的圣地。曾经有钓友戏称：在黑坑钓鱼界没有经历过静海花园洗礼的钓友，不算真正的黑坑钓鱼人。没有在天津静海花园黑坑钓场测试过的产品厂家，难以叩开华北黑坑市场的大门。没有在花园做过直播及素材搜集的名人、钓界大咖，都不好意思说自己征服过黑坑大炮。在这里有着全国各地的名人钓客，包括北到漠河东三省，南到两广三亚，西到新疆和西藏。因此，碧海展会移师天津梅江，逛展会、钓花园成了商家及钓友的标志性行程。

鱼塘设置：钓鱼场分为多个区域，每个鱼塘都有不同的鱼种和放鱼密度，以满足不同钓鱼爱好者的需求。有的鱼塘适合新手练习，有的则适合经验丰富的钓手挑战。基础设施：钓鱼场提供遮阳棚、钓鱼台、座椅等基础设施，确保钓鱼者在舒适的环境中享受钓鱼的乐趣。租赁服务：提供钓具租赁服务，钓鱼者可以根据需要选择适合的钓具，无需自带装备。饵料和鱼饵：钓鱼场提供多种鱼饵和饵料供选择，并有专业人士指导如何使用，增加钓鱼的成功率。餐饮和休闲区：钓鱼场设有餐饮区和休闲区，钓鱼者可以在这里休息和用餐，享受一天的钓鱼之旅。收费方式：钓鱼场通常按时间或按重量收费。钓鱼者可以选择按小时计费，也可以选择按捕获的鱼的重量支付费用。比赛和活动：定期举办钓鱼比赛和活动，吸引更多钓鱼爱好者参与，增加钓鱼的乐趣和互动性。例如，周末举行的“鲤鱼王争霸赛”，胜者可以获得丰厚的奖品。会员制度：设有会员制度，会员享有优惠价格和优先预订等特权，增加钓鱼场的忠实客户群体。黑坑钓鱼场通过完善的设施和贴心的服务，为钓鱼爱好者提供了一个理想的休闲场所。通过定期举办比赛和活动，不仅增加了钓鱼的趣味性，也推动了休闲渔业的发展。这样典型的黑坑钓鱼场在中国各地广泛存在，成为钓鱼爱好者放松和享受生活的重要去处。

图 6.18 静海花园黑坑钓场

本章小结

本章主要介绍了我国池塘休闲渔业的发展模式、管理方法及典型案例。从历史沿革出发，分析了垂钓活动的发展，从获取食物逐渐演变为休闲娱乐和竞技比赛，并延伸到现代池塘休闲渔业。池塘休闲渔业被划分为自养垂钓型、竞技鱼池型和黑坑型三种主要模式，每种模式有其独特的经营管理特点。

名词解释和概念理解

自养垂钓型；竞技鱼池型；黑坑型；基塘渔业

思考题

1. 池塘休闲渔业与传统渔业的主要区别是什么？请结合休闲渔业的特点和其对人们心理上的满足感进行讨论。

2. 自养垂钓型、竞技鱼池型和黑坑型三种休闲渔业模式各自的优势和挑战是什么？请从经营成本、管理难度和顾客体验等方面进行比较。

3. 在池塘休闲渔业的发展中，如何实现环境保护与经济效益的平衡？请结合生态养殖和可持续发展的原则，提出具体措施。

4. 你认为哪些因素会影响一个池塘休闲渔业基地的成功运营。请从选址、基础设施建设、市场需求和服务质量等方面进行分析。

5. 在推广池塘休闲渔业的过程中，如何利用现代科技手段提高管理效率和客户满意度？请提出可能的技术应用和创新方案。

6. 请分析典型案例中桑基鱼塘系统对现代休闲渔业的启示和借鉴意义。请结合案例特点，讨论传统农业与现代休闲渔业的结合点。

主要参考文献

常亚青，丁君，王苹．2019．水产学概论．北京：科学出版社．

陈新华．2011．休闲垂钓鱼塘养殖管理技术．现代农业科技，（7）：340-341．

陈玉银，费建明，蒋振东．1995．桑基鱼塘生态系统的理论与实践．蚕桑通报，（2）：4-6．

蒋晖．2010．垂钓池塘的管理技术．中国水产，（8）：41-42．

李家乐．2020．池塘养鱼学．2 版．北京：中国农业出版社．

刘超．2020．淡水养鱼生态技术．北京：中国农业出版社．

牛永强．2018．提升休闲垂钓经济效益的方法．中外企业家，（11）：118-120．

农业农村部渔业渔政管理局，全国水产技术推广总站，中国水产学会．2024．2024 中国渔业统计年鉴．北京：中国农业出版社．

王权．2019．休闲渔业．北京：中国农业出版社．

王武．2000．鱼类增养殖学．北京：中国农业出版社．

于秀娟，郝向举，冯天娇，等．2023．中国休闲渔业发展监测报告（2023）．中国水产，（11）：22-27．

周国平，茆健强，孙浩波．2011．国际标准圆形垂钓池塘的建设及相关问题的探讨．水产养殖，32（3）：40-41．

（陈宇顺　邓　刚）

本章资源

第7章 内陆自然水域休闲渔业

我国幅员辽阔，渔业资源种类丰富。依赖于内陆自然水域如长江、黄河、黑龙江、珠江等流域，以及青藏高原等高原湖区，东北平原等平原和山地湖区等的渔业资源、人文、水生生物资源，结合这些地区的渔业相关的历史遗迹、特色渔业传承活动等，开展休闲渔业的观赏和观光、垂钓体验、科普及研学体验等活动，吸引国民参与，并使其达到愉悦身心的目的，是响应国家乡村振兴战略和国民休闲纲要等战略布局的重要举措。国家和地方对沿江沿湖的禁渔期、禁渔区、渔业保护区的划定和规范，也将促进渔业及其依赖的休闲渔业的可持续发展。

7.1 内陆自然水域发展休闲渔业资源

按照资源要素的属性，休闲渔业资源可以分为自然资源、人文资源、产业资源。休闲渔业自然资源主要包括与渔业有关的水文景观、水生生物资源、天文气象等自然景观和自然生态，是休闲渔业产业开发的基础，所有的渔业休闲活动都要依托于这些资源。休闲渔业人文资源包括与渔业相关的历史遗迹、民俗文化、特色渔业传承活动和渔文化节等。休闲渔业产业资源是指与休闲渔业相关的水产养殖、观赏鱼、钓具和钓饵等产业，以及与休闲渔业配套的交通、餐饮、住宿、观光、娱乐体验等服务产业，还包括垂钓竞技等产业。

7.1.1 内陆自然水域自然资源

自然水域自然资源包括生物资源（如渔业资源）和自然景观资源等，是江河湖库溪发展休闲渔业的重要基础。

1. 生物资源 我国陆地水域总面积约 2667 万公顷，其中，江河为 1200 万公顷、湖泊 800 万公顷、人工塘库 667 万公顷。我国淡水资源分布不均，南多北少，相差悬殊，长江流域及其以南地区的水资源占全国总量的 80%，黄河、淮河、海河三大流域的河川径流量不到全国的 6%，西北地区的水资源量仅占全国的 4.6%。我国江河众多，大小河流总长达 43 万千米，流域面积在 100km^2 以上的河流有 50 000 多条，流域面积在 1000km^2 以上的河流有 1580 条，超过 10 000km^2 的大江大河有 79 条，长度在 1000km 以上的河流有 20 多条，我国主要的河流有长江、黄河、珠江、海河、淮河、松花江、辽河、黑龙江、澜沧江、额尔齐斯河、怒江、塔里木河、伊犁河、元江、乌苏里江、鸭绿江、图们江。

我国的湖泊分布广、类型多样，其中淡水湖泊面积约占全国湖泊面积的 45%，东部平原、长江流域、淮河流域、内蒙古和青藏高原是中国湖泊分布的主要区域。按自然地理条件的差异，可以将我国湖泊分布划分为青藏高原湖区、云贵高原湖区、蒙新与黄土高原湖区、东北平原与山地湖区、东部平原湖区和东南低山丘陵湖区。我国第一次全国湖泊调查显示，我国面

积大于 $1km^2$ 的天然湖泊有 2759 个，总面积为 91 019.63km^2，分布在我国除福建、广西、海南、重庆、香港和澳门外的 28 个省（自治区、直辖市）内，其中盐湖 352 个，总面积为 81 414.56km^2，占全国国土面积的 0.85%。大于 $10km^2$ 的湖泊有 656 个，总面积为 85 256.94km^2（王苏民和窦鸿身，1998）。长江中下游湖泊的淡水资源最为丰富，共有 $10km^2$ 以上的淡水湖泊 212 个，合计面积为 27 901.76km^2，总蓄水量（不含青藏高原区湖泊）为 $1054.72\times10^8m^3$。最新调查（中国科学院南京地理与湖泊研究所，2019）显示，我国湖泊数量和面积有所下降，我国境内（包括香港、澳门和台湾）面积在 $1km^2$ 以上的天然湖泊共有 2693 个，总面积为 81 414.56km^2，其中大于 $1000km^2$ 的特大型湖泊有 10 个，面积合计 22 711.77km^2，分别为色林错、纳木错、青海湖、博斯腾湖、兴凯湖、鄱阳湖、洞庭湖、太湖、洪泽湖、呼伦湖，面积合计 22 711.77km^2；面积在 500～$1000km^2$ 的有 17 个，面积合计 11 807.64km^2；面积在 100～$500km^2$ 的有 109 个，面积合计 22 989.40km^2；面积在 50～$100km^2$ 的有 101 个，面积合计 7248.57km^2；面积在 10～$50km^2$ 的有 456 个，面积合计 10 297.76km^2；面积在 1～$10km^2$ 的湖泊有 2000 个，面积合计 6364.42km^2。

我国内陆自然水域水生生物资源丰富，据 2009 年 FishBase 的统计数据，鱼类有 3446 种，两栖类、爬行类、水鸟和哺乳类共 2091 种，其中淡水鱼类 1452 种，主要为鲤科鱼类，有 154 属 674 种，其中特有属 47 属、特有种 384 种（曹文宣，2011）。长江水系鱼类多样性最为丰富，有鱼类 400 余种（亚种），其中纯淡水鱼类 350 种左右，淡水鱼类之多居全国各水系之首。其他水系，如珠江水系纯淡水性鱼类 239 种，而黄河水系仅 150 种。长江水系有 10 种河海洄游性鱼类，中华鲟（*Acipenser sinensis*）、鲥（*Tenualosa reevesii*）等 7 种为溯河洄游性鱼类，鳗鲡（*Anguilla japonica*）与松江鲈（*Trachidermus fasciatus*）则为降河洄游性鱼类。长江还生活着 40 余种咸淡水鱼类，它们对盐度的适应性较强，主要生活在沿海及河口区，如鲻（*Mugil cephalus*）、鲮（*Liza haematocheila*）和花鲈（*Lateolabrax maculatus*）等。

张春光和赵亚辉（2016）统计，我国内陆鱼类 1384 种（亚种），含引入种 21 种，隶属于 18 目 54 科 316 属，去除引入种，原产于我国的内陆鱼类共 1363 种（亚种），隶属于 17 目 47 科 303 属。土著种中，以鲤科（Cyprinidae）鱼类为主，有 1032 种，占总数的 76%。其次是鲇形目（Siluriformes），有 145 种，占总数的 11%。鲈形目第三，有 107 种，占比约 8%。此外，鲑形目（Salmoniformes）18 种，占比约 1.3%；胡瓜鱼目（Osmeriformes）9 种，约占 0.7%；鲟形目（Acipenseriformes）、合鳃鱼目（Synbranchiformes）和鲉形目（Scorpaeniformes）各 7 种，各约占 0.5%；鳗鲡目（Anguilliformes）4 种，占比约 0.3%；鳉形目（Cyprinodontiformes）和七鳃鳗目（Petromyzoniformes）各 3 种，各占比约 0.2%；鲱形目（Clupeiformes）、狗鱼目（Esociformes）和刺鱼目（Gasterosteiformes）各 2 种，各占比约 0.1%；鳕形目（Gadiformes）和鲼形目（Myliobatiformes）各 1 种，各约占总种数的 0.07%。

在内陆鱼类中，一些种类被开发利用作为养殖种类，如青鱼（*Mylopharyngodon piceus*）、草鱼（*Ctenopharyngodon idella*）、鲢（*Hypophthalmichthys molitrix*）、鳙（*Aristichthys nobilis*）四大家鱼和鲤（*Cyprinus carpio*）、鲫（*Carassius auratus*）、鳊（*Parabramis pekinensis*）、鲂［如团头鲂（*Megalobrama amblycephala*）］等鱼类，此外，鳡（*Elopichthys bambusa*）、翘嘴鲌（*Culter alburnus*）、鳜（*Siniperca chuatsi*）、长吻鮠（*Leiocassis longirostris*）、黄颡鱼（*Pelteobagrus fulvidraco*）、南方鲇（*Silurus meridionalis*）、乌鳢（*Channa argus*）、黄鳝（*Monopterus albus*）、泥鳅（*Misgurnus anguillicaudatus*）等也被开发利用作为养殖种类。同

样，很多种类也是重要的垂钓种类，如鳡、翘嘴鲌、南方鲇、白斑狗鱼（*Esox lucius*）、青鱼、草鱼、鲢、鳙、鲤、鲫等，其中一些大型鱼类成为垂钓者的最爱，如鳡、翘嘴鲌、白斑狗鱼、南方鲇、青鱼、草鱼等，不断刷新大型鱼类的垂钓纪录，成为许多垂钓爱好者追求的目标。目前，我国媒体记录的垂钓到的最大淡水鱼是钓自江西瑞金日东水库的 91kg 的青鱼，长 1.85m。

江河湖海中很多鱼类具有洄游特征。洄游（migration）是鱼类运动的一种特殊形式，是鱼类主动、定期、定向、集群、具有种的特点的水平移动。洄游也是一种周期性运动，随着鱼类生命周期各个环节的推移，每年重复进行。鱼类的洄游有产卵洄游（生殖洄游）、索饵洄游、越冬洄游三种。四大家鱼青鱼、草鱼、鲢、鳙，其性成熟群体有生殖洄游特征。每年 4～5 月，成鱼溯河洄游至产卵场繁殖，产卵后的成鱼进入饵料丰盛的湖泊中摄食，大多数回到河床深处越冬，而幼体大多留在湖泊等附属水体深水处越冬，冬季处于不太活动的状态。

鱼类的洄游特征也导致了一些著名的休闲垂钓场所的形成。例如，每年的 9 月底或 10 月初，来自世界各地的休闲垂钓爱好者就会到美国纽约州的三文河（Salmon River）锚钓溯河洄游中的三文鱼。每年的这个季节，加拿大的弗雷泽河（Fraser River）及其支流汤普森河（Thompson River）也会出现大量野生洄游三文鱼，这里也是世界各地的休闲垂钓爱好者的必争之地，三文鱼垂钓、观赏三文鱼洄游及繁殖过程、体验原住民文化，是加拿大温哥华这一地区的特色休闲渔业模式。鱼类的洄游特征与自然水域渔业资源管理、休闲垂钓及其垂钓管理密切相关。

1）鱼类洄游特征　　本书将以长江双肾之一的鄱阳湖及其鱼类为例（《鄱阳湖研究》编委会，1988）介绍我国内陆水域的鱼类洄游特征。

（1）定居性鱼类：繁殖、栖息、觅食均在鄱阳湖中，没有规律性的洄游特性，如鲤、鲫、鳊、鲌、鲇（*Silurus asotus*）、鳜、黄颡鱼、乌鳢、太湖短吻银鱼（*Neosalanx tangkahkeii taihuensis*）等。鲤、鲫于春季繁殖，当气温上升到 18℃以上时，在鄱阳湖涨水的水文条件下，大批亲鱼游向淹没的洲滩，在苔草等植物上产卵，产下的黏性卵附着在植物枝叶上，在流水中发育孵化，幼鱼也以淹没草洲为栖息环境，成长育肥。

（2）江湖洄游性鱼类：在鄱阳湖成长育肥，到长江产卵，在生命周期中，幼鱼从长江洄游到鄱阳湖，在湖里觅食、成长、发育，成熟后又游回长江。青鱼、草鱼、鲢、鳙四大家鱼及鳡、鳤（*Ochetobius elongatus*）、鯮（*Luciobrama macrocephalus*）、赤眼鳟（*Squaliobarbus curriculus*）等属于这一类。

（3）海河洄游性鱼类：在江河或湖泊中繁殖，到海洋中成长；或者在海洋中繁殖，到江湖中成长，在生命周期中作有规律的江海洄游。例如，鲥（*Tenualosa reevesii*）在端午节前后到赣江峡江河段激流中产卵，幼鱼在鄱阳湖索饵育肥，立秋前后沿长江游到海洋中成长，成熟后、产卵前又溯江洄游；鳗鲡在性成熟后必须到海中产卵，幼鱼溯江到湖泊中生长发育。海河洄游性鱼类还有刀鲚（*Coilia ectenes*）、弓斑东方鲀（*Takifugu ocellatus*）、宽体舌鳎（*Cynoglossus robustus*）等。例如，鲚属（*Coilia*）鱼类是典型的河口干流半洄游鱼类，这些鱼类平时生活在河口或半咸淡水区，生殖季节进入江河，上溯至中、下游的适合场所生殖。

（4）山溪性鱼类：这种鱼类本是山溪定居性鱼类，从鄱阳湖流域各水系随流水入湖，在湖区生长，包括胡子鲇（*Clarias fuscus*）、中华纹胸鮡（*Glyptothorax sinensis*）、月鳢（*Channa asiatica*）等。

2）内陆自然水域垂钓代表性鱼类　一部分休闲垂钓鱼类，如四大家鱼青鱼、草鱼、鲢、鳙等，在其生命周期的不同阶段，可生活在湖泊和江河中，且具产卵洄游（生殖洄游）、索饵洄游、越冬洄游等特性，是半洄游鱼类。还有一部分休闲垂钓鱼类，如鲤、鲫、鳊、鲌等，没有规律性的洄游特性，属于定居性鱼类。基于它们不同的生活习性，我国在自然水域渔业资源管理上也应采取不同的措施。

（1）长江流域湖泊和河流：在长江流域不同江段内的鱼类区系组成是不同的，大体上可分为 4 个区：青藏川西高原鱼区、金沙江川江水系鱼区、中下游水系鱼区、河口鱼区。青藏川西高原鱼类为高寒冷水性鱼类，川江区多山地流水性种类，中下游常见平原静水性种类，河口区多为咸淡水鱼类。长江鱼类丰富的物种和区系复杂是自然环境的多样化和物种进化分异的结果。在长江十年禁渔的政策推动下，长江鱼类的多样性及其资源恢复，也将促进长江休闲渔业产业的发展。在本书的第 6 章“池塘休闲渔业”中已经介绍了长江流域的青鱼、草鱼、鲢、鳙等养殖鱼类的休闲垂钓食性特征，以下将介绍其他几种代表性长江鱼类的食性特征。

鳡（*Elopichthys bambusa*）。英文名为 yellow cheek carp，为鲤形目（Cypriniformes）鲤科（Cyprinidae）雅罗鱼亚科（Leuciscinae）鳡属（*Elopichthys*），是大型凶猛性鱼类（图 7.1），生活在江河和湖泊的中上层。游泳力极强，性凶猛，行动敏捷，常袭击和追捕其他鱼类，属于典型的掠食性鱼类。鳡是洄游性鱼类，性成熟 4～5 年，亲鱼于 4～6 月在江河激流中产卵，幼鱼从江河游入湖泊中摄食和肥育，秋末以后，幼鱼和成鱼又到干流的河床深处越冬。

图 7.1　鳡（华中农业大学水产学院马徐发教授惠赠）

鲌属（*Culter*）。鲤形目鲤科鲌亚科（Cultrinae）鱼类的统称，是生活在江河湖泊的中型经济鱼类。其中，蒙古鲌（*Culter mongolicus mongolicus*）（图 7.2）、翘嘴红鲌（*Erythroculter ilishaeformis*）（图 7.3）、达氏鲌（*E. dabryi*）、红鳍原鲌（*E. erythropterus*）是我国常见种类。鲌类在我国分布很广，除西北高原外，各江河湖泊都有。鲌生活于流水或缓流水水体的中上层，游动迅速，善跳跃，冬季在深水处越冬。肉食性，幼鱼一般摄食枝角类、桡足类和水生昆虫；成鱼主要摄食鱼类，在放养鱼类的湖泊或鱼池中也吞食鱼苗和小规格鱼种。

图 7.2　蒙古鲌（华中农业大学水产学院马徐发教授惠赠）

图 7.3　翘嘴红鲌（华中农业大学水产学院马徐发教授惠赠）

赤眼鳟（*Squaliobarbus curriculus*）。英文名为 barbel chub，是鲤形目鲤科赤眼鳟属（*Squaliobarbus*）鱼类，又称赤眼鱼和红眼棒等，是很有价值的垂钓鱼和食用鱼。赤眼鳟广泛分布于我国各水域。赤眼鳟是中下层鱼类，喜栖居于江河流速较缓的水域，水上涨时进入小河中。食性杂，以藻类和水生高等植物为主，兼食水生昆虫、小鱼、卵粒、淡水壳菜等。赤眼鳟的适应性强，善跳跃，易惊而致鳞片脱落受伤。赤眼鳟 2 龄鱼即可达性成熟，生殖期集群活动。

长吻鮠（*Leiocassis longirostris*）。英文名为 longnose catfish，是鲇形目（Siluriformes）鲿科（Bagridae）鮠属（*Leiocassis*）鱼类（图 7.4），为底层鱼类，常在水流较缓、水深、石块多的河湾水域中生活，分布于我国东部的辽河、淮河、长江、闽江至珠江等水系及朝鲜西部，以长江水系为主。达到性成熟的年龄一般为 4～5 龄，亲鱼每年 3～4 月开始成熟，便上溯至砾石底的河水急流处产卵，长江的产卵场较集中于中游的荆江河曲及上游的沱江等江段。

图 7.4　长吻鮠（华中农业大学水产学院马徐发教授惠赠）

鳜（*Siniperca chuatsi*）。英文名为 Chinese perch，是鲈形目（Perciformes）鮨科（Serranidae）鳜属（*Siniperca*）的中型鱼类。鳜（图 7.5）广泛分布于我国东部平原的江河湖泊，在松花江和鸭绿江等水域的上游也有分布，栖息于静水或缓流的水体中，水草茂盛的湖泊中数量最多。鳜冬季不大活动，常在深水处越冬，一般不完全停止摄食；春季天气转暖时，则游到沿岸浅水区觅食，此时的雌雄鱼白天有卧穴习性，夜间在水草丛中活动和觅食。鳜为肉食性鱼类，主要以其他鱼类或虾类为食。鳜通常雄鱼 1～2 龄、雌鱼 2～3 龄性成熟，鳜的繁殖季节一般在每年的 5 月中旬至 7 月上旬，可自然繁殖。

图 7.5　鳜（华中农业大学水产学院梁旭方教授惠赠，华康 2 号）

（2）黄河流域：黄河流域有鲤（*Cyprinus carpio*）（又称黄河鲤）、刀鲚（*Coilia nasus*）等鱼类，以及北方铜鱼（*Coreius septentrionalis*）、黄河雅罗鱼（*Leuciscus chuanchicus*）、厚唇裸重唇鱼（*Gymnodiptychus pachycheilus*）、黄河裸裂尻鱼（*Schizopygopsis pylzovi*）等土著鱼，这些鱼类都是宝贵的水生生物资源，其资源量的丰富度是黄河流域休闲渔业发展的基础。

黄河鲤（*Cyprinus carpio*）。英文名为 Yellow River carp，是鲤形目鲤科鲤属鱼类，主要分布在我国宁夏中卫、青铜峡、吴忠、永宁、银川、平罗、贺兰、石嘴山等地黄河主河道中，固原、西吉等地水体中也可见到。喜栖息于水草丛中和流速缓慢的松软河底游动，很少上浮。杂食性，以虾、虫、螺、蚌及水草、藻类为食。有生殖洄游习性，4～8 月游至河滩浅水处产卵，受精卵黏附于水草上，3～5d 孵化，生长较快，且雌速于雄，2 年即能长成。

北方铜鱼（*Coreius septentrionalis*）。英文名为 northern bronze gudgeon，是鲤科铜鱼属（*Coreius*）的淡水鱼类，是中国的特有物种。北方铜鱼分布于黄河水系等，被划分为中下层淡水鱼类之列，喜栖息于水底砂石，肉食性，多食小型底栖动物。通常成群活动，在冬季，往往潜伏于深水处的岩石下或深沱里，等到开春，便洄游产卵。喜欢在浑浊的深水区觅食。幼鱼主要以其他鱼类的卵和苗为食，成鱼则以底栖动物为食。

（3）北方河流及其流域：在我国北方的黑龙江、松花江、辽河等流域，赵文阁的《黑龙江省鱼类原色图鉴》记录了 113 种鱼。雅罗鱼属（*Leuciscus*）、黑斑狗鱼（*Esox reicherti*）、哲罗鱼（*Hucho taimen*）、鳇（*Huso dauricus*）、鲇（*Silurus asotus*）、鲈（*Lateolabrax japonicus*）、大麻哈鱼（*Oncorhynchus keta*）（图 7.6）、白斑红点鲑（*Salvelinus leucomaenis*）、翘嘴鲌（*Culter alburnus*）、真白鲑（*Coregonus lavaretus*）、大泷六线鱼（*Hexagrammos otakii*）、鲇、鲤、鲫等，是这些流域中常见的可垂钓鱼类，其中一些为江海洄游性鱼类。

图 7.6　大麻哈鱼（中国水产科学院黑龙江研究所王继隆老师惠赠）

驼背大麻哈鱼（*Oncorhynchus gorbuscha*）（图 7.7）。英文名为 pink salmon，是鲑科（Salmonidae）大麻哈鱼属（*Oncorhynchus*）鱼类，分布于我国境内，主要分布在黑龙江、图们江、乌苏里江、绥芬河流域。我国大麻哈鱼品种主要有普通大麻哈鱼（*Oncorhynchus keta*）、驼背（细鳞）大麻哈鱼和马苏大麻哈鱼（*Oncorhynchus masou*）三个种类（马苏大麻哈鱼既有陆居型，也有洄游型，栖息于冰川冷水区，其成熟雄性参与降海型洄游群体的繁殖）。驼背

图 7.7　驼背大麻哈鱼（中国水产科学院黑龙江研究所王继隆老师惠赠）

大麻哈鱼出生后第二年性成熟，性成熟时驼背，幼鱼 4 月降河入海，在海中生活一年，性腺成熟，次年溯河生殖洄游，属于一次性生殖洄游鱼类。主要以捕食小型鱼、虾类为食。

花羔红点鲑（*Salvelinus malma*）。英文名为 dolly varden，是鲑科红点鲑属（*Salvelinus*）的鱼类，分为定居型和洄游型两种。栖息在我国境内图们江的花羔红点鲑为定居型，终生生活在江河干流及支流的清冷水域之中；其余生活在黑龙江、绥芬河、珲春河、鸭绿江等水域的花羔红点鲑仍为洄游型。花羔红点鲑的食性广，以底栖动物（软体动物为主）及落入水面的昆虫为主，有时甚至跳出水面掠食。3～4 龄性成熟。

黑斑狗鱼（*Esox reicherti*）（图 7.8）。英文名为 pike，是鲑形目（Salmoniformes）狗鱼科（Esocidae）狗鱼属（*Esox*）的淡水鱼类。平时多生活于较寒冷地带的缓流的河汊和湖泊、水库中，也经常出没于水草丛生的沿岸地带，以其矫健的行动袭击其他鱼类。幼鱼性情温顺，常成群生活；成鱼则单独栖息。黑斑狗鱼通常在清晨或傍晚猎取食物，以鱼类为食，食量大，生长迅速。3～4 龄性成熟，亲鱼在春季解冻后游向上游河口沿岸区域进入小河口、泡沼产卵，产卵结束后分散肥育，冬季进入大河深水处越冬。

图 7.8　黑斑狗鱼（中国水产科学院黑龙江研究所卫明亮老师惠赠）

哲罗鱼（*Hucho taimen*）。英文名为 siberian salmon，是鲑亚科（Samoninae）哲罗鱼属（*Hucho*）鱼类。我国有哲罗鱼和石川哲罗鲑（*Hucho ishikawae*）2 种，前者侧线鳞 140～240，分布于我国东北各大河流及其流域；后者 125～152，仅分布于鸭绿江上游。冷水性淡水食肉鱼类。性成熟期为 5 年，产卵期在 5 月上旬，一生可多次繁殖。

乌苏里白鲑（*Coregonus ussuriensis*）。英文名为 ussuri cisco，是鲑亚科白鲑属（*Coregonus*）鱼类，为定居型种类。乌苏里白鲑为肉食性鱼类，主要摄食小型鱼类、甲壳类、水生昆虫等。夏季几乎停食，春、秋季食欲较旺。生长速度较慢。性成熟需 5～6 年，产卵期为 10 月下旬至 11 月初，产卵场所选择于支流中。

2. 自然景观资源　游山玩水是人类一种精神上的需求，也是一种放松身心、愉悦精神的良好方式，自然水域及其周围的优美且赏心悦目的自然景观是发展休闲渔业的良好资源。每当我们读到或想起唐代诗人王勃在《滕王阁序》中对鄱阳湖自然景观的描述“落霞与孤鹜齐飞，秋水共长天一色”，以及宋代词人范仲淹在《岳阳楼记》中对洞庭湖自然景观的描述，是不是心动而想体验感受呢？我国亲水自然景观丰富，如长江三峡、桂林山水、西湖美景等。山清水秀，四季变化、丰富多样的优越的自然景观，对发展休闲渔业有着无可比拟的优势。因此，制定休闲渔业规划和方案，首先应考虑充分利用或提升自然景观质量，利用天然环境优美的自然景观吸引人们的注意和兴趣，并达到参与者置身其中，愉悦身心、乐不思返的目的，实现休闲渔业的高质量和可持续发展。千岛湖（图 7.9）利用优美的自然景观、独特的巨网捕鱼和全鱼宴等食鱼文化吸引了我国大量的游客到该地赏景、观渔和吃鱼，促进了当地经济的发展，成为我国休闲渔业发展的一大名片。

图 7.9 千岛湖自然风光（中国科学院水生生物研究所刘家寿研究员惠赠）

7.1.2 内陆自然水域人文资源

人类逐水而居，渔业文明及渔文化起源于沿江河湖泊及沿海地区，我国有关渔业的遗址、遗迹非常丰富。在湘江流域新石器时代的玉蟾岩遗址（典型的洞穴遗址，距今 21 000～13 800 年）就出土了青鱼、草鱼、鲤等多种水生动物骨骼化石，这一时期人类对水生生物的食用与利用也更为多元。他们取食贝壳后留下的贝壳堆，成为距今 4000～6000 年的贝丘遗址。早在新石器时代，河姆渡先民就在长江流域捕鱼；长江流域的浙江省余姚市出土的两件伴随有大量鱼骨、鱼鳍和鱼刺的木桨，也证明距今约 7000 年前的河姆渡人已学会使用木舟捕鱼。从龙虬庄遗址挖掘出了暂养鱼类的多个土池，这也在某种程度上说明至少 5500 年前的先民就开始了养鱼的实践。春秋战国时期，吴王阖闾曾经建造“鱼城”来养鱼，可见鱼事之盛。从磁山文化遗址、仰韶文化遗址、大溪文化遗址、河姆渡文化遗址、红山文化遗迹、良渚文化遗迹、龙山文化遗迹、马王堆一号汉墓、安江镇高庙遗址、澧县八十垱遗址等众多考古中，发现了多种捕鱼工具和各类质料与形态的鱼图，这些遗址遗迹的历史价值、科研价值、旅游价值极高，这些丰富的渔业遗址、遗迹，也是渔旅休闲渔业发展需要充分考虑的重要资源，应该好好挖掘和利用，成为休闲渔业的重要组成部分。有关休闲渔业鱼（渔）文化在本书第 5 章有详细介绍，在此不再赘述。

7.1.3 内陆自然水域产业资源

很多鱼类在自然环境中的繁殖力较低，需要人工养殖苗种提供资源量。一些江河湖库开展大型竞技比赛时，可能也需要购买成鱼而增加可垂钓鱼类。同时，湖泊和水库生态渔业也能产生一定的经济效益。另外，利用江河湖泊的渔（鱼）文化资源开展各种文化活动，可积极推动当地渔旅经济的发展。

1．水产养殖业 自然水域中渔业资源的种类、规格、产量，是休闲垂钓等休闲渔业产业发展的基础，是自然水域垂钓鱼类的来源，也是重要的水产品供给中心。为满足休闲垂钓者的需求，维持鱼类资源的多样性和稳定及其可持续性，除依赖自然水域鱼类的自然增殖外，休闲渔业管理者还需要根据鱼类资源评估状况针对性地开展可垂钓或渔猎鱼类资源的人工放流。另外，我国很多商业休闲基地、园区及竞技比赛等休闲垂钓活动中的成鱼都采购自池塘养殖。例如，泗洪县洪泽湖大圆塘垂钓中心鱼类采购项目每年花费多达 600 多万元。这些采购的成鱼又会渐渐被休闲垂钓者通过垂钓的方式，以2～3倍的价格买走，进而产生了更高的经济价值。江河湖库等自然水域每年的增殖放流也需要大量水产养殖苗种供给。以千岛湖为例，千岛湖区域每年投入的人工养殖鲢、鳙鱼苗有500多万尾，总重有80多万千克。

2．湖泊渔业 我国的湖泊大多为浅水湖，极少量为深水湖。浅水湖根据其营养特征或水生生物特征又可分为草型湖泊和藻型湖泊等。

贫营养湖（oligotrophic lake），是以湖泊的营养物质状况为依据划分的一种湖泊类型，经济合作与发展组织（Organization for Economic Co-operation and Development，OECD）于20世纪70年代提出的贫营养湖指标为：总磷浓度为＜10.0mg/m^3，平均叶绿素浓度＜2.5mg/m^3，平均透明度＞6.0m，云南抚仙湖（图7.10）是典型的深水贫营养型湖泊，这些湖泊渔业资源量很少，适合发展观光浏览型休闲渔业，但无法产生可观的渔业生产价值，因而也不适合发展垂钓体验型休闲渔业。

图7.10 云南抚仙湖（中国科学院水生生物研究所刘家寿研究员惠赠）

浅水湖（shallow lake），没有明确的划分，一般认为浅水湖水深小于6m，没有明显的温跃层。OECD提出富营养型湖泊的几项指标为：平均总磷浓度大于0.035mg/L，平均叶绿素浓度大于0.008mg/L，平均透明度小于3m。1994年启动的“三湖三河”治理工程中的巢湖和滇池都是浅水富营养型湖泊。这些湖泊的藻类比较多，需要投放主要摄食浮游生物和藻类的鲢、鳙等鱼类进行水质改善。这些湖泊在生态修复后可发展以垂钓体验型为主的休闲渔业，并可以产生一定的渔业生产价值。

草型湖泊（grass type lake），这种湖泊生态条件未被破坏，滋生出大量水生维管束植物，其水域生产力高，水质良好，水产养殖业可在这种环境内可持续发展，一些主要摄食浮游生物、藻类、水草的鱼类，包括鲢、鳙、鲂、青鱼等，可以在草型湖泊等大水面进行生态养殖，既能够净化水质，维护水域生态平衡，湖泊大水面生产的大规格青鱼、草鱼、鲢、鳙又是休闲垂钓者的最爱。这些湖泊可发展以垂钓体验型为主的休闲渔业，同时这些湖泊也可产生一定的渔业养殖生产效益。

藻型湖泊（algal type lake），当草型湖泊中的水生植被严重退化后就会演变为藻型湖泊。

藻型湖泊水体中的初级生产者以浮游植物如蓝藻、绿藻、硅藻等为主，湖泊通常呈现水体浑浊、水质差、生态系统结构单一脆弱、生态服务功能退化的特征。2007年前后的太湖是典型的藻型湖泊，典型的藻型湖泊不适宜发展休闲渔业。我国很多藻型湖泊还在生态修复过程中。

作为人们获取水产品的天然基地，湖泊在渔业生产中占据举足轻重的地位。1537年，浙江绍兴自三江闸建成之后，兴起“外荡（河道汇水处）养鱼”以后，其基本方法一直为我国近代湖泊养鱼所沿用。但近年来，针对湖泊鱼类养殖带来的水环境污染问题而大量拆除了湖泊围栏养殖。但是，基于千岛湖大水面生态渔业的成功，我国开始大力提倡湖泊、水库等大水面生态渔业。以保护生态平衡为基础，树立生态养殖理念，遵循和利用湖泊规律，湖泊大水面生态养殖渔业同样可实现可持续发展。

3．水库渔业 水库是通过人工建坝等工程手段拦截河流或湖泊等自然水体形成的人工水域。其通过径流调节以改变自然水资源分配过程，在防洪、兴利、供水、发电、养殖和旅游等方面具有重要价值，对社会经济发展有重要的促进作用。同时，水库也是垂钓淡水鱼，发展休闲渔业极其理想的场所之一。我国最早的水库建于公元前598～前591年的安徽省寿县的安丰塘，水面积达34km^2，运行已经2600年。我国最著名的水库都江堰，约建于公元前256年。近年来，千岛湖水库生态养殖采用只投放鱼种，不投放饵料，靠水体中的天然饵料使鱼生长的做法，已取得卓越成效。在其生态养殖中，确定水库放养鱼类时要考虑水库的理化性状、饵料保障程度，以及放养鱼类对饵料的利用率。水库地形复杂，不适合养殖底层及钻底鱼类，如鲤和黄颡鱼等。水库养鱼的主要对象是浮游生物食性的鲢和鳙，其次是草食性的团头鲂和草鱼、杂食性的鲤和鲫及食碎屑与周丛生物的鲴和鲮等。周丛生物（periphyton）是指生长在淹没于水中的各种基质（如沉水植物、木桩、石头等）表面的生物群，主要包括着生藻类、原生动物和轮虫。

4．旅游和文化产业 渔文化是人类文化的重要组成，包括鱼类的养殖、捕捞与加工，以及渔民在此过程中形成的生活、生产、习俗、信仰等内容，是具有浓厚地域特色的渔业物质遗产和行为习惯等一系列有形与无形的人类财富，其具体形式包括渔文化旅游业、渔文化影视制作业、渔文化庆典会展业等。

随着人们对特色化、内涵化、多样化文旅产品的需求日益高涨，渔文化与旅游业融合日益紧密，很多地方将渔村原生态渔文化资源与文旅产品开发相结合，通过利用渔村建筑、渔港渔船、渔风渔俗等文化标志和文化传统，形成一系列具有渔家风貌、文化特点、生活情趣等的渔文化节庆活动等旅游产品，这些已经在第5章如田横祭海节等和第6章中桑基鱼塘等有了描述。渔文化与产业发展联动，实现经济与社会效益双丰收，不仅在理论上可行，而且具有广泛的应用前景和实践价值。

进入20世纪后，各种形式的渔文化活动不断发展，全国很多地方利用本地渔文化产业资源举办了多种形式的开渔节、开捕节、农民丰收节、渔文化节、冬捕节等节庆旅游活动。其中，千岛湖庆祝农民丰收节中的巨网捕鱼将渔业生产的捕鱼环节发展成一项旅游产品。同时，依托江河溪流沟渔业、自然及人文资源开展的各种渔文化节活动形式包括江河增殖放流、江河渔港风情、体验传统渔具渔船、品尝河溪鱼类美食等，也是重要的江河溪流沟休闲渔业模式（表7.1）。

表 7.1 内陆自然水域主要渔文化节名录

产业资源	渔文化节名称	特色活动
查干湖	查干湖冰雪渔猎文化旅游节	祭湖醒网、捕捞头鱼
千岛湖	千岛湖有机鱼文化节	巨网捕鱼、鱼拓《千岛湖锦鳞图》
洪泽湖、(渔家风情)文艺家采风创作基地	洪泽湖渔文化节	荷花美食、龙舟赛、洪泽湖大闸蟹、洪泽湖渔鼓
兴凯湖、肃慎文化	兴凯湖冬捕节	冬捕非遗展示、头鱼拍卖、特色美食、大型渔业作业实景音乐剧
太湖	新吴区渔文化节	歌舞演出、湿地骑行、渔文化市集、渔副产品科普
太湖、休闲度假酒店	太湖头渚秋季渔家风情节	帆影秀、“渔夫之旅”
太湖、太湖“三白”	中国(苏州)太湖开捕节	太湖开捕祭祀、民俗文化
江南水乡、鱼米之乡	嘉善渔文化节	垂钓大赛和打鳖表演、长三角渔文化论坛、渔文化展示、精品水产展销
湖州桑基鱼塘、鱼桑文化	湖州南浔鱼文化节	水乡百鱼宴、千斤锅鱼汤饭、拜鱼神、二胡齐奏《鱼桑丰收曲》
南湾湖	南湾湖开渔节	开渔活动、巨网捕鱼、鱼王巡游、万人共享鱼头宴、头鱼拍卖、抱鱼接力大赛
长兴仙山湖国家湿地公园	仙山湖鱼文化节	仙山湖鱼丸汤和鱼头汤免费品尝、仙山百叶龙舞、泗安旱船表演、上海村过大年“年味”民俗体验活动
佛山市九江	“寻江问渔”田园水岸艺术节	江河增殖放流、开渔文化节、农民丰收节等
佛山市三水区	开渔节暨河鲜美食文化节	三水十大河鲜名菜、头鱼慈善拍卖、特色美食展摊、“汀见三水渔舟唱晚”仲夏音乐晚会等
吉林松花江	松花江鱼文化节	观松花湖美景、品松江鱼美食等
江西九江	“渔乐善行”开渔文化节	渔民村民表演、织网比赛等
扬州	李典镇渔文化节	野生鱼类科普、传统渔具渔船、观看捕鱼现场、长江渔港风情、渔村墙体彩绘、渔家歌舞表演
广东北江	北江放生旅游文化节	北江放生、品尝北江特色美食、欣赏北江非物质文化遗产展示

7.2 内陆自然水域休闲渔业发展模式

江河湖库溪的魅力在于水体，在于人与自然和谐的生态环境，同时也在于其渔业资源及这些渔业资源给人类带来的经济价值、感官享受、愉悦身心等。其中，湖泊（水库）具有资源复合式、环境敏感性、生态脆弱性等特点，湖泊（水库）渔旅的开发必须严格遵循保护性开发的原则，成功的湖泊（水库）旅游开发必须十分重视对湖泊及其周边生态环境的保护，实现可持续利用。随着近年来观光旅游，特别是休闲度假旅游的兴起，以观光游览、水上运动、休闲垂钓、休闲游船、餐饮美食和湖滨度假等为代表的湖泊（水库）旅游（湖旅、水库旅）开发，为湖旅和水库旅带来了前所未有的发展机遇。欧美国家（与欧美国家不同的是我国还有很多水库）的旅游发展比较成熟，其开发模式主要以休闲垂钓、度假为主。这些湖泊在发展和创新水上产品如垂钓、游艇、游轮、水上运动的同时，注重和陆上产品的紧密结合，在环湖沿线开辟滨湖公园风景区，在地形适宜的湖岸建造高尔夫球场、网球场、修建环湖绿道、亲水游步道、观光平台等，在风光秀丽的湖区地段建设度假中心及各类度假别墅，修建各种特色民居，开发各类乡村休闲项目，以满足人们休闲度假的旅游需求。依赖湖泊渔业资源及其特色鱼类吸引游钓爱好者而发展湖泊休闲垂钓，以此带动湖泊休闲旅游业的发展，在欧美等发达国家很盛行。例如，北美洲五大湖中丰富的渔业资源，如湖红点鲑（*Salvelinus namaycush*）、鲱形白鲑（*Coregonus clupeaformis*）、湖白鲑（*Coregonus artedii*）及鲈、鲇等，吸引了大量的休闲渔业垂钓爱好者，带动了周边湖滨度假、休闲垂钓、休闲游船、餐饮美食等实业的发展，并推动了当地的各类乡村休闲项目的发展。美国得克萨斯州的福克湖，其特色的鲈资源吸引了大量的休闲垂钓者。澳大利亚尤坎本湖具有资源丰富的虹鳟（*Oncorhynchus mykiss*）、斑点鳟（*Salmo marmoratus*）、褐鳟（*Salmo trutta*），每年夏天，大量的休闲垂钓爱好者会从世界各地来这里。休闲垂钓爱好者的交通、住宿、饮食、休闲垂钓等活动，极大地推动了当地经济的发展。

我国利用江河湖库溪景观及其渔业资源开展休闲渔业活动，始于 21 世纪。近十年来，政府参与并积极推动江河湖库溪渔旅经济的发展。例如，万峰湖因得天独厚的自然湖泊环境及其丰富的渔业资源，包括很多大型的鱼类如草鱼和鲤等，以及中型鱼类如莫桑比克罗非鱼（*Oreochromis mossambicus*）和翘嘴鲌等，而被赋予“野钓天堂”和“垂钓乐园”的美誉。近年来，依托万峰湖自然和渔业资源而打造的万峰湖润龙湾水上世界项目，包含了旅客接待中心、垂钓服务中心、广场、大型停车场、钓鱼台道等设施，总面积是 $8km^2$，其中水域面积 $5km^2$。钓台长 7.46km，标准钓位有 1000 多个，是世界上钓台最长和钓位最多的垂钓点，已获吉尼斯世界纪录认证与授牌。南京市溧水凤镇臼湖渔歌休闲渔业基地和内蒙古自治区呼伦湖旅游景区休闲渔业基地等都在稳步发展，通过开展休闲渔业基地建设，发展养殖垂钓型、观光垂钓型、生态观光型、节庆旅游型等休闲渔业模式，拉长了渔业经济产业链并带动了乡村经济的发展。

另外，我国很多水库结合水库自然景观和人文资源，与水利、水生态旅游景点、传统文化旅游景点的建设相结合，与现代化渔业和餐饮业，还有其他产业有机结合，以水域和渔业为资源优势，充分展示水环境、饮食、娱乐等优势，发展水库休闲渔业。利用水库资源，科学新建钓场和钓点，模式多样化，做到观光与休闲相结合、垂钓与餐饮相结合、娱乐与科普相结合。例如，千岛湖通过大力发展大水面生态渔业，开发“巨网捕鱼”观赏渔业，结合其他渔业经济开发模式，推动休闲渔业的发展。

7.2.1 游览观光为主型休闲渔业

本书第 2 章介绍了观光和观赏模式的休闲渔业。渔业资源开发以观光游览风景和观赏渔文化活动等为主，同时为游客展示独特的渔业生产方式或特有水生生物等，使游客能够在观光和观赏的过程中感受到当地的民俗风情。本章案例中介绍的千岛湖和查干湖休闲渔业都属于典型的游览观光结合型。同时，本书以十年禁渔后的鄱阳湖为例，介绍鄱阳湖的观光渔业资源。

1. 鄱阳湖渔业资源 鄱阳湖是承纳赣江、抚河、信江、饶河、修河五大江河（以下简称五河）及博阳河、漳河、潼河等区间来水，经调蓄后由湖口注入长江，是一个过水性、吞吐型、季节性的湖泊。鄱阳湖南北长 173km，东西平均宽 16.9km，最宽处约 74km，入江水道最窄处的屏峰卡口宽约 2.8km，湖岸线总长 1200km。湖面以松门山为界，分为南北两部分，南部宽广，为主湖区，北部狭长，为湖水入长江水道区。湖区地貌由水道、洲滩、岛屿、内湖、汊港组成。洲滩有沙滩、泥滩和草滩三种类型，面积约 3130km^2，全湖岛屿 41 个，面积约 103km^2。主要汊港约 20 处。鄱阳湖水系各河流从东、南、西三面流向中北部注入鄱阳湖，地势南高北低，边缘群山环绕，中部丘陵起伏，北部平原坦荡，四周渐次向鄱阳湖倾斜，形成南窄北宽、以鄱阳湖为底部的盆地状地形。

2. 鄱阳湖生态经济区 2008 年 9 月，大型组歌《赣鄱谣》在北京举行的“2008 国际民歌博览音乐周”中于国家大剧院世界首演后，独特的鄱阳湖民俗风情给观众留下了深刻印象。次年，国务院批准立项“鄱阳湖生态经济区规划”。该生态经济区是在区域生态环境得到良好的保护及自然资源得到合理高效利用的情况下，推动生态农业、生态工业、生态服务业的发展。鄱阳湖和洞庭湖作为长江的“双肾”，作为重要的长江特色鱼类的休养生息地，被规划为禁渔区。例如，鄱阳湖长江江豚省级自然保护区，鄱阳湖鲤鲫鱼产卵场、银鱼产卵场省级自然保护区，鄱阳湖鳜鱼、翘嘴红鲌国家级水产种质资源保护区等的核心区常年禁渔。另外，在长江鱼类繁殖洄游期间，禁止在鄱阳湖濂溪区水域垂钓等相关渔业法规的颁布，积极促进了鄱阳湖渔业资源量的恢复及其可持续发展。

3. 鄱阳湖渔歌 沿鄱阳湖区有名山（庐山——世界上唯一同时拥有“世界文化景观”和“世界地质公园”称号的世界名山）、名楼（滕王阁）、名镇（始于秦代的鄱阳古镇）、名人（陶渊明等）。最早真实描绘鄱阳湖鱼类的人，就是东晋著名诗人陶渊明，他在《游斜川诗序》中写道：“鲂鲤跃鳞于将夕，水鸥乘和以翻飞”。到了距今 1200 多年的唐代，出现了鄱阳湖渔歌。唐初才子王勃在《滕王阁序》中就写有“渔舟唱晚，响穷彭蠡之滨”。鄱阳湖渔歌作为鄱阳湖区域的原生态音乐，依“湖”生存、依“水”传播。鄱阳湖渔歌词与渔民的生活密切相关。渔歌的词，从织网、补网到撒网捕鱼，从推船、拖船、拉纤到行船和走风，从撑篙、荡桨到摇橹等，几乎涵盖了鄱阳湖渔民生活和劳作的各个方面。至宋代，南戏开始广泛传颂鄱阳湖。南宋末年，在南戏基础上产生了弋阳腔，并于明代成为著名的四大声腔之一。后来，又陆续衍生了鄱阳饶河戏（即赣剧）、湖口青阳腔、都昌高腔戏等地方剧种，进一步促进了鄱阳湖渔歌的传承与发展。

4. 渔歌彩灯 在鄱阳湖的渔俗文化中，渔歌彩灯也是一大景观。每年元宵节，民间都会举行灯会表演，其中鳌鱼灯最为突出。灯高二三丈①，头朝下，尾朝上，缚于长竿，篾扎其身，或纸糊，或布蒙，呈黑色。鱼笼花灯属于太平神灯之类，由多种彩灯组成，一般以鳌鱼灯为头灯，牌灯则多为鲤鱼灯等四季鱼灯，虾、蟹、螺、蚌灯随后，龙灯为尾灯。

5. 鸬鹚捕鱼 鸬鹚捕鱼是一种传统的特殊捕鱼方法，鸬鹚是捕鱼的水鸟，经人工饲养和驯化而成为渔户专门的捕鱼工具。捕鱼前，渔夫先将鸬鹚的食道即脖子处用稻草秆捆住，不能太紧，只是不让它吞食捕获的大鱼。在捕鱼时，一旦鱼鸟抓到鱼，渔夫会用一个长柄的小网兜将鸬鹚兜到船上，捕到鱼后，渔夫会用小鱼奖赏鸬鹚，再将其赶入水中捕鱼。长江十年禁渔以来，鄱阳湖鸬鹚捕鱼也被禁止。不过，漓江等地鸬鹚捕鱼还是一道胜景，是渔旅观光的重要组成。

6. 鄱阳湖渔村 鄱阳湖古渔村管驿前村历史悠久，渔史有 600 余年。渔民临水而居，

---

① 1 丈=（10/3）m

以打鱼为生，传统渔业生产历史悠久绵长。2014 年 10 月 29 日，中央电视台中文国际频道摄制组专程来到古渔村管驿前村，摄制其传统渔业生产习俗，2015 年春节期间，中央电视台中文国际频道全景播出管驿前村传统渔业生产习俗情况，一时引起社会各界的广泛关注。

7. 卡钩捕鱼 卡钩是古渔村管驿前村一种特殊的传统渔业生产工具，应用历史早。“卡子”、短芦苇秆孔、鱼饵、小铁石、浮标及长细线组成一套“放卡子”独特的捕鱼工具。装卡钩的材料，除了芦苇秆，还可用农村的稻草秆替代，渔家多会挑选一些较粗的稻草秆；须用沸水煮秆，增加秆的硬度和韧性，使得秆孔内装饵料和卡钩不易破裂。在本书第 5 章专门介绍了捕鱼卡钩的制作。

8. 鄱阳湖渔文化 古渔村管驿前村西南角有庙，叫晏公庙，庙史与村史大抵相当，有 600 余年。康熙《鄱阳县志》载：“晏公庙在城西柳林津，祀元文锦局堂长晏戊仔，洪武间，官民舟楫出泊必祷。”（江西省鄱阳县地方志编纂委员会，1970）（文中“柳林津”即管驿前村的前称，史料载“官民舟楫出泊必祷”已然指出官民乘船出行或停泊船只，均要祭祀晏公庙）。晏公庙内供奉的不仅是晏公神灵，还有多位水神神灵，如定江王、金龙四大王、萧公、杨泗将军等，这些都是水神神灵。拜晏公庙是古渔村管驿前村渔民出行与打鱼的传统，晏公庙是鄱阳湖古渔村管驿前村的历史信物与名片，晏公庙会也成为古渔村管驿前村重要的传统习俗活动之一，晏公庙会也被列为江西省非物质文化遗产之一。这些传承千年的鄱阳湖自然和人文景观，渔业景观和饮食文化，以及其他渔文化，是鄱阳湖生态经济区重要的休闲渔业资源组成部分，是推动鄱阳湖生态农业、生态工业、生态服务业发展的基础，同时也是推动鄱阳湖生态湖旅休闲渔业发展的重要引擎。

7.2.2 渔旅体验为主型休闲渔业

依托渔业园区和渔业度假区等的休闲渔业体验模式，主要以游客亲身体验为主，体验渔民的食鱼习惯和渔业生产过程，如撒网或摇木船等，或开展垂钓、自制手工艺品、制作渔家饭和渔家菜等项目，让消费者亲手创造、亲身体验，在体验中达到休闲、放松的目的。

1. 洪泽湖国蟹园 国蟹园位于西顺河镇南侧，紧邻洪泽湖，景色秀丽，园区将传统渔业与服务业相结合，以国家级良种场区块为基础，形成集休闲、垂钓、观光、美食、水族观赏等为一体的综合性渔业基地。“国蟹园”依湖而建，可利用洪泽湖 1.35km^2 的水域滩涂来养殖成蟹。洪泽湖是全国大湖中唯一的活水湖，水质优良，极利于优质大闸蟹的生长，也育成了鲜嫩肥美的洪泽湖大闸蟹。其园区设有文化景观区、娱乐休闲区、生态休闲区，建有游艇码头、繁育中心、国际垂钓园及渔市街、品蟹堂等，以品“洪泽湖大闸蟹”为渔业产业链的延伸点，积极推动洪泽湖渔旅经济的发展。

2. 洪泽湖湿地休闲垂钓中心 该中心总面积为 1.15km^2，完全建成之后将成为整个亚洲地区拥有最大面积的国际垂钓中心。该垂钓中心建有亚洲最大的国际圆形竞技池、8 个标准竞技池、1 个抛竿池及若干生态垂钓池，可以满足国内外不同等级的垂钓赛事。其具备足够一次性容纳 4000 人同塘竞技的承载功能，足以承接国内外各种等级的垂钓赛事，国际垂钓中心配套建设包括渔具销售、渔美食、休闲木屋、池畔采摘等。该中心于 2016 年 6 月获得由中国休闲垂钓协会颁发的“中国休闲垂钓之乡”和“中国国际休闲垂钓示范基地”等荣誉称号。该中心于 2016 年举办的洪泽湖湿地国际休闲垂钓邀请赛共有 1536 位钓友参加，同时申请并获得了“同时同地同塘垂钓竞技”人数最多的吉尼斯世界纪录，并于

2017 年 11 月获得由农业部办公厅颁发的“全国有影响力的休闲渔业赛事”。该中心的“休闲垂钓”为渔业产业链的延伸点，并配套洪泽湖湿地公园景区，从传统观光渔游转型为休闲垂钓和观光旅游。

3. 千龙湖　千龙湖位于长沙市望城区格塘乡，距长沙市区 30km，规划总面积 $800hm^2$；建有休闲度假区、星座岛、商务会议中心、休闲渔业主题公园、生态农业基地、拓展基地、翘嘴鲌养殖基地、水产孵化区等项设施，2005 年被批准成为国家水利风景区，2017 年获评“全国精品休闲渔业示范基地”。千龙湖休闲渔业主题公园以渔文化为核心，挖掘休闲渔业文化特色，丰富休闲渔业“渔文化”内涵，开拓“渔文化”旅游新业态，经营了集观光旅游、休闲垂钓、科普教育、文化展示于一体的多种渔业休闲活动。同时，该主题公园积极开展各种大型垂钓竞技活动及渔业节庆活动，以特色节庆打造渔业品牌，吸引了众多游客前来观光体验。该主题公园先后举办了 2005 年中国望城千龙湖国际龙舟邀请赛、2006 年千龙湖 · 长沙首届乡村休闲旅游节、2007 年全国钓鱼锦标赛、2007 年长沙第二届乡村休闲旅游节等。千龙湖设有垂钓公园，可承接各类型的垂钓比赛活动，共有专业竞技池 4 个，成功举办过全国 4 类垂钓赛事，如 CCF 等，可容纳 400 人同时竞技，可承接各种类型的钓鱼比赛活动，共有专业竞技池 3 个，成功举办过多次全国性的钓鱼比赛，园区休闲垂钓池 12 个，垂钓方式分为外湖垂钓与内湖垂钓，按鱼的品种和重量计价，出租鱼竿，鱼饵也可选购，各项设备齐全。千龙湖以“渔文化”旅游为发展契机，休闲垂钓发展已经比较完善。千龙湖的休闲渔业兼具体验型和游览观光型两种模式特征。

4. 庐山西海　庐山西海原名柘林水库，是 1958 年人工拦截鄱阳湖支流修河而形成的人工水库，也是目前江西省最大的人工湖。2013 年获评为国家级水利风景区，2014 年获评为国家 4A 级旅游景区，2015 年获评为全国十佳生态旅游示范景区。

庐山西海开渔节节目精彩纷呈，包括：出海打“渔”，乘西海游船，游最美庐山西海，登湖中渔台，参与打鱼，观看渔歌表演；载“歌”载舞，西海湖中，大型舞台，与渔民同乐，展现最美歌舞；你“唱”我和，千人合唱，万人高歌，歌唱祖国，唱享未来；相见恨“晚”，万千团友，夜游西海湾，观赏桥中桥奇特美景。同时，“渔旅表演”向游客展示老渔翁撒网、踩莲盆收放丝网、锦鲤观赏和大丰收 4 项表演。老渔翁撒网，撒网是中国劳动人民传承千年的古老捕鱼技艺，这项技艺在庐山的渔民中代代相传，一扁舟、一渔翁、一张网完美合作，在青山绿水间向游客展示庐山西海古老捕鱼技艺。踩莲盆收放丝网，对渔民技艺要求极高，渔民须在水上灵活操控一个面积不足 $1m^2$ 的小木盆，并能够进行捕鱼活动。大丰收，游客可在平台上观赏大丰收起鱼过程，观看万鱼欢腾的鱼跃场面，感受丰收的喜悦。

庐山西海瑶池湾国际垂钓中心是庐山西海风景区大力推进的体旅融合和全时全季全域旅游重点项目，建成后将作为省运会垂钓项目的比赛场地。庐山西海瑶池湾国际垂钓中心按国际垂钓赛场标准进行设计和建设，结合庐山西海的山水景观，融入渔业文化，形成包括国际垂钓、养生、文化、休闲等功能的区域。渔乐竞技区包含内湖垂钓区、停车场、竞技垂钓区、垂钓设施用房、垂钓浮排、路亚比赛区、水上雕塑造型、垂钓平台等，可容纳千人同场竞技，形成集“国际垂钓、文化体验、生态休闲、精品度假、运动拓展、水上娱乐”等多业态于一体的综合性世界一流垂钓中心。其不仅涵盖有垂钓，同时有特色餐饮，包括特色民宿、水上运动及亲子游活动。庐山西海的休闲渔业兼具体验型和游览观光型两种模式特征。

7.2.3 游钓体验为主型休闲渔业

依托内陆自然水域渔业资源，垂钓爱好者的游钓推动了欧美等发达国家休闲渔业经济的发展。在美国，每年有大量休闲游钓爱好者聚集到五大湖及密西西比河，伴随其游钓而产生的交通、住宿和饮食等，极大地推动了当地经济的发展。在我国，千岛湖、庐山西海等依托其湖泊或水库的自然风景资源，推动了渔区渔旅的发展，也吸引了大量的休闲垂钓爱好者在渔区休闲度假的同时享受游钓的乐趣。

1．庐山西海游钓体验 庐山西海全年适合游钓，但春季和夏季是钓鱼的高峰期。庐山西海瑶池湾、西海服务区及辖西海武宁县境内的主要水域，都是绝佳的游钓垂钓场所。庐山西海有多种可垂钓鱼类，包括鳡、翘嘴鲌、鲢、鳙、草鱼、鳜等。另外，庐山西海也配套垂钓船坞、水上木屋特色住宿、鱼鲜餐馆等及专线接送服务，进而吸引了大量的游钓爱好者，也推动了地方经济的发展。不过，武宁县人民政府为有效保护庐山西海生态资源，并为鱼类自然繁殖提供良好条件，自 2024 年起，每年的 4 月 1 日开始，武宁县水域进入为期 100d 的禁港休渔期，同时对庐山西海国家级鳡水产种质资源保护区内实施常年全面禁渔。

2．千岛湖游钓体验 千岛湖也是游钓爱好者的天堂。在千岛湖钓鱼岛，可以进行放鱼、钓鱼、品鱼、购鱼、鱼拓制作、水上休闲运动等众多特色活动。同时，千岛湖游钓艇俱乐部全部采用木制仿古游船，分摇橹船和机动船两种，每船限乘 6～10 人。在船上可品茗闲聊，可把酒临风，可放线垂钓等。

近年来，随着人们生活水平的提高，很多游钓爱好者在其居住地附近的江河湖库溪自由垂钓。因此，在周末或节假日，我们常常可以看到在长江等江河湖泊的沿江沿湖岸，大量的游钓爱好者在享受他们的游钓时光。另外，不同于欧美国家公共水域的垂钓证入渔制度，我国公共可垂钓自然水域的游钓是免费的。近年来，随着“十年禁渔”制度的推进，以及人们对渔业资源管理意识的增强，我国很多流域和湖泊也采用了禁渔期或常年禁渔，从而约束一些自由游钓行为。

7.2.4 竞技型休闲渔业

随着休闲渔业竞技钓的发展，庐山西海、千岛湖、升钟湖、万峰湖等自然水域也发展成国家或世界级的竞技垂钓点。

1．庐山西海竞技垂钓 庐山西海瑶池湾还分别被国家体育总局、农业农村部、省体育局、省农业农村厅评选为“全国群众体育先进单位”“全国休闲渔业示范基地”“全国休闲农业与乡村旅游精品企业（园区）”“江西省全民健身活动垂钓基地”“江西省体育产业示范基地”，是中国钓鱼协会、江西省钓鱼协会指定的“垂钓比赛基地”。其已建成的渔乐竞技区包含内湖垂钓区、竞技垂钓区、路亚比赛区等，垂钓竞技平台面积 6000 多平方米，设有 10 个竞技池，可容纳千人同场竞技。自该项目运营以来，先后举办了中国路亚黄金联赛、连续三届中华垂钓大赛、全国城市俱乐部总决赛、“钩行天下”垂钓嘉年华、全省全民健身垂钓大赛、江西省首届筏钓锦标赛等各类品牌赛事，吸引竞技垂钓者几万人次，推动了地方经济的发展。

2．千岛湖竞技垂钓 千岛湖也是我国著名的竞技垂钓基地。从 2008 年开始，已成功举办了十多届的“钓鱼岛”杯千岛湖国际钓鱼大赛，在鱼拓体验中心，当游客钓到大鱼或具有纪念意义的鱼时，将其拓制成鱼拓收藏或装裱，挂在厅堂之内共同鉴赏，钓趣油然而生。国际钓场设有标准钓位1000余个，垂钓方式有多种，可以选择沿岸垂钓、水中平台或网箱垂钓区。场内的鱼种丰富，有白花鱼、鲫、鳊等几十种天然野生鱼种。

3. 升钟湖竞技垂钓 四川的升钟湖也是我国著名的自然水域竞技垂钓基地。中国升钟湖国际钓鱼精英赛，自2009年开始由国家体育总局社会体育指导中心、中国钓鱼运动协会、南充市人民政府、四川省体育局等主办，已经取得了广泛的国际声誉和影响力。升钟湖钓鱼大赛包含全国库钓赛、世界舟钓赛、全国池钓赛三大赛事，并配套国际标准竞技修建的6个钓鱼池和200个野生钓台及近百艘专供路亚爱好者垂钓的路亚艇，并开辟核心垂钓水域1200hm^2，可容纳3000人同时参赛。另外，升钟湖是典型的山地湖泊，山美、水美，湖风景区建成了中国钓鱼文化博物馆、钓鱼运动中心、美人鱼码头等钓鱼主题景点10余处，建成了星级酒店3家、星级渔家乐200多家，配套服务建设也卓见成效。

7.2.5 科普教育型休闲渔业

大江大湖是人类文明的发源地，是人类最早获得食物来源的场所。古人沿江沿湖而居，催生了璀璨的渔业生产文化、渔饮食文化、民居建筑渔文化、渔手工制作文化等。随着经济的发展，这些文化的传承需要一些载体，特色的农牧渔博物馆也因此产生。

我国科研水平的发展，也推动了一些大江大湖的濒危物种的保护及研究博物馆的诞生和发展，这些博物馆也以公益性、非营利性质向公众开放。

1. 特色的农牧渔博物馆 在我国的一些地区，仍传承保留了渔猎文化。在这些地区，利用天然的渔业环境优势如湿地渔业生态环境等，以及传统的渔业资源如传统渔村、传统渔业遗址遗迹景观、传统渔业活动和传统渔业手工艺等，作为渔旅休闲渔业等重要组成的自然资源和人文资源，在推动休闲渔业发展的同时达到获取经济利益的目的。但是，当都市化发展到一定程度时，通过修建特色的农牧渔博物馆，整合零散分布的渔船和渔具等，收集渔法、渔技、渔俗等，在大都市中开辟一片世外桃源，让都市人在博物馆中通过渔文化穿越，或通过渔业体验而参与到休闲渔业中，并达到获取经济利益的目的。

中国鱼文化博物馆（China Ichthyic Culture Museum），于2005年建设，馆藏包括：水生生物标本；绘画、雕塑、摄影等艺术作品；渔具、船模；渔业史、渔业教育；民俗，包括衣饰、民间传说、民间用品，与鱼相关的历代文物和民间建筑；书刊论文专著及影视作品；观赏鱼、食鱼文化、企业文化等。同时，可绵延传承数千年的丰富璀璨的渔文化（渔船、渔具、渔法、渔技、渔俗等）。另外，本书第4章已经介绍的中国（芜湖）长江渔文化博物馆为全面保留长江的渔业生产和渔文化而建设。

2. 科普与保护研究博物馆 休闲渔业水族馆承载水生生物物种的保护研究和科普教育等多种功能。本书第4章对水族馆的概念及其功能做了详尽介绍。水族馆，特别是研究所内的水族馆，在自然保护和水生野生动物迁地保护等方面发挥功能。在着重于鱼类生物展示、繁殖保护、科普教育和海洋知识普及等方面，日本研究宽吻海豚的鲸类研究所，美国的海豚、海龟研究所，以及中国科学院水生生物研究所的白鳍豚馆等都做了相应工作。中国科学院水生生物研究所的白鳍豚馆是面向长江濒危物种白鱀豚和江豚而开展科研、科普、自然繁育工作，并作为公益性、非营利组织向民众特别是青少年开放。

7.3 我国内陆自然水域休闲渔业管理

为了促进渔业资源及江河湖库溪生态的可持续发展，给游钓爱好者提供渔业资源保障，我国在渔业管理政策上也出台了一系列措施，其中一些也适用于休闲渔业的管理。

7.3.1 我国休闲渔业管理措施

在协调休闲游钓管理者和垂钓者之间的矛盾时，我国尚无健全的法律和相关管理措施。目前仅通过一些有限的措施如渔具管理、禁渔期、禁渔区管理，以及部分水域开展钓鱼证管理等（如千岛湖），控制游钓爱好者在我国自然水域休闲钓的垂钓强度。我国各水域管辖区域相继出台一系列自然水域游钓管理措施，从渔具、钓饵、垂钓区域等各方面管理并规范我国休闲垂钓者的垂钓行为。

为了在渔业法律法规制度上建立垂钓管理相关条款，国家颁布的《中华人民共和国渔业法实施细则》规定：由有关县级以上地方人民政府协商制定垂钓管理办法。《中华人民共和国行政处罚法》第十四条规定："地方政府规章可以在法律、法规规定的给予行政处罚的行为、种类和幅度的范围内作出具体规定。尚未制定法律、法规的，地方政府规章对违反行政管理秩序的行为，可以设定警告、通报批评或者一定数额罚款的行政处罚。罚款的限额由省、自治区、直辖市人民代表大会常务委员会规定。"有立法权的地方政府在立法时，可以设立的行政处罚种类及幅度都非常有限，政府规章的立法难以满足垂钓管理的需要。在没有国家统一的法律规范前提下，地方立法容易造成垂钓管理在基本原则与基本制度上产生偏差。而且，地方政府的管理协调上还存在如下问题：一是造成区域行政执法尺度在相邻交界水域、上下游水域及不同行政区域有较大差别。二是由于立法权限的限制，地方对垂钓行为的立法会有一定难度。

以长江休闲垂钓管理为例，我国沿江不同省市各地方政府依据专项执法行动方案中的指导意见，在渔具管理、禁渔期、禁渔区管理上，陆续建立了地方的休闲垂钓管理规范（表 7.2）。《农业农村部关于加强长江流域禁捕执法管理工作的意见》第六条规定："要将垂钓行为纳入渔政日常执法管理范畴，有条件的地方应率先探索实行持证垂钓管理制度，引导公众有序规范参与以休闲娱乐为目的的垂钓活动。"自 2020 年起，农业农村部先后发布了《农业农村部关于加强长江流域禁捕执法管理工作的意见》《农业农村部长江办关于加强和规范长江流域垂钓管理工作的通知》《农业农村部办公厅关于进一步加强长江流域垂钓管理工作的意见》，要求各地加强垂钓管理、制定垂钓管理办法，结合实际规划垂钓区域和垂钓时间，规范钓具钓法、钓饵类型、钓获物处置等，将自然水域垂钓监管作为水生生物保护的重要内容之一。

表 7.2 内陆自然水域（长江流域）休闲垂钓规范

水域省份	渔具类别	渔具名称	使用说明	禁用区域和禁用时间
长江流域（农业农村部）	钓具	定置延绳真饵单钩钓具	具有真饵和单钩，为延绳结构，定置在水域中作业	长江流域重点水域禁用
		漂流延绳真饵单钩钓具	具有真饵和单钩，为延绳结构，随水流漂流作业	

续表

水域省份	渔具类别	渔具名称	使用说明	禁用区域和禁用时间
长江流域（农业农村部）	钓具	拟饵复钩钓具（钓钩数 7 个及以上）	具有拟饵和复钩（为一轴多钩或由多枚单钩组合成的钓钩结构）	长江流域重点水域禁用
		真饵复钩钓具（钓钩数 7 个及以上）	具有真饵和复钩（为一轴多钩或由多枚单钩组合成的钓钩结构）	
江西	钓具	钓具和其他获取水产品的工具	禁用钓具、钓法： 一人多竿、一线多钩、长线多钩、多线多钩；使用各类探鱼、射鱼、锚鱼设备或者视频辅助装置垂钓；使用含有毒有害物质的钓饵、窝料、添加剂及泥鳅等鱼虾类活体饵料垂钓；其他利用或变相利用垂钓进行捕捞的行为；禁止销售垂钓渔获物	常年禁渔区：长江八里江段、信江、鄱阳湖湖区等水产种质资源保护区核心区、水生生物重要栖息地等水域。禁渔期：长江濂溪区段、鄱阳湖全水域等，每年 3 月 1 日至 6 月 30 日禁渔
安徽	钓具	获取渔获物的钓具、钓法	禁用钓具、钓法： 国家公布的禁用钓具；鱼枪、鱼叉、鱼镖、弓箭（弩）、锚鱼器等；爆炸钩、盘钩、子母钩、串钩等多钩；探鱼设备、视频辅助装置等工具；使用含有毒有害物质的钓饵、窝料；以泥鳅、虾类等水生生物作为窝料；利用船艇、排筏、其他水上漂浮物等工具；钩宽超过 2cm 的鱼钩，钩宽是指钩尖到钩柄的最短距离；其他：禁止将垂钓渔获物进行交易或变相交易。特许垂钓：需以垂钓方式在禁捕水域开展科研教学、调查监测、探捕的，应当严格按照《中华人民共和国渔业法》《安徽省实施〈中华人民共和国渔业法〉办法》《渔业捕捞许可管理规定》以及农业农村部和安徽省农业农村厅的有关要求申请专项（特许）捕捞许可证	常年禁渔区：水生生物保护区、长江干流安徽段、华阳河、水阳江、皖河、青弋江、漳河、滁河干流、菜子湖（包括长江）、巢湖（包括裕溪河）水域及国家和本省确定的其他禁捕水域
四川	钓具	获取渔获物的钓具、钓法	禁用钓具、钓法： 每名垂钓者只能使用一根鱼竿、一线、鱼钩钩尖不超过 2 个的钓具进行垂钓；全国和四川省公布的禁用渔（钓）具和禁用方法；探鱼设备、视频辅助装置；使用游艇、排筏等水上漂浮物；使用含有有毒物质的钓饵、窝料和添加剂及鱼虾类活体水生生物饵料、窝料；钩宽超过 2cm 的鱼钩，钩宽是指钩尖到钩柄的最小距离；禁止钓获国家和省级重点保护水生野生动物。其他：垂钓者每人每天垂钓期间，留取的钓获物总重量不得超过 2.5kg。列入《重点管理外来入侵物种名录》《中国外来入侵物种名单》的种类不纳入钓获物管理；禁止销售、收购禁捕水域钓获物及其制品，有交易行为的视为非法捕捞；在禁止垂钓的区域和时间需以垂钓方式开展科研教学、调查监测、探捕的，需按《中华人民共和国渔业法实施细则》第十九条规定，经省级以上人民政府渔业行政主管部门批准。具体要求按照《四川省长江流域重点水域禁捕期间因特殊需要采集水生生物管理办法》执行	常年禁渔区：包括《关于四川省长江流域重点水域禁捕范围和时间的通告》（川农函〔2020〕962 号）中规定的 45 个水生生物保护区和各市（州）、县（市、区）渔业行政主管部门确定的区域。禁渔期：每年 3 月 1 日 0 时至 6 月 30 日 24 时。甘孜、阿坝、凉山、雅安渔业行政主管部门可以根据本地气候、水温等情况适当调整禁钓期，但每年不得少于 4 个月。禁钓期内，全省自然水域均禁止垂钓

续表

水域省份	渔具类别	渔具名称	使用说明	禁用区域和禁用时间
江苏	钓具	获取渔获物的钓具、钓法	禁用钓具、钓法： 禁止携带炸鱼、毒鱼、电鱼等装置、器具和禁用渔具及小于最小网目尺寸的网具进入禁渔区；禁用可视化设备或利用船、艇、筏、浮具等辅助垂钓；禁用多竿、多钩、锚鱼、长线串钩等钓具	常年禁渔区：国家和省级水产种质资源保护区、水生生物自然保护区；长江干流江苏段和本省规定的禁渔区
湖北	钓具	获取渔获物的钓具、钓法	禁用钓具、钓法： 禁止垂钓水生野生保护动物及其小于最低可捕捞标准的幼体；禁止涉水和夜间垂钓（22：00 至翌日 6：00）；禁止乱扔垃圾、及时收集垂钓废弃物，严禁毁坏垂钓标识牌等； 其余同安徽省；其他：垂钓者每人每天垂钓期间，留取的钓获物总重量不得超过 20kg；禁止销售、收购禁捕水域钓获物及其制品，有交易行为的视为非法捕捞	常年禁渔区：150.5km 的长江干流，72km 的汉江干流，长江武汉经济技术开发区（汉南区）新河口以下至新洲区举水河江段，汉江蔡甸区谢八家以下至汉阳区南岸咀江段，4 个水产种质资源保护区 320.25km^2 区域，包括梁子湖、鲁湖、武湖三个国家级水产种质资源保护区和牛山湖省级水产种质资源保护区，以及各县市划定的禁渔区，如桥梁上、高速公路旁、街道边、航道、渡口、港口码头、锚地、输电线路下、饮用水水源地一级保护区和其他有明显或潜在危险的区域
湖南	钓具	获取渔获物的钓具、钓法	禁用钓具、钓法： 严禁使用国家和湖南省公布的禁用钓具、钓法垂钓；严禁一人多竿、一线多钩、多线多钩垂钓；严禁使用视频辅助装置、探鱼设备垂钓；严禁使用船艇、排筏等水上漂浮物进行垂钓；严禁使用含有毒有害物质的饵料、窝料和添加剂及泥鳅等鱼虾类活体水生生物饵料垂钓；不得在桥梁上、大坝、防洪设施、输电线下、地质灾害风险地段和其他有风险的区域垂钓。其他：科学规划垂钓范围，在禁钓区内要设置醒目的标识标牌，标明禁钓区范围；合理控制钓获物数量，严格区分休闲垂钓和生产性垂钓，垂钓者每天垂钓期间留取的钓获物总量不超过 5kg；禁止钓获国家和省级重点保护水生野生动物；列入《重点管理外来入侵物种名录》《中国外来入侵物种名单》的物种、外来物种或者其他非本地物种不纳入钓获物管理范围；常见不纳入钓获物管理的物种有：罗非鱼（俗称罗非）、斑点叉尾鮰（俗称钳鱼）、大口黑鲈（俗称加州鲈）、克氏原螯虾（俗称小龙虾）、大鳞鲃（俗称淡水鳕鱼）等。禁止收购、销售禁捕水域钓获物及其制品；不得乱扔垃圾、投放有毒有害物质、过量投放饵料。离开垂钓区时，应当将废弃物回收带走，分类集中投放至指定回收区域	常年禁渔区：水生生物保护区、水产种质资源保护区、长江湖南段、洞庭湖、湘资沅澧四水干流及县级以上人民政府确定并经省农业农村主管部门审核公告的其他禁捕水域，以及饮用水源一级保护区 禁渔期：每年春季 4 月 1 日到 6 月 30 日，湘江干流

续表

水域省份	渔具类别	渔具名称	使用说明	禁用区域和禁用时间
上海	钓具	获取渔获物的钓具、钓法	禁用钓具、钓法：限“一人一竿、一线一钩”。严禁采用串钩、爆炸钩，以及“一人多竿、多线多钩、长线多钩、单线多钩”等；禁止使用含有毒有害物质的钓饵、窝料和添加剂及鱼虾类活体水生生物饵料；禁止使用任何形式的可视性探鱼辅助渔具垂钓或锚鱼；禁止使用船、艇、排筏、浮台等水上漂浮物进行垂钓；禁止买卖交易垂钓渔获物，严禁垂钓渔获物进入市场流通；其他：严禁垂钓《国家重点保护野生动物名录》等相关名录中国家保护的珍贵、濒危水生野生动物。误钓水生野生保护动物的，应及时报告属地渔业行政主管部门，及时开展收容救护工作	禁渔区：上海市长江口中华鲟自然保护区、长江刀鲚国家级水产种质资源保护区核心区上海段

2020 年 12 月，农业农村部办公厅再次印发《农业农村部办公厅关于进一步加强长江流域垂钓管理工作的意见》，贯彻落实《国务院办公厅关于加强长江水生生物保护工作的意见》，进一步完善长江流域垂钓管理制度，加强垂钓规范管理，避免无序和生产性垂钓破坏水生生物资源。以上两意见提出，各地要根据水生生物产卵、索饵、洄游等特点，制定禁止垂钓期；要科学评估不同钓具和钓法对水生生物资源的影响，规范钓具和钓饵类型，明确垂钓方式，制定准用钓具名录，限制钓具数量，严禁使用严重破坏水生生物资源的钓具、钓法及各类探鱼设备、视频辅助装置；禁止使用船艇和排筏等水上漂浮物进行垂钓；禁止使用含有毒有害物质的钓饵、窝料和添加剂及鱼虾类活体水生生物饵料，鼓励使用人工钓饵或仿生饵；有条件的垂钓区域可从保障生态资源可持续利用的角度出发，通过明确运营主体、增殖垂钓资源、优化钓位设置、拓展休闲业态等措施，支持进行生态钓场建设；在禁钓水域需以垂钓方式满足科研教学、调查监测、探捕等特殊需要而采集水生生物的，须按《农业农村部办公厅关于进一步明确长江禁捕期间因特殊需要采集水生生物有关事项的函》要求严格审批。

《农业农村部办公厅关于进一步加强长江流域垂钓管理工作的意见》明确提出，各地要把垂钓管理纳入河湖长制等政府考核体系当中，落实地方政府的监督责任和主体责任；把休闲垂钓管理作为长江流域重点水域禁捕的延伸，健全管理制度，县级以上人民政府要科学制定并及时发布本地区休闲垂钓管理办法，积极探索建立垂钓备案制度；明确休闲垂钓区域和时间，科学划定禁钓区，严格控制长江干流及其主要支流的垂钓范围；进一步规范垂钓行为，明确垂钓方式，制定准用钓具名录，限制钓具数量；明确可钓鱼类种类、数量和最小可钓标准，制定重点保护水生野生动物误钓应急救护预案；严打非法垂钓，加强重点区域、重点对象和重点时段执法监管，对违法违规的垂钓和经营行为坚决依法予以查处，严厉打击以捕捞性生产或以交易为目的的垂钓行为；强化社会监督，充分发挥休闲垂钓协会等行业协会作用，建立健全垂钓自律规范和自律公约，畅通群众监督渠道，强化舆论监督。根据农业农村部的相关管理措施，各地方也开始制定属地水域内的垂钓管理措施。《“中国渔政亮剑 2021”系列专项执法行动方案》中的长江流域重点水域全面禁捕专项执法行动的主要任务中提到，规范休闲垂钓管理，严禁使用对水生生物资源破坏较大的钓具、钓法，严厉打击一人多竿、单线多钩、长线多钩等生产性垂钓作业行为。

7.3.2 我国渔业保护区和核心区管理

“禁渔区、禁渔期”是因保护水生生物资源的特殊需求而设定的特别保护范围与时间区间，除此之外仍有相当大范围的自然水域有垂钓管理的实际需求。由此可见，设定禁渔区、禁渔期的管理模式，对垂钓管理而言并不完善，具有相当的局限性。

在加强水生生物保护、落实长江流域禁捕退捕的背景下，加快修订《中华人民共和国渔业法》《中华人民共和国渔业法实施细则》等渔业行业法律法规，重新构建我国垂钓管理的法律规范体系，从水生生物资源保护的角度，规范垂钓管理基本制度与法律责任，实现水生生物保护与渔业休闲娱乐活动同步健康发展，在新阶段、新时期具有十分重要的意义。为了保护长江渔业资源，早在1984年，巢湖就在长江流域重点湖泊中率先实施了季节性封湖禁捕期制度。2002年起，我国就在长江部分水域设立禁渔期。自2003年以来，农业部规定，长江流域实行每年3～4个月的禁渔期，2016年时确立禁渔期为一年的3月1日到6月30日。2018年国务院办公厅发布的《国务院办公厅关于加强长江水生生物保护工作的意见》，提出“到2020年，长江流域重点水域实现常年禁捕”，2020年12月31日，长江流域重点水域“十年禁渔”全面启动。

2018年，生态环境部联合农业农村部及水利部发布的《重点流域水生生物多样性保护方案》指出，加强流域源头生境保护，加大长江江豚、中华鲟、达氏鲟（*Acipenser dabryanus*）等珍稀濒危、特有物种产卵场、索饵场、越冬场、洄游通道等关键栖息地保护力度。根据保护需要，在重要水生生物栖息地划定自然保护区、种质资源保护区、重要湿地，将各类水生生物重要分布区纳入保护范畴。加强保护区能力建设，改善保护区管护基础设施，强化保护区管理，切实有效发挥保护区功能。定期对自然保护区人类活动进行遥感监测和实地核查。开展长江流域水生生物多样性调查与观测网络建设，定期发布长江水生生物多样性观测公报。在科学评估基础上，根据保护和管理实际，整合现有资源，适时调整部分保护区范围、分区与等级。严格执行禁渔期、禁渔区等制度，逐步扩大制度落实范围，坚决打击非法捕捞行为。长江流域水生生物自然保护区核心区严禁任何渔业活动，新建一批水生生物自然保护区和水产种质资源保护区，提升一批原有保护区等级，建成覆盖上中下游的保护网络。开展水生生物关键洄游通道研究，建立洄游通道评估与建设技术体系。实施增殖放流、生态调度、灌江纳苗、江湖连通等修复措施，推进水生生物洄游通道修复工程、产卵场修复工程和水生生态系统修复工程。强化外来物种入侵防治，定期评估入侵状况，建立外来物种入侵防控预警体系。

另外，为了增加长江中的渔业资源量，长江一直推行“增殖放流”政策，在万州段，胭脂鱼和中华鲟等20多种土著鱼是重点放流对象，近10年来，当地累积的放流量已达到1.58亿尾，珍稀鱼苗超过7000万尾。但是，“人工增殖放流”对长江渔业资源的补充效果不是很理想，其中，中华鲟在1983～2007年有超过900万尾半成年鱼（包括幼鱼）被释放到长江以增加物种数量，但对野生种群的贡献被认为不到10%。

7.4 典型案例分析

查干湖冬捕，即查干湖冬季冰雪捕鱼（或称渔猎），是一种传统的渔业生产方式（习俗）。查干湖冬捕是查干湖休闲渔业的一种重要形式，通过融入和展现辽金文化及满蒙民俗文化和地域渔猎文化的历史脉络，实现了现代渔业生产与传统渔业捕捞方式的有机结合和创新。千岛湖除了巨网捕鱼，还通过建设休闲旅游及民宿项目，建设了由渔事体验、渔民风情、鱼文化特色民宿等组成的休闲渔业体验项目，直接带动渔村和渔民增收致富。

7.4.1　查干湖冬捕

查干湖，别名查干淖尔，蒙古语意为白色的湖，位于吉林省松原市前郭尔罗斯蒙古族自治县，水域面积 20km^2，出产鳙（胖头鱼）、鲤、鲢等 68 种鱼类。早在辽金时期，查干湖冬捕就享有盛名。祭湖、醒网、凿冰、撒网，数万斤鲜鱼脱冰而出，极富民族特色。虽然岁月更迭，查干湖冬捕的神奇、神秘与神圣依旧。

查干湖冬捕历史悠久，这种捕鱼方式被习惯称为“钩鱼”，是传统的马拉绞盘的古老冬季捕鱼方式与“祭湖”的习俗。冬季捕鱼易于保存运输，所以这一古老的冬捕方式延续至今。冬捕时间为每年的 12 月 26 日至次年 2 月。查干湖通过传承冬捕习俗，打造查干湖古老而神秘的渔猎文化，让冬捕成为特质旅游资源。2004 年，中国城市科学研究会依据《亚太人文生态价值评价体系》，把查干湖冬捕列入“中华百大美景奇观”，并载入《亚太国际卓具保留价值的生态历史财富》蓝皮书目录。2006 年，查干湖冰雪渔猎文化节还被中国旅游产业年会评为中国十大生态类节庆。2007 年，查干湖被国务院批准为国家级自然保护区。2008 年，以查干湖冬捕为标志的渔猎文化被列为国家非物质文化遗产，查干湖旅游区也被文化部（现文化和旅游部）确定为国家级非物质文化园区。

以查干湖冬捕活动为主的产业已发展为集养殖捕捞和休闲娱乐于一体的休闲渔业产业。查干湖拥有休闲垂钓基地 20 处，垂钓面积总和可达 500hm^2，拥有集垂钓、休闲、娱乐、住宿、餐饮为一体的休闲渔业基地 5 处，年接待游客达 218 万人次，营收超 15 亿元。吸收相关产业从业人员 2110 人，带动养殖面积超 1600hm^2。2000 年后查干湖休闲渔业快速发展，打造出以渔猎文化＋万人共捕为主题的休闲渔业活动“查干湖冰雪渔猎文化节”（图 7.11）。经过 20 多年的发展，吉林省将查干湖冰雪渔猎文化节（2002 年 12 月 28 日为第一届）开发为一个有影响力的渔文化旅游产业，头鱼拍卖等项目备受关注，2021 年头鱼拍出近 300 万元，创下历年头鱼竞拍价格的最高纪录。在每年的查干湖冰雪渔猎文化节持续的 2 个月期间，全市渔业产量可达 200 万千克，接待游客约 100 万人次，实现旅游综合收入约 7.9 亿元。

图 7.11　查干湖冰雪渔猎文化节（上海海洋大学高谦教授惠赠）

查干湖冬捕要举办隆重的仪式，冬捕习俗从辽金延续至今已有几百年的历史。冬捕仪式被誉为“冰湖腾鱼”，共包含“祭湖·醒网”和头鱼拍卖等内容。“祭湖·醒网”仪式，即祭祀湖神、唤醒冬网，通过祭拜天地的形式以求万物生灵得到庇佑，得以世代繁衍，安定生活。该仪式的民族特色极为浓厚，在祭湖吉日，通常由当地德高望重的老人或渔把头主持仪式，在凿好的冰洞前摆放一张铺着黄布的红色供桌，桌上摆好三只香炉、四大碗白酒、九炷高香，在网开的冰面上摆放供品，点燃香火和炭火锅等，开始诵祝词。“祭湖·醒网”仪式盛大壮观，游客们在冰天雪地里簇拥着观赏冬捕的热闹场面。吉林省民间文艺家协会主席、著名文化学者曹保明指出：“查干淖尔冬捕最大程度地传承并发展了地域文化和民族精神。”

查干湖的有机品牌渔业也是其休闲渔业产业的重要体现。查干湖胖头鱼自 2001 年获得中国绿色食品发展中心绿色食品 A 级产品认证后，先后又获得绿色食品 AA 级产品认证、有机食品认证、吉林省著名商标、农业部中国名牌农产品称号、中国驰名商标等认证。查干湖鱼产品四大系列 32 个品种，产品远销海南至内地各省份。另外，查干湖休闲渔业通过集中融入和展现辽金文化及满蒙民俗文化和地域渔猎文化的历史脉络，实现了现代渔业生产与传统渔业捕捞方式的有机结合和创新，当地的特色文化给查干湖的休闲渔业注入了蓬勃的活力，使查干湖的休闲渔业做到唯一性和持久性。

7.4.2 千岛湖

1958 年，我国为解决华东地区用电缺口问题，在浙江省杭州市建德市附近的钱塘江支流新安江上建成了当时最大的水电站——新安江水电站，并形成了面积为 573km^2、总蓄水量达 178 亿立方米的大型水库，即新安江水库（浙江省杭州市千岛湖），也造就了杭州千岛湖发展集团有限公司。淳安县环境保护局发布的 2019 年千岛湖地表水水质月报显示，千岛湖区平均水质状况为优，综合营养状态指数为 28.9，是我国大江大湖中水质非常好的湖，位居首位，被誉为“天下第一秀水”。区内已达到国家二级水质标准，是名副其实的“淡水鱼仓库”，在 0～10m 区域，水温保持在 10～30℃，适合温水鱼，而在深水区，水温稳定在 10℃左右，适合冷水鱼。湖中鱼类以鲢和鳙最为出名，近几年的产量高达 600 万千克，创造了极为可观的经济效益。

杭州千岛湖发展集团有限公司是国务院国有资产监督管理委员会管理的唯一一家林业央企——中国林业集团的三级子企业。该公司主要从事千岛湖渔业生产、加工与销售，餐饮酒店服务与经营及旅游投资和开发等业务。该公司下辖养殖场、新安江渔政分站、捕捞队、千发食品（千发任天）、淳鱼销售中心、千岛湖渔业研究院（中国科学院水生生物研究所大水面生态净水渔业研究中心、淳安县水产科学研究所）、鱼味馆、钓鱼岛、鱼文化旅游公司、鳌山渔村、鱼博馆、淮南千发保水渔业公司、北京千岛湖中林商贸、歙县披云山庄、鲟龙科技股份有限公司等 20 余家分公司、控股参股公司。2000 年 10 月，千岛湖鲢鳙通过了有机认证，成为我国第一条有机鱼，开创淡水有机渔业之先河，“淳牌千岛湖有机鱼”被大众熟知。2009 年 4 月，“淳”牌商标被认定为中国驰名商标，成为中国第一个通过国家工商行政管理总局（现国家市场监督管理总局）认定的活鱼类商标，从一条普通的鲢鳙一跃成为享誉大江南北的“有机鱼”，“千岛湖大鱼头”成为许多大城市大餐馆的招牌菜。千岛湖被很多人赞为“最会吃鱼的景区”，大名鼎鼎的千岛湖鱼宴，更是其除绝美湖光山色之外的又一大特色。千岛湖鱼宴将鲜鱼的美味和烹饪手法都发挥到了极致。汤色醇厚的奶汤鱼头，咸鲜滑糯的红烧划水，酸甜开胃的凉拌鱼皮，外酥里嫩的妙香鱼排等，都是饭桌上新颖鲜美的绝佳之作。

千岛湖巨网捕鱼由杭州千岛湖发展集团有限公司独创，将渔业生产中的一个场面开发成了一项旅游产品。千岛湖巨网捕鱼是开展淳牌千岛湖有机鱼捕捞生产过程的最后一个环节，即运用“拦、赶、刺、张”联合渔具渔法，把拦网、刺网、定置张网有机结合起来使用，通过拦网、刺网对鱼群的包围、拦截和驱赶，最后迫使被包围鱼群进入定置张网，从而实现集中捕鱼的一种捕捞方式，是我国水库捕捞的主要方法（图 7.12）。该渔具渔法于 1962 年开始在千岛湖首创，1964 年试验成功并向全国推广，1978 年荣获“全国科学大会奖”。千岛湖巨网捕鱼大队组建于 1962 年，它的前身是新安江的一些个体捕捞的老渔民，有着丰富的捕捞经验，现为杭州千岛湖发展集团有限公司捕捞队。千岛湖巨网捕鱼已成为生态旅游观光中的一绝，吸引了众多的国内外游客，巨网捕鱼已成为千岛湖旅游的金名片。

图 7.12　千岛湖巨网捕鱼（中国科学院水生生物研究所刘家寿研究员惠赠）

千岛湖向文化渔业、创意渔业转型升级，把千岛湖“有形的鱼”变为“创意的鱼”，发掘了鱼拓技艺，并提升到艺术品的高度，使千岛湖成为全国鱼拓艺术的发祥地和人才资源的集散中心；率先成立了千岛湖鱼文化协会，牵头设立了全国首家鱼拓社——千岛湖鱼拓社，招揽国际民间一流的鱼拓传人入社，创作了千岛湖“青鱼王”“鳜鱼王”“九鲤朝阳”等鱼拓作品；历时 3 年完成的“千岛湖锦鳞图”，全长 34.8m，高 1.04m，汇集了千岛湖 100 多种鱼类、诗词百首、印章 110 方，是目前全球鱼拓作品中单幅面积最大、图卷最长、鱼类最多的鱼拓，体现了当今鱼拓艺术的最高水平。千岛湖举办的首届国际鱼拓大赛吸引了国际一流鱼拓高手现场比拼，增进了国际上的鱼拓艺术交流，推进了鱼文化创意产业的发展，使千岛湖成为国际鱼拓艺术交流和展示的集散中心。

千岛湖还以千岛湖淳鱼为主线，以中国鱼文化为创意背景，建成了省内首家专业鱼文化博物馆，系统展示千岛湖文化、水下古城文化、淳安民俗文化和中国鱼文化，千岛湖鱼博物馆成为千岛湖最具特色的鱼文化景点。千岛湖还开发鱼筷、桃木鱼等鱼主题的文创产品，吸引了法国鱼头艺术家安娜来千岛湖体验和创作鱼头人艺术作品，策划千岛湖有机鱼文化节、放鱼节等农事节庆活动，催生了蓬勃发展的鱼文化旅游创意产业，衍生出来的钓鱼文化景区、千岛湖鱼博物馆、鳌山渔村民宿、中林两山学院等一批鱼文化服务平台，为全国乃至世界游客提供服务，更好地发展了千岛湖休闲旅游。千岛湖还与数字化文创企业合作，融入元宇宙的概念，通过融入巨网捕鱼幻影成像、交互式动态鱼拓等 3D/VR/AI 技术，促进千岛湖鱼文化旅游文化创新发展。千岛湖在当地的鳌山村建设休闲旅游及民宿项目，建设了由渔事体验、渔民风情、鱼文化特色民宿等组成的鳌山渔村项目，直接带动农民和村集体增收致富。

千岛湖大水面生态养殖，以及依赖于千岛湖渔业资源、自然和人文资源而开展的“巨网捕鱼”、休闲垂钓、淳鱼文化产业链等。自2000年起，杭州千岛湖发展集团有限公司开始品牌创建：申请活鱼有机认证，建千岛湖鱼博物馆，开发巨网捕鱼观光项目，打造鳌山渔村特色旅游村等。目前，千岛湖湖区鱼类多达100多种，综合经济效益达50亿元，其中，以淳牌有机鱼宏和千岛湖鱼头品牌带动的餐饮业，每年给千岛湖当地带来的经济效益多达20亿元。不仅仅是有机鱼，千岛湖内出产的鲟鳇鱼子酱也走出了国门，抢占全球鱼子酱市场的35%，如今，千岛湖的鱼子酱产量高达79.8t，高规格的鱼子酱售价不菲，它同样给渔民创造了不菲的收入。渔民年平均收入从2007年的6100元增至2019年的26 648元，当地5万人的就业得到了解决。千岛湖通过提升淳鱼品牌，通过渔（鱼）文化与乡村振兴的结合，丰富了渔业休闲旅游业态，每年吸引了多达1900万的游客，带来的经济效益每年多达200多亿元，推动了千岛湖休闲渔业的发展，提升了渔业的经济价值。

政府管理部门、旅游者、旅游企业、居民共同参与千岛湖渔业环境治理。2017年，县政府通过制定《千岛湖临湖地带建设管控办法（试行）》，对千岛湖临湖地带的建设进行严格管控。在水资源治理方面，制定《关于进一步规范千岛湖水域垂钓管理的通知》《关于进一步加强千岛湖水域游艇管理的通知》等办法加强对水资源的保护，以促进千岛湖旅游地可持续发展。此外，淳安县先后制定了严格的渔业法规。例如，捕获的鲢鳙体重必须在2.5kg以上，捕获低于该标准的幼体鱼必须立即放回水域；凡收购千岛湖水域的幼鱼者，视情节严重程度予以批评教育、罚款、吊销捕获许可证，乃至追究刑事责任。杭州市淳安县于2018年起实行湖区禁渔期制度。根据淳安县渔政渔港监督管理局划分的禁渔区分布，千岛湖常年禁渔区为西北湖区、中心湖区和城中湖水域，除经批准的垂钓等作业方式以外，禁止一切渔业捕捞作业；千岛湖季节性禁渔区为千岛湖入湖口水域和淳安县84条溪流河道，每年5月1日12时至7月31日12时，禁止一切渔业捕捞作业。

为了满足游客的垂钓需求，淳安县渔政渔港监督管理局特地设立专门垂钓区，比如，有三大常年固定垂钓区：城中湖垂钓区，西园老码头—两隧两桥—钓鱼岛拦网—明珠花园码头的城中湖水域沿岸（桥梁除外）；城区垂钓区，千岛湖江滨公园纪事碑—浙旅名庭酒店（酒店范围除外）；东北垂钓区，进贤湾大桥—环左线—光左线—奎星桥公路沿线水域沿岸（桥梁除外）。另有五大季节性垂钓区——汾口老毛家码头以上水域沿岸、威坪大桥以上水域沿岸、临岐溪口大桥以上水域沿岸、姜家狮城博物馆—姜家大桥—龙川湾游船码头水域沿岸、左口叶棋二桥以上水域沿岸，每年非禁渔期均可垂钓。此外，淳安还设立了一些定点垂钓区，比如千岛湖旅游集团开设的龙川湾垂钓中心和钓鱼岛垂钓基地。

同时，到千岛湖垂钓，需要通过渔政管理部门审核，提前办理垂钓证，遵守相关规定：严禁无证垂钓，严禁使用船只入湖、上岛垂钓，严禁使用“敌杀死”等有毒有害物质或污染水质及鲢鳙饵料进行垂钓，严禁在养殖渔排上或其他水面设施上及大桥上垂钓，严禁使用笼子钩、联体钩、串钩、一竿多钩等钓具进行垂钓，严禁使用探鱼仪、鱼枪、弓弩等高科技手段钓鱼射鱼，严禁使用灯光诱钓的方式进行垂钓，严禁钓捕鲢鳙。

本章小结

本章介绍了我国内陆水域休闲渔业资源，包括自然渔业资源、景观资源、人文资源及休闲渔业产业等，并介绍了内陆自然水域的休闲渔业方式。另外，本章还介绍了内陆自然水域的休闲渔业管理及其鱼类禁渔区和保护区。另外，本章以千岛湖和查干湖冬捕为案例，介绍了内陆自然水域的休闲渔业及其在推动经济发展中的作用等。

名词解释和概念理解

洄游；草型湖泊；巨网捕鱼

思考题

1. 如何结合当地资源发展休闲渔业？
2. 禁渔背景下的休闲垂钓应如何管理？

主要参考文献

《鄱阳湖研究》编委会．1988．鄱阳湖研究．上海：上海科技出版社．
曹文宣．2011．长江鱼类资源的现状与保护对策．江西水产科技，(2)：1-4．
江西省鄱阳县地方志编纂委员会．1970．鄱阳县志．北京：方志出版社．
王苏民，窦鸿身．1998．中国湖泊志．北京：科学出版社．
张春光，赵亚辉．2016．中国内陆鱼类物种与分布．北京：科学出版社．
中国科学院南京地理与湖泊研究所．2019．中国湖泊调查报告．北京：科学出版社．

（刘静霞　沈建忠　黄　欣　刘雅丹）

第8章 海洋休闲渔业

本章资源

海洋休闲渔业是通过对海洋渔业资源、渔村人文资源、自然景观和人力资源的优化配置和合理利用，将旅游观光、休闲娱乐、生态建设、教育科普及餐饮等与现代海洋渔业有机结合的一种产业。它一方面为人们提供参观、体验渔业生产和渔民生活的机会，另一方面又能促进海洋渔业发展和提高沿海渔民收益，是海洋渔业与海洋旅游融合发展的新型渔业方式。

8.1 海洋休闲渔业资源

海洋休闲渔业资源涵盖海洋自然和特色景观、自然地貌、渔业资源及其产业、人文资源等。

8.1.1 自然和特色景观、自然地貌景观

我国是海洋大国，由渤海、黄海、东海和南海四大海域组成，海域辽阔，其面积约为470万平方千米。大陆海岸线漫长蜿蜒，达1.8万千米。岛屿众多，面积在500m^{2}以上的岛屿多达7300余个。大陆岸线与岛屿形成了诸多的优良港湾，周边有江河汇入，可产生大量营养物质，为海洋生物资源的繁殖、生长提供了良好的场所。我国海域自然环境优越，海流交换通畅，寒暖流、沿岸流交汇，往往形成优良渔场。复杂的海洋地理环境及多变的流场促成我国海洋生境的多样性，极大地丰富了海洋生物资源。现已经鉴定的海洋生物多达20 270多种，其中，鱼类3000余种，经济价值较高的有150多种，有许多适于垂钓的肉食性鱼类，如鲷科、石首鱼科鱼类和石斑鱼类等。此外，沿海地区的潮间带滩涂面积约1878万平方千米，蕴藏着大量的底栖生物和大型藻类等资源，也吸引了众多游客下海采捕。海洋生态优美、资源富饶多样，直接带动了海洋休闲渔业产业的蓬勃发展。

近年来，海洋休闲渔业逐渐成为渔业第三产业融合发展的新路径和现代渔业经济发展的新亮点，自然因素构成则成为海洋休闲渔业发展至关重要的因素。海洋休闲渔业可分为海上休闲观光、海上垂钓、渔业体验等多种形式。海洋休闲渔业的核心在“渔”，因此，生物条件是重要的条件之一。

1．自然岛屿 在众多休闲渔业示范基地中，黄渤海的长岛、东海的嵊泗、南海的蜈支洲是典型的休闲渔业基地，其境、其景、其物美不胜收，叫人心生向往。

1）*黄渤海长岛* 长岛位于山东省烟台市，海岛面积约57km^2，海域面积达3500km^2，其气候指标优良，是山东省不可多得的著名风景名胜区，更是中国十大美丽群岛之一。长岛受亚洲季风气候影响，气候温和，冬暖夏凉，除6月外，其他季节均为偏北风。当地海水表层平均温度为11.5℃，盐度为29.9‰～31.9‰，海水透明度为1.7～6.5m，潮汐属于规则半日潮，海区潮流通畅，主要为东西流，近岸多为沿岸流。

长岛植物资源丰富，植物覆盖率较高，为 53.2%，种类以菊科、豆科、十字花科等居多，树木以黑松、刺槐林为主。由于该岛远离陆岸，加之黄海冷水团的影响，有机质丰富，是一些经济鱼类的索饵场和洄游通道，因此，邻近海域渔业资源丰富。另外，也大量盛产扇贝、鲍鱼等海珍品，长岛又被冠以“扇贝之乡”“鲍鱼之乡”的美称。环境良好，植被丰富，食物充足，也为鸟类提供了栖息场所，被称为“候鸟旅站”。现已查明有鸟类 240 种，占全国种类的 19%。

长岛各岛自然景色宜人，天然风化的奇礁异石别有洞天，受地理、地质条件和海水侵蚀影响，可分为岛屿地貌、海岸地貌和海底地貌，直接构成砾石滩、沙砾石滩、海蚀景观等。海蚀景观的形态多种多样，威风凛凛的将军石、聚神参禅的罗汉礁等巧夺天工。长岛群岛之一的大黑山岛破半山洞天福地，高崖之下 8 个海蚀大洞内串廊迂回，曲径通幽，传说为“八仙之乡”。由于长岛独特的地理环境和气象条件，在阳光、空气和温度的共同作用下，形成了长岛的三大奇景之一——海市蜃楼景象。

2）东海嵊泗　　嵊泗列岛位于我国东海，其海域面积为 $8738km^2$，是全国唯一的国家级列岛风景名胜区。该列岛形成了亚热带南缘海洋性季风气候，年平均气温为 16.3℃，夏无严暑，冬无严寒。该列岛为天台山延伸至海中的岛礁群，潮间带主要由基岩、沙质和泥质组成。潮间带附近以淤泥质底质为主，其他岛屿拥有良好的沙滩。

嵊泗列岛森林植被丰富，但由于其地理位置而被划分为“中亚热带常绿阔叶林北部亚热带”的浙闽山丘甜槠木荷林区。现分布的主要森林植被类型为天然次生和人工营造的针叶林、针阔混交林、竹林、灌木林等。

嵊泗列岛位于著名的舟山渔场北部，是海洋生物繁殖的集中区域，生物资源丰富。据统计，该列岛附近海域有经济鱼类 96 种、虾类 34 种、蟹类 15 种、藻类 118 种，还有软体动物及贝类，如大黄鱼（*Larimichthys crocea*）、带鱼（*Trichiurus haumela*）、黄姑鱼（*Nibea albiflora*）、鮟鱇目（Lophiiformes）、鲳属（*Pampus*）、脊尾白虾（*Exopalaemon carinicauda*）、远海梭子蟹（*Portunus pelagicus*）、红星梭子蟹（*Portunus sanguinolentus*）、乌贼科（Sepiidae）、鱿鱼（*Teuthida* spp.）、厚壳贻贝（*Mytilus coruscus*）、荔枝螺（*Thais* spp.）、浒苔（*Enteromorpha prolifera*）、孔石莼（*Ulva pertusa*）、紫菜（*Porphyra* spp.）等。

嵊泗列岛素有“海上仙山”的美誉，以碧海奇礁、金沙渔火的海岛景观闻名全国。一如嵊泗列岛小梅山，位于太湖之滨，登山远眺，潋滟湖光山色尽收眼底；再如列岛小洋山东北部大城予山有“石龙奇观”的美誉，百米之长而蜿蜒曲折，仿佛置身长龙之上，逦遛山岗。

3）南海蜈支洲　　蜈支洲岛坐落在海南省三亚市，2016 年被评定为国家 5A 级景区，其面积为 $1.48km^2$。该岛及周边海域均为典型的热带海洋性季风气候，日照时间长，雨量充沛，全年气温较高，且常年风向为东北风。周边海域水质优良，透明度高，可达 6～27m，素有“中国第一潜水基地”的美誉。其潮汐为不规则半日潮，平均潮差小于 1m。岛屿东、南、西三面岸线为基岩海岸，北部岸线大部平坦，多沙滩。蜈支洲岛东南侧近岸海域为活珊瑚礁-岩礁底质复合区，海底地形陡峭，10m 以浅水域狭窄；岛西南侧以沙质底为主，珊瑚覆盖度较低；而岛北侧近岸海域为活珊瑚礁块-沙质底复合分布区，海底平缓，有着形态各异的珊瑚，分布有石斑鱼属（*Epinephelus*）、海胆纲（Echinoidea）、海参（*Stichopus japonicas*）、鲳、蓝点马鲛（*Scomberomorus niphonius*）、对虾（*Penaeus orientalis*）、夜光蝾螺（*Turbo marmoratus*）及众多五颜六色的热带鱼。

在蜈支洲岛附近海域建设的我国第一处热带海洋牧场极具示范性，截至2021年已累计投放人工鱼礁4万空方，并在此基础上建设成不同的主题公园，实现了海洋生态修复与旅游的结合。目前，蜈支洲岛旅游区结合岛内的风土人情与现代化设施，将历史传说、休闲观光、地理环境和民俗风情有机结合，打造丰富的休闲旅游内容，为旅游者提供多元化的选择。主要的旅游项目有海钓、珊瑚礁潜水、摩托艇、滑水、海底观光、海岛风味、帆船、沙滩排球、海滨浴场等20余个体验项目。

2．自然地貌景观　这里的地形地貌景观是与海洋有关的具有旅游价值的资源体系，包括但不局限于海岸带、潮间带、海滩、海岸、滩涂、珊瑚礁等。

1）*海岸带*　海岸带是海岸线向陆海两侧扩展一定宽度的带状区域，包括陆域和近岸海域，对于其范围，至今尚无统一的界定。联合国于2001年6月在“千年生态系统评估”项目中将海岸带定义为“海洋与陆地的界面，向海洋延伸至大陆架的中间，在大陆方向包括所有受海洋因素影响的区域”，具体边界为位于平均海深50m与潮流线以上50m之间的区域，或者自海岸向大陆延伸100km范围内的低地，包括珊瑚礁、高潮线与低潮线之间的区域、河口、滨海水产作业区，以及水草群落。在实际管理中，海岸带范围可根据管理目的和研究需要而定。

海岸带是海洋系统与陆地系统相连接，复合与交叉的地理单元，既是地球表面最为活跃的自然区域，也是资源与环境条件最为优越的区域，是海岸动力与沿岸陆地相互作用、具有海陆过渡特点的独立环境体系，与人类的生存与发展的关系最为密切。而且，海岸带往往分布有稀有动植物、珍贵文物、名胜古迹和游览胜地。随着人口的大量增加和城市化进程的不断加快，海岸带正面临着全球气候变化、海平面上升、区域生态环境破坏、生物多样性减少、污染加重、渔业资源退化等巨大压力，严重影响了海岸带的可持续发展。

海岸带作为第一海洋经济区，其生态系统具有复合性、边缘性和活跃性的特征。陆海两类经济荟萃，生产力内外双向辐射，因此成为社会经济地域中的“黄金地带”。海岸带是邻海国家宝贵的国土资源，也是海洋开发、经济发展的基地，以及对外贸易和文化交流的纽带，地位十分重要。

2）*潮间带*　潮间带是指平均最高潮位和最低潮位间的海岸，也就是从海水涨至最高时所淹没的地方开始，到潮水退到最低时露出的水面之间的范围。潮间带以上，海浪的水滴可以达到的海岸，称为潮上带。退潮后，在低潮线以上积水的小水池称为“潮池”。潮池的生物必须具有忍受每日温差和含氧量剧烈变化的能力，此处栖息地环境时而干燥时而潮湿，温度时高时低，盐度也会变化，可以说微环境的变化非常大。在世界许多地方，人们利用潮间带特有的生态环境，进行水产养殖活动，形成海岸常见的人文景观。

3）*海滩*　海滩是指由海水搬运积聚的沉积物沙或石砾堆积而形成的岸。海滩可分为砾石滩（卵石滩）、粗砂滩和细砂滩，有人管理的又称海水浴场。海滩是海岸堆积地貌的典型类型，一般分布在平均低潮线以上，向上延伸到组成物质或地形有显著变化的地带，即高潮线处，也称海滨。

海滩是波浪及其派生的沿岸水流综合作用的产物。外海波浪传入近岸浅水区，受到海底的摩擦作用，波峰变陡、波谷变缓，水质点运动轨迹呈现往复流动，而且向岸进流速度通常大于离岸回流速度，导致底部泥沙净向岸搬运，并被激岸浪的上冲水流带至海滨线上堆积。海滩物质一般上部较粗，滩坡坡度较大；下部物质较细，滩坡平缓。由于激岸浪及其冲流和回流反复作用，海滩沙成为分选最佳的沉积物。一般情况下，组成物质颗粒小的细沙滩更具旅游价值，中国大连老虎滩、青岛海滨浴场、北戴河沿岸及海南岛、福建长乐沿岸发育的海滩多为细沙滩。

4）*海岸* 海岸（又称滨）是指在水面和陆地接触处，经波浪、潮汐、海流等作用形成的滨水地带。其中，有众多沉积物堆积而形成的岸称为滩。海岸更特指海滨或滨海的陆地边界、紧接海洋边缘的陆地，在海滨向陆一侧，包括海崖、上升阶地、陆侧的低平地带、沙丘或稳定的植被地带。中国海岸线长达 18 000km 以上，岛屿岸线 14 000km 以上。海岸带蕴藏着丰富的生物、矿产、能源、土地等自然资源，还有众多深邃的港湾，以及贯穿内陆的大小河流。它不仅是国防的前哨，也是海、陆交通的连接地，是人类经济活动频繁的地带。这里遍布着工业城市和海港。海岸具有奇特的、引人入胜的地貌特征，可辟为旅游基地。

海岸有基岩海岸、平原海岸、生物海岸 3 种类型。山东和辽东半岛海岸、杭州湾以南海岸及台湾东海岸，绝大部分属于基岩海岸。三角洲与三角湾海岸、淤泥质平原海岸及泥沙质海岸属于平原海岸。珊瑚礁海岸和红树林海岸属于生物海岸。

河流携带泥沙在河口堆积，形成向海伸突的三角洲海岸。按三角洲的形态可分为：鸟足状三角洲，岸线外形似鸟足，如美国密西西比河三角洲；尖嘴状三角洲，岸线向海伸突，如意大利的台伯河三角洲；扇状三角洲，岸线平缓向海突出，如中国的黄河三角洲和埃及的尼罗河三角洲。此外，还有多岛屿、多汊道三角洲，如印度的恒河三角洲和中国的珠江三角洲。

珊瑚礁海岸是由造礁珊瑚、有孔虫、石灰藻等生物残骸构成的海岸。珊瑚礁可分为岸礁、堡礁和环礁等类型。岸礁通常紧贴海岸发育，在近岸海域形成一片宽阔浅水地带，随着珊瑚礁加宽，海岸线向海方向推移。堡礁的延伸方向与岸线几乎平行，外缘坡度很陡，它与海岸之间被潟湖分隔开。环礁在平面上呈环形，围绕着一个潟湖水域。

红树林海岸位于热带和亚热带的潮滩上，生长着耐盐、繁茂的红树林植物群落，构成了特殊的生物海岸。由于红树林植物的葱郁树冠，特殊的根系，以及林间的枯枝落叶，既抑制了风暴潮对海岸的侵蚀，又阻滞了涨落潮水流，促使泥沙堆积，岸滩淤涨。在低海岸平原上生长有陆生植被；潮上带沼泽上灌木丛生；潮间带泥滩为红树林沼泽；潮下带为浅水泥滩，红树林的一些先锋种可率先生长。这几个植被景观带随着岸滩淤涨而由陆向海方向演替。

5）*滩涂* 滩涂是指沿海大潮高潮位与低潮位之间的潮浸地带。由于潮汐的作用，滩涂有时被水淹没，有时又露出水面，其上部经常露出水面，其下部则经常被水淹没。海洋行政主管部门将滩涂界定为平均高潮线以下、低潮线以上的海域，国土资源管理部门将沿海滩涂界定为沿海大潮高潮位与低潮位之间的潮浸地带。虽然对滩涂的表述有所不同，但可以看出滩涂既属于土地，又是海域的组成部分。

我国海洋滩涂总面积约 217.04 万公顷。根据滩涂的物质组成成分，可将其分为岩滩、沙滩、泥滩 3 类；根据潮位、宽度及坡度，可分为高潮滩、中潮滩、低潮滩 3 类。滩涂是中国重要的后备土地资源，具有面积大、分布集中、区位条件好、农牧渔业综合开发潜力大的特点。滩涂是一个处于动态变化中的海陆过渡地带。向陆方向发展，通过围垦、引淡洗盐，可较快地形成农牧渔业畜产用地；向海方向发展，可进一步成为开发海洋的前沿阵地。滩涂是水产养殖和发展农业生产的重要基地，是开发海洋、发展海洋产业的一笔宝贵财富。滩涂不仅是一种重要的土地资源和空间资源，其本身也蕴藏着各种矿产、生物及其他海洋资源。滩涂的利用主要是围垦。我国提倡和鼓励沿海地区利用滩涂围垦造田，扩大耕地面积，但是由于沿海淡水严重缺乏，滩涂改造成耕地的成本高且效益低，越来越多的滩涂围垦丧失了造田的“初衷”，成为海水养殖的“乐园”。

6）*珊瑚礁*　　珊瑚礁是石珊瑚目的动物形成的一种结构，这个结构可以大到影响其周围环境的物理和生态条件。在深海和浅海中均有珊瑚礁存在，它们是成千上万的由碳酸钙组成的珊瑚虫骨骼在数百年至数千年的生长过程中形成的。珊瑚礁为许多动植物提供了生活环境，其中包括蠕虫、软体动物、海绵、棘皮动物和甲壳动物。此外，珊瑚礁还是大洋带鱼类幼鱼的生长地。珊瑚礁的形成是造礁珊瑚及其他造礁生物对生成礁的钙物质长期积累沉积的结果，是由造礁珊瑚的石灰质遗骸和石灰质藻类堆积而成的一种礁石。世界上的珊瑚礁多见于南北纬30°之间的海域中，尤以太平洋中、西部为多。据估计，全世界珊瑚礁连同珊瑚岛面积共有1000万平方千米。珊瑚礁生长速度一般为每年2.5cm左右。有些珊瑚礁厚度很大，是珊瑚礁生长发育过程中礁基不断下沉或海面不断上升所致。

达尔文根据礁体与岸线的关系，将其划分为岸礁、堡礁和环礁，根据形态还有台礁和点礁等类型。

岸礁：沿大陆或岛屿岸边生长发育，也称裙礁或边缘礁。现代最长的岸礁沿红海沿岸发育，绵延超过2700km，分布水深约36m。中国台湾恒春半岛和海南岛沿岸均有岸礁发育。

堡礁：又称堤礁，是离岸有一定距离的堤状礁体，它与陆地隔以潟湖。现代规模最大的堡礁是澳大利亚昆士兰大堡礁，全长约2000km，分布水深约30m。堡礁位于大陆架的边缘，它在大洋与大陆架的浅水之间形成了一个屏障。

环礁：礁体呈环带状围绕潟湖，有的与外海有水道相通。环礁直径为几百米至几十公里，形态多样。已知的环礁有330个之多，主要分布在西太平洋的信风带和印度洋热带海域。马绍尔群岛上的夸贾林环礁和马尔代夫群岛的苏瓦迪瓦环礁面积都在1800km^{2}以上，是世界上最大的两个环礁。南海发育的环礁颇具特色，有潟湖全被封闭的玉琢礁、潟湖与外海有3个通道的华光礁、多通道开放式的永乐环礁、半月形全开放式的宣德环礁。永乐环礁和宣德环礁均发育有灰砂岛和礁岩岛，其中最大的灰砂岛是永兴岛，面积为1.85km^2。

台礁：呈台地状高出附近海底，但无潟湖和边缘隆起的大型珊瑚礁，也称桌礁。礁坪上也可发育灰砂岛，如西沙群岛的中建岛。

点礁：也称斑礁，是堡礁和环礁潟湖中的礁体，大小不等，形态多样。

3. 海上养殖景观　　主要指海上水产养殖方式或养殖设施，逐渐发展成为海洋休闲渔业的一种方式。人们可以乘船进行海上旅游观光，也可以进行休闲渔业体验。

1）*渔排景观*　　渔排，也叫渔排式网箱，是用橡胶渔排做成方格状，在方格里系网进行水产养殖的一种养殖方式，如图8.1所示。为了生产和生活的方便，渔民的渔排往往呈汇聚状态——渔民在渔排上搭建木屋，他们的生产、生活都在渔排上，渔排连

图8.1　渔排

成片，木屋连成村。一到晚上，渔灯亮起，鱼叫声掺和着人们的说笑声，小船的马达低鸣声，海面上的波光粼粼，感觉似“渔排威尼斯”。海边渔排伴着夕阳，一个小岛，海天渔国，风帆、礁石、船歌、鸥鹭、海浪、悬礅、沙滩、渔夫、红树林、罾架、岛屿、渔火。这种独特的景观让人流连忘返，产生遐想。

由于橡胶渔排面积大，柔软性好，不仅抗风浪，操作方便，使用年限长，养殖成活率高，成本低，而且环保、不污染环境。使用渔排式网箱养殖技术，不但可增加渔民致富门路，还可以替代潮间带筑池养殖，以保护海岸环境。

2）*养殖浮筏景观*　　海上筏式养殖是海水养殖业的主要养殖方式之一，众多海水品种均采用此种方式进行养殖，包括贝类［鲍属（*Haliotis*）、牡蛎科（Ostreidae）、贻贝（*Mytilus edulis*）、扇贝科（Pectinidae）等］和藻类［海带（*Laminaria japonica*）、紫菜、龙须菜（*Asparagus schoberioides*）等］筏式养殖。

海上筏式养殖是指在浅海水面上利用浮子和绳索组成浮筏，并用缆绳固定于海底，使海藻（如海带、紫菜）和固着动物（如贻贝）幼苗固着在吊绳上，悬挂于浮筏的养殖方式，如图 8.2 所示。在筏式养殖发展过程中，主要使用白色泡沫浮子或黑色塑料浮子，但是泡沫材料易破损、分解，给海区生态环境造成了很大影响。为了发展海洋休闲渔业和海上旅游观光，各地陆续开展了筏式养殖的环保化、生态化、景观化改造，全面淘汰白色泡沫浮子，限制了黑色塑料浮子的发展，各种形状不一、色彩斑斓的浮子出现在海面上，形成了一道亮丽的风景，日益吸引人们乘船进行海上观光和渔业体验。

图 8.2　养殖浮筏（杨志礼提供）

4．盐田景观　　盐田是指利用蒸发法制取盐的场地，如图 8.3 所示，起源于公元前 5000～前 3000 年。主要是指海盐制取，在内陆也有盐田。盐与人类生活息息相关，而这些产盐的盐田，曾经见证了华夏文明的崛起，也养育了一代又一代的中国人，使得华夏文明源远流长。

历史上，浙江岱山自南宋以来一直以渔盐之利富甲一方。岱山有盐田 3.5 万余亩。如果你登高远眺，就能看到在岛的周边围垦起来的一片片盐田，像豆腐格子一样一块块方方正正地镶嵌在海水与岛屿之间。盐田的规模要数岱西盐场与双峰盐场最大，一眼望去，灰蒙蒙的一大片，视线的源头是海与天的连接。再看近处，每一块黑乎乎的盐田中结着白花花的盐，一堆堆雪晶一样的盐垛错错落落地堆着，盐晶在阳光下发出闪闪的银光。这一切构成了一条独特的风景线。

图 8.3 盐田

盐是震撼人心的地表奇观之一，同时也是重要的商品和消费品。我们日常所吃的盐，主要产自沿海盐田。我国的盐田环绕着海岸线从渤海一直蔓延到南海。长芦盐场是我国海盐产量最大的盐田，主要分布于河北与天津的渤海沿岸，自北向南，依次由南堡盐场、汉沽盐场、塘沽盐场、黄骅盐场和大清河盐场五大子盐田组成，全长370km，共有盐田230多万亩，年产海盐300多万吨，产量占中国海盐总产量的1/4。长芦盐场以南，沿海岸线依次分布的山东盐场、苏北盐场、布袋盐场、莺歌海盐场，以及最北的辽宁盐场，也是我国沿海地区盐田的重要组成部分。

8.1.2 人文资源

渔（鱼）文化资源散发着海洋的人文气息，是在生产活动中凝练总结出的文化资源。从古至今，渔（鱼）文化体现了劳动人民对自然的敬畏、对生命的尊重，在与自然和谐共处中获得美好生活的希冀。

我国渔（鱼）文化历史悠久，最早可追溯到早期原始人类，包含捕捞和养殖两个维度。我国捕捞起源较早，商周时期，甲骨文中已有操网布局的记载，可以做到诱集补之。明代的王圻在《三才图会》中绘出网、罾、钓、竹器等渔具，而且很多渔具一直沿用至今。近代，李世豪和屈若搴合著的《中国渔业史》一书问世，将中国渔业史分为“未开明时代”“半开明时代”和“开明时代”3个阶段，为渔（鱼）业界提供了重要的理论。新中国成立后，1983年张振东、杨金森编著了《中国海洋简史》，进一步对我国的海洋渔业史进行了深入研究。本书第5章对海洋渔（鱼）文化资源进行了描述，这里不再赘述。

8.1.3 渔业资源及其产业

1. 海洋捕捞产业 海洋捕捞产业作为我国海洋渔业的重要组成部分，能够带动海洋渔业第二、三产业的发展，作为渔业产业链的上游即生产供给环节，对于全产业链的发展起着基础支撑作用，除此之外，对渔业经济的全面发展也起到积极的联动促进作用。随着渔业经济的发展，海洋捕捞产业迅猛发展，《中国渔业统计年鉴》数据显示，2022 年海洋捕捞产值达 2488.91 亿元，海洋捕捞产业成为我国渔业发展的重要组成部分。随着海洋捕捞压力的持续增加，渔业资源过度捕捞状况日益严重，海洋渔业资源受到环境与时间等条件的限制，再生能力受到制约，导致海洋渔业资源出现衰退现象，海洋捕捞总产量不断减少。我国海洋捕捞渔获种类主要包括鱼类、甲壳类、头足类、贝类、藻类和其他类六大类，鱼类捕捞产量占渔获种类产量的绝对优势。传统的海洋捕捞渔具包括刺网、围网、拖网、张网、钓具、敷网、笼壶、地拉网、抄网、掩罩、陷阱、耙刺等 12 大类。2022 年，全国海洋捕捞产量达 950.85 万吨，其中，鱼类捕捞产量 641.87 万吨，占 67.5%。按照捕捞海域分，渤海、黄海、东海、南海分别为 60.79 万吨、218.79 万吨、409.42 万吨和 261.85 万吨。按照捕捞渔具分，拖网 451.33 万吨、刺网 226.17 万吨、张网 93.91 万吨、围网 74.87 万吨、钓具 33.11 万吨、其他 71.45 万吨[①]。国内海洋捕捞渔船 129 063 艘、13 007 341kW。全国沿海中心渔港 73 个、一级渔港 95 个、二级渔港 222 个、三级渔港 396 个、未评级渔港 368 个。海洋捕捞专业从业人员 842 122 人、养殖 831 368 人、其他 351 091 人，合计 2 024 581 人。

我国传统的海洋捕捞产业面临着渔业资源严重衰退、捕捞渔工严重短缺、经济效益不佳等困局，渔业经济发展与渔业资源利用之间的矛盾十分突出。渔民想退出捕捞业，进行转产转业实现再就业，根据渔民自身的文化水平和技术特长，从事休闲渔业是一条理想的途径。发展休闲渔业也是促进海洋资源合理开发利用，发展海洋生态旅游的新举措，是对海洋旅游的有益补充。它可以拓展渔业空间，开辟渔业新领域，完善渔业体制机制。发展休闲渔业具有 3 个方面的明显优势：①有利于优化渔业产业结构，逐步减少近海拖网捕捞业，缓解渔船近海过度捕捞、强度过大的深层次矛盾；②有利于充分利用现有的渔港、渔船和渔业设施，发挥渔民的积极性和专业技能，进行渔区、渔村环境整治，美化家园，加快渔业现代化和渔区文明建设；③有利于调动各阶层各方面积极因素，吸纳社会资金，增加渔业发展活力，促进城乡交流、沿海与内陆交流、繁荣渔区经济，提高海洋与渔业知名度。

以优化布局、引导集聚、厉行节约为原则，结合滨海旅游业的发展，制定休闲渔业区域布局规划和准入机制。根据各渔港、渔区、渔村特色优势发展的要求，在深入调查研究的基础上，摸清所辖船籍港情况，并结合实际与区位特点，开展渔船更新改造工程。探索对近岸小拖网、高耗能老旧渔船、残旧木质渔船实行强制淘汰、旧船拆解报废制度。允许渔民和船东持原有渔网工具参与新建造休闲渔船。

利用宜渔资源，培育休闲渔业示范基地。当前，休闲渔业应把优势资源整合放在首位，突出“渔”字特色，又按照旅游业的运营规律进行监督管理。对休闲渔船停泊区、上落客码头、渔港水域、岸线划定、航路设计等进行实地勘查，并根据环境承载能力进行科学评估，确定发展规模。

2．海水养殖产业　我国主要的海水养殖方式包括池塘（围堰）养殖、底播（滩涂）养殖、浅海（筏式、网箱）养殖、盐田养殖、工厂化养殖。

---

① 因为统计年鉴中数据保留小数点后 4 位，本书中采用的是小数点后 2 位，所以按照捕捞海域和捕捞渔具划分的数据存在 0.01t 的误差。后同

（1）池塘（围堰）养殖：是指在潮间带滩涂及海岸线以上区域进行海水围塘养殖。养殖种类包括虾类、蟹类、刺参、海蜇、贝类、鱼类等。

（2）底播（滩涂）养殖：是指利用滩涂、潮下带海底底面进行的护养或底播养殖（池塘围堰养殖除外），一般−20～0m 等深线为浅水养殖，−20m 等深线以深海域为深水养殖。养殖种类包括文蛤（*Meretrix meretrix*）、四角蛤蜊（*Mactra veneriformis*）、中国蛤蜊（*Mactra chinensis*）、青蛤（*Cyclina sinensis*）、蓝蛤、紫石房蛤（*Saxidomus purpuratus*）、蚶类［毛蚶（*Scapharca subcrenata*）、魁蚶（*Scapharca broughtonii*）］、缢蛏（*Sinonovacula constricta*）、长竹蛏（*Solen strictus*）、大竹蛏（*Solen grandis*）、螺类［皱纹盘鲍（*Haliotis discus hannai*）、脉红螺（*Rapana venosa*）、玉螺科（Naticidae）］等。

（3）浅海（筏式、网箱）养殖：是指在 0m 等深线以深水域进行的筏式养殖和网箱养殖。筏式养殖种类包括贝类、藻类等。网箱养殖种类包括红鼓鱼（*Sciaenops ocellatus*）、许氏平鲉（*Sebastes schlegeli*）、黑棘鲷（*Acanthopagrus schlegelii*）、真鲷（*Pagrus major*）、石斑鱼、大黄鱼、卵形鲳鲹（*Trachinotus ovatus*）、褐牙鲆（*Paralichthys olivaceus*）、鲈（*Lateolabrax japonicus*）、军曹鱼（*Rachycentron canadum*）、红鳍东方鲀（*Takifugu rubripes*）等。

（4）盐田养殖：是指在滩涂或潮上带盐田中进行的池塘养殖。养殖种类包括虾蟹类、贝类、卤虫等。

（5）工厂化养殖：是一种现代集约化水产养殖方式，遵循工艺过程的连续性和流水作业性原则，依托养殖工程和水处理设施与设备，在生产中运用机械、电气、化学、生物及自动化等手段，对水质、水温、水流、溶氧、光照及饲料等各方面实行全人工控制，为养殖生物提供适宜生长的环境条件，达到高产、高效养殖的目的。养殖种类有大菱鲆（*Scophthalmus maximus*）、牙鲆（*Paralichthys olivaceus*）、圆斑星鲽（*Verasper variegatus*）、石鲽（*Platichthys bicoloratus*）、半滑舌鳎（*Cynoglossus semilaevis*）等。

2022 年，全国海水养殖产量 2275.70 万吨。其中，按照水域分，海上养殖 1352.54 万吨、滩涂 643.11 万吨、其他 280.04 万吨；按照养殖方式分，池塘养殖 292.35 万吨、普通网箱 64.08 万吨、深水网箱 39.33 万吨、筏式 682.40 万吨、吊笼 176.09 万吨、底播 562.93 万吨、工厂化 38.96 万吨；按照养殖品种分，鱼类养殖 192.56 万吨、甲壳类 195.25 万吨、贝类 1569.58 万吨、藻类 271.39 万吨、其他 46.92 万吨。

8.2 海洋牧场

海洋牧场是一种人工渔场，是指在一定海域内，采用集鱼设施人为地建造一个适合海洋生物生长与繁殖的生境，利用人工鱼礁等和鱼类的趋性本能，将人工放养的和自然水域的海洋生物聚集起来，像在陆地放牧和繁殖牛、羊一样，对鱼、虾、贝、藻等资源进行有计划、有目的的海上放养和繁殖，进而促进海洋渔业资源的稳定和增长。

8.2.1 人工鱼礁集鱼机制

结合鱼类的趋性特征，利用人工鱼礁将鱼聚集进而促进其生长繁殖，是海洋牧场中常用的技术手段。

1. 鱼类的趋性 人工鱼礁是人为在海中设置的构造物，其目的是改善海域生态环境，营造海洋生物栖息的良好环境，为鱼类等提供繁殖、生长、索饵和避敌的场所，达到保护、增殖和提高渔获量的目的。人工鱼礁被置于海底，地形、流态复杂，有多种因素刺激鱼类的行动。鱼类具有对刺激源做出方向性行动反应的习性，叫作趋性，如趋光性（视觉）、趋流性（运动感觉）、趋触性（皮肤感觉）、趋音性（听觉）等。由内外因素引起的天生性行动叫作本能，如鱼类具有索饵、生殖、越冬、逃避、模仿、探索等习性。 鱼类之所以聚集于鱼礁，主要是鱼类的趋性和本能所引起的，因为鱼礁所形成的环境有利于鱼类的生存和繁殖。

2．人工鱼礁的机制效应 人工鱼礁诱集鱼类的原因有多种，根据已有研究，可简单地归纳为以下几种。

1）*流场集鱼效应* 人工鱼礁的流场效应体现在鱼礁会使海水产生上升流、涡流等多种流态，而礁区形成的上升流能把海底的营养物质带到表层，促进浮游生物大量繁殖，给鱼、虾等水生生物提供了充足的饵料，吸引了鱼类的聚集和繁殖。

2）*阴影与躲避功能集鱼效应* 许多鱼类具有昼沉夜浮、趋弱光和喜欢在阴影里生活的习性。人工鱼礁形成的阴影环境为一些鱼类提供了最理想的栖息场所。

3）*附着功能集鱼效应* 人工鱼礁投放后会被大量的藻类、贝类等生物所附着，海藻的生长能消耗大量的氮、磷等有机物，同时光合作用吸收二氧化碳，释放氧气。而贝类等通过滤食消耗掉大量浮游植物，净化了水质，减少了赤潮。通过人工鱼礁建设，使重点海域、海湾的海洋环境质量得到恢复与改善，使濒危珍稀野生动物得到有效的保护，海洋渔业产业结构趋向合理。

4）*趋触作用集鱼效应* 鱼类趋集于鱼礁是一种本能，不同鱼种对鱼礁的依赖程度是不同的，有的鱼类一生都在鱼礁区度过，有的是阶段性在鱼礁区度过。

小川（1977）通过试验证明，鱼聚集于鱼礁是由鱼所具有的趋触性所决定的。可将聚集于鱼礁区的鱼类分为以下 3 种类型。

Ⅰ型鱼：是指栖息于鱼礁内部或鱼礁空隙之中，喜欢依靠皮肤、侧线直接接触固体物的趋触性鱼类。这类鱼多属于底层鱼类，如大泷六线鱼（*Hexagrammos otakii*）、石斑鱼、鳗鲡科（Anguillidae）、康吉鳗科（Congridae）等。

Ⅱ型鱼：是指在鱼礁附近游动栖息的鱼类。凭视觉、听觉感知鱼礁的存在，其鱼礁性不如Ⅰ型鱼强烈，如黑鲷、石鲷（*Oplegnathus fasciatus*）、珊瑚礁鱼类、比目鱼类等岩礁性鱼类。

Ⅲ型鱼：是指集群在鱼礁上方的鱼类，是由鱼礁引起的流态变化而来，一般属于喜欢滞留在鱼礁上方的洄游性的中上层鱼类，如鲕（*Seriola quinqueradiata*）、金枪鱼族（*Thunnini*）、沙丁鱼（*Sardina pilchardus*）及头足类。

Ⅰ型、Ⅱ型鱼将鱼礁作为“居住地”，多为底层鱼类或近底层鱼类。Ⅲ型鱼将鱼礁作为“临时栖息地”，多为集群性的中上层鱼类，它们常从一个鱼礁移动到另一个鱼礁。

图 8.4 不同类型鱼与鱼礁的位置关系
（黄朝禧，2005）

图 8.4 显示了不同类型的鱼与鱼礁的相对位置关系。不同类型的鱼对鱼礁的要求不同。对于Ⅰ型鱼，由于其在鱼礁内部或鱼礁间的空

隙中栖息、游动，相对的鱼礁的容积越大越好。对于Ⅱ型鱼，鱼眼对视距调节能力较差，最远只能看到1.5m左右，所以要求鱼礁的包络面积要大。对于Ⅲ型鱼，它是滞留在鱼礁的上方，要使鱼感觉到鱼礁的存在，鱼礁要有一定的宽度。

8.2.2 人工鱼礁类型

人工鱼礁类型根据不同分类方式，如功能、形状、造礁材料、在水层的位置等，有多种分类方式。

1. 按建礁功能

1）增殖型鱼礁　以增殖生物资源为目的而设置的鱼礁。一般投放于浅海水域，主要增养殖海参、鲍鱼、龙虾科（Palinuridae）等品种。

2）渔获型鱼礁　以诱集水生动物，提高渔业产量或渔获质量而设置的鱼礁。

3）休闲型鱼礁　与增殖鱼礁生物相结合，以游钓、休闲、娱乐为目的而设置的鱼礁。

4）资源保护型鱼礁　以修复生态环境和防止拖网等破坏性渔具作业，达到保护渔业资源而设置的鱼礁。

2. 按造礁材料

1）混凝土礁　以混凝土为主要材料制成的鱼礁。

2）石材礁　以天然石材为主要材料制成的鱼礁。

3）贝壳礁　以贝壳为主要材料制成的鱼礁。

4）钢材礁　以钢铁为主要材料制成的鱼礁。

5）旧船改造礁　改造废旧船舶制成的鱼礁。

3. 按礁体所处水层

1）底鱼礁　设置在海底的鱼礁，又称海底鱼礁、底置鱼礁。

2）浮鱼礁　设置在海域中、上层，可浮动，以聚集、滞留、诱集水产生物为目的的构造物。

4. 按礁体形状　人工鱼礁的结构复杂、形状各式各样。对于钢筋混凝土鱼礁大致可分为方形礁、三角形礁、梯形礁、船形鱼礁、圆柱形礁、平板礁、十字形礁、多面体形礁、半球形礁、漏斗形礁及其他的异体形礁等。图8.5为我国常见的人工鱼礁的礁体形状。

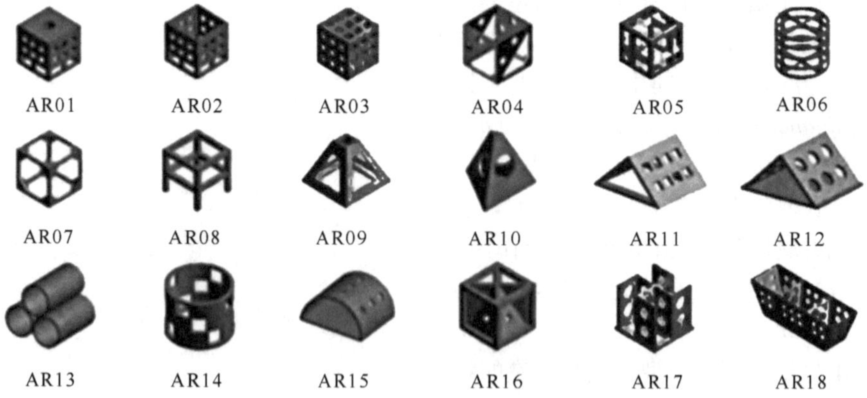

图8.5　我国常见的人工鱼礁礁型图

AR. artificial reef，人工鱼礁

8.2.3　休闲型海洋牧场

休闲型海洋牧场以满足人类的休闲采摘或休闲垂钓为目的，通过各种集渔设施人为地建造一个适合海洋生物生长与繁殖的生境，对鱼、虾、贝、藻等资源进行海上放养和繁殖，进而达到休闲渔业参与者可钓到鱼虾及采到贝和藻的目的。

1. 休闲垂钓型海洋牧场

1）休闲垂钓型海洋牧场的兴起　目前，日本人工鱼礁建设由渔获型鱼礁向资源增殖型和环境改善型并举的方向发展，并加强休闲渔业产业基础设施建设，使休闲渔业成为集海上观光、垂钓、潜水、娱乐于一体的新型生态产业。

人工鱼礁所带来的新价值，在世界各地都受到重视并被逐步开发。除了提升海洋牧场的收获，还能结合不同的海岸景色和生物资源，带动休闲旅游和体育旅游。近年来，众多濒海国家都在人工鱼礁上大做文章，如韩国、英国、日本、意大利、美国、加拿大、澳大利亚等，都有不同的创意。由此，值得探索的人工鱼礁越来越多，还有许多景观出众的鱼礁群。2010 年，在墨西哥北部的加勒比海岸建起了一个庞大的水下雕塑艺术博物馆，400 多尊雕塑用酸碱度平衡的生态混凝土制成，被放置在海底，人类的艺术加上海洋的创作，成就了一道海底奇景。2019 年，海南蜈支洲海洋牧场正式入选第五批国家级海洋牧场示范区，定位是“休闲型海洋牧场”，除了常规的礁体，还设计投放了不同的“景观鱼礁”和雕塑礁，“海底村落”“海底博物馆”若隐若现，潜水爱好者流连忘返。

2）青岛鲁海丰石雀滩国家级海洋牧场　青岛鲁海丰石雀滩国家级海洋牧场示范区位于青岛市石岭子礁海域，东望美丽的金沙滩，西靠靓丽的银沙滩，周围风景秀丽，地理条件十分优越。

近年来，鲁海丰集团投资 2.8 亿元建设集网箱养殖和人工鱼礁于一体的海洋生态渔业基地，该基地已建成石岭子海域人工鱼礁区 3000 亩，发展深水抗风浪网箱 180 个、普通网箱 60 个，藻类养殖 1000 余亩，海域鱼类大量聚集，已经成为优良的海钓钓场。配套 8000m^2 的游客接待中心、7000m^2 的综合服务区、民俗风情茅草屋 13 个。海上已建成全国最大的网箱垂钓平台（周长 168m）1 个（可同时容纳 200 人垂钓），周长 60m 的网箱垂钓平台 4 个（可同时容纳 160 人垂钓），如图 8.6 所示。岸（池）钓钓场中滩钓、矶钓岸线长度 1500m，钓位 100 个；已建成码头岸线长度 1582m，可容纳各类垂钓船只 100 艘，如图 8.7 所示，并配套游艇码头一座；钓场规划发展游钓船只 50 艘，目前已拥有 18 艘。鲁海丰石雀滩国家级海洋牧场是青岛市最大的省级休闲海钓示范基地，于 2013 年被农业部评为“全国休闲渔业示范基地”。

图 8.6　海上垂钓平台

图 8.7　海钓船

鲁海丰石雀滩国家级海洋牧场每年可收获野生海参、鲍、鲈、许氏平鲉等各类海珍品 3000 余吨；年接待钓客近 1.5 万人次，年接待观光餐饮游客 2 万余人次，实现了一、二、三产业的融合发展。其基本形成了集网箱养殖、海上垂钓、休闲观光、旅游研学为一体的综合性生态海洋牧场，打造了完善的休闲垂钓型海洋牧场设施，带动了区域海洋休闲垂钓型海洋牧场的发展。

2．休闲观光型海洋牧场 在海洋牧场建设中，韩国把渔业生产与旅游、观光有机地结合起来，在保护生态环境、增大渔业资源的同时，因地制宜地开发海洋空间的旅游和娱乐功能。利用海底、海中、海面进行娱乐和知识充分结合的旅游、观光事业。

目前，我国海洋牧场形成了 4 种主要形式：生态修复型海洋牧场、渔业增养殖型海洋牧场、休闲观光型海洋牧场和综合型海洋牧场。休闲观光型海洋牧场是随着休闲渔业的兴起而出现的，以休闲垂钓和旅游观光为主要目的，是海洋牧场功能的最新拓展。综合型海洋牧场一般兼具多项功能，常见的是在渔业增养殖型海洋牧场开发休闲垂钓功能，或在生态修复型海洋牧场开发休闲观光功能和鱼类增养殖功能。

休闲观光型海洋牧场和休闲垂钓型海洋牧场风格比较类似，功能比较趋同，都是在传统的生态修复型海洋牧场、渔业增养殖型海洋牧场的基础上与休闲渔业相结合，以休闲垂钓和渔业风光为特色，创新“以人为本”的渔业产业旅游，促进传统渔业经济的产业链延伸和渔业经济的转型发展。在旅游业蓬勃发展的今天，将海洋牧场与休闲旅游搭接，是未来重要的发展方向。在我国沿海很多地区，海洋牧场已经成为海洋经济新的增长点，成为一、二、三产业相融合的重要依托。

利用海洋牧场发展旅游与滨海旅游开发的不同之处在于，休闲观光型海洋牧场首先是海洋牧场。即使是体验最为多元的韩国蔚珍海洋牧场，也没有过多地建设旅游度假设施，而是以保护为前提，不靠大量新增景点，而靠挖掘并放大海洋牧场的特色为主要吸引点。因此，观光设施多以轻量级、低影响、科普性为主，娱乐度假的属性偏弱。

1）**韩国蔚珍海洋牧场** 蔚珍海洋牧场面积约 25km²，也称东海海洋牧场，如图 8.8 所示。韩国东海海域寒流、暖流交汇，水质清洁，渔业资源品种不多，但海滨自然景观秀丽。蔚珍海洋牧场以观光型海洋牧场为目标建设。蔚珍海洋牧场于 2002 年开始建设、2012 年建成，

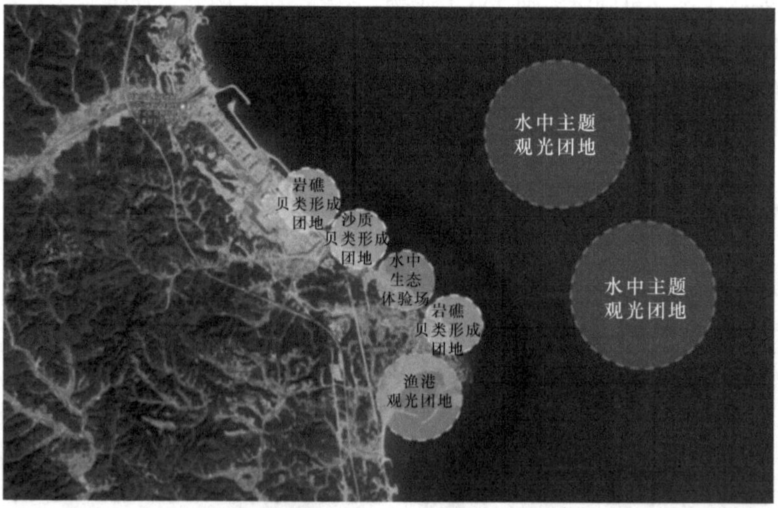

图 8.8 蔚珍海洋牧场功能分区图

建设期限为 11 年。建设的基本目标是：建设水产资源增殖和水中主题公园型海洋牧场，促进海洋休闲业和地区经济的发展；使海洋牧场产品品牌化，不断提高附加值。为实现这些目标，蔚珍海洋牧场建设的主要内容包括：①通过水质及底质环境管理和防止污染技术的开发，保护渔场环境；②利用水产工程技术和人工鱼礁等渔场形成设施，汇聚资源丰富的渔场；③充分利用苗种生产、中间育成、增殖放流等技术，增大渔业资源量；④通过生态友好的资源管理和有效的海洋牧场利用管理，提高渔业管理水平。

蔚珍海洋牧场共有 5 种类型的团地，均可作为旅游资源开发。

（1）岩礁贝类形成团地。该团地为渔业型，以增加鲍鱼资源为目标。由于岩礁沿海岸分布较广，呈分散状，因此在 5m 水深处投放沿岸鱼礁，形成鲍鱼栖息地；在其外侧 10m 水深处堆放多层四角混凝土块，再形成一个鲍鱼栖息地，增加鲍鱼资源量。鱼礁的投放使得海岸出现了特殊的形状——爱心海滨，如图 8.9 所示。爱心海滨已成为网红打卡地。

图 8.9 蔚珍海洋牧场爱心海滨

未来再发展此类团地则可有意而为之，在满足目标种鱼、贝类栖息的同时，以独特的形状投放鱼礁形成景点，化形为力打造浪漫海滨，助力观光型海洋牧场的发展。

（2）沙质贝类形成团地。该团地为渔业型，以增加黑浅蛤为目标。没有专门为沙质贝类形成团地投入构造物，以体验采掘黑浅蛤等多样生态为主要旅游体验。亲身体验亲近自然，感受生态海滨。

（3）水中生态体验场。该体验场为观光型，用与岩礁贝类形成团地相同的方法放流鲍鱼作为生态体验用。设置了水中瞭望台，可以让游客从不一样的角度观赏海滨。

该体验场还在河口处建设了淡水鱼生态体验馆，这是韩国国内首次展览鲜活淡水鱼的地方。淡水鱼生态体验馆已成为全新的文化、学习、休闲空间。

此外，韩国国家海洋教育中心也将在此建成，水中生态体验场的主题化和科普性都将得到进一步提升。该中心将在水下天文台周围安装人造鱼以创造海洋森林，并通过规划雕塑（如鲸、海豹）来打造各种景点。在天文台内部，张贴了各种水下图像，并提供水下虚拟现实（VR）体验。

（4）渔港观光团地。渔港观光团地依托于蔚珍郡最南边的厚浦港发展，能看到东海捕获的大部分鱼类。厚浦港后方小山坡上还建有厚浦灯塔，厚浦灯塔在黑暗的夜晚为渔船照亮回家的路，白天则成为眺望东海与厚浦港的展望台。

厚浦港真正走入游客视线还因为竹蟹和红蟹庆典。除了常设摊位贩卖腌制雪蟹、蔚珍鱿鱼丝等当地特产，在蔚珍竹蟹和红蟹庆典上，官方还组织了寻找大海宝物、竹蟹钳游戏娱乐、竹蟹舞娱乐等特色主题活动，吸引了大量游客。

（5）水中主题观光团地。水中主题观光团地以水肺潜水观光及生态体验为主。水域中会主动放流许氏平鲉、六线鱼等定居性鱼类，作为观光景观而非渔业资源。同时，投放退役军事舰艇、火车、深水鱼礁等作为水中景点。截至 2011 年，在该海域投放军宿营艇和警备艇各一艘、钢制沉船鱼礁 3 艘、自然石 18 200m³、钢制及混凝土等各种形态的人工鱼礁 1930 多个。蔚珍海洋牧场也因此成为韩国独具特色的著名潜水点之一。

2）“耕海 1 号”海洋牧场　“耕海 1 号”是山东海洋集团有限公司投资建造的海洋牧场综合体平台，位于烟台市莱山区渔人码头外侧海域，距海岸线 2km。以科技创新推动海洋渔业转型升级，实现智能化渔业养殖、休闲垂钓和海洋文化旅游的有机结合。将渔业养殖、智慧渔业、休闲渔业、科技研发、科普教育等功能有机结合，既是一个智能化养殖海洋牧场，也是一个休闲娱乐中心。站在“耕海 1 号”海洋牧场综合体平台上，不远处的烟台海岸线尽收眼底，如图 8.10 所示。

图 8.10 “耕海 1 号”海洋牧场综合体平台

（1）“耕海 1 号”一期海洋牧场综合体平台。“耕海 1 号”一期采用海洋工程领域的钢质坐底式结构，配备大量先进技术和设备，真正实现了智能化、生态化、产业多元化。在智能化方面，平台配备了自动投饵、5G 通信、安全管理等系统，以科技创新提升渔业养殖效率，实现海洋渔业转型升级。在生态化方面，平台通过运用清洁能源、排污处理、海水淡化等技术，践行绿色环保理念，推动海洋渔业资源和生态环境保护。在产业多元化方面，平台采用一、三产业融合发展的运营思路，将渔业养殖、智慧渔业、休闲渔业、科技研发、科普教育等功能有机结合，构建了装备型海洋牧场发展的新模式。

其由 3 个养殖网箱组合而成，构成直径 80m 的“海上花”概念，每朵“花瓣”养殖体积约 10 000m³，总养殖体积 30 000m³。3 个“叶片”上设计了 60 个休闲垂钓位置，“叶片”交汇区设计了超过 600m² 的多功能厅，具备休闲观光、科普教育、海洋监测功能，甚至还可以召开海上展会。平台顶部设置有直升机停机坪，是一个名副其实的海上综合体，如图 8.11、图 8.12 所示。

图 8.11 “耕海 1 号”一期海洋牧场综合体平台

图 8.12 “耕海 1 号”观光平台

在“耕海 1 号”，可以在平台上畅游体验垂钓乐趣、品尝餐饮美食、欣赏醉人美景、观看科普影片、领略海洋文化。整个观光平台有 3 层，第一层是亲海趣玩厅，触摸池展示着几十种不同的海洋生物，具有独特的海洋气息、细密的沙石、美丽的珊瑚礁及颜色艳丽的海星，可以使游客熏陶海洋文化，张开双手感受与海洋精灵的美丽邂逅。第二层是休闲功能区，具有浮海咖啡厅、全景落地玻璃窗，面朝大海、春暖花开，让游客悠然自得地欣赏美丽海景。第三层是深海放映厅，深海放映厅的曲面大屏可带你了解项目，所见所闻皆是科技的力量，如可移动坐底式结构、新材料网衣、智能化设备、空气投饵技术自动投喂、海水淡化、污水处理系统、水下监测、无人潜水器巡检、人工智能、5G 技术、大数据的应用等。登上望海观景台，可以遥望崆峒岛、俯瞰海洋心、远眺最美海岸线，欣赏另一种角度的烟台、别样的风情。

（2）“耕海 1 号”二期渔业综合体平台。为完善功能业态，提升品质内涵，强化“耕海 1 号”引领示范效应，山东海洋集团有限公司启动了二期建设工作。作为整体设计理念全球领先、国内首创的多功能休闲渔业综合体平台，“耕海 1 号”二期渔业综合体平台为移动渔业设施，入级中国船级社，柱稳式平台，无动力，工作水深约 10m，有 7 层甲板，主体的中心设五边形上层建筑，从下往上分别设置展厅、餐厅和住宿区，主体五角分别设置迎宾广场、水上乐园、游泳池和休闲广场等，具备渔业休闲、海洋科研、海上住宿、会议餐饮等功能。该项目外围直径 120m，最大宽度 114.8m，总高 50.2m，可供 64 名员工和 177 名游客住宿，最大登乘人员 630 人（含员工）。该项目的开工建造，将在业内率先建成集养殖、观光、垂钓、住宿、餐饮、娱乐、科普、科研等于一体的现代化大型海上休闲渔业综合体，探索打造海洋牧场发展新模式。

二期由海上综合体平台和休闲海钓长廊（图 8.10）两部分组成。一期与二期由休闲海钓长廊连通，共同构成“海洋之星”项链造型。二期以产业多元融合发展为目标，建设集养殖、观光、垂钓、住宿、餐饮、科普、科研等于一体的现代化海上综合体，努力探索海洋牧场多元融合发展的新模式，是休闲渔业经略海洋、走向深远海迈出的重要一步，将推动海洋渔业可持续综合开发利用。

8.3　休闲海钓

休闲海钓常被称作“海上高尔夫”，常见的有船钓、岸钓、网箱钓等多种方式。海钓爱好者在垂钓和安全装备及海钓船付费等方面，需要付出比淡水钓更多的经济支出。

8.3.1　休闲海钓产业现状与发展趋势

休闲海钓是欧美国家很多垂钓爱好者的休闲方式，在我国，现在也有一部分人群热衷休闲海钓。

1. 背景概述　我国关于“垂钓”的历史虽然悠久，但相较于欧美等发达国家，从真正提出休闲渔业的概念，到被大众所接受、熟知，并作为整体产业来大力推动、发展的时期是比较晚的，休闲海钓更是由于其高要求、高标准、高装备等特性，起步更迟。1995 年，我国第一家海钓俱乐部成立，标志着国内海钓产业开始起步。我国休闲海钓整体起步较晚，但是发展迅速。20 世纪 90 年代初，我国加入亚细亚钓鱼联盟，海钓业开始萌芽，以参与国际友好钓鱼盛会为契机，以爱护鱼类资源、保护环境卫生、促进世界和平、钓鱼无国界为理念，以钓交友；2000 年，中国海钓产业发展研讨会是中国海钓史上具有里程碑意义的一次会议，以新视角重新丰富了海钓的内涵，开启了中国休闲海钓新兴产业的篇章；2004 年，海钓产业推进研讨会把海钓俱乐部的经营机制直接推向了游钓市场。2008 年，我国已有千余家休闲渔业相关的俱乐部，从事海钓工作的人员约 30 万人，初步形成了以秦皇岛、大连、青岛为中心的黄渤海海钓区域，以舟山、宁波、温州、福州为中心的东海海钓区域，以及以珠海、澳门、香港为中心的南海海钓区域，全国三大海钓区域的布局也为周边地区休闲海钓的发展起到了良好的辐射带动作用。2011 年，我国将休闲渔业列为五大现代产业之一；2012 年，农业部出台《关于促进休闲渔业持续健康发展的指导意见》，特别是“十二五”期间休闲渔业发展势头迅猛，从转方式、调结构到供给侧结构性改革、三大产业融合，休闲渔业的需求市场日益旺盛。2012 年，经国务院同意，民政部批准的全国性、非营利性社会团体——中国钓鱼运动协会（China Angling Association，CAA）成立，该协会以促进钓鱼运动发展，活跃广大人民群众文化体育生活为宗旨，倡导绿色环保的理念，打造高水准的国际赛事，不断丰富渔文化，提升钓鱼品质，是代表中华人民共和国参加相应国际钓鱼运动组织的合法代表；2015 年 1 月，中国休闲垂钓协会海钓分会成立，依托休闲海钓比赛的举办，加强产业链的创新和基地建设，标志着我国海钓产业发展又迈上了一个新的台阶。截至 2015 年，全国已有 3.8 万家休闲渔业经营主体，游客逾 1.2 亿人次，休闲渔业创造的产值达 500 亿元，中国迎来休闲渔业的黄金发展时期。通过全球一体化、休闲渔业国际化态势的不断发展，中国休闲渔业产业不断壮大，中国休闲渔业的发展内涵愈加丰富，对周边国家海钓爱好者的吸引力也逐渐加大，外国海钓者参与中国海钓活动的次数呈现逐步上升的趋势。

2．产业规模 2022 年，全国休闲渔业产值 839.25 亿元。全国休闲渔业经营主体数量 13.83 万个，其中规模以上经营主体（指休闲渔业年产值达 200 万元以上的经营主体）数量 1.45 万个，从业人员数量 76.31 万人，接待人数 2.36 亿人次，人均消费支出 355.29 元。全国休闲渔业船舶数量 7794 艘，其中海洋休闲渔业船舶数量同比增长 2.22%。

3．区域分布 2022 年，全国休闲渔业产值超过百亿元的省份有 3 个，分别是山东（180.89 亿元）、湖北（124.49 亿元）和广东（123.40 亿元），3 省产值占全国产值的 50%以上，但其中海洋休闲渔业的产值没有分开统计。休闲渔业产值超 10 亿元的分别是江苏、四川、辽宁、安徽、浙江、湖南、江西、重庆、海南、福建、吉林、云南。沿海地区 11 个省份休闲渔业产值总和为 497.60 亿元，占全国休闲渔业产值的 59.29%。

4．产业结构 根据农业农村部休闲渔业监测分类，我国休闲渔业分为 5 种类型，分别是旅游导向型休闲渔业、休闲垂钓及采集业、钓具钓饵观赏鱼渔药及水族设备、观赏鱼产业和其他。从占比来看，旅游导向型休闲渔业、休闲垂钓及采集业为主导产业。

1）旅游导向型休闲渔业 2022 年，旅游导向型休闲渔业营业额 327.92 亿元，其中，海水旅游导向型休闲渔业营业额 129.40 亿元，营业额排名前 5 的省份依次为山东、广东、辽宁、海南和浙江。以沿海和内陆划分，我国沿海 11 个省份旅游导向型休闲渔业营业额总和 188.43 亿元，内陆 19 个省份旅游导向型休闲渔业营业额总和 139.49 亿元。

2）休闲垂钓及采集业 2022 年，休闲垂钓及采集业营业额 257.26 亿元，其中，海水休闲垂钓及采集业营业额 37.30 亿元，山东、广东和辽宁的营业额分别占全国海水总营业额的 45.78%、18.80%和 16.66%。

3）钓具钓饵观赏鱼渔药及水族设备　2022 年，钓具钓饵观赏鱼渔药及水族设备营业额 139.33 亿元，其中，钓具、钓饵、观赏鱼渔药、水族设备的营业额分别为 47.73 亿元、11.29 亿元、49.59 亿元和 30.72 亿元。钓具产业中，山东的营业额占全国总额的 51.01%；水族设备产业中，广东的营业额占全国总额的 75.20%。

4）观赏鱼产业　2022 年，观赏鱼产业产值 110.92 亿元，其中，海水观赏鱼产值 14.49 亿元，广东产值 12.44 亿元，占全国海水总产值的 85.85%。广东和山东观赏鱼产业产值合计占全国观赏鱼总产值的 47.53%。

8.3.2　海钓方式

以下将介绍船钓、岸钓、网箱钓等几种海钓方式。

1. 船钓　船钓是指需乘海钓船出海开展海上垂钓的方式，如图 8.13 所示。船钓钓场一般为投放人工鱼礁的休闲型海洋牧场区。目前，我国休闲型海洋牧场大多数为确权海域，海洋牧场的管护单位拥有海钓船租赁，并根据牧场区的渔业资源状况，确定进入牧场区的海钓船的数量、可钓捕的渔获量。同时，提供海钓知识传授、安全保障服务等。

图 8.13　海钓船

2. 岸钓　岸钓是指开展海滩钓、海岸矶钓、海水池钓等活动，如图 8.14 所示。开展岸钓必须拥有适宜开展休闲垂钓活动的海滩、天然岩礁或人造岸堤岸线，钓场岸线毗邻海域内，具有一定数量的垂钓品种资源量。标准化海水钓池需放养垂钓品种 2～3 种甚至以上，并有一定密度的存养量。

图 8.14　岸钓

3. 网箱钓　网箱钓是指在休闲游钓网箱开展的海水游钓活动。与传统的海水养殖网箱不同，休闲游钓网箱还具有供游客行走、驻足、游钓活动的安全环廊。网箱内放养一定规格、一定数量的供游客垂钓的养殖鱼类，如许氏平鲉等。

8.3.3　主要海钓对象

休闲海钓的主要对象都是典型的恋礁性鱼类。恋礁性鱼类多肉质鲜美、经济价值较高，既是海洋牧场的主要增殖物种，又是休闲渔业的主要海钓对象。近些年来，通过投放人工鱼礁、开展增殖放流，促进了休闲型海洋牧场的快速发展。主要海钓鱼类如下。

1．许氏平鲉 俗名黑鲪、黑头、黑寨鱼、黑老婆，如图 8.15 所示。属近海冷水性底层鱼类，常栖息于有石砾、岩礁、人工填石、沉船和海藻丛生的海区。在我国的渤海、黄海和东海等均有分布。食性特点：肉食性鱼类，食性凶猛、食量大，主要摄食对虾、鹰爪虾（*Trachysalambria curvirostris*）、蟹类、日本鳀（*Engraulis japonicus*）、梭鱼属（*Sphyraenus*）及头足类等。许氏平鲉是我国近海增殖放流和人工养殖的对象，也是休闲垂钓的主要对象。其肉质鲜美，经济价值较高，是我国重要的经济鱼类。

图 8.15 许氏平鲉

2．黑鲷 俗名黑加吉、青鳞加吉、乌格、青郎，如图 8.16 所示。属近海暖温性底层鱼类，具广温、广盐性。常栖息于岩礁和泥沙底质海域，喜集群，一般不作长距离洄游。广泛分布于我国沿海，黄渤海较为集中。食性特点：肉食性鱼类，主要摄食小型鱼类、虾类、底栖动物等。黑鲷是我国近海增殖放流和人工养殖的对象，也是休闲垂钓的主要对象。其生长速度快、肉质鲜美、经济价值较高，是我国重要的经济鱼类。

3．真鲷 俗名红加吉、红鲷、红立，如图 8.17 所示。属近海暖温性底层鱼类。常栖息于水质清澈，岩礁、沙砾及藻类丛生的岩礁水域，喜集群，游泳迅速。在我国沿海海域均有分布。食性特点：杂食性，主要摄食底栖甲壳类、软体动物、棘皮动物、小鱼及海藻等。我国沿海有网箱养殖，也是增殖放流和休闲垂钓的主要对象。其个体大，肉肥而鲜美，为海水名贵鱼种。底拖网、定置张网及钓钩均能捕获。

图 8.16 黑鲷

图 8.17 真鲷

4．大泷六线鱼 俗名黄鱼、六线鱼，如图 8.18 所示。属近海冷温性底层鱼类。常栖息于沿岸及岛屿的岩礁附近，游动活泼，具趋光性，白天在表层活动，夜间潜入深水。早春清明节至五一劳动节前后，常集群在浅海礁石附近和岸边觅食，小雪过后才游到岩洞里过冬。在我国分布于黄渤海海域，肉味鲜美，有“北方石斑”之称。食性特点：杂食性鱼类，以小

图 8.18 大泷六线鱼

型鱼类、甲壳类和软体动物等为食。其为北方沿海养殖品种，也是增殖放流和休闲垂钓的主要对象，具有较高的经济价值。以钓捕为主，地笼、刺网等陷阱类渔具均可捕获，海钓采用抛竿远投底钓法、船钓底钓法。

5. 斑石鲷 俗名黑金鼓、斑鲷、黑嘴，如图 8.19 所示。属近海热带和亚热带鱼类，喜栖息在岩礁区或珊瑚礁中，幼鱼随着海藻漂移。在我国分布于黄海、东海、南海等海域，被誉为“梦幻之鱼”“矶钓之王”“刺身绝品”。食性特点：肉食性，齿锐利，以无脊椎动物或岩礁上附着生物为食。肉质鲜美细腻，营养丰富，为食用鱼类，经济价值较高，目前已实现人工养殖。其也是休闲垂钓的对象。刺网、钓钩等渔具均可捕获。

图 8.19 斑石鲷

6. 条石鲷 俗名石鲷、七色、黑嘴。属近岸暖温性底层中小型鱼类，是典型的礁区底栖性鱼类。幼鱼随着海藻漂移，成鱼则栖息在岩礁区，因此是矶钓钓友熟悉的鱼种。分布于西北太平洋区的日本、中国、韩国、朝鲜及中太平洋东部的夏威夷群岛。食性特点：肉食性，齿锐利，可咬碎贝类或海胆等生物的坚硬外壳，以底栖无脊椎动物或岩礁上附着生物为食。经济意义：肉质鲜美，为食用经济鱼类，在北方已有养殖。其也是观赏鱼类和休闲垂钓的对象。刺网、钓钩等渔具均可捕获，钓法和其他鲷类相同，但是要注意该鱼类锐利的牙齿，以防咬断钩系。

7. 皮氏叫姑鱼 俗名小白鱼、叫姑、黑耳津、叫吉子，如图 8.20 所示。属近海暖温性中下层小型鱼类。常栖息于水深 20m 之内的泥沙底质近底层或岩礁附近水域，喜群集，具有昼夜垂直移动习性，广温和广盐。鳔能发声，发出断断续续的咯咯声，如蛙鸣。我国沿海海域均有分布，渔场大多在近岸浅海和河口区。食性特点：主要以甲壳类、多毛类及小型鱼类为食。其为食用经济鱼类，底拖网、延绳钓、流刺网均可以捕获。

8. 中国花鲈 俗名鲈鱼、鲈花、寨花、鲈板，如图 8.21 所示。属近海温暖性中下层鱼类。常栖息于河口咸淡水区，也能溯河到淡水觅食，秋末到河口产卵，冬季降河回近海。食性特征：性凶猛，以小鱼、甲壳类等为食。肉质细嫩、鲜美，是上等食用鱼，具有很高的经济价值。生长速度快，是优良的养殖品种，也是增殖放流和休闲垂钓的主要对象。常被底拖网、流刺网、钓钩等捕获，喜活食，咬钩凶猛，首选用路亚竿抛钓。

图 8.20 皮氏叫姑鱼

图 8.21 中国花鲈

9. 长蛇鲻 俗名沙梭、狗母鱼、长蜥鱼、细鳞狗母，如图 8.22 所示。属近海暖温性底层鱼类，常栖息于水深 20～100m 的泥沙底质海域或珊瑚礁外缘沙质海域，性凶猛，具自残现象，游泳迅速。食性特征：以小型虾类、小型鱼类和幼鱼为食。其为食用鱼类，肉味鲜美细嫩，是中国主要经济鱼类之一。可被底拖网及陷阱类渔具所捕获。

10. 绿鳍马面鲀 俗名马面鱼、象皮鱼、皮匠刀、面包鱼、扒皮郎、扒皮鱼，如图 8.23 所示。属暖温性中下层鱼类，喜集群。食性特征：属杂食性，以浮游生物和小型底栖生物为食。肉质鲜美，蛋白质含量高。肝能加工成鱼肝油、明胶等药物。常用底拖网捕捞，刺网可兼捕。

图 8.22 长蛇鲻

图 8.23 绿鳍马面鲀

图 8.24 褐菖鲉

11. 褐菖鲉 俗名石狗公、红媳妇、石头鱼，如图 8.24 所示。属近海暖温性底层鱼类，喜栖息于近岸岩礁附近，有很强的趋礁性，具洄游至深海区越冬的习性，活动范围不大。为黄渤海近岸习见经济鱼类之一。食性特征：主要摄食小鱼、甲壳类、端足类、泥螺和藻类等。肉嫩、味鲜美，产量不高，为休闲游钓的主要对象，也为人工养殖和增殖放流的对象，具有较高的经济价值。刺网、地笼、钓钩等均能捕获。

12. 蓝点马鲛 俗名鲅鱼、马鲛，如图 8.25 所示。属近海暖温性中上层鱼类。性凶猛，喜集群，游泳迅速，有洄游习性，夏秋季集群向近海洄游。主要渔场有舟山、连云港外海及山东南部沿海。是船拖钓主要对象鱼之一。我国东海、黄海和渤海海域均有分布。食性特征：肉食性，主要摄食小型鱼类、甲壳类和软体动物等。蓝点马鲛现在是黄海、渤海产量非常高的经济鱼类。一般被拖网、围网、张网、流刺网、钓钩等捕获。秋汛常集群于沿岸岛屿及岩礁附近索饵，此时可使用船竿、路亚竿等钓具，漂钓、行船拖钓、抛钓等皆可，中钩后水下劲头很大，为垂钓物之上品。

13. 带鱼 俗名刀鱼、裙带、肥带、油带、牙带鱼，如图 8.26 所示。带鱼的体型侧扁如带，呈银灰色，背鳍及胸鳍浅灰色，带有很细小的斑点，尾巴呈黑色，带鱼头尖口大，至尾部逐渐变细。主要分布于西太平洋和印度洋，在中国的黄海、东海、渤海一直到南海都有分布，和大黄鱼、小黄鱼及乌贼并称为中国的四大海产。食性特征：主要以毛虾属（*Acetes*）、乌贼为食。

14. 八爪鱼 俗名章鱼。章鱼不是鱼，它属于软体动物，如图 8.27 所示。是从头足纲软体动物中进化而来的。章鱼身体一般很小，8 只触手又细又长，故又有“八爪鱼”之称。章鱼与众不同的是，它有 8 只像带子一样长的脚，弯弯曲曲地漂浮在水中。其在世界各地的热带和温带海域皆有分布。

图 8.25　蓝点马鲛

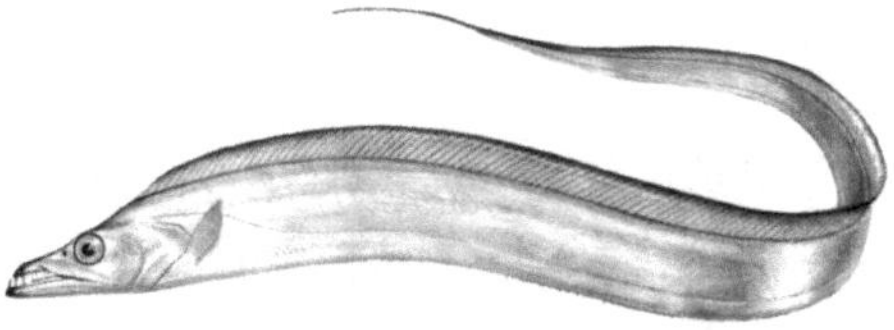

图 8.26　带鱼

15. 乌贼　俗名乌鲗、花枝、墨斗鱼、墨鱼，如图 8.28 所示。是软体动物门头足纲乌贼目的动物。为浅海底栖种类，栖息于 10～100m 的沙质海底，有时也穴居，游泳速度较慢，喜集群，群体较大。乌贼遇到强敌时会以“喷墨”作为逃生的方法并伺机离开，因而有“乌贼”“墨鱼”等名称。其皮肤中有色素小囊，会随“情绪”的变化而改变颜色和大小。乌贼会跃出海面，具有惊人的空中飞行能力。与鱿鱼和章鱼一样属海洋软体动物，三者均不属于鱼类。食性特征：主要摄食小型虾类、小型鱼类等。肉洁白如玉，具有鲜、嫩、脆的特点，且营养丰富，除鲜食外，还可加工制成罐头食品或干制品。渔业期多在 8～12 月，11 月为盛渔期。常用底拖网、张网类渔具捕获，刺网可兼捕。

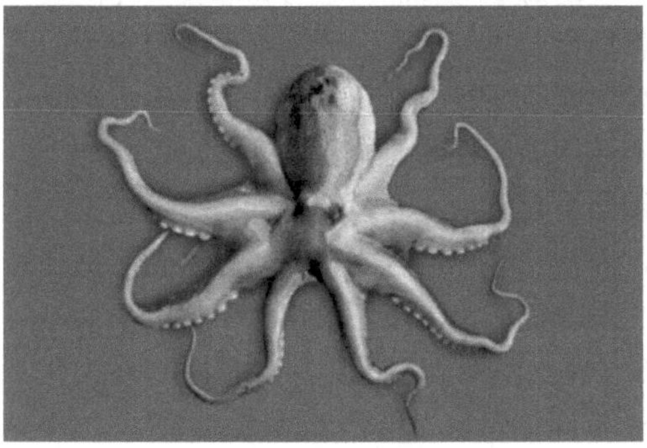

图 8.27　八爪鱼

图 8.28　乌贼

16. 星康吉鳗　地方名：星鳗、鳝鱼、海鳗、沙鳗，如图 8.29 所示。属近海暖温性底层鱼类，栖息于沿岸沙泥底质海域，昼伏夜出，白天多栖息、蛰居于泥沙质海底及相邻的水下暗礁或岩洞、水下障碍物及海底大块礁石根部的缝隙或海底植物的空隙处，夜间在其栖息、蛰居处的周围游弋觅食。无洄游习性。食性特征：以多毛类、甲壳类、软体动物及小鱼等为食。为常见食用鱼类，肉细嫩、味美，具有很高的经济价值。渔业可常年捕捞，也是休闲垂钓的对象。常被拖网和定置张网兼捕，也可被钓钩和鳗笼捕获。该鱼种由于昼伏夜出，因此必须夜间垂钓，白天很少能钓到，夜钓须配灯具，钓竿主要是每人 3～5 支 2m 长的海竿，此外还可加用手竿和手线，无论海竿或手竿，其竿梢都应比平常粗一些。

图 8.29　星康吉鳗

8.3.4 休闲海钓平台

沿海地区依托深远海养殖，拓展深远海养殖大型装备功能，探索发展集垂钓观光、住宿餐饮、海洋科普等于一体的“海洋牧场、养殖平台＋休闲渔业”新产业新业态。

海上养殖平台是高出海面且具有水平台面的一种桁架构筑物，供进行生产作业或其他活动用。按其位置是否固定，分为固定式海上平台和浮式海上平台。固定式海上平台在整个使用寿命期内位置固定不变，其形式有桩式、绷绳式和重力式等。浮式海上平台是一种大型浮体，有的可以迁移，有的不迁移。可迁移的浮式平台，又称活动平台，它是为适应勘探、施工、维修等海上作业必须经常更换地点的需要而发展起来的。现有的活动平台分为坐底式、自升式、半潜式和船式 4 种。

休闲海钓平台是近年来发展起来的一种能够集垂钓、休闲、娱乐、餐饮、会议等功能于一体的一种平台，是从传统海洋工程、渔业生产领域走向海上休闲旅游领域的应用，契合了现代渔业生产由近海向深远海、一二三融合发展的转型发展方向。

2019 年 10 月 5 日，中国船级社（CCS）首次检验的两座“海东青平台”和“泛星渔业休闲平台”交付。该平台由大船集团山船重工为秦皇岛海东青食品有限公司和秦皇岛泛星文化旅游有限公司建造，是秦皇岛首座国家级海洋牧场旅游休闲平台。此次交付的海上休闲渔业平台集海上旅游垂钓、渔事体验、海上观光、餐饮娱乐、科普教育、海洋观测等多功能于一体，同时配备水下水上监控设备，实现海洋生态环境的监视和监控。

两座海上休闲渔业平台是海上自升式可移动钢制平台，由主船体、生活区、固桩架、桩腿及桩靴等部分组成。平台总长 28m，总宽 29m，四个圆柱形桩腿布置在主体四角，每个桩腿配置一套液压插销式升降系统。平台配备 2 台主发电机和 1 台应急发电机，保障长期不间断供电。两座海上休闲渔业平台是首个按照 CCS《海上渔业养殖设施检验指南》设计并入 CCS 级的海上休闲渔业平台，这也是生产作业型平台向休闲观光平台转型的实践。

休闲海钓平台常见的有固定在海底的坐底式休闲平台和能够漂浮在水面上的浮式休闲平台。

1．坐底式休闲平台 坐底式休闲平台起源于传统的海洋工程，由于海洋工程长期在外海海域作业，往往面临风、浪、流、冰等外海恶劣海况，需要安全、稳定的生产环境，就需建设大型的结构设施抵御这种外界海况并保持自身安全。在海洋工程的发展过程中逐步发展起桩式平台、绷绳式平台和重力式平台等结构型式，但各自有适用的海域条件。随着水产养殖从近岸向深水方向发展，传统海洋工程常用的大型钢结构快速应用于水产养殖领域，“长渔 1 号”“振渔 1 号”“海洋渔场 1 号”“海峡 1 号”“天安蓝鲸一号”“澎湖号”和“福鲍 1 号”等都是我国近些年建设的著名深远海养殖平台。随着深海养殖的快速发展，海上与渔业生产相结合的休闲旅游也开始兴起，企业在发展深远海养殖项目的同时，也逐渐将深远海养殖与休闲旅游相融合，发展出水产养殖综合体平台，打造新型的水产业发展新模式。

桩式平台由承台和桩基构成。休闲渔业平台的桩基以钢桩为常见型式，构筑时将桩打入海底，其上安装承台。这种结构的主要优点是波浪及水流荷载小，但造价随水深成指数倍增长，使用水深受限制。

绷绳式平台又称系索塔平台，将一个预制的钢塔安放在海底基础块之上，用钢索沿不同方向锚碇拉紧而成。它适用于水深较大的海域。

重力式平台是靠平台自身的重量稳坐在海底坚实土层之上的，抵御风暴及波浪袭击的能力强。但这种平台往往是近岸海洋工程生产作业平台，难以兼顾渔业生产养殖需求，在渔业休闲平台发展中较为少见。

1）围网休闲养殖平台　　大型围网养殖主要服务于渔业生产，但养殖管理平台同时可作为休闲渔业平台，以满足游客了解现代化渔业生产、观光海景、海上垂钓等需求，也可发挥物尽其用的效能。

（1）莱州大型围网养殖。在距离莱州湾海岸 10km 的远海开放海域中，一个由 172 根钢制管桩和超高分子量聚乙烯网衣组成的大型围网，形成了一个约 16 万立方米的养殖水体，能抗 12 级台风、9m 大浪，年养殖优质海水鱼可达 1600～2000t，如图 8.30 所示。其被中国农学会评为 2021 中国农业农村重大新装备——深远海大型管桩围栏养殖设施与装备。

由中国水产科学研究院黄海水产研究所和莱州明波水产有限公司联合开展科研攻关，针对黄渤海区远海开放海域特殊的海况条件及养殖设施大型化与智能化的发展需求，设计建造成大型钢制管桩围栏。这个大型围栏由 172 根钢制管桩和超高分子量网衣组成，外层周长 400m，形成养殖水体约 16 万立方米，配套两个大型多功能平台和 6 个小型平台，拥有活鱼运输船、自动吸鱼泵等生产设备，具备规模化立体养殖功能，实现了自动化、智能化管控。

图 8.30　莱州大型围网养殖平台

这个大型围栏养殖装备包括投喂、鱼苗投放、自动捕捞、自动监测等多个智能化模块，其中智能气动投饵机利用高速空气流将饵料输送到围栏上方进行抛洒，实现了定时、定量、定参数的自动投喂。

这种大型围栏养殖具有养殖面积大、鱼类活动空间大、养殖环境更近自然和养殖鱼类品质更近生态等特点，广泛适用于大陆架走势平缓的海域和多种经济鱼类养殖模式。单个围栏养殖水体可大可小，最小 2 万立方米，最大可达 20 万立方米，一个养殖周期产量 200～2000t（按平均 $10kg/m^3$ 计算），产值 1000 万元～1 亿元（按各养殖品种均价 5 万元/吨计），经济效益显著。

开放海域大型围栏智能化生态养殖模式，以现代信息技术和工程装备为支撑，为提升现代海洋牧场标准化、信息化和装备化建设水平，引领海洋渔业由近岸迈向深蓝探索出了一条新路径，引导海水养殖生产方式转变，打造优质蛋白新生产基地发挥积极作用，推广应用前景广阔。

（2）北麂岛大型围网养殖。距离温州 40 海里（n mile）左右的北麂岛有一座全国最大的深水双圆周大跨距管桩式围网黄鱼养殖基地，如图 8.31 所示。

图 8.31　北麂岛大型围网养殖平台

这个大黄鱼散养基地围网按照双圆形建设，双圆周大跨距高达 10m，内外圈周长分别为 438m、498m，采用直径 80cm、40m 多长的水泥管桩打入海底深处，形成一个水流通畅、约 30 亩的养殖场。

围网外围还养殖藻类进行水质调控，给予大黄鱼最好的水质。在天然环境、超大活动空间、低密度生态养殖、藻类水质调控等多重手段应用下养成可媲美野生的大黄鱼。

2）坐底式休闲养殖平台　国内首座深远海智能化坐底式网箱“长鲸一号”是深远海智能化坐底式网箱。它位于长岛海洋生态文明综合试验区大钦岛附近渤海海域，稳稳“坐”在海床上，成为山东省深远海智能渔业养殖和海上休闲旅游的新“地标”，如图 8.32 所示。

图 8.32　“长鲸一号”坐底式养殖平台

“长鲸一号”是全球首个深水坐底式养殖大网箱和首个实现自动提网功能的大网箱，由中集来福士海洋工程有限公司为长岛弘祥海珍品有限责任公司设计建造。网箱采用坐底式四边形钢结构形式，最大设计吃水 30.5m，养殖水体达到 60 000m^3，预计每年能养 1000t 鱼，设计使用寿命 10 年，相当于 100 个普通的 HDPE（高密度聚乙烯）网箱。该装置集成了网衣自动提升、自动投饵、水下监测等自动化装备，日常仅需 4 名工人即可完成全部操作。

网箱上方建筑还采用了别墅设计，周边走台进行加宽设计，生活区内装采用高标准“中国风”装修风格，可同时满足 30 人休闲垂钓和观光旅游需求。

“长鲸一号”是中集来福士海洋工程有限公司通过自主创新、进行新旧动能转换的成果，通过大数据技术，可实时反馈海洋水文信息、监测数据，可实现自动投饵、自动水下清洗渔网、自动提升网衣，让海洋牧场从近海走向深海。

随着“长鲸一号”的交付，中集来福士海洋工程有限公司将会陆续投用不同结构形式（方形、船形、多边形）、不同固定方式（坐底式、浮式、半潜式）、不同功能分类（鱼类、海珍品、养殖＋休闲）的系列网箱。

现在大型渔业养殖设施的设计，在考虑养殖功能的同时，都考虑一定的休闲渔业旅游观光功能，发挥综合功能，提升品牌效应与总体效益。

2．浮式休闲平台　浮式休闲平台的最初起源是渔民为了减小出海捕捞的风险，在海边建设一些方格状的小型网箱进行水产养殖，同时还修建了简易的房屋供渔民来居住。这种起初被称为渔排的建筑形式，经过发展逐渐演变成现在的一种休闲娱乐平台。在发展的过程中，渔排开始变成将船固定在码头边，称为趸船。趸船的形式开始是为了方便货物装卸，随着发展，渐渐地转向商业、娱乐使用。目前，渔排、趸船等就变成了很多大型的、综合性的娱乐平台，这种平台形式可以将沿海的一些资源及海域中岛屿连接起来，满足休闲旅游观海、亲近大海的需求。近年来为了满足高端旅游需求，还出现了水上别墅、房艇等不同形式的水上休闲平台，这些形式能够更好地满足个性化的需求。

浮式休闲平台主要有大型钢结构平台和高分子材料组合平台，大型钢结构平台主要用于气象、水文条件较复杂的海区，而 PE（聚乙烯）材料渔业休闲浮式平台、高分子材料模块组合浮式平台主要用于掩护条件较好及气象、水文条件较好的海区，但总体上 PE 材料渔业休闲浮式平台的抗风浪性能优于高分子材料模块组合浮式平台。

1）“普盛海洋牧场 1 号”　2022 年 3 月，海南首座半潜式深远海智能养殖旅游平台“普盛海洋牧场 1 号”在广州南沙广船国际有限公司签字交付。该平台也是中国船舶集团旗下广船国际有限公司建造的首座 80m 半潜箱型养殖旅游平台，是华南地区首个取得 CCS 入级证书的海洋牧场养殖装备，交付后将服务于海南省乐东县龙栖湾国家级现代智慧海洋牧场，助力“海上粮仓”建设，为海南全岛建设自贸港，打造海上旅游新业态，如图 8.33 所示。

图 8.33　“普盛海洋牧场 1 号”深远海智能养殖旅游平台

平台总长 86m、宽 30m、高 18m，作业吃水 10m，采用钢质半潜结构与软体网衣组成约 30 000m^3 的养殖水体，可搭载智能渔业养殖系统，实现自动投饵、鱼群监控、水质监测等现代化渔业生产功能，为海洋牧场提供“智慧大脑”，年产优质海鱼可达 120 万斤。

该平台还配备了海水淡化、污水处理、仓储空间、休闲餐厅等生活设施，采用光伏等清洁能源供电实现能源自给自足，通过四角锚泊提供出色的抗风浪能力，不仅安全可靠，还可实现生态循环可持续运营，是一座集绿色智能装备、养殖渔场、观光旅游为一体的现代海洋产业融合基地。

2）PE 材料渔业休闲浮式平台　相比较钢结构，PE 材料渔业休闲浮式平台也是比较经济、耐海水腐蚀的一种型式，劣势是抗风浪性能还无法与大型钢结构浮式平台相比。

平台的布局应根据海区条件、地形地貌和功能需求综合考虑。对于风浪较大的海域，宜采用单台布局的形式；对于风浪较小的海域，宜采用多台布局的形式。对于海底起伏较大的海域，宜采用单台布局的形式；对于海底地形平坦的海域，宜采用多台布局的形式。对于具有常浪向或常流向资料的海域，宜采用顺浪或顺流的布局型式。

PE 材料平台型式可选用圆形休闲渔业平台或矩形休闲渔业平台。平台规格太小，则不能满足基本的功能需求；规格太大，则承受的环境荷载巨大，设计和制造难度较大。因此，建议圆形平台的周长宜控制在 40～120m，矩形平台的边长宜控制在 10～40m。同时要求，单个平台甲板总面积不应小于 40m^2，且不超过 800m^2。

休闲渔业平台宜采用 PE 管材，管材性能应符合《给水用聚乙烯（PE）管道系统 第 2 部分：管材》（GB/T 13663.2—2018）的规定。为了保证管材具有足够的强度，管材尺寸应满足下列要求：主管直径不应小于 200mm，壁厚不应小于 15mm；副管直径不应小于 400mm，壁厚不应小于 15mm；立管直径不应小于 315mm，壁厚不应小于 18mm；均要满足水产行业管材标准尺寸比（管径与壁厚的比值）不大于 18 的要求（图 8.34）。

图 8.34　PE 材料渔业休闲浮式平台

甲板强度应能满足平台承载要求，建议采用片状模塑料（SMC），其性能应符合《通用型片状模塑料（SMC）》（GB/T 15568—2024）的要求。甲板高度应保证平台上接纳人员达到最大容量时，不会发生甲板上浪，确保休闲渔业平台的正常使用。

平台荷载包括永久荷载和环境荷载，其中永久荷载包括重力和浮力，环境荷载包括风载荷、海浪载荷和海流载荷；计算时应考虑结构特征、构件形状和尺寸，以及环境荷载强度、组合形式和入射角度，对平台结构所受荷载进行矢量叠加。PE 材料渔业休闲浮式平台无论是平台结构还是锚泊系统，都应进行严格的结构受力计算，进行结构设计、强度分析与强度校核。

3）PE 材料模块组合浮式平台　在众多的平台中，最经济、简单实用的应该是使用高分子材料制成，能够进行各种不同组合的平台了。这种平台可以漂浮在水面上，并且能够按照需要进行不同的组合，安装和拆卸都比较方便，能够满足休闲和娱乐的需求，投资较少、经济效益较好。

产品造型美观，内外光滑、无焊无缝、无味、耐酸、耐碱、耐冲击、耐高温（60℃）、耐冷冻（−30℃），不渗漏、不易老化、无需维修及清洗，安装运输方便。产品的使用寿命可达 25 年之久，并且不易结水垢等。水上拼接浮台适应深水浅水、动水静水、咸水淡水、冻水热水、净水污水等各种水域。浮筒组成的各类产品具有变化无穷、自由组合各式形状，能简单快速地安装和拆卸，对环境无害、轻便、稳定和易维护等特点。

此种浮式平台均为厂家标准化模块制作，现场组装的型式。平台样式灵活多变，对场地的适应性强。组装简易、快速、灵活、造型多样，整体采用模块结构，可配合各种景观的需要，迅速更换平台造型，外观色彩亮丽，造型优美。配套设备齐全，如系船栓、缆桩、防撞球、护栏、登岸舷桥等，可靠泊游览船只，并因平台浮力的特性，随水位起落而自动升降，旅客上下船只安全、舒适，如图 8.35 所示。

图 8.35　韶关水上农庄餐厅水上浮式平台

高分子材料模块组合浮式平台常用于靠近岸边风浪较小的海域，或周围掩护条件较好、相对风平浪静的海域，有的用于周围环绕抗风浪养殖设施、中心区相对营造出较好养护条件的养殖管理、观光区。无论哪种海域使用这种型式的浮式平台，都要充分论证平台的适宜性和安全性。

8.4　休闲渔业体验

近年来，随着海洋休闲渔业的发展，到海边旅游的人群除了可以体验赶海捡贝壳、休闲垂钓，还可以到海洋牧场体验采海藻、采贝壳、体验网箱垂钓等。

8.4.1　藻类筏式养殖体验

海藻养殖是通过人为方式调控藻类生长、扩繁的生产过程，也是获取海藻商品的重要途径。由于各海区所处的位置存在差异，其水文、水质不同，养殖品种要因海而宜。黄渤海海域适宜选择海黍子、海带、裙带菜等；东海海域适宜选择铜藻、瓦氏马尾藻、羊栖菜、鼠尾藻、半叶马尾藻、缢江蓠、海带和紫菜等；南海海域则适宜选择亨氏马尾藻、匍枝马尾藻、异枝江蓠和琼枝麒麟菜等。

筏式养殖是海藻的主要养殖方式之一，其可打破自然海域环境如深度、透明度、海流等限制因素的制约，随着光照角度和光照强度不同而进行水层的调节，保证藻类在海中处于悬浮且最佳的生长状态，从而扩大养殖面积、提高养殖产量。海藻养殖包括孢子采集、育苗、暂养、幼苗分散、栽培管理和收获等步骤。

以海带为例，如图 8.36 所示，将海带的幼苗附于由浮绠、橛缆、木橛、浮子、沉子、苗绳、吊绳构成的养殖筏上，筏排长 60m，每排挂苗 100 绳，将 20cm 左右的幼苗进行筛分，分苗时将幼苗转移至苗绳上，待其生长。以后每 30d 倒置一次。到 5 月中上旬时，水温升至 17℃以上时，即可收割。此时，游客可以随船进行体验，游客在工作人员的指导下，按照分苗的先后顺序，将苗绳依次解下，进行整绳收割；或者按照分苗的先后顺序，先收割上水层厚实、长势好的藻体，再依次分批间收，确保海带产量，增加游客对海带的采收兴趣。

大型海藻除了筏式养殖，基于现代化海洋牧场建设，以立体养殖为出发点，大力推动藻礁建设，在促进牧场产业发展的同时加强休闲观光和科普教育等行业的发展。在陆上展厅可以搭建海藻展示区，通过视频动画等形式借助现代传媒手段让大众了解海藻从孢子繁育到幼苗培育的藻类生活史、养殖全过程和养殖新模式，知晓海藻的生态服务功能；同时，在体验区通过工作人员的帮助，游客可亲自取出孢子利用显微镜以镜下视角观察海藻孢子形态学结构，直观感受海藻的生长特性。基于此，还可开设海藻标本制作课程，让游客零距离直观感受。在研学辅导老师的指导下，游客亲手制作属于自己的海藻生物标本，在实践中学习海藻知识，了解海藻特性，探索海藻的神奇奥秘，寓教于乐，增加海洋知识。

图 8.36　海带筏式养殖与采摘

8.4.2　贝类筏式养殖体验

贝类筏式养殖是指在浅海水面上利用浮子和绳索组成浮筏，并用缆绳固定于海底，使贝类幼苗固着在吊绳上，悬挂于浮筏的养殖方式。筏式有两种基本形式，一种是浮台式，另一种为延绳式，是目前贝类养殖的主要方式。

1. 养殖种类　世界上贝类有 115 000 多种，分属于无板纲、单板纲、多板纲、瓣鳃纲、掘足纲、腹足纲和头足纲 7 纲。开展海上筏式养殖的主要为瓣鳃纲和腹足纲中的经济价值较大的附着型贝类和固着型贝类，如牡蛎、扇贝、鲍等。

1）牡蛎　牡蛎俗称海蛎子、蚝等，是世界第一大养殖贝类，是人类可利用的重要海洋生物资源之一，为全球性分布种类。牡蛎的种类很多，其中具有商业价值的牡蛎大约有 20 种，可供人食用的牡蛎品种通常都来自牡蛎属（*Ostrea*）和巨蛎属（*Crassostrea*）。它们不仅肉鲜味美、营养丰富，而且具有独特的保健功能和药用价值，是一种营养价值很高的海产珍品。目前我国沿海养殖的牡蛎多为长牡蛎（*Crassostrea gigas*）。

2）扇贝　扇贝又称海扇蛤，长期以来是我国海水养殖的重要品种之一，产量很大，经济价值高，扇贝柱的干制品称为“干贝”，为名贵海珍品。我国沿海分布的扇贝有 40 多种，其中最常见的经济品种包括栉孔扇贝（*Chlamys farreri*）、海湾扇贝（*Argopecten irradians*）、虾夷扇贝（*Mizuhopecten yessoensis*）和华贵类栉孔扇贝（*Mimachlamys nobilis*）。我国扇贝产量主要来源于养殖，捕捞产量极少。

3）鲍　鲍隶属软体动物门。由于其形状恰似人的耳朵，所以也叫它“海耳”。鲍通常生长在水温较低的海底，足迹遍及太平洋、大西洋和印度洋，公认最佳产地为日本北部和墨西哥。全世界已命名的 216 种鲍中，分布在我国沿海的鲍有 7 种，其中又以黄渤海出产的皱纹盘鲍和东南沿海的杂色鲍（*Haliotis diversicolor*）最具经济价值。

2．养殖方式

1）牡蛎的养殖　养殖海域一般选择潮流畅通、饵料丰富、风浪平静、水深 4m 以上的海区。养成方式包括吊绳养殖和网笼养殖两种方式，吊绳养殖一般采用穿绳和夹苗的方式固着蛎苗，网笼养殖是养殖的主流方式，吊笼内根据空间大小放养无固着基蛎苗。

牡蛎筏式养殖的主要养殖工具是筏架，如图 8.37 所示。由浮绠、浮漂、漂系、木橛、橛绠、吊绳、吊笼组成，浮绠长度 152～200m，平均筏间距为 18～20m，每排浮绠有 155～200 个浮漂，每个浮漂间隔 80cm（浮绠两端各有 10～12 个），每两个浮漂下悬挂两个养殖吊笼，累计悬挂 135～180 个养殖吊笼。

图 8.37　牡蛎与牡蛎筏式养殖

2）扇贝的养殖　扇贝养殖一般要求水深 8m 以上，经验显示 10～15m 及以上水深的海区产量高，贝笼需下吊到离海面 6～7m 的深度。水质常年透明度一般在 4m 以上，但饵料生物即单细胞藻类要丰富。一般要求最低盐度不低于 21‰。底质以泥沙或沙泥为好。风浪相对较小，没有工业污染，生长期的温度为 20～32℃。

扇贝养殖为筏式养殖，筏架由浮绠、浮漂、漂系、木橛、橛绠、吊绳、吊笼组成，浮绠通过浮子的浮力而漂浮于水的表面，它是用来悬挂扇贝笼的，如图 8.38 所示。一个典型的扇贝单台养殖筏架包括 2 根 2m 长橛桩、2 根 25m 长橛绠、1 根 188m 长浮绠、浮漂 100 个，每个浮漂 1 根漂系长度为 17～18m 的吊笼 200 个，每个吊笼配 1 根长度 5m 的 6 股丙纶吊绳。

图 8.38　扇贝与扇贝筏式养殖

3）鲍的养殖　　鲍是一种营养价值特别丰富的海洋贝类，随着人们生活水平的提高和对健康程度的重视，鲍越来越被大众所需要，仅凭远海捕捞的野生鲍已经不能满足人们的需要，因此，鲍养殖业越来越兴盛。鲍的养殖方式主要有：①海底养殖。将 2cm 左右的幼鲍放置于养殖笼中，然后配备 10%～30%的饵料，封闭好后置于海底；或者也可将幼鲍直接放置于自然条件较好的海区，让其自由生长，定时投喂。②筏式养殖。将幼鲍放到鲍养殖笼中，然后固定在浮笼上海面养殖，定时投喂饵料，清除粪便、杂质、残饵，洗刷污泥，疏通水流，如图 8.39 所示。③池塘养殖。各方面条件都具备的地区，可以在陆地建池塘，采用流水和充气的方式养殖。④工厂化养殖。这种陆地养殖方式就比较专业化了，建鲍养殖室，通过建冷却、供热系统以达到控制水温的一种养殖方式。

图 8.39　鲍与鲍笼养殖

除了以上常规的鲍养殖方式，还有一种就是智能装备化立体养殖，是最先进的鲍养殖方式。目前，有山东烟台的南隍城岛附近海域试点的智能化“国鲍 1 号”大网箱进行深远海养殖、福建省连江县东洛岛海域深远海智能环保型鲍养殖平台“福鲍 1 号”。这种新式养殖方式促进了我国深远海养殖装备不断创新，助力现代化海洋牧场建设。

3．采摘体验　　采摘，本意指对果实的选录和摘取。但随着人们生活水平的不断提高，城市居民对田野生活越来越向往，采摘活动逐渐变为一种喜闻乐见、深受欢迎的乡村旅游项目。也由此出现了越来越多的采摘园，但采摘的对象更多的是瓜果蔬菜。海上采摘是近几年才出现的新鲜事物。采摘体验是一种沉浸式体验，它可以通过劳动锻炼身体，陶冶情操，同时远离城市喧嚣，呼吸新鲜空气，休养身心。相比之下，登上浮筏的海上采摘比普通城郊采摘园采摘更具特色，沉浸式体验感更强，因此也更具有体验效果。

海上采摘体验，可以乘坐游船，近距离接触大海，远离尘嚣，瞬间忘记一切烦恼。可以在养殖筏架上进行养殖区观光体验，可以开展海钓和海上休闲运动，同时可以现场采摘新鲜的海鲜并现场烹饪，原汁原味，一边品尝美食，一边欣赏美景。广阔的海上养殖区尽收眼底，几艘渔船出现在眼前又渐渐消失在水天一线。夕阳西下，波光粼粼。此情此景，既有美学体验，又有娱乐体验，还获得了渔民的养殖和生活体验，让人回味无穷，乐此不疲，如图 8.40、图 8.41 所示。

8.4.3　网箱养殖体验

海水网箱养殖是我国沿海渔民养殖海水鱼类的一种重要养殖方式，是在海水中设置以竹、木、合成纤维、金属等材料装制成的一定形状的箱体，将养殖鱼类等放入其内，投饵养殖的一种方式。这种养殖方式灵活、简便，不占土地，水质条件好，是一种较好的集约化养殖方

图 8.40 扇贝采摘

图 8.41 牡蛎采摘

式。但是在传统渔业日渐式微的情势下，依靠休闲渔业旅游重振渔业成了渔业发展的新思路。

海水休闲网箱养殖兼顾休闲、旅游和娱乐等目的，和传统养殖网箱以养殖获利为目标不同。休闲网箱需要最大限度地保障游客安全，兼顾生态安全，因此建造时需要设计好安全保障系统。游客安全方面主要考虑避雷、消防、急救、通信报警要求、护栏建造要求、承载浮力要求、抗风要求等；生态安全方面则主要考虑休闲网箱生活垃圾零排放，以及休闲网箱旅游区水生物多样性配置等。

海水休闲网箱一般设置在风浪较小、水流畅通、地势平坦、水质无污染的内湾或岛礁环抱、避风较好的浅海。为避免网底被海底碎石磨破或蟹类咬破，并减少海底鱼的排泄物和残饵污染，必须使网底和海底保持一定的距离。近岸网箱一般应在最低潮时网底和海底的距离不小于 2m，而总水深应是网箱高度的 2 倍以上。海区要有一定的深度，最好为 7～10m，一般不超过 15m，最低潮时不少于 6m，最低潮位时，网箱底部与海底能保持 2m 以上的距离。大型深水网箱的抗风浪性强，一般设置在水深 50m 以上的海区开展养殖。近岸海水网箱养殖区离海岸线较近，适合开展体验式观光休闲渔业，而深海新型养殖休闲综合平台等型式目前正在发展中，有较大的休闲渔业发展潜力。

1. 网箱养殖鱼类品种 从我国目前的情况看，适于网箱养殖的鱼种有 70 余种，有石斑鱼、花鲈、尖吻鲈（*Lates calcarifer*）、黄姑鱼、大黄鱼、红鳍笛鲷（*Lutjanus erythropterus*）、紫红笛鲷（*Lutjanus argentimaculatus*）、黄鳍棘鲷（*Acanthopagrus latus*）、真鲷、黑鲷、斜带髭鲷（*Hapalogenys nitens*）、花尾胡椒鲷（*Plectorhinchus cinctus*）、断斑石鲈（*Pomadasys hasta*）、大斑石鲈（*Pomadasys maculatus*）、蓝子鱼科（Siganidae）、军曹鱼、卵形鲳鲹（*Trachinotus ovatus*）、狮鼻鲳鲹（*Trachinotus blochii*）、高体鰤（*Seriola dumerili*）、金钱鱼（*Scatophagus argus*）、许氏平鲉、红鳍东方鲀、虹鳟（*Oncorhynchus mykiss*）、牙褐鲆、大菱鲆等。

2. 网箱养殖体验类型 根据休闲网箱与海岸的距离远近，我国休闲海水网箱类型可分为休闲渔排、深水网箱和深海养殖观光休闲综合平台等。近岸为休闲渔排、深水网箱，深远海适合发展深海养殖观光休闲综合平台。

1）休闲渔排 所谓休闲渔排，是指建在水面上，供人们进行休闲娱乐消费的活动平台和平台上的休闲房屋，以及与之相连接的水产品暂养网箱。为方便游客参观，距离海岸较近的地方可建造一条连接海岸的观光浮桥，距离陆地较远的休闲渔排则需要有观光船只方便搭载游客进出，如图 8.42 所示。

图 8.42　泉州市现代化新型休闲网箱养殖示范基地

休闲平台是人们进行休闲娱乐活动的承载平面，框架材料使用进口硬木或者塑胶材料。进口硬木材质较硬、长度较长、抗腐蚀性强、性价比高；平台表面使用杉木，该材料抗潮湿、抗腐蚀性强，防蛀性能好，材质柔韧、耐用。踏板表面宽度不小于 1.5m，便于至少两人并行。不同功能区之间的平台，采用铰连接，这样不仅可避免渔排间由挤压造成的木板折断，也可使之便于分离。

休闲渔排的护栏高度不小于 1.2m，以防小孩翻越护栏掉入海里。护栏竖条间距 150mm，外围增加安全网，以防止儿童钻出坠海。护栏竖条横截面可为正方形或圆形，其边长或直径不小于 50mm，保证有足够的强度。护栏底部周边应等距离悬挂充气垫或轮胎等缓冲物体，防止船舶等停泊时发生撞击。护栏外设置密目式安全网，以保护坠落人员的安全。

休闲渔排的浮具承载着整个渔排和游客的重量。安全可靠的浮具，能够确保休闲渔排的安全。可采用方型浮筒、聚苯乙烯泡沫塑料和玻璃钢浮筒等。聚苯乙烯泡沫塑料外包 2mm 玻璃钢，主要作用是防止聚苯乙烯泡沫塑料使用一定时间后老化、破损，或受外部作用而损伤、破碎，并可防止玻璃钢热胀冷缩作用及外力挤压而引起渗水，既经济实用又可延长浮子的使用寿命。

近海休闲渔排离海岸近，观光、旅游、生活都较方便，也适合发展渔家乐等综合餐饮、休闲、娱乐等项目，是目前海水休闲网箱养殖发展最多、最便利的一种形式，沿海各省因地制宜，都有所发展。

疍家渔排是海南疍家民居的典型样式之一。在相当长的时期里，疍家人建渔排、搭木屋，漂浮海上，靠渔为生，祖祖辈辈生活在渔船和渔排上。渔排就是海南疍家人在延续传统水居船屋、临水吊脚屋（也叫“疍家棚”）功能的基础上，结合新时期生产和生活需要建造的集养殖、捕鱼和居住为一体的民居样式，久而久之便形成了独特的疍家渔排文化。对于疍家人来说，船和渔排就是他们的家，养鱼、捕鱼就是他们赖以生存的方式。然而，随着社会的发展和人们生活方式的改变，传统的渔排产业已经无法满足市场需求。为了适应时代的变化，当地的渔民开始探索将休闲渔业与疍家渔排相结合的发展模式，取得了一定的成效，疍家渔排海上民宿就是最具代表性的项目。以疍家文化为底蕴、海洋元素为特色，极具特色的海上民宿依海而立，独享一片海域，集疍家文化、海上度假、餐饮娱乐休闲等功能于一体，吸引了不少游客前来听海入眠、赶海嬉水。他们提供的沙滩赶海、灯光捕鱼、盲盒拉地笼、玻璃船泛舟及海钓体验等附加服务会让来到这里的游客感觉物超所值。如今，疍家海上渔排民宿已经成为渔业转型发展成功的案例之一。

2）深水网箱　深水网箱是指在相对较深的海域（通常指海区深度大于 20m）使用的养殖网箱。这里的深水并不是海洋地理学上的概念，而是相对于近岸养殖的一个概念，也称为“离岸网箱”或“离岸养殖”。

运用计算机、新材料、防腐蚀、防污损、抗附着、抗老化、防紫外线等高新技术，深水网箱即使在台风直接袭击等非常恶劣的海况条件下，也能保持网箱结构系统及其所养殖的鱼类安然无恙，打破了传统网箱只能布置于港湾内或有天然屏障的近岸海区的弊端，从而打破了制约网箱养殖业持续、健康发展的空间“瓶颈”，解决了由养殖海区受到严重污染、水质富营养化而导致的病害困扰。而且其使网箱养殖中鱼类的生活环境更接近于野生状态下的生态环境，能有效地提高养殖鱼类的品质和网箱养殖的经济效益。

目前，随着海上装备技术的提高，打造绿色、健康、可持续发展渔业，发展集休闲观光、海水养殖、海上垂钓于一体的现代化海水网箱养殖业，兼顾生态平衡和休闲渔业发展，具有广阔的可持续发展空间，适合于成人、儿童的海上垂钓活动（图 8.43）。

图 8.43 休闲游钓网箱

3）*深海养殖观光休闲综合平台* 中国近海渔业资源日益枯竭，淡水及近海养殖环境日趋恶化，水体污染及养殖空间受限，发展深远海养殖，拓展现代化“深蓝”养殖新空间，开发海洋生物资源是国家战略及必然趋势。在发展深海网箱养殖的同时，拓展观光旅游需求，发挥深海养殖平台综合效益，提高综合经济效益，是深海新型养殖观光休闲平台得以蓬勃发展的主要原因。我国深海空间广阔，多数没得到合理的开发利用，发展深海新型养殖观光休闲综合平台有较大的发展潜力。

深海新型养殖观光休闲综合平台集最新工业成果和科学养殖技术于一体，实现养殖、加工、物流等综合功能，也是实现智能化系统应用的最佳场景。平台一般设计有智能渔业养殖系统，可实现自动投饵、鱼群监控、水质监测等现代化渔业生产功能，电力系统采用风、光、波浪能等新型绿色能源，满足日常所需。采用科学的防污处理系统和海水淡化设施，可使生活更加便利，践行生产、生活的绿色环保，具有丰富的科技感，也是发展观光旅游的绝佳资源。

目前我国已经建成的深海新型养殖观光休闲综合平台有“普盛海洋牧场 1 号”“普盛海洋牧场 3 号”（图 8.44）、“闽投 1 号”（图 8.45）和“耕海 1 号”等，还有其他一些平台也在陆续发展中。由于这些平台距离大陆较远，观光旅游成本较高，同时各平台接待能力有限，深海新型养殖平台的观光休闲功能目前仍处于发展过程中的初级阶段，有较大的发展空间和前景。

图 8.44 普盛海洋牧场

图 8.45 闵投 1 号

（1）“普盛海洋牧场 1 号”和“普盛海洋牧场 3 号”。“普盛海洋牧场 1 号”位于海南省乐东县龙栖湾国家级现代智慧海洋牧场，平台总长 86m、宽 30m、高 18m，作业吃水 10m，采用钢质半潜结构与软体网组成约 3 万立方米的养殖水体，搭载智能渔业养殖系统，可实现自动投饵、鱼群监控、水质监测等现代化渔业生产功能，为海洋牧场提供“智慧大脑”，用拖轮拖到深海，在船上养鱼，年产优质海鱼可达 120 万斤。平台配套齐全，不仅安全可靠，还可实现生态循环可持续运营，是一座现代海洋产业融合基地。“普盛海洋牧场 3 号”在原设计的基础上进行了升级，容纳空间更大，各种养殖、休闲旅游功能和配置更加优化，适合进一步开发拓展休闲渔业、旅游观光等产业功能业态。

（2）“闽投 1 号”。2022 年 12 月 23 日，国内首座半潜式渔业养殖休闲平台在连江县定海湾海域成功投产运营。平台预计可年产优质大黄鱼 600t，同时平台还具备休闲渔业活动功能，最多可容纳 150 人。

本章小结

本章介绍了海洋休闲渔业及其资源，海洋牧场与休闲渔业及其发展和典型案例，并介绍了海钓、海钓的发展、海钓的平台，以及对海钓代表性鱼类进行了详细介绍；同时，对海洋休闲渔业体验的方式，如藻类筏式养殖休闲渔业、贝类筏式养殖休闲渔业、网箱养殖休闲渔业如海钓等也进行了详细介绍，全面地给读者展示了海洋休闲渔业。

名词解释和概念理解

海岸带；潮间带；海滩；海岸；滩涂；海洋牧场；筏式养殖；人工鱼礁

思考题

1. 如何建设海洋牧场的休闲渔业？
2. 海钓的主要垂钓对象的共同特征是什么？包括哪些鱼类？
3. 海洋休闲渔业体验包括哪些方式？

主要参考文献

黄朝禧. 2005. 水产养殖工程学. 北京：中国农业出版社.

农业农村部渔业渔政管理局，全国水产技术推广总站，中国水产学会，等. 2023. 中国渔业统计年鉴. 北京：中国农业出版社.

唐衍力，龙翔宇，王欣欣，等. 2017. 中国常用人工鱼礁流场效应的比较分析. 农业工程学报，33（8）：97-103.

于秀娟，郝向举，冯天娇，等. 2023. 中国休闲渔业发展监测报告（2023）. 中国水产，（11）：22-27.

（唐衍力　任效忠　操玉涛　张沛东　王　峰）

第9章 休闲垂钓

我国记录的商纣王（帝辛，公元前1105年～公元前1046年）的垂钓，可能是最早记载垂钓娱乐活动的。大约4000年前，埃及的一幅画展示了如何用一个头部绑了线，线上有钩的竿进行垂钓的情景。大约公元前300年，古希腊贵族忒奥克里托斯留下了欧洲首个描述利用钩和竿进行渔猎的文字。在世界范围内，休闲垂钓已经有几千年的历史。

很多垂钓工具，如钓竿、钓线、钓钩、渔轮等，随着时代的发展而演化更新，这些工具也慢慢影响了垂钓方法的演变。它们与垂钓技巧相结合，进而形成了丰富多样的垂钓方式，并根据鱼类的习性差异而演化出了对应的钓法。人类经济的发展和休闲垂钓的普及，以及休闲渔业的发展，也推动了国内外著名垂钓赛事的产生，并极大地推动了渔业经济的发展。

9.1 垂钓概论

垂钓，古时也称“垂纶”，即垂挂丝线，形象地表达了垂钓的画面。广义上的垂钓，是指用竿、线等工具将钓钩和鱼饵放入水中，等待鱼、虾等水生动物就饵上钩，然后将其拉上岸的一项活动。

垂钓源于人类早期的劳动生产过程，并且伴随着人类发展一直持续到现在，作为获取食物的手段之一。垂钓作为渔猎的一个组成部分，在人类早期的劳动生产中发挥了重大作用，是一种基本生存技能。随着劳动生产方式的改变，人类获得食物的来源变得多样，以渔猎为主要劳动生产的人群渐渐减少，垂钓逐渐转变为一种休闲活动。

9.1.1 垂钓的起源与发展

从考古发现可以大致了解垂钓的起源，目前考古发现最早的鱼钩是冲绳岛的贝制鱼钩(距今约2.3万年)，同时期或稍晚的有东帝汶（距今1.6万～2.3万年）和新西兰（距今1.8万～2万年）(Fujita et al.，2016）发现的鱼钩，不过也有新的证据表明东帝汶可能在距今约4.2万年就已经使用鱼钩进行海洋捕鱼（Brumm et al.，2017）。

我国的骨制鱼钩分别于贵州穿洞遗址和招果洞遗址（距今8000年以上）、内蒙古兴隆洼遗址（距今约8000年）、甘肃大地湾遗址和西安半坡遗址（距今约6000年）等多处遗址中被发现，青铜鱼钩可追溯至距今约3000年的浙江塔山遗址。

从这些古老的鱼钩中，我们可以窥见垂钓作为人类早期活动的重要组成部分，是不可或缺的生存技能之一，蕴含了人类对自然的深刻理解和敬畏。随着时间的推移，垂钓技术逐渐发展，从简单的贝制、骨制鱼钩，到后来的金属鱼钩，再到现代的高科技钓具，每一次的进步都体现了人类智慧的结晶。

随着人类的发展和食物获取来源的增加，垂钓的目的不仅仅是获取食物，垂钓往往被赋予了一种超脱世俗、修身养性的象征意义。古人垂钓，不只是为了捕鱼，更是为了寻找心灵的宁静，与自然和谐共处，这种垂钓的境界，无疑是对生活的一种深刻领悟。

现代钓鱼爱好者的数量增长及人口向城市集中化的趋势，使城市周边自然水域的垂钓资源呈现日益匮乏的态势。为满足日益增长的垂钓需求，以商业服务为基础的都市垂钓模式逐渐崭露头角。这种模式的兴起，不仅适应了现代生活的快节奏，同时也为钓鱼爱好者提供了优质的垂钓体验。

长期以来，钓鱼活动既是人们精神层面的寄托，也是生活所需的重要来源。然而，随着现代社会物质水平的提升，钓获放流的理念开始被广泛倡导，这一理念的转变使得钓鱼活动更加倾向于休闲娱乐。而竞技垂钓更是将竞技体育的紧张刺激融入垂钓活动，形成了一种更加规范、有序的垂钓运动。不仅推动了钓鱼运动的普及与发展，同时也倡导了对自然资源和环境的保护，使可持续垂钓的理念逐渐深入人心并得到广泛响应。

9.1.2 垂钓工具的历史及演化

在悠久的垂钓历史中，有两种采用最基础垂钓工具的方法至今依然被沿用。一种是仅通过手持绑有鱼钩的鱼线进行垂钓的传统方式，还有一种则是鱼竿、鱼线及鱼钩组合而成的简单垂钓方法。人类早期的垂钓工具多取材于自然，工具形态较为粗犷，且其使用方式相对简单。

随着历史的发展，我们的祖先不断选择更多适合垂钓的工具，改进垂钓的技巧。浮漂让垂钓者更加清晰地感知鱼吃饵的信息，钓坠让鱼饵沉入水下并保证其较为稳定的状态，渔轮让垂钓者可以放出更长的鱼线来垂钓更深、更远的位置，探索更大的鱼。利用这些工具发展出手竿、抛竿、路亚等许多不同类型的钓法，通过考古和文献记载可以大致了解其漫长的发展历程。

我国先秦时期，《诗经·卫风》中“籊籊竹竿，以钓于淇”描写了使用竹竿垂钓于淇水；《吕氏春秋》“若钓者，鱼有大小，饵有宜适，羽有动静”中，羽就是羽毛制成的浮漂，表明中国人发明并使用浮漂至少始于战国时期。西汉时期刘向的《列仙传》中“陵阳子明者，铚乡人也，好钓鱼。……大呼山下人令上山半，告言溪中子安当来，问子明钓车在否”、西晋《西征赋》“徒观其鼓枻回轮，洒钓投网”中都有对钓车的描述。渔轮的早期原型即为钓车，由于其体积较大且操作复杂，需架设在岸边专门钓大鱼，使用时用船把上有鱼饵的钩线投到深处。后面钓车在经过改良之后变得小巧，可以直接装在钓竿之上，这套工具被称为“轮竿”。轮竿到唐朝已经发展得很成熟了，韩愈、陆龟蒙都有描述渔轮的诗，韩愈《独钓四首》中的“坐厌亲刑柄，偷来傍钓车”，陆龟蒙《渔具诗·钓车》中的“溪上持只轮，溪边指茅屋。闲乘风水便，敢议朱丹毂。高多倚衡惧，下有折轴速。曷若载逍遥，归来卧云族”。南宋马远创作的画作《寒江独钓图》描绘了唐朝诗人柳宗元《江雪》其中的意境，可清晰看到垂钓过程中手持鱼竿上装有渔轮的使用场景。到宋代，渔具有了更进一步的发展，当时邵雍写的《渔樵问对》中，对渔具有过描述：“六物者，竿也，纶也，浮也，沉也，钩也，饵也。一不具，则鱼不可得”。宋代孟元老的《东京梦华录》中详细描述了当时的收费的垂钓场景：“其池之西岸，亦无屋宇，但垂杨蘸水，烟草铺堤，游人稀少，多垂钓之士，必于池苑所买牌子，方许捕鱼，游人得鱼，倍其价买之，临水斫脍，以荐芳樽，乃一时佳味也”。

沿着我国钓具发展的历程可以清晰地看到，我国垂钓的发展到唐宋时期已经十分成熟，形成了以竿、轮、线、浮、沉、钩等垂钓工具为基础的较为成熟的垂钓体系。

在欧洲，钓具的发展在 17 世纪中期至 19 世纪中期呈现相对平缓的进步。在此期间，多倍速渔轮的雏形逐渐形成，此前普遍使用的是未配备齿轮系统的单倍速渔轮。自 1850 年起，运动垂钓逐渐吸引了欧洲与美国广大民众的参与，飞钓的兴起推动了新型垂钓装备的研发。例如，通过采用不同材质的木头，钓竿材料得到了优化，多倍速渔轮也开始在运动垂钓者中广泛应用。19 世纪中后期，随着工业化进程的加速，钓竿和钓线的制作工艺取得了显著创新，特别是在 19 世纪 70 年代油浸渍鱼线的出现。在第二次世界大战爆发前的几年里，合成钓线和玻璃纤维成为运动垂钓装备领域的重大推动者，随后 1963 年美国人成功制造出第一条碳纤维，玻璃纤维和碳纤维被广泛运用于近现代钓竿的制作中，这些新型材料为制造更加完美、满足多样化需求的钓竿提供了重要支持。

随着时代的演进，鱼钩的材质已实现了从最初的骨类、贝类、青铜、铁等原始材料转化为现今已广泛采用的高强度合成金属，显著提升了其耐用性和操控性。浮漂的制造也有所革新，将羽毛、木头、芦苇等天然材料经过精细加工，同时引入了泡沫、塑料、玻璃纤维、碳纤维等现代科技产物，极大地提升了其稳定性和浮力。鱼线的材质同样经历了从纯天然棉、麻、丝到尼龙、碳线、PE 线（聚乙烯编制线）等高精度、高强度现代化工产品的转变，显著提高了其耐用性和抗拉强度。鱼竿的制造也实现了跨越式发展，从传统的竹竿、芦苇、木头等自然材料，进化为以玻璃纤维和碳纤维为主要原材料的高强度、轻量化钓竿，极大地提升了钓鱼的效率和舒适度。渔轮方面，从木、竹等制成的单轴轮，发展到由金属、塑料、碳纤维等制成的多轴多倍速渔轮，极大提高了渔轮的灵敏度和调节性能。在鱼饵领域，随着制饵工艺的进步，由谷物、动植物蛋白等材料经人工调配制作的粉饵、颗粒种类繁多，满足了不同的垂钓需求。而拟饵的出现，更是彻底颠覆了鱼饵的定义。拟饵由金属、木头、塑料、硅胶等材料制成，是一种不能被直接食用的假饵，与传统鱼饵的使用活物和粮食及副产品加工物形成了鲜明对比，为垂钓者提供了更多元化的选择。

9.1.3 现代垂钓的方式与分布

垂钓经过长时间发展和全球各地垂钓方法的融合，其方式更加先进且多样，不同的钓鱼场景下使用不同的垂钓工具形成的垂钓方式不一样，不同国家和地区选择的主要垂钓方式也有差异。

垂钓场景是指垂钓的地点和周围环境形成的垂钓场所，其中淡水和海水是较为宽泛的两种垂钓场景，分别称为淡水垂钓和海水垂钓（以下简称海钓）（图 9.1）。淡水垂钓的环境可大致分为自然水域和放养水域两大类垂钓场景，其中自然水域指江、河、湖、库、沟渠、非养殖池塘等，放养水域包括人工放养的湖、库、黑坑池、竞技池、养殖池塘等。海钓分为近海和远海两大类垂钓场景，其中近海垂钓以靠近海岸、岛礁的岸钓和船钓为主，远海垂钓以较深海域的船钓为主。

垂钓工具主要指鱼竿和线组，鱼竿主要有带渔轮的抛投竿和不带渔轮的手竿，其中抛投竿包括海竿、矶竿、路亚竿、筏钓竿等，线组是指除了鱼竿以外的线、钩、漂、坠等搭配而成的组合，如传统钓线组、悬坠钓线组、沉底钓线组、串钩线组等。

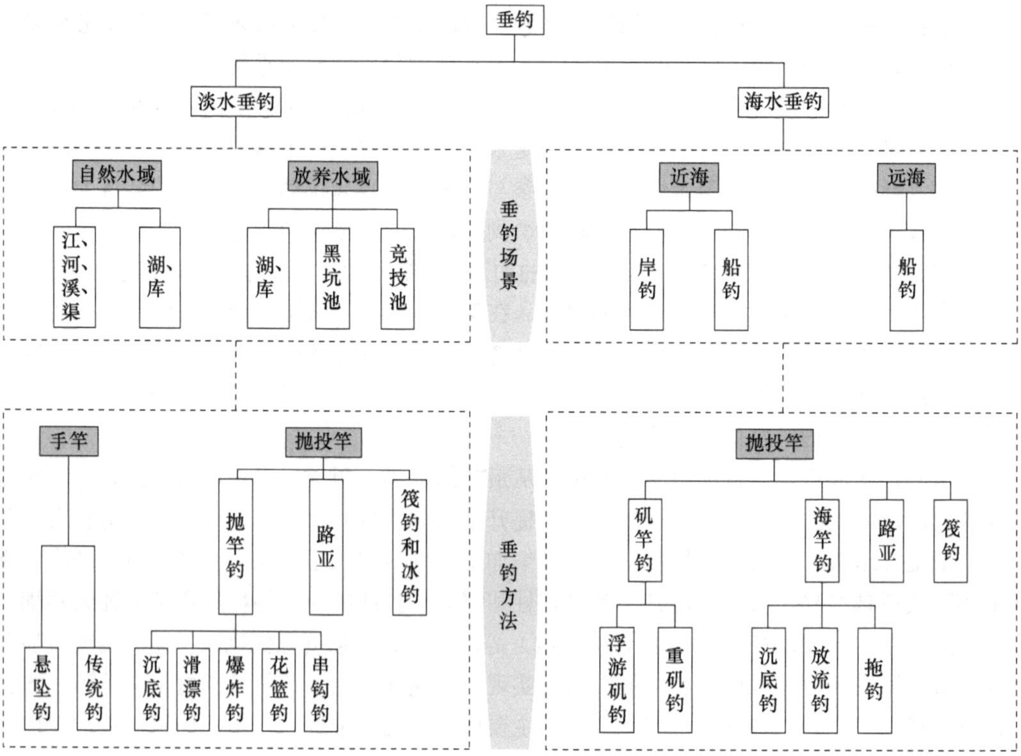

图 9.1　垂钓场景和垂钓方法

淡水垂钓使用手竿和抛投竿都可以，使用手竿垂钓一般统称为手竿钓法，使用抛投竿垂钓主要有抛竿钓法和路亚钓法。手竿钓法一般指手竿搭配传统钓、悬坠钓等线组，抛竿钓法一般指抛投竿搭配沉底钓线组、串钩线组、爆炸钩线组、花篮线组、滑漂线组等。路亚钓法虽然也是抛投竿钓法的一种，但是与上述钓法截然不同之处在于路亚钓法使用假饵进行钓鱼，而手竿钓法和抛竿钓法使用的鱼饵一般为真饵（蚯蚓、红虫、谷物及其加工物等能够被鱼食用的动植物鱼饵）。

海钓时主要使用抛投竿，垂钓方法包括矶竿钓、海竿钓、路亚、筏钓等。矶竿钓法主要有浮游矶钓和重矶钓两种方法；常见海竿钓法是使用海竿搭配沉底钓线组、诱饵笼线组、放流钓线组、拖钓线组等，常见路亚钓法有以波趴为主的水面钓法和以铁板为主的水下钓法，筏钓可搭配沉底钓、悬坠钓等线组。

垂钓方式区分和命名除根据垂钓工具以外，通常还有垂钓场景、垂钓的技巧、垂钓的鱼类甚至鱼的个体大小等，如手竿悬坠钓、路亚铁板、竞技混养、黑坑鲤鱼、湖库巨物、黑坑路亚翘嘴等。

现代垂钓中手竿垂钓主要分布在亚洲和欧洲，主要用于淡水水域垂钓，尤其我国是使用手竿垂钓规模最大的地区；抛竿钓法是现代垂钓的主流方式，全球范围内的淡水垂钓和海钓的使用都比较常见。

手竿在我国的垂钓使用中非常广泛，绝大多数淡水水域均可使用手竿垂钓（图 9.2），在水域丰富的地区以垂钓自然水域和放养鱼塘的人群居多，而水资源贫瘠的地区则是黑坑鱼塘垂钓居多。

手竿垂钓是日本淡水垂钓的主要钓法，而其中黑拉钓法是较受欢迎的手竿钓法之一。

欧洲鲤鱼钓法（carp fishing，后面简称欧鲤钓）是欧洲淡水垂钓的主要钓法，欧鲤钓可以使用手竿和抛投竿进行垂钓。手竿作为历史悠久的传统垂钓方法一直很受欢迎，同时会举办很多国际性的比赛。欧洲手竿垂钓与我国炮竿（长竿短线）的钓法类似，垂钓者喜欢垂钓大个体的鲤鱼（*Cyprinus carpio*）。

图 9.2　河边的手竿垂钓

抛投竿在我国的使用也很广泛，淡水抛竿钓在我国淡水垂钓中仅次于手竿垂钓，湖、库、江、河等常使用抛竿钓，海钓主要使用抛竿钓，我国近年海钓发展迅速，垂钓产业日益完善，海钓赛事规模不断扩大，数量逐渐增多。

在欧美尤其是一些沿海地区，海钓已经成为日常休闲的一部分，海钓的绝大多数情况下都要使用抛投竿，淡水抛竿钓主要用于垂钓大个体鲤鱼、草鱼（*Ctenopharyngodon idella*）、鲇（*Silurus asotus*）等，使用抛竿的欧鲤钓也越来越受欢迎。

路亚垂钓从北美洲兴起并发展为全世界最广泛的垂钓方式，自 1976 年开始举办正式的竞技比赛到现在不到 50 年时间。美国是路亚垂钓发展最好也是最全面的国家，路亚产业非常发达，职业路亚钓鱼人和世界性的路亚赛事很多，其中鲈钓赛事 MLF（major league fishing）和 BASS MASTER 是现在最受欢迎的职业钓鱼国际赛事和垂钓类节目，吸引世界上众多职业钓鲈人的参与，同时，也吸引了全球大量观众的观看。

我国引入路亚时间并不是很长，其在过去 20 年时间内发展非常迅速，国际性的路亚垂钓大赛在中国赛区举办的规模逐渐扩大，目前在我国路亚钓鱼赛事的规模仅次于手竿的垂钓赛事，这些赛事也吸引了大批路亚垂钓爱好者参与。路亚淡水钓在我国的发展也是起步于鲈钓，但是随着路亚的本土化发展，目前我国路亚已经发展出了自己的特色，除了鲈鱼（大口黑鲈，*Micropterus salmoides*），本土鱼类包括鳜鱼（*Siniperca chuatsi*）、翘嘴鲌（*Culter alburnus*）、黑鱼（乌鳢）（*Channa argus*）、鳡（*Elopichthys bambusa*）、光倒刺鲃（*Spinibarbus hollandi*）等，都被列入了常见的路亚垂钓对象鱼，本土鱼类的加入为我国路亚垂钓发展提供了更广阔的发展空间。

近年来，我国手竿悬坠钓和路亚垂钓两种方式的使用人数和应用场景快速增长。这些快速的增长得益于近现代工业科技的发展，为钓具提供了持续稳定的升级和不断创新的环境，满足了垂钓者对于钓具精度的要求，精细化钓法也随之不断增加；同时水产养殖规模的扩大，为城市垂钓鱼供给方面提供了丰富的种类和可观的数量，以促进商业性的垂钓鱼池不断增加，垂钓方式也越来越丰富，垂钓产业规模持续扩大。

9.2 垂钓类型

在日常生活中，垂钓活动作为一种广泛参与的休闲方式，参与者需求明显多元化。其中，部分垂钓者旨在通过捕鱼获取食物，以满足生活基本需求；另有部分人群则寄情于山水之间，享受与大自然的和谐交融；还有一部分垂钓者追求的是中鱼瞬间的惊喜，以寻求心灵层面的触动与满足；更有一部分是热衷于与大鱼搏斗的乐趣，以锻炼个人的意志与勇气；此外，也有专注于技艺比拼的垂钓者，通过垂钓展现其卓越的才华。鉴于不同地区的地理环境、经济条件及垂钓目的的多样性，人们会选择不同的垂钓场景和方式，从而形成了丰富多彩的垂钓类型。随着垂钓活动的普及与发展，各类垂钓类型也被逐渐细分，并展现出各自独特的魅力。根据垂钓人群的不同需求，休闲垂钓可大致划分为野钓型、付费型和竞技型等垂钓类型。

9.2.1 野钓型

野钓型垂钓是分布最广、最常见的垂钓方式，是指在野外的天然湖泊、水库、江、河、池塘、沟渠等水域进行垂钓。闲暇之余选择一处静谧的水边，安静地等待鱼儿上钩，体验自然的同时还能获得未知的惊喜和野生鱼鲜美的味道及烹饪野生鱼的乐趣。对于大部分垂钓者来说，只要垂钓资源足够丰富，野钓无疑是第一选择。

图 9.3 湖库垂钓

1．湖泊、水库 无论小型水库还是大型的湖泊都是垂钓者最喜欢的地方，其中原因是湖库鱼类品种丰富并且个体差异一般较大，这极大地增加了钓获的不确定性，同时也带来了极大的期望（图 9.3）。同时湖泊和水库的优美风景也让垂钓的过程变得舒适，不管是进行一场短时间的即时垂钓，还是长时间打窝蹲守巨物，都让整个过程充满乐趣。

现在很多湖库通过举办大型垂钓比赛和组织垂钓活动带动其他产业的发展，适宜假期游玩，在领略山水风景的同时，可以享受垂钓的乐趣。我国升钟湖、万峰湖和千岛湖等都是垂钓资源非常好的大型人工湖泊。一年四季均可垂钓，吸引全国垂钓者前往垂钓和举办大型垂钓赛，在垂钓旺季很多垂钓者长期居住垂钓，拉动了周边经济，还有仑山湖、仙女湖、圣水湖、云竹湖、古黄河房湾湿地等都通过举办大型垂钓赛事，对当地的文化宣传和经济推动起到了很大作用（表 9.1）。

表 9.1 部分湖泊与风景区结合形成的休闲垂钓点

湖泊	风景区
仑山湖	江苏仑山湖度假区
圣水湖	湖北圣水湖国家湿地公园
万峰湖	万峰湖国家地质公园
仙女湖	江西仙女湖七夕文化旅游度假区
云竹湖	山西云竹湖旅游度假区
升钟湖	四川升钟湖风景区
千岛湖	千岛湖风景区、国家森林公园

2．江、河 江、河鱼资源丰富，是大部分居住在江、河周边垂钓者的首选。随着水情的不断变化选择合适的垂钓时间和垂钓方法，对于垂钓者来说了解这些讯息能够带来更多

的钓获。河流中不同季节的每个时间点可垂钓的鱼类和垂钓地点都不同，水位的高低、水流的缓急和水底的结构等都会影响垂钓，需要垂钓者不断探索和尝试。

3. 池塘、沟渠 自然的沟渠和池塘（非养殖池塘）一般是垂钓者就近垂钓的最佳去处（图9.4），这类水域一般不进行人工饲料喂养，以本土鱼类为主，鱼的种类和数量都比较固定，垂钓方法也相对单一，垂钓者更多是为了放松心情。

图9.4 池塘垂钓

渔业法规针对垂钓活动设定了详尽且严格的限制，涵盖了垂钓水域的划定及垂钓方法的规范性要求。因此，垂钓者在参与垂钓活动之前，务必全面且深入地了解并遵守相关法规的具体要求。禁渔政策的实施，对于渔业资源的保护与恢复具有不可估量的积极影响。这一举措有效促进了鱼类种群的恢复与增长，进而在江河等自然水域中，垂钓者能够明显感受到钓获量的提升，从而给他们带来了更为丰富的渔获和愉悦的垂钓体验。然而，这一积极成果的取得离不开垂钓者的共同努力与配合。只有每位垂钓者都能自觉遵守法规，合理、文明地进行垂钓活动，才能持续享受垂钓带来的乐趣，并共同维护渔业资源的可持续利用。

9.2.2 付费型

随着垂钓人群的增多，垂钓需求不断增加，出现了一些专门为垂钓提供相关服务的商业行为，形成了一定规模的垂钓服务项目，拓展了休闲垂钓的形式，并且提高了垂钓的体验感和便利性，这类为服务垂钓而产生的相关服务称为付费型垂钓。

付费型垂钓的服务内容主要包括以下三个方面：①提供垂钓场所，使垂钓水域中鱼的密度或者大小更能满足垂钓者；②提供垂钓工具，垂钓鱼竿、船只及配套工具；③提供垂钓相关的餐饮、住宿和游玩等配套项目。付费型垂钓主要包括黑坑、放养的水库或池塘、垂钓园和农庄、钓鱼船和钓鱼排筏等。

1. 黑坑 黑坑是随着垂钓需求增加而逐步形成的具有商业营利性的垂钓场所，也是目前池塘垂钓发展最迅速的垂钓形式。黑坑更适应现代化快节奏的生活方式，随着城市人口的增加，以前能够在自然水域满足的垂钓要求在城市及其周边很难满足，另外，由于一些城市及其周边自然水域渔业资源及垂钓政策的限制，催生黑坑发展成为休闲垂钓很好的选择。在水资源贫瘠的地区，黑坑发展得较快。

黑坑的经营者通过提供优质的垂钓场所、较好的钓鱼环境和服务等吸引钓鱼者。黑坑有很多种，地域差异和垂钓习惯影响黑坑的经营方式。地域上的区别，北方地区多以垂钓鲤鱼的黑坑为主，南方地区黑坑鱼类包括鲫鱼、罗非、青鱼、草鱼等，路亚黑坑目前以翘嘴、鳜鱼和鲈鱼为主。特殊鱼类黑坑有俄罗斯鲟、巨石斑鱼（龙趸）等个体较大的鱼类。目前我国的黑坑以手竿垂钓居多，适合路亚垂钓的黑坑也在逐渐兴起。

通常情况下，经营者为了提升鱼池的垂钓体验愉悦感，会采取增加存鱼密度的策略，即通过购买成鱼来增强鱼池内鱼类的密度。同时，经营者通过修建停车场、合理规划和搭建钓位等基础建设、提供餐饮等，进而提升整体服务质量，以提供更加舒适的垂钓环境并满足垂钓者在垂钓过程中的多样化需求。

2. 放养的水库或池塘 众多垂钓爱好者倾向于在自然水域中享受垂钓之乐，但鉴于有限的垂钓资源，以及营利性垂钓经营带来的经济收益日渐提高，一些适宜垂钓的人工放养水域被经营者允许有偿垂钓。放养（生态养殖）的水库与黑坑的主要区别在于，其环境接近天然水域，其养殖或放养的可垂钓鱼更大，因而更能满足垂钓者钓大鱼的垂钓体验。此类垂钓水域通常采取养钓结合的方式，以确保可垂钓鱼的个体大小和数量，维持休闲垂钓者稳定的渔获体验。

3. 垂钓园和农庄 在当前快节奏的生活中，农庄与垂钓园以其独特的休闲特性，为公众提供了一处宁静的休憩之地。游客在此不仅能体验垂钓之乐，更能沉浸于周边宁静而优美的景致之中，仿佛置身于一处远离喧嚣的世外桃源。此外，垂钓园、农庄的完善服务，如交通、住宿、餐饮及其他多样化的游玩项目等，除了满足休闲垂钓者的基本需求，也为游客提供了丰富多彩的游玩体验。

4. 钓鱼船和钓鱼排筏 对于在非特定海域垂钓的爱好者而言，租船出海或租赁钓鱼排筏进行垂钓无疑是一种便捷的选择。钓鱼船和钓鱼排筏经营者的业务范围不仅限于提供船只运输服务，也会提供钓具租赁、垂钓位置指引及垂钓工具使用指导等多元化服务内容，以满足不同垂钓者的需求。当然，这些多元化的服务内容旨在确保垂钓者能够享受到舒适、安全且富有成效的垂钓体验。

9.2.3 竞技型

竞技钓是垂钓者间技艺的较量，旨在通过战胜同场竞技者来赢得荣誉，推动了钓鱼技术的持续进步。在全球范围内，竞技钓鱼运动根据不同的垂钓方式举办了多样化的比赛。在我国，规模较大的垂钓赛事涵盖了手竿、抛竿、路亚和海钓等多种类型，其中，淡水垂钓赛事规模大，影响范围广，而在国外，路亚和海钓赛事占据主导地位。

1. 手竿 在我国垂钓竞技领域，手竿竞技钓占据核心地位，是我国主要的垂钓赛事形式。与此同时，路亚垂钓赛事和海钓赛事近年来的规模持续扩大，并积极与国际赛事接轨。这些竞技钓比赛均遵循严格的标准，比赛规则对垂钓方式、钓具使用、钓场环境及存鱼状况等方面均有详尽且明确的要求。

手竿竞技比赛主要于竞技池内举行，其垂钓方式严格遵循悬坠钓的规范（图 9.5）。对于钓具，存在明确的鱼竿和鱼线长度限制，以及鱼饵的选取和使用要求。同时，垂钓环境也受到严格管理，包括鱼池的建设标准及鱼池中鱼的种类、数量和大小等，都有明确规定。手竿竞技垂钓涵盖了对象鱼和混养鱼的垂钓活动，其中对象鱼主要指小鲫鱼、大鲫鱼，而在两广地区罗非鱼也被纳入对象鱼范畴，混养鱼指鲫、鲤、青、草等不同鱼类的组合。不同鱼池对鱼竿和线组的使用有严格的限制规定。比赛过程中，参赛者在规定时间内所垂钓的鱼的总尾数或总重量将作为评分的依据。

图 9.5　手竿竞技钓鱼比赛

2. 路亚　路亚竞技赛通常在大型湖库中进行，参赛者在垂钓时，需严格遵循赛事规定，选用允许使用的路亚装备和垂钓符合要求的目标鱼类。参赛者一般需在比赛规则内，成功钓获符合标准的某一种或多种目标鱼并保持其存活状态，随后带回进行称重。在国际上，鲈钓赛事的计分标准通常以单场比赛中钓获的 5 条达到合格尺寸的鱼的总重量为准。在我国，根据本土鱼情，常以鳜鱼、翘嘴、红尾、鳡等作为比赛对象鱼，并根据不同鱼类的特性制定了相应的计分规则。

3. 海钓　海钓赛事通常会根据各个地区的具体情况来举行不同类型的比赛。组织者会根据实际情况来安排垂钓的场景和制定垂钓的规则。这包括选择适合的地点、确定比赛的时间和安排必要的设施等。不同地区的自然环境和资源条件都有所不同，因此比赛的形式和规则也会有所区别。例如，一些地区可能会有更多的鱼类资源，而另一些地区可能需要特别注意保护生态平衡。组织者会根据这些因素来制定相应的比赛规则，以确保比赛的公平性，并保持渔业资源的可持续性。同时，他们还会考虑参赛者的安全和舒适度，以提供必要的指导和帮助。据此，海钓赛事能够根据不同地区的特点，为参赛者提供一个有趣且具有挑战性的比赛体验。

随着竞技钓鱼运动的蓬勃发展，竞技钓鱼的规则日益统一，同时，比赛组织者数量的不断增加，促使了钓鱼运动协会的正式成立。垂钓爱好者群体的显著增长，催生了众多垂钓类媒体的涌现。钓鱼比赛的多样化创新，极大地推动了钓鱼运动的进步，并成功培育了一批批专业的职业钓手。职业钓手除了比赛，在推动垂钓技术的传播与更新方面，发挥了举足轻重的作用。

9.3　垂钓的方法

垂钓的方法主要涵盖手竿与抛投竿在不同场景下的应用。手竿垂钓，作为淡水垂钓的主要手段，包含了我国传统钓法和悬坠钓法，以及源自日本的黑拉钓法和欧洲的欧鲤钓法。在抛投竿的使用上，淡水与海水环境之间存在一定差异。淡水垂钓时，主要运用抛竿钓法和路亚钓法；而在海钓场景中，则涉及矶竿钓法（矶钓）、海竿钓法及路亚钓法等多种技法。

手竿作为传统垂钓工具，通常不配备渔轮，其长度与线的长度均为固定设计，因此更适用于在有限距离内进行高频率、精准定点的垂钓活动，在捕获鱼类的过程中，主要依赖鱼竿的杠杆作用和竿身的弹性来有效控制和消耗鱼的体力。而抛投竿则具备渔轮装置，其适用范围广泛，特别适用于垂钓距离较远、水域面积广阔或水深等复杂的环境。抛投竿通过渔轮绕线的长度，可在以其为半径的广阔区域进行抛投垂钓。在捕获鱼类的过程中，抛投竿能够综合利用竿身的弹性、渔轮的阻力及收放鱼线的技巧来有效消耗鱼的体力（图 9.6）。

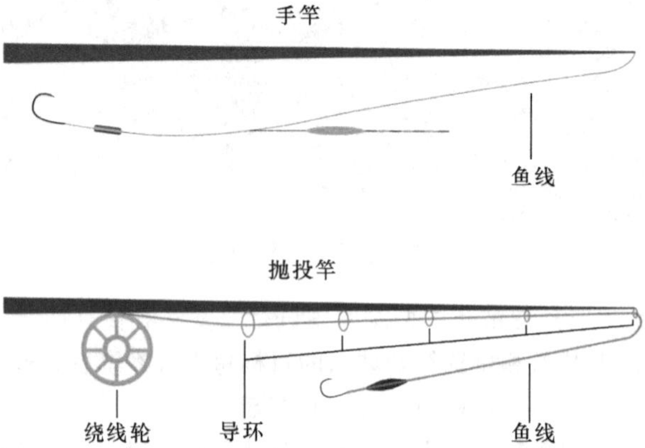

图 9.6 手竿与抛投竿示意图

9.3.1 手竿垂钓

手竿垂钓适用于近距离的岸钓环境，其显著优势在于轻便性和精确性，能够精确地将鱼饵投放到预定的垂钓位置，从而有效地将鱼群集中并成功捕获（图 9.7）。

垂钓前准备工作：选位置—打窝—开饵—准备钓具—调漂找底

垂钓的基本流程：挂饵—抛竿—等待信号—提竿—遛鱼—卸鱼

1．手竿垂钓的工具 在进行手竿垂钓活动时，必要的工具包括鱼竿、鱼线、浮漂、铅坠和鱼钩。此外，配套工具如抄网、支架、鱼护、饵盆及钓箱或钓椅等也起着至关重要的作用（图 9.8）。关于钓具的选择，应当强调其灵活性和适应性，并非固定不变。根据不同的垂钓环境和目标鱼类的特性，需选用与其相匹配的钓具和垂钓方式，以确保垂钓活动的顺利进行。

图 9.7 手竿

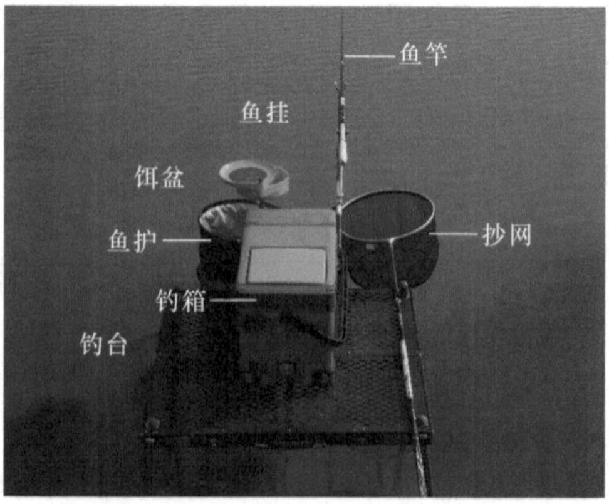

图 9.8 手竿垂钓装备图

1）鱼竿　在钓鱼装备中，常见的手竿类型包括常规手竿、短节手竿、炮竿及并继竿等（图 9.9）。其中，常规手竿与短节手竿通常采用振出式设计，而短节手竿每一节的长度更为短小，并继竿采用插节式设计，也被称为插节竿。在我国，通常将长度 10m 以上的手竿称作炮竿，与我国的炮竿长度相似的欧洲手竿，其每一单节的长度较长，连接方式则结合了插节式和振出式两种。

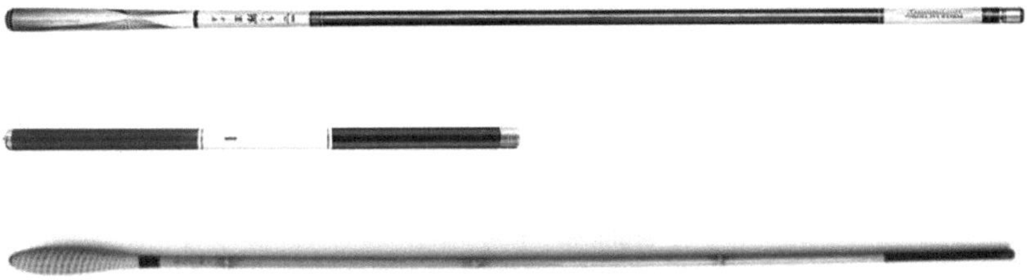

图 9.9　从上至下依次为常规手竿、短节手竿和并继竿

2）鱼线　鱼线的选择至关重要。目前市场上主流的鱼线材料包括尼龙线、碳线、PE 线（图 9.10）。尼龙线因其柔软性而备受青睐，碳线则因其出色的耐磨性而受到认可，PE 线则以其卓越的拉力性能脱颖而出。在手竿垂钓中通常以尼龙线为主，然而在垂钓鱼密度较高的黑坑环境中，通常也会选择强度更高的 PE 线或碳线作为子线。

图 9.10　尼龙线、PE 线和碳线

3）浮漂　手竿使用的浮漂的主要类型包括七星漂和立式浮漂（图 9.11）。七星漂主要应用于传统钓法，其特点是由多颗纺锤形浮水颗粒组成，通常使用七颗浮水颗粒串联在鱼线上，因而得名。七星漂允许垂钓者调整其在水面上下的位置，通过观察浮漂在水面上的上下浮动判断鱼儿咬钩的信号。

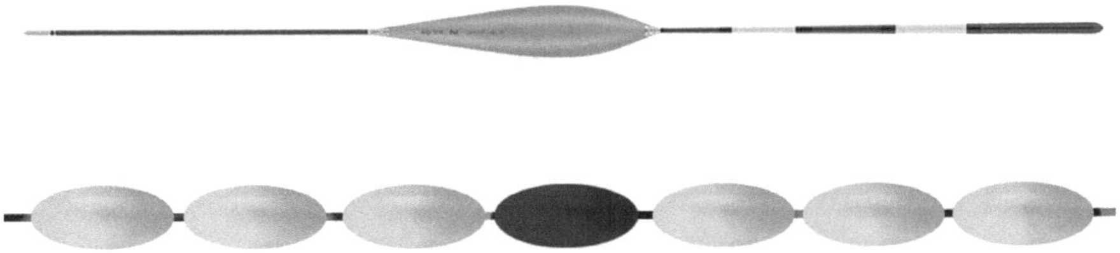

图 9.11　立式浮漂和七星漂

相对而言，立式浮漂则更多地被应用于悬坠钓和滑漂钓。其设计为一体式，由漂尾、漂身和漂脚三个主要部分构成。立式浮漂通过浮漂座与鱼线相连，垂钓时，浮漂的顶端会露出水面一部分，垂钓者通过细致观察露出水面的浮漂在垂直方向上产生的微小位移及长度变化辨识并捕捉到鱼儿咬钩的信号。

4）铅坠　铅皮的选择应基于所使用的浮漂大小，确保选取适当长度的铅皮卷绕于铅皮座之上（图 9.12）。通过精细修剪铅皮长度，可以实现对铅皮重量的精确调整，以满足悬坠钓法的需求。相较之下，铅坠则通常采用固定的形状和重量，更适用于传统的钓鱼方法。

5）鱼钩　手竿垂钓中一般使用单钩，单钩根据强度和形状有不同的钩型，常见的钩型有袖钩、新关东、伊势尼等。鱼钩上倒刺的设计并不是必不可少的，在悬坠钓中也常使用无倒刺鱼钩，无倒刺鱼钩可更快捷地取出鱼钩且对鱼的伤害较小，一般在比赛和垂钓小个体时使用无倒刺鱼钩（图 9.13）。

图 9.12　铅皮和铅坠

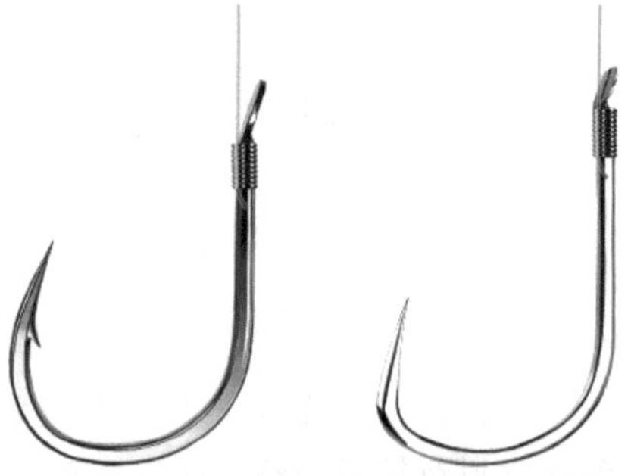

图 9.13　有倒刺和无倒刺单钩

2．手竿垂钓的鱼饵　手竿垂钓的鱼饵分为挂钩和打窝两种，垂钓时先用打窝鱼饵诱鱼，同时使用挂钩鱼饵钓鱼，形成一个诱鱼和钓鱼结合的过程。首先需根据鱼生长的环境使用与其食性相同的鱼饵，做窝时需根据鱼的密度与进食状态适量做窝。

手竿垂钓常用的挂钩鱼饵有活饵、谷物、粉饵、颗粒等，活饵如蚯蚓、红虫、螺蛳等（图 9.14）。活饵中蚯蚓、红虫被钓鱼人称为万能饵，可以垂钓大部分鱼类，尤其是温度低的时候，一般选择活饵更易中鱼，在自然水域和黑坑使用都比较广泛。螺蛳主要用于湖、库垂钓大个体青鱼。谷物类的有玉米、麦粒等，谷物类鱼饵一般用于垂钓中大个体鱼，可有效避免垂钓过程中小鱼把鱼饵吃掉。粉饵和颗粒一般为谷物和动植物蛋白搭配制成，可根据垂钓鱼类不同选择不同味型的鱼饵，在作为鱼饵垂钓的同时会不断散落雾化，能够有效地吸引鱼类聚集。

图 9.14　蚯蚓、玉米、粉饵、颗粒

3．手竿垂钓的几种方法　手竿垂钓，我国主要采用传统钓法和悬坠钓法，日本采用黑拉钓法，欧洲主要是传统的欧鲤钓法，下面详细介绍几种钓法。

1）传统钓与悬坠钓　目前我国的手竿垂钓主要有传统钓（图 9.15）和悬坠钓（图 9.16）两种方法，传统钓法的基本形式自古以来没有本质上的改变，悬坠钓法在传统钓法的基础上做出了更精细的改进，两者的主要区别在于铅坠在水下状态的不同。传统钓在垂钓过程中铅坠一般沉底，悬坠钓通过调整铅坠重量可保持悬浮，悬浮状态能够让鱼饵更易吸食并且信号传递更加灵敏。传统钓简单易操作，悬坠钓对钓具的要求更加精细，操作相对复杂。

图 9.15 传统钓水下示意图

图 9.16 悬坠钓水下示意图

传统钓线组是一根鱼线连接浮漂、铅坠和鱼钩，浮漂一般使用七星漂，浮漂穿过鱼线后固定且能滑动调节位置，铅坠和鱼钩依次连接在鱼线末端（图 9.17）。使用传统钓垂钓时一般铅坠沉底，调整浮漂位置使其在水面，当鱼吃饵时，浮漂会出现下沉或者上顶的变化。

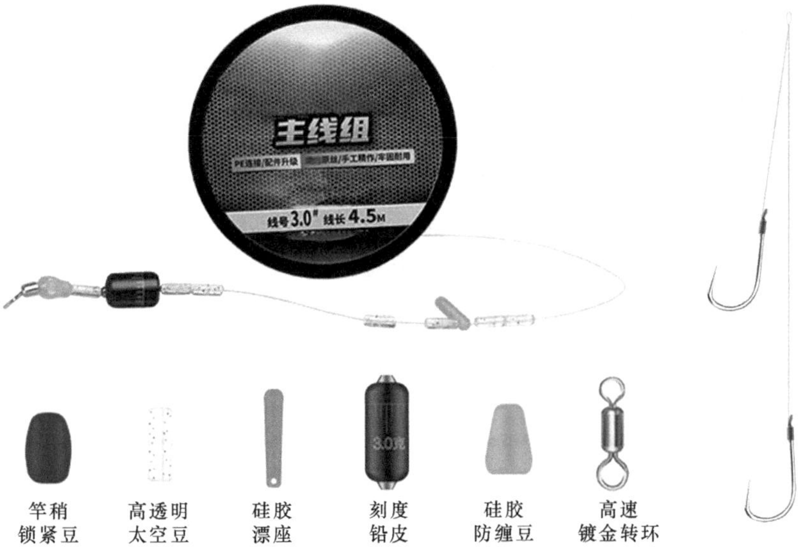

图 9.17 悬坠钓主线及配件、双钩子线图

悬坠钓线组分为主线和子线，主线依次穿有浮漂座和铅皮座，主线和子线间用八字转环连接，子线连接鱼钩。浮漂一般使用立式浮漂，铅坠使用更易剪破的铅皮以便调节重量，浮漂和铅坠穿过鱼线后利用太空豆固定和调节位置。子线一般是两根且比主线细，利于减少水

中阻力，另外，在遇到超过线组负荷的力量时子线先断以保全主线和鱼竿。悬坠钓法通过调整铅坠重量，可以实现钓浮、钓底、钓定层和钓缓沉等。

悬坠钓也叫台钓，即台湾钓法，这种钓法的引入源于钓鱼比赛。20 世纪 80 年代末，我国钓鱼界有两场影响很大的钓鱼比赛，分别在杭州和北京，这两次比赛有台湾省钓鱼高手参加，两次比赛的前十名全是台湾省钓友，而他们当时使用的是不同于传统钓的悬坠钓，这轰动了当时的钓鱼界，也兴起了钓鱼人学习这种钓法的浪潮。经过几年的发展，我国大陆的垂钓者已经熟练掌握这一钓法，大家慢慢将这种钓法统一简称为台钓，而领奖台上的台湾省钓友也随之慢慢减少直至消失。

悬坠钓最初也是只针对鲫鱼的一种钓法，因为其垂钓效率高而被接受，经过这么多年的发展，现在的悬坠钓已成为手竿垂钓的主要方式，覆盖绝大部分手竿垂钓鱼类，我国竞技类钓鱼比赛大多数规定使用悬坠钓。

图 9.18　黑拉钓法

2）黑拉钓法　台钓受日本黑拉钓法的影响较大，黑拉钓法的产生与当时日本一种杂交鲫鱼（日本白鲫）的出现密不可分，这种鲫鱼是特有的滤食性鲫鱼，与普通鲫鱼不一样的是这种鲫鱼是中上层鱼，以浮游生物为食，一般不在底部活动。在大多数人以底部垂钓为主的背景下，这种需要面对不断变化水层的垂钓方法更具挑战性，在垂钓时对线、钩、漂的要求也更为苛刻，对垂钓者的技术要求较高，这引起了很多垂钓爱好者的兴趣，这种钓法经过不断改进和完善发展成了黑拉钓法（图 9.18）。由于黑拉钓法的使用者对垂钓工具有着异常严谨的态度和独有的垂钓理念，因此衍生出了类似“茶道”的“黑拉文化”。

3）欧鲤钓　传统的欧鲤钓法与我国的炮竿钓法有很多相似之处，鱼竿比常规鱼竿长很多，长度为十几米到二十多米，而垂钓的鱼线则很短，一般只有三四米，用于较远距离的精准垂钓（图 9.19）。欧洲手竿一般搭配类似传统钓线组进行垂钓，竿梢采用具有弹性的橡皮筋与主线连接以增加上鱼时的卸力，可以更好地避免鱼脱钩，在垂钓过程中挂饵、摘鱼等操作都需要收回鱼竿进行操作。

图 9.19　欧鲤钓长竿短线示意图

4．手竿垂钓的技巧　垂钓作为一种古老而充满魅力的户外活动，它不仅仅是一种简单的消遣方式，更是对耐心、技巧与自然理解的一种独特体现。在实际的垂钓过程中，参与者需要掌握的技巧确实是多方面的，包括了对垂钓环境、钓具运用、鱼的栖息与觅食等很多相关知识的了解，下面简单介绍垂钓需要掌握的一些技巧。

1）垂钓位置　选择位置至关重要，经验丰富的钓鱼者能判断鱼群聚集地。手竿垂钓多为岸钓，适用于有限深度和距离。底层鱼首先看水底栖息环境，大个体鱼则一般选择水较深且水面开阔的地方，中上层鱼选水面开阔且最好有水流动的地方。

2）钓具的选择与运用　首先依据垂钓场景和习惯决定使用传统钓或悬坠钓，其次根据鱼的个体、密度、水温、水深等因素决定钓具的性能和强度。

传统钓线组使用简单，准备好线组后，选择钓点、打窝、调整浮漂位置，即可开始垂钓。悬坠钓与传统钓的使用过程相似，但浮漂调整更复杂，调整鱼饵在水中的状态（悬浮、缓沉、轻触底、躺底），改变吃饵信号的反应，能够增加鱼儿上钩的机会。

鱼竿的长度、粗细和材质都会影响垂钓的效果。一般来说，深水或大鱼时需要使用长度较长和强度较大的鱼竿，以增加鱼饵的覆盖范围和中鱼后的可操作性。而在浅水或垂钓小鱼时，则可以选择较短的鱼竿，以提高操作的灵活性。此外，钓线的粗细和材质也要根据鱼情来选择，以确保足够的强度和敏感度。

在抛竿时，需要确保力度适中，避免过猛或过轻，鱼饵入水点避免太散。而在中鱼后的遛鱼过程中，要留意鱼儿的反应，通过适当的力度和速度并调整钓竿的角度和力度来引导鱼儿上岸，是提高钓获率的关键。

3）鱼饵的选择　鱼饵的选择非常重要，不同的鱼类对鱼饵的喜好不同。例如，活饵（如蚯蚓、小鱼等）对于某些鱼类有更强的吸引力，而人工饵料（如粉饵、颗粒等）则可能更适用于其他鱼类。此外，鱼饵的颜色、形状和味道都可能影响鱼的咬钩率。

除钓饵外，打窝用的饵料也很重要，打窝要注意投放量和投放位置，以形成一个合适的诱鱼区域。在垂钓过程中，还要根据鱼情的变化及时补窝，以保持诱鱼效果的持续性。

4）不同水层　不同的鱼类有不同的习性和喜好，因此在垂钓时要根据目标鱼类的特点来选择。例如，对于喜欢栖息在水底的底层鱼，可以选择底钓的方式；而对于喜欢在水面活动的中上层鱼，则可以选择浮钓的方式。

5）天气和水情　天气和水情的变化对垂钓也有很大影响。例如，阴天或雨天时，鱼可能更活跃，咬钩率更高。同时，水温、水流、水质等因素也会影响鱼的分布和活性。

6）耐心和专注　即使选择了最佳的垂钓位置和使用了最合适的钓具和鱼饵，也可能需要等待很长时间才能钓到鱼。此时，保持冷静和专注是非常必要的。

7）安全意识　在垂钓时，安全始终是第一位的。确保自己处于安全的位置，避免滑倒或落水等意外情况的发生。同时，也要尊重自然，保护环境，不乱扔垃圾，不破坏生态环境。

8）持续学习和实践　垂钓是一门需要不断学习和实践的技能。通过不断尝试新的钓法、新的鱼饵和新的位置，可以逐渐提高自己的垂钓技巧和经验。同时，也可以从其他垂钓者那里学习新的知识和技巧，互相交流和分享经验。

虽然说钓无定法，垂钓实践中的技巧多样，但是都围绕着如何更好地适应环境和吸引鱼类这两个核心目标展开。无论是位置的选择、环境的应对、钓具的挑选还是鱼饵的应用，都需要垂钓者具备一定的知识和实践经验，这样才能在变化多端的环境下取得良好的垂钓效果。

9.3.2 抛投竿垂钓

抛投竿垂钓，作为一种钓鱼方式，已经在全球范围内得到了广泛的应用和普及。在欧美等地区，淡水垂钓活动中，抛投竿的使用占据了主导地位，这些国家的钓鱼爱好者，普遍青睐于抛投竿垂钓这种方式，将其视为一种传统的钓鱼技艺。与此同时，在我国及东南亚的部分国家，淡水垂钓中，抛投竿的使用也非常普遍，但其使用频率仍然略低于手竿垂钓。在这些地区，手竿垂钓因其操作简便、适应性强等特点，仍然受到许多钓鱼爱好者的喜爱。而在海钓领域抛投竿则是主流的钓鱼工具，这主要是因为抛投竿在海水中具有较好的抗风浪能力，能够适应复杂多变的海域环境。总的来说，抛投竿垂钓在世界各地都有着广泛的应用，其独特的钓鱼技巧和优势，也使其成为许多钓鱼爱好者的心头好。

淡水垂钓除路亚以外的其他方法统称为抛竿垂钓，海钓可分为矶竿钓、海竿钓和路亚钓等。

1. 抛竿垂钓　抛竿垂钓相较于手竿垂钓，其显著优势在于其能够覆盖更广阔、更深层的水域。在抛投过程中，渔轮释放鱼线，使得鱼饵得以被投掷至较远的距离，从而达到了远距离垂钓的目的（图 9.20）。

图 9.20　抛竿垂钓

垂钓的准备工作：选位置—准备钓具—开制鱼饵

垂钓的基本流程：上饵—抛竿—固定鱼竿—等待信号—提竿—遛鱼—卸鱼

1）抛竿垂钓的工具　淡水抛竿钓法所使用的钓具装备，其核心主要由鱼竿、渔轮和线组这三大要素所构成。除此之外，为了更好地进行钓鱼活动，还需要配备一系列的辅助性装备，这些装备包括但不限于竿架、报警器、抄网、鱼护、钓椅等，它们各自发挥着重要的作用，为钓鱼者提供了极大的便利和舒适体验。

在鱼竿的选择上，淡水抛竿通常会选用海竿、矶竿等类型的鱼竿。这些鱼竿具有不同的长度和强度，能够适应复杂的淡水环境，以及应对较大体型鱼类的拉扯。

渔轮是与抛竿相配合的重要工具之一，渔轮的种类繁多，它们各自具备不同的绕线长度和承受强度。在进行垂钓时，需要根据实际需求选择适合的鱼竿和绕线渔轮，以确保垂钓过程的顺利进行。目前，在抛竿垂钓领域，纺车轮因其独特的优势而被广泛采用。

常用的抛竿线组类型主要包括沉底钓线组、串钩线组、爆炸钩线组、诱饵笼（花篮）线组及滑漂线组等。其中，沉底钓线组、串钩线组、爆炸钩线组在垂钓过程中，一般不借助浮漂。在进行这些线组的操作时，需将鱼线拉直至较为紧绷的状态，并保持鱼竿与鱼线之间形成一定的夹角，通过观察竿尖的振动及鱼线的动态变化来准确判断是否有鱼儿上钩。而花篮线组通常搭配阿波浮漂对中上层鱼进行垂钓，垂钓者通过观察浮漂的起伏判断信号。

图 9.21 沉底钓线组示意图

（1）沉底钓线组。沉底钓线组（图 9.21）作为一种经典且备受推崇的钓鱼装备配置，其严谨性和实用性在钓鱼领域得到了广泛认可。通过选用合适的铅坠，确保鱼钩和鱼饵能够稳定地沉入水底，深入鱼群活动频繁的区域，从而显著提升钓鱼的成功率。这种配置不仅操作简便，而且效果显著，沉底钓线组的广泛应用，充分展现了其在钓鱼活动中的优越性和重要性。

（2）串钩线组。串钩线组（图 9.22）即一种由一根主线串联多根辅助子线及鱼钩构成的钓鱼装备。在此设计中，每根辅助子线之间保持一定间距，整体呈现鱼刺般的布局。串钩线组的显著特点在于其多钩设计，这一特性使得在垂钓过程中能够覆盖更广泛的区域，对于频繁成群活动的鱼群尤为适用。在使用时，需确保每个鱼钩上均挂有饵料，主要适用于捕捉水层中下部的中小体型鱼类。

（3）爆炸钩线组。爆炸钩线组（图 9.23）也称为翻板钩线组，其结构特点在于一根主线上连接多根子线及鱼钩，鱼钩围绕主线以发散状排布。该线组显著的优势在于鱼钩的高度集中，对于接近鱼饵的鱼类展现出极强的捕获能力。在垂钓过程中，爆炸钩线组通常搭配使用硬实的糠饼、菜籽饼、方块饵等压制鱼饵，或采用紧实的粉饵，以确保鱼钩能够均匀分布在鱼饵四周。此线组一般用于钓底，少数特殊情况下钓浮。

图 9.22 串钩线组示意图

图 9.23 爆炸钩线组示意图

（4）诱饵笼线组。诱饵笼线组（图 9.24）也称花篮线组或水怪线组，其设计独特，花篮四周以多个鱼钩呈发散状拴接。此线组的显著特点在于能够将鱼饵妥善放置于花篮之中，特别适用于雾化速度较快的粉饵，如垂钓鲢、鳙等鱼类。在垂钓过程中，需借助浮漂使其保持在中上层水域，以确保最佳的垂钓效果。

（5）滑漂线组。滑漂线组（图 9.25）作为一种与悬坠线组具有相似构造的线组，其独特之处在于浮漂座的设置，支持悬坠钓法的同时能够进行抛投操作，以有效应对较远距离和较深水深的垂钓需求。一般悬坠钓浮漂需在上下两个位置使用太空豆以进行位置的固定，而滑漂钓法的浮漂仅在上端通过棉线节或太空豆进行定位。这种设置在收回鱼线时，浮漂能够沿鱼线顺滑而下；而当鱼饵被抛出后，浮漂会随之上升，直至抵达固定的太空豆位置，此时铅坠可以悬浮于特定位置。

图 9.24 诱饵笼线组示意图

图 9.25 滑漂线组示意图

2）抛竿垂钓的鱼饵　在抛竿底钓的实践中，鱼饵的选用范围广泛，涵盖了蚯蚓、蛆虫、螺蛳、玉米、粉饵及颗粒等多种类型。对于抛竿沉底钓和串钩钓，常用的鱼饵包括蚯蚓、红虫、玉米、虾及颗粒等。对于抛竿爆炸钩线组，通常会选用压缩硬饵，如菜籽饼、糠饼、方块饵等，而在抛竿诱饵笼线组中，则更倾向于使用散落较快的粉饵。至于抛竿滑漂线组，其鱼饵选择与手竿垂钓时所使用的鱼饵种类大致相似。

在抛竿垂钓的过程中，多数情况下无须额外进行打窝，而是直接通过挂钩鱼饵的方式实施垂钓。这是因为抛竿垂钓的距离较远，难以精准实施打窝操作，同时，爆炸钩线组和诱饵笼线组所使用的挂钩鱼饵量较大，垂钓过程中鱼饵会自然散落并随水流雾化，进而实现类似于打窝诱鱼的效果。

抛竿垂钓鱼饵的选择需根据鱼的习性、气候和温度等条件进行灵活调整，在深入探讨抛竿垂钓鱼饵的选择与应用时，需全面考虑不同水域环境、目标鱼类及季节变化等多种因素。

首先，水域环境对于鱼饵的选择具有不容忽视的显著影响。在水流相对平静的水域中，使用雾化速度较快的鱼饵可能更为适宜，因为此类鱼饵能够迅速扩散，可有效吸引鱼群。相反，在水流较为湍急的水域中，选择雾化速度较慢的压缩型鱼饵将更为合理，以延长其在水中的持续时间，从而增加吸引鱼群的机会。

其次，目标鱼类的习性是选择鱼饵时需重点考虑的因素。不同鱼类有不同的食物偏好和摄食习性。例如，某些鱼类可能偏好活饵，如蚯蚓、红虫等，而另一些鱼类则可能更喜欢谷物或粉饵。另外，在小鱼较多的区域可以选择玉米、颗粒类鱼饵、压缩性鱼饵吸引小鱼，有效避免过多的小鱼对垂钓产生干扰。因此，了解目标鱼类的习性并根据其偏好选择合适的鱼饵至关重要。

此外，季节变化也会对鱼饵的选择产生影响。在春季和秋季，鱼类为了补充体力、储备能量，对食物的需求较大，此时使用富含营养的鱼饵可能更为有效。而在夏季和冬季，由于气候的变化，鱼类的摄食习性也会发生相应调整，因此需要灵活调整鱼饵的选择和使用方法。

综上所述，抛竿钓鱼饵的选择与应用需综合考虑多种因素。只有深入了解不同水域环境、目标鱼类和季节变化等因素对鱼饵选择的影响，并灵活调整鱼饵的选择和使用方法，方能在垂钓过程中取得理想的成果。

3）抛竿垂钓的技巧　在探讨抛竿垂钓的技巧时，必须强调其多样性和精准性。其中，抛竿底钓、串钩、爆炸钩钓法，并不直接依赖于浮漂进行观测，当鱼饵被精准抛至预定位置后适当收紧鱼线，一旦有鱼咬钩，其产生的拉力将引起鱼线的移动，进而使竿尖产生明显的抖动。此时，垂钓者需保持冷静，准确把握时机，迅速提竿刺鱼并收线。为了减少持续监视所带来的疲劳，许多垂钓者选择在竿尖处安装声音报警装置，使垂钓过程更为轻松惬意。而抛竿花篮、滑漂钓法则对浮漂的信号有着较高的要求，更适用于定层垂钓。其中，抛竿、滑漂钓法在一定程度上与手竿钓法有相似之处，其显著优势在于能够实现远投垂钓和深水垂钓，为垂钓者提供更为广阔的垂钓空间。

在选择抛竿垂钓工具时，需根据钓法进行调整。对于远距离抛投，通常选择较长的远投竿和较重的铅坠，以确保抛投的精准度，从而更准确地掌握鱼饵的落点，提高渔获。在垂钓大个体鱼时，选择强度较高的鱼竿、渔轮和线组能够更好地控制鱼的活动。而垂钓小个体鱼时，则推荐选择竿尖灵敏度较高的鱼竿，以便更清晰地捕捉到吃钩的信号。

此外，在不同的季节和天气条件下，鱼类的活动习性也会有所变化。在寒冷的冬季，鱼类往往会游向深水区域，而在温暖的夏季，它们则更喜欢在浅水区域觅食。因此，在选择垂钓位置和鱼饵时，也需要根据季节和天气条件进行调整。

对于垂钓者来说，耐心和细心是不可或缺的。抛竿垂钓虽然相对轻松，但也需要时刻关注竿尖和鱼线的信号。上鱼后也不要急着把鱼拉上岸，一条大鱼可能会在水下挣扎很长时间，这时候就需要保持冷静，稳稳地使用渔轮收放鱼线，等待其精疲力尽的时候再把鱼拉上岸。

总之，抛竿垂钓是一种非常有趣和富有挑战性的垂钓方式。只要掌握了正确的技术和策略，就能够享受到垂钓带来的乐趣和成就感。

2．路亚垂钓　路亚，源自“lure”拟饵的音译，拟饵是一种通过模拟鱼类形状或声音而制成的假饵。据传，美国的一个钓鱼人不慎将手中的小木片掉入河中，随即被一条未知鱼类迅速叼走，这一偶然事件激发了灵感，促使他研发出了世界上首个拟饵。

在路亚垂钓活动中，垂钓者通过操纵鱼竿、渔轮、鱼线等器具，使拟饵呈现出易被攻击鱼类识别的动作或声音，从而吸引并引诱具有攻击性的鱼类上钩。路亚钓法因其独特性和高效性，已成为全球范围内发展迅猛且备受欢迎的垂钓方式之一。在欧美地区，路亚钓法极为盛行。2000 年以后我国逐渐兴起路亚钓法，其受到众多钓鱼爱好者的青睐。

路亚垂钓是一种动态的垂钓方式，其动态特性主要体现在垂钓区域和操作方式上。在垂钓过程中，路亚垂钓通常采取走钓或船钓的形式，垂钓者通过不断更换垂钓区域，以探索水域中可能存在的鱼群藏身之处。与其他垂钓方式使用的真饵不同的是，拟饵需在水中保持不断游动以模仿小鱼或受伤的鱼逃窜的姿态或声音，这就需要垂钓者通过不断地操作鱼竿来控制拟饵的运动状态。

路亚垂钓的完整流程严谨而有序，包括抛竿、收线、中鱼、刺鱼、遛鱼等步骤。在垂钓开始时，垂钓者需将拟饵精准抛出至预定位置，随后等待拟饵下沉至合适深度。在拟饵下沉的过程中，垂钓者会适时回收鱼线来精准控制其在水中的位置，以确保拟饵在水面或水下特定深度。同时，垂钓者会通过精细地抖动鱼竿和调节收线速度，使拟饵保持一种易被攻击的水下泳姿，或发出声音、释放气味等，以引诱目标鱼类发起攻击。整个流程要求垂钓者具备高度的专注力和精细的操作技巧。在路亚垂钓的进一步操作中，当垂钓者感知到鱼咬钩的轻微动作时，即进入“中鱼”阶段。此时，垂钓者需要迅速而稳定地提起鱼竿，确保鱼钩能够牢固地刺入鱼嘴，即“刺鱼”动作。完成刺鱼后，垂钓者不能立即将鱼提出水面，而是要利用鱼竿的弹性和自身的力量，在水中与鱼进行一场较量，这被称为“遛鱼”。

路亚垂钓不仅是一种休闲方式，更是一种对垂钓者技巧和智慧的考验。通过不断练习和实践，垂钓者可以提高自己的垂钓技巧和判断能力，享受与大自然和谐共处的乐趣。同时，路亚垂钓也强调对生态环境的保护和尊重，垂钓者需要遵守相关的环保规定，确保在享受垂钓乐趣的同时，不对生态环境造成破坏。

1）*路亚垂钓的工具*　路亚垂钓的主要工具包括鱼竿、渔轮、鱼线、铅坠、鱼钩及拟饵等。在这些工具中，鱼竿是钓鱼者直接操控的工具，其材质、长度和弹性等特性都会影响到钓鱼的成效；渔轮则是用于收放鱼线的装置，好的渔轮可以使钓鱼者更加省力，并且能有效防止鱼线纠缠；鱼线则是连接鱼竿和鱼钩的纽带，其强度和韧性至关重要，因为它要承受来自水下的拉扯力；铅坠的作用是增加鱼饵的重量，使其能够迅速到达水底或者特定的钓点；拟饵则是模仿鱼类或者其他水生生物的形态和动作，以吸引鱼儿上钩；鱼钩则附在拟饵上或隐藏在拟饵内部，其锋利度和形状会直接影响钓鱼的成效。这些工具的选用和使用都需要钓鱼者根据具体的垂钓环境和目标鱼类进行细致的考虑和调整。

路亚鱼竿的多样性确保了满足不同钓鱼爱好者的各种需求。首先，从长度角度来看，路亚鱼竿可被归类为短杆、中杆和长杆。短杆轻便且灵活，适宜在狭窄水域或需频繁变换位置的场景中运用。中杆则长度适中，其展现出优异的平衡性和广泛的适用性，对于钓鱼初学者及有一定经验的钓友均十分合适。长杆则能够触及更远的钓点，尤其在大水域的钓鱼活动中表现突出，有助于钓友捕捉远处鱼类。此外，根据用途细分，路亚鱼竿还包括专门用于淡水钓鱼的型号，以及更适合咸水环境的特定鱼竿，这些设计旨在更好地适应不同鱼类的特点和习性，以提高钓鱼成功率。

在路亚竿的设计上，主要分为“直柄”和“枪柄”两大类型。其中，“枪柄”样式的路亚竿通常与卧式轮如水滴轮和鼓轮等搭配使用，这种搭配基于轮子类型在使用上的便捷性和与竿子结构的契合度。而“直柄”样式的路亚竿则与纺车轮相搭配，纺车轮的结构与直柄设计相契合，使得操作更为简便且线控更为流畅，尤其适用于较远距离的投掷和回收线（图 9.26）。这两种类型在钓鱼爱好者中均有广泛应用，选择何种类型则需基于钓鱼者的个人偏好和钓鱼环境。

图 9.26 纺车轮（左）和水滴轮（右）

在路亚垂钓中，通常主线选用高强度、耐磨的 PE 线。而前导线，即连接拟饵的线，则常用轻盈、耐磨、隐蔽性好的碳线，垂钓锋利牙齿的鱼时，前导线会选择钢丝线。

鱼钩和拟饵的选择也是路亚垂钓中不可忽视的一环。不同的鱼钩形状和大小适用于不同的鱼类和鱼饵类型。钓友需要根据自己的钓鱼目标和经验来选择合适的鱼钩。而拟饵则是路亚垂钓中的关键诱饵，它们的颜色、形状和动作都能对鱼类产生极大的吸引力。在选择拟饵时，钓友需要根据水域环境、鱼类习性和季节变化等因素进行综合考虑，以选择最适合的拟饵类型和颜色。

铅坠在路亚垂钓中不仅能够帮助钓友将鱼饵投放到更远的位置，还能够根据水流和风向调整鱼饵的飘落轨迹，使其更加接近鱼类的活动区域。在选择铅坠时，钓友需要根据水域的深度、水流速度及鱼类的习性等因素进行综合考虑，以选择最适合的铅坠类型和重量。

2）路亚垂钓的鱼饵 在路亚垂钓的过程中，拟饵的选用至关重要，其主要类别可区分为软饵与硬饵。软饵通常采用橡胶和硅胶等材质进行制作，而硬饵则涵盖塑料、木头、金属等多种材质。在软饵方面，常见的类型包括蛆形软饵、虾形软饵、条状虫形软饵及空心蛙等（图 9.27）；而在硬饵的选用上，铁板/亮片、波趴、米洛、铅笔、VIB 等（图 9.28～图 9.30）则是常见的选择。这些拟饵的选择和应用，需根据具体的水域环境、目标鱼类和垂钓技巧进行灵活调整。

图 9.27 软饵-卷尾蛆和 T 尾

图 9.28 铁板/亮片

图 9.29 VIB、米洛

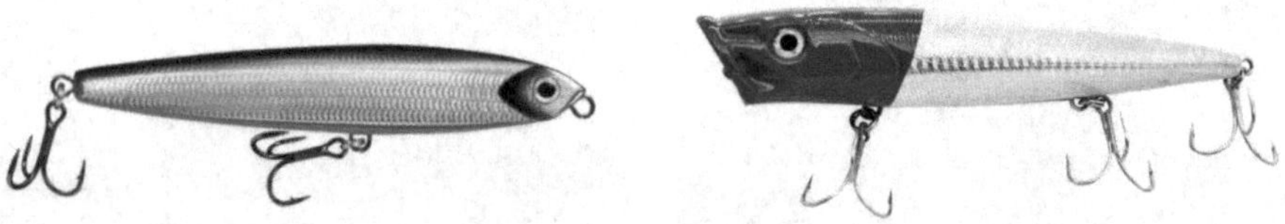

图 9.30 铅笔、波趴

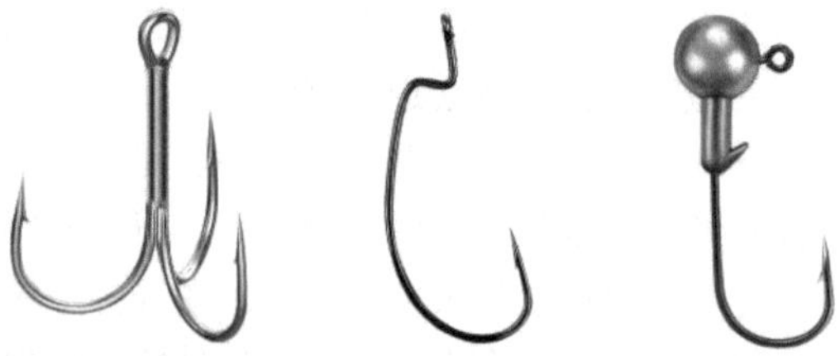

图 9.31 三本钩、曲柄钩、铅头钩

在路亚钓鱼的实践中，常用的鱼钩类型包括三本钩、曲柄钩和铅头钩等（图 9.31）。其中，三本钩因其特性，通常与硬饵配合使用，以达到最佳效果。而铅头钩和曲柄钩则主要适用于软饵，以满足在特定钓鱼场景下的需求。这些鱼钩的选择和应用，均基于其结构特点和适用环境，以确保钓鱼活动的高效和准确。

3）*路亚垂钓的方法* 路亚垂钓，作为一种特定的垂钓技术，其核心在于精准模拟自然界中猎物吸引鱼类发动攻击的生态场景，以实现垂钓目标。该技术通过运用多样化的拟饵与垂钓策略，以适应不同种类的鱼类。拟饵设计精巧，形态、色泽、材质各异，以精准模拟虫、鱼、虾、蛙等各类猎物。在垂钓过程中，垂钓者需精确掌控跳底、匀收、慢摇、快收等操作手法，使拟饵在水底障碍物间展现出与真实鱼类相似的游动姿态。一旦感受到鱼线紧绷或鱼竿震动，即表明有鱼咬钩，此时应迅速提起鱼竿刺鱼。中鱼后，垂钓者需依据鱼的体型及逃窜态势，灵活调控鱼竿与鱼线的收放，以消耗鱼的体力，直至其停止挣扎，方可安全提鱼上岸。因此，路亚垂钓对垂钓者的技术与实践经验均有一定要求，以确保其能够精准掌握与运用此技术。

路亚垂钓使用软饵时通常与铅坠和鱼钩组成线组，常用的线组配置包括铅头钩线组、卡罗莱纳线组、德州线组、倒钓线组等，线组的选择和使用需根据水底结构的复杂程度及个人操作习惯进行综合考虑。

（1）铅头钩线组。铅头钩线组（图 9.32）子线连接铅头钩挂饵垂钓即可，简单方便，适用性广。

（2）卡罗莱纳线组。卡罗莱纳线组（图 9.33）中铅坠和鱼钩是分离的状态，铅坠装在主线上，子线连接鱼钩，垂钓时铅坠下沉带动拟饵摆动，拟饵泳姿自然。

图 9.32　铅头钩线组示意图

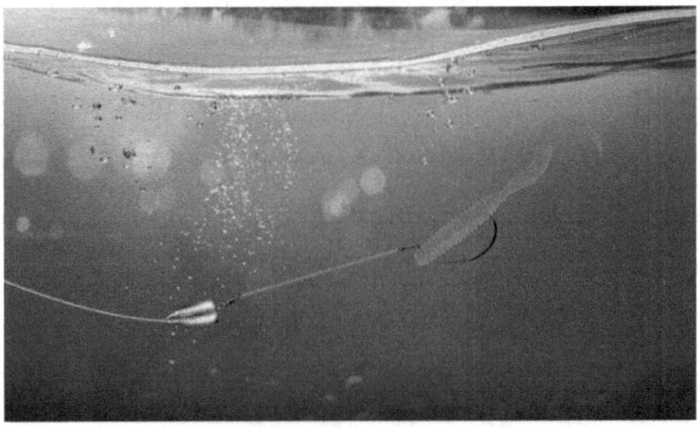

图 9.33　卡罗莱纳线组示意图

（3）德州线组。德州线组（图 9.34）铅坠可以自由在前导线上滑动，垂钓时障碍通过性较好。

（4）倒钓线组。倒钓线组（图 9.35）是鱼钩固定于前导线中下部位置，下端连接铅坠，垂钓时拟饵泳姿自然。

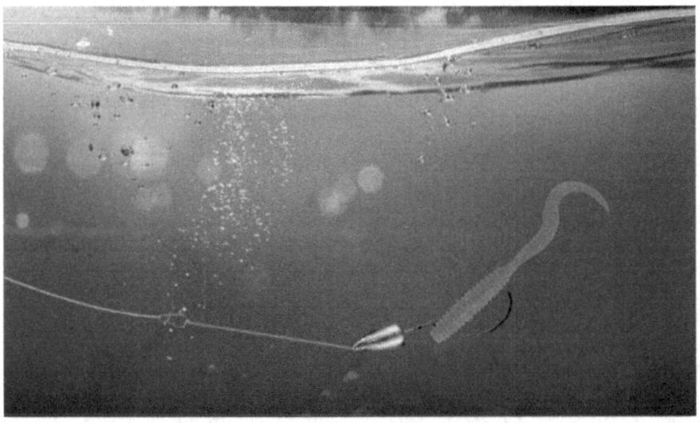

图 9.34　德州线组示意图

图 9.35　倒钓线组示意图

路亚垂钓使用硬饵一般直接通过前导线连接即可进行垂钓，其中，波趴、浮水米洛和铅笔等拟饵在路亚垂钓中一般统称水面系，用于垂钓中上层鱼，拟饵抛出后即可回收鱼线，让拟饵在水面游动；亮片、VIB、沉水米洛和铅笔等可以垂钓全部水层，通过回收鱼线时的速度和技巧，可以实现拟饵停留在不同的水层并呈现不同的游泳姿态，从而吸引鱼类攻击。

微物路亚是路亚垂钓小个体鱼的叫法，一般采用非常小的亮片、VIB 等进行垂钓，常见的垂钓对象有白鲦、马口、溪石斑等。

对于路亚垂钓爱好者来说，仅仅掌握了垂钓工具的操作方法还远远不够。要真正成为一名出色的路亚垂钓者，深入了解不同鱼类的栖息和觅食习性至关重要。这涉及标点①、时间、天气及气候变化等多方面的因素。

首先，标点是路亚垂钓中的关键。不同的鱼类有其特定的栖息地点，这些地点通常与水深、水流、水质及周围环境等因素密切相关。比如，某些鱼类可能更喜欢在深水区觅食，而

① 标点：路亚垂钓中适合垂钓的位置

另一些则偏爱浅水区或水草茂盛的地方。因此，作为垂钓者，需要通过不断尝试和实践，掌握这些标点，并在合适的位置投放饵料，以吸引鱼儿上钩。

其次，时间也是影响路亚垂钓效果的重要因素。不同的鱼类在不同的时间段内活跃程度会有所不同。例如，某些鱼类在清晨和傍晚时分最为活跃，而另一些则在中午时分最为活跃。因此，了解目标鱼类的活动规律，选择合适的垂钓时间，对于提高垂钓成功率来说至关重要。

此外，天气和气候的变化对于路亚垂钓活动具有显著影响。在各种天气条件下，水温、气压、风向等关键因素均会发生变动，这些变动直接关联到鱼类的活动模式。不同的气候变迁将影响路亚垂钓目标鱼类的日常习性，包括觅食区域的调整及繁殖季节的到来，这对于路亚垂钓者而言，无疑是至关重要的考量因素。

9.3.3 海钓

海钓作为一项充满挑战与乐趣的休闲运动，其垂钓方式因海域和鱼类的不同而各异。多数海钓爱好者倾向于选择更为便利且安全的近海垂钓。然而，远海巨物的魅力仍旧吸引了一部分探险者，他们选择在适宜的时节携带装备搭乘大型船只，经历长途跋涉，以寻求与大鱼搏斗的刺激与成就感。

在进行海钓之前，充分的准备至关重要。首先，需考虑天气因素，晴朗且风速适中的天气更利于垂钓，因为此时鱼儿更为活跃。其次，了解潮汐、洋流的变化，以此判断垂钓的最佳区域和可能捕获的鱼类。同时，保障自身安全也不容忽视，对于初次出海者，应充分评估自身的适应能力和体力状况。寻找一位熟悉海域、天气、海况、洋流、潮汛、鱼汛的船长，能够极大地提升垂钓体验，确保安全与质量。

根据垂钓场景的不同，海钓可分为近海岸钓、近海船钓和远海船钓三种类型。近海岸钓主要在大陆沿岸或岛礁周边的浅海进行，常见钓点包括河流入海口、码头、防波堤、海滩等区域。近海船钓则多沿着大陆沿岸及岛礁周围进行，而远海船钓则需要乘坐大型船只，前往深海区域进行垂钓，此时可能遇到更大、品种更丰富的鱼类。

在我国四大海域中，渤海、黄海近海浅海垂钓发展较为成熟；东海和南海则更擅长于远海深海垂钓。由于鱼的洄游特性，纬度线越低，垂钓鱼类越丰富，垂钓季节越长，因此，南海地区鱼类资源更为丰富，垂钓季节更长，垂钓区域也更广阔。

1. 海钓的工具 海钓活动所需的基本工具包括鱼竿、渔轮、线组及鱼饵，对于热衷于海钓的爱好者来说，这些基本工具不仅仅是用来钓鱼的，更是连接人与自然、感受海洋魅力的桥梁。

首先，海钓的鱼竿与淡水钓有着显著的不同。由于海洋中的鱼类体型较大，力量也更为强劲，因此海钓鱼竿需要更加坚固和耐用。鱼竿的种类主要包括海竿、矶竿和路亚竿。对于海竿，根据其应用场景和强度差异，可细分为船竿和手竿两类，船竿通常被架设于固定的炮台之上，因其强度较大而特别适用于船钓环境，而海钓中所提及的手竿，与淡水钓的手竿不同，它特指那些适用于手持垂钓的海竿。对于矶竿，同样存在轻矶和重矶的区分，这两者的主要区别在于其适用的鱼类体型大小。在路亚竿的选用上，针对抽铁板的海钓场景，为了节省垂钓者的体力，鱼竿的尺寸一般被设计得较短；而在抛投水面系路亚饵的海钓场景中，为了确保抛投距离更远，鱼竿的尺寸则相对较长。

渔轮（图 9.36）是海钓中的核心部件，它承载着线组和鱼饵，可帮助将鱼饵抛得更远，同时也能有效地收放线组，与鱼进行力量博弈。不同的鱼类和海域需要不同型号的渔轮，因此选择合适的渔轮至关重要。其中，鼓轮和纺车轮是常用的两种类型。相较于淡水渔轮，它们不仅在线杯容量上更大，而且在整体强度上也更为突出。更为重要的是，在遭遇强大的拉力时，这些渔轮必须展现出稳定的性能，以确保钓鱼过程的安全和顺畅。一款优质的渔轮能够显著减少钓鱼者体力的消耗，并有效降低断线、跑鱼等不利情况的发生概率。当前，电动渔轮在海钓中的应用也日益广泛。鉴于海钓中垂钓的水深较深，鱼的个体也较为庞大，遛鱼过程对体力的消耗极为显著。因此，电动渔轮的出现极大地减轻了钓鱼者的体力负担，并有效加快了垂钓的节奏，提高了钓鱼效率。

图 9.36　海钓常用渔轮

线组，作为连接鱼竿与鱼饵的关键部分，承担着传递鱼类拉力和应对海浪冲击的重任，因此其材料必须拥有出色的韧性和耐磨性能。进行海钓活动时，所使用的线组需根据具体的钓鱼方法而定。常见的线组类型包括沉底钓线组、浮游矶钓线组、诱饵笼线组及串钩线组等，每一种线组都有其特定的应用场景和优势。

至于鱼饵的选择，同样需根据目标鱼类的不同而有所调整。常见的鱼饵有活饵、假饵及粉饵等。活饵如小鱼、虾等，能够散发出自然的气味和动作，以吸引鱼类前来觅食；假饵则通过模拟鱼类的形态和动作来吸引鱼类；而粉饵则是通过添加各种香精和诱食剂来吸引鱼类。

在近海垂钓时，针对中小个体鱼类，可选用沙蚕、活鱼活虾、小螃蟹、贝类、冷冻南极磷虾、粉饵及拟饵等作为鱼饵。而在远海垂钓大个体鱼类时，则应选择活鱼、活虾、活鱿鱼、活螃蟹及拟饵等更具吸引力的饵料。

除以上这些基本工具外，海钓还需要一些辅助工具，如抄网、鱼护、剪刀等。这些工具能够帮助更好地处理捕获的鱼类，保护人们手指不被鱼鳍刺伤，同时也能让我们在享受海钓乐趣的同时，更加安全和舒适。

2. 海钓的方法　海钓具有显著的多样性和专业性。其涵盖的多种钓法不仅各具特色，还针对不同海域和鱼类的特性进行了精心设计，旨在为垂钓爱好者提供丰富而精准的选择。在严谨和理性的指导下，这些钓法被细致分类并不断优化，以适应各种复杂的海洋环境和鱼类习性。

1）*矶钓*　矶钓是我国及周边国家近海垂钓中广泛采用的一种海钓方式。它包含两种主要形式——“重矶钓”和“轻矶钓”。

“重矶钓”特指在岛礁矶岩区域针对大体型鱼类所采取的垂钓方法，它使用重竿、大轮、粗线、重坠等工具，并常常采用底钓或浮漂钓浮的方式。在底钓时，铅坠会沉至水底，鱼饵

图 9.37　浮游矶钓线组示意图

则随水流漂流，常用的鱼饵包括大块鱼肉、整条小活鱼、整只螃蟹、贝肉、鱿鱼等。

而“轻矶钓”则更适用于各种场合垂钓中小型鱼类，它采用轻竿、小轮、小坠、细线等工具，其中，“浮游矶钓”作为“轻矶钓”的一种，因其广泛的使用而备受关注。浮游矶钓（图 9.37）与手竿悬坠钓的原理相似，都是通过调整浮漂和线组的平衡使鱼饵处于悬浮状态。在海钓环境下，浮游线组的构成更为复杂和多样化，包括主线、子线、棉线节、半圆挡珠、浮漂（阿波）、防撞豆、水中、仕挂棒（卡拉曼棒）等组件。这些组件各自发挥着重要的作用，以确保线组在复杂的海洋环境中稳定运行。

浮游线组在达到指定水层后，会随海浪和潮流漂浮游动，这使得它能够垂钓固定水层的不同鱼类，尤其适合在岛礁区域的复杂地形中进行垂钓。浮游矶钓强调诱钓结合，通过在线组上挂诱饵笼或在岸上频繁打窝，可以更有效地吸引鱼类，提高中鱼的效率。此外，在船上使用浮游矶钓进行垂钓能够覆盖到岛礁附近更多岸钓无法到达的区域。

图 9.38　诱饵笼钓法示意图

2）诱饵笼钓法　诱饵笼钓法（图 9.38）是一种结合诱饵与钓具的特定垂钓方式，在海钓的很多垂钓方式中都可以在线组上加上诱饵笼以增加诱鱼。进行垂钓时，首先将诱饵笼巧妙地融入线组中。随后，通过海竿将装填有鱼饵的诱饵笼投放至适宜的垂钓深度，诱饵笼内的鱼饵会随着水流自然漂散，以此吸引附近的鱼类。一旦鱼类被诱饵所吸引并误食到鱼钩，船上的鱼竿便会发生明显的抖动反应。此时，施钓者应立即进行收线提竿操作，从而有效地捕获鱼类。此钓法巧妙地融合了诱鱼与垂钓的双重功效，极大地提升了垂钓的成功率。

3）沉底钓　在近海岸钓一般使用远投沉底钓（图 9.39），与淡水抛竿沉底钓在操作原理上并无二致，但鉴于其特殊的海洋环境，所使用的鱼竿线组必须具备更高的强度，且对抛投距离有着更为严格的要求。远投沉底钓被广大钓友视为岸钓中一种既简单又轻松的垂钓方式。在实际操作中，远投抛竿可以灵活搭配单钩、双钩甚至多钩（串钩）的沉底线组，垂钓者只需将鱼饵抛出后妥善架好鱼竿，并适当收紧鱼线，静待鱼竿竿尖发出抖动信号，即可判断是否有鱼上钩。

图 9.39　沉底钓示意图

源于其简单高效的特点，沉底钓作为船钓中常用的钓法，具显著地位并被广泛应用。其核心原理在于通过重铅稳定地将鱼饵置于海底或特定水层，进而等待鱼类上钩。此方法不仅适用于捕获海底生物，更能在船钓过程中根据实际情况灵活调整鱼饵下沉深度，以实现最佳垂钓效果。为避免鱼饵被海底障碍物所困，当铅坠触及底部时将鱼线回摇 2～3m，确保铅坠保持离底状态。此外，为预防铅坠被障碍物挂住时造成主线和鱼竿的损害，推荐使用较细的线连接铅坠，以便在必要时迅速舍弃铅坠。

4）拖钓　拖钓是使用快艇牵引鱼饵钓大型掠食性鱼类。首先，拖钓船通过探鱼器、海面变化及海鸟活动判断小鱼群位置。小鱼群通常会吸引大型掠食性鱼类，发现目标后迅速驶向该区域。其次，到达鱼群所在区域后需迅速将鱼竿稳固安置于船尾及两侧，多支同时作业，保证鱼线长度适中灵活,避免缠绕，拖钓的鱼饵多为活鱼或拟饵，也可以配上一定重量的铅坠保持深度。鱼上钩后需全力以赴协同作战，快速收回未中鱼的鱼竿，船长倒车追鱼并调整方向。最佳状态是鱼未发力时钓获，否则可能打持久战，鱼疲惫后迅速收回鱼线，用戴手套的双手抓住子线拖至船舷一侧，用绳套鱼尾并用搭钩拉上船，需冷静、迅速操作以确保捕获成功。夏威夷国际海钓赛中，钓手需独立完成拖钓所有操作，这是一项非常考验钓手体力和精神的运动。

5）放流钓　放流钓，作为一种相对轻松的垂钓方式，其核心在于将挂有鱼饵的鱼钩抛出后，依赖水流或船只的拖动，使鱼饵在水中保持自然游动的姿态，以此吸引攻击性鱼类的咬钩。

在大多数情况下，为了提升垂钓效果，放流钓的鱼饵需维持其游动的状态。此种钓法尤其适用于船钓，垂钓者可通过船只在风、水流或自身动力作用下进行漂流，从而带动鱼饵在水中自然漂游。此外，也可通过抛锚或与水上建筑连接船只固定，使鱼饵在水流的带动下游动。同样，放流钓也可在有流水的岸边或水上进行。

放流钓的线组设置灵活多样，可包括沉底线组和诱饵笼线组，同时也可利用浮漂、铅坠、漂流袋（drift sock）等工具，根据垂钓者的需求调整，使鱼饵在特定水层保持定层漂流的效果。在饵料选择上，放流钓既可使用活饵，也可使用拟饵，能够垂钓的鱼类种类繁多，常见的包括带鱼、金枪鱼、鲯鳅、旗鱼等。

6）路亚　路亚，作为一种深受海钓爱好者青睐的垂钓方式，以其独特的魅力，为垂钓者带来了难以言喻的体验。在海水路亚的垂钓过程中，垂钓者有机会捕获到淡水路亚难以捕到的庞大个体鱼类，并亲身感受其带来的强烈冲击力。其中，波趴和抽铁板作为海钓路亚中最受欢迎的钓法，深受垂钓者的喜爱和推崇。

波趴钓法（popping），作为海钓中垂钓水面鱼类的主要钓法，要求使用专门的远投竿和相较淡水路亚更大的波趴拟饵。在此方法中，钓者需精准地将波趴鱼饵抛投至较远的海域，随后通过精准操控回拉鱼竿和转动渔轮，使波趴鱼饵撞击水面，产生显著的水花和声音，进而吸引并诱使大型鱼类发动攻击（图 9.40）。

图 9.40　波趴钓抛竿

抽铁板钓法（jigging）是一种在淡水及海钓领域广泛应用的钓法，它依托于铁板这一常用的路亚拟饵。铁板较重的重量与修长的体型相结合，有效降低了阻力，使得在广阔的海域中能够被抛得更远和在水下灵活游动。

抽铁板技巧是深海船钓中一种考验体力的常用方法。在施钓过程中，钓者需将铁板抛出或垂直下沉后，通过大幅度地抽动鱼竿，使铁板展现出自然的泳姿。这一操作主要涵盖快收与慢摇两种方式，快收技巧是指在鱼饵达到预定深度后，迅速向上抽动铁板，模拟小鱼挣扎逃窜的动态；而慢摇则要求在鱼饵达到预定深度后，缓慢地提起再放下铁板，以模拟小鱼受伤时游动的姿态。

抽铁板技巧适用于不同水层，能够垂钓多种鱼类，如常见的石斑鱼类、鲷类、金枪鱼类等，均为海钓时理想的垂钓对象。

9.3.4 其他钓法

除了手竿和抛竿钓，世界上还有许多具有悠久传统的垂钓方式和新兴的一些垂钓方式，它们各具特色，为钓鱼爱好者提供了丰富的选择。

1．飞钓（fly fishing） 飞钓，也称为飞蝇钓，是一种极具观赏性的垂钓技术。它通过独特的抛竿手法，模仿飞蝇、蜻蜓、蚊虫等昆虫的落水姿态，从而吸引鱼类进行攻击。飞钓与路亚垂钓关系紧密，此钓法在北美和欧洲颇为盛行，而在我国使用人数则相对较少。

飞钓的独特之处在于其抛竿技巧，由于飞钓线组轻盈，抛投难度较高，钓手需在空中不断挥舞鱼线，使拟饵频繁接触水面，形成优美的弧线。这一技巧不仅考验钓手的技巧水平，也赋予了飞钓极高的观赏价值。

飞钓作为一种历史悠久的钓法，从欧洲传播至美洲，并在此过程中发展出多种不同的钓法。它主要适用于淡水溪流垂钓，但也可在湖泊、水库等水域进行船钓或浅滩垂钓。如今，飞钓爱好者甚至将其应用于海钓中，如海滩、礁石浅水区及船钓等场景。

在淡水环境中，飞钓的常见对象鱼类包括鳟鱼和鲑鱼。而在我国，适合飞钓的鱼类有溪哥（宽鳍鱲）、白鲦、哲罗鲑、狗鱼、马口、翘嘴、蒙古红鲌、鲇、黑鱼等。在海钓领域，飞钓则主要面向中上层鱼类，如GT、鬼头刀（鲯鳅）等。

值得一提的是，天展钓（tenkara）作为日本的一种特殊的飞蝇钓法，与飞钓有所不同。它采用类似手竿的鱼竿，无须渔轮和导环，且线的长度固定。天展钓的钓具更为轻便，方法更为简单，在我国民间常用于抽（有限时间内快速大量地垂钓）白鲦。

2．筏钓 在深水区域的养殖排筏附近，众多鱼类因寻觅食物而聚集，此区域无疑成为垂钓的绝佳地点。为专门垂钓这些鱼群，建议将传统的手竿替换为配备渔轮的筏钓竿。通过调整线组，将其下放至目标垂钓深度，可显著提升垂钓效果。

筏钓作为深水垂钓中备受欢迎的钓法之一，其形式多样，包括船筏和排筏两种主要方式。这种方法不仅适用于淡水垂钓，同样适用于海钓。在养殖网箱附近的鱼排上，或是借助小船在深水区域进行垂钓，均可见其身影。

筏钓的特点在于其是针对深水区域的定点垂钓。利用较短的鱼竿，在船或鱼排上通过渔轮垂直放线，将鱼饵精准投放至预定深度进行垂钓。在筏钓过程中，可根据需要选择单钩或多钩线组，也可使用滑漂线组。

在淡水筏钓中，大部分鱼类均可成为目标对象，如翘嘴、红尾、草鱼、鳊鱼等常见鱼类。

而在海钓中，由于海洋生态的多样性，可垂钓的鱼类更为丰富。

3. 冰钓 冰钓是专门在冰面上垂钓的方式。当水面结冰时，鱼类仍旧存在且同样会被美味的鱼饵所吸引。垂钓者只需携带钓具，寻找合适的垂钓位置，并布置一个温暖的环境（便携式帐篷是不错的选择），利用凿冰装备在冰面上打孔，随后使用冰钓竿挂上鱼饵，放入洞中进行垂钓即可。冰钓竿通常比筏钓竿更短，搭配渔轮进行垂钓，常搭配的线组包括悬坠钓线组、传统钓线组及串钩线组等。垂钓时观察浮漂的信号或竿尖的弯曲与抖动，都是判断鱼儿咬钩的有效方式。

进行冰钓时，首要任务是确保安全。通常情况下，需要一位熟悉当地冰面情况的同行者一同前往。若冰层厚度小于10cm，穿越冰面、搭建冰棚和钻孔等活动均存在安全隐患，应予以避免。

在我国，冰钓活动主要集中于北方地区的冬季淡水环境。近年来，黑坑冰钓也逐渐兴起。

4. 风筝钓（kite fishing） 风筝钓鱼是海钓中的独特技术，通过风筝牵引鱼线实现远距离垂钓。垂钓时需搭配风筝并将鱼线固定在风筝绳上，通过风筝带动诱饵飞到指定位置，发现鱼咬钩时控制鱼线从风筝上脱落，后续由鱼竿和钓手掌控。该技术适用于船只、海滩等环境，可覆盖更广区域，以提升钓鱼成功率，受垂钓爱好者喜爱。不仅适用于中上层鱼类，还能成功吸引金枪鱼、鲯鳅、旗鱼等大型鱼类，展现了卓越的实用性和广泛适用性。

5. 一竿一线钓法（pole and line fishing）——马尔代夫传统钓金枪鱼 马尔代夫渔民凭借一根木杆、一条线和一个无倒刺的鱼钩这些简单的传统工具，被誉为全球最卓越的金枪鱼捕捞者。马尔代夫的传统金枪鱼渔民仍坚守着视觉搜寻的方法，他们一般不喜欢使用仪器探测，提醒他们注意金枪鱼群的是远处地平线上出现的鸟群，鸟群的大小成为下方鱼群规模的明确指示。

当小船逐渐减速靠近鱼群，船员开启喷水器，将被称为饵鱼的小鱼撒向海面，营造出一大群小鱼的假象，进而激发金枪鱼的觅食本能，从而使其展开疯狂的攻击。随着海洋沸腾起来，连接在长木杆上的无倒钩鱼钩被投入战斗。当金枪鱼被钓获时，渔民肩并肩站在船尾，将它们逐一从头顶吊至后方的甲板上。

6. 手丝钓法（handline fishing） 数千年来，世界各地的渔民持续采用一种古老而有效的捕鱼技艺，即手丝钓鱼，此技艺在休闲垂钓领域至今仍占据举足轻重的地位。

手丝垂钓，乃是通过双手直接控制鱼线进行垂钓的技艺，无须借助鱼竿和渔轮。垂钓者通常一只手紧握卷线器以整理鱼线，另一只手则巧妙操控鱼线进行垂钓。

不论是在船上还是沿岸，手丝均能发挥其效用。通过不同的操作手法，手丝可适应沉底钓、拖钓、抽铁板和漂流钓等多种钓鱼方式。众多垂钓者选择此技艺，以捕获海底岩礁附近的鱼类，或是金枪鱼、鲅等大型中上层鱼类。

在缺乏鱼竿和渔轮的情况下，手丝对垂钓者的握力和上半身力量提出了较高的要求。然而，一旦通过手丝成功捕获一条速度快且体型庞大的鱼类，就不仅是对垂钓者技艺的极大认可，更是值得自豪的成就。从热带岛屿的珊瑚礁到冰封的湖泊，手丝钓鱼技艺在全球范围内均得到了广泛的应用和赞誉。

7. 高跷钓鱼（stilt fishing）——斯里兰卡传统钓鱼 高跷钓鱼，作为斯里兰卡南部海岸渔民的传统捕鱼方式，已逐渐发展成为当地旅游和文化的重要组成部分。这种独特的捕鱼方式，主要适用于那些无法获取精密捕鱼设备的渔民。他们仅凭两根木杆作为高跷即可进行垂钓，一根竿子固定在海床，另一根作为横竿供渔民坐立，每个高跷仅容一人。在垂钓时，渔民使用棕树枝制成的鱼竿，一手紧握高跷以保持平衡，一手持竿垂钓，展现了极强的耐心和耐力。此过程需要在狭窄的木板上保持平衡，并在绝对安静的环境下持续数小时等待鱼儿上钩。

9.4 我国垂钓的主要鱼类及钓法

我国垂钓的鱼类繁多，每一种都有其独特的习性和喜好，因此垂钓方法也各异。除了常见的淡水鱼类如鲤鱼、鲫鱼、草鱼等，还有许多珍贵的海水鱼类如石斑鱼、黄鱼等。每种鱼类在生长环境和食物来源上都有其独特的特性，这就要求在垂钓时必须采取不同的策略和技巧。

9.4.1 我国淡水垂钓的主要鱼类及钓法

在我国辽阔的水域中，淡水鱼类种类繁多，每一种鱼类均独具其特有的习性与特性。因此，在进行垂钓活动时，需根据各种鱼类的独特性质来精准调整垂钓策略。

我国淡水垂钓的主要鱼类包括鲫（*Carassius auratus*）、鲤、青鱼（*Mylopharyngodon piceus*）、草鱼（*Ctenopharyngodon idella*）、鳊（*Parabramis pekinensis*）、鲢（*Hypophthalmichthys molitrix*）、鳙（*Aristichthys nobilis*）、白条鱼（*Hemiculter leucisculus*）、鳑鲏（*Rhodeinae*）、麦穗鱼（*Pseudorasbora parva*）、黄尾鲴（*Xenocypris davidi* Bleeker）、鲮（*Cirrhinus molitorella*）、莫桑比克罗非鱼（*Oreochromis mossambicus*）、赤眼鳟（*Squaliobarbus curriculus*）、翘嘴鲌、蒙古鲌（*Culter mongolicus*）、鳜、黑鱼（乌鳢）、鲇、长吻鮠（*Leiocassis longirostris*）、马口鱼（*Opsariichthys bidens*）、鳡、军鱼、黑斑狗鱼（*Esox reicherti*）、大口黑鲈、河鲈（五道黑）（*Perca fluviatilis*）等。这些鱼类各自拥有独特的生态习性和垂钓要求，需要垂钓者具备相应的知识和技能。

1．鲫　鲫在我国手竿垂钓领域占据显著地位，作为首要垂钓目标，其数量庞大且分布广泛，深受垂钓爱好者青睐。

在垂钓方式上，手竿垂钓鲫可采用传统钓法和悬坠钓法。对于抛竿垂钓，通常应用于自然水域，可选用单钩、串钩、滑漂线组，并将线组抛投至离岸较远的位置进行定点垂钓。

在垂钓水层方面，鲫主要活动于底层，因此一般采取钓底策略。然而，在竞技池中，针对鲫的垂钓可以选择钓浮方式。

关于垂钓用饵，鲫饵料多样，包括蚯蚓、红虫（摇蚊幼虫）及腥香型的粉饵等。

在垂钓方法及技巧上，休闲垂钓通常针对自然水域的本土鲫。尽管本土鲫品种各异，但摄食习性相差不大。在寒冷天气中，建议选用腥味饵料（动物蛋白含量高）；而在温暖季节，则可选用动物蛋白含量较低的饵料。全年均可使用蚯蚓和红虫作为饵料。手竿垂钓时，通常需使用窝料辅助聚鱼，常见的窝料为酒米。

在黑坑垂钓中，主要目标为养殖的工程鲫，如湘云鲫（*Carassius auratus* Triploid）、中科三号银鲫（*Carassius auratus gibelio* var. CASⅢ）、银鲫（*Carassius auratus gibelio*）等个体较大的改良品种。黑坑垂钓时，悬坠钓法较为常用，鱼饵可选用蚯蚓、红虫及腥/香型商品饵。窝料的选择需根据实际情况，长期喂养的鲫因食性改变，一般采用养殖饲料或由养殖饲料改良的饵料作为窝料，以聚鱼和留鱼。

竞技垂钓中，鲫的投放需遵循规则，可能包括本土鲫和改良品种。由于竞技池中的鱼是重复利用的，鱼的警惕性较高，因此在垂钓过程中可能会出现大量空竿现象。因此，垂钓者需具备丰富经验，对鱼饵进行细致选择和调整。

2．鲤　鲤作为垂钓爱好者常选择的鱼类及重要的食用鱼品种之一，其养殖规模较大。因此，鲤的黑坑垂钓场地和休闲钓场相对丰富。

在垂钓方式上，手竿可采用传统钓和悬坠钓两种主要方法，而抛竿钓则多应用于自然水域，通过单钩、串钩、滑漂线组等方式，将饵料抛投至离岸较远的位置进行定点垂钓。

关于垂钓水层，鉴于鲤主要活动在底层，因此，一般选择垂钓底部。

在饵料的选择上，鲤偏好多种饵料，如蚯蚓、红虫（摇蚊幼虫）、玉米、颗粒及腥香型的粉饵等。

在垂钓方法和技巧上，鲤的垂钓方式与鲫大致相同，但考虑到鲤个体较大，需要适当增强鱼竿和线组的强度。在自然水域中，手竿是垂钓本土鲤的主要工具；而在黑坑池塘中，则主要垂钓养殖的本土鲤及其改良品种，如三道鳞（散鳞镜鲤，*Cyprinus carpio* var. *specularis*）和松浦镜鲤（Songpu mirror carp）。

鲤原产于我国，后传播至中亚和欧洲，现已遍布全球五大洲，在欧洲垂钓鲤同样非常流行。

3．青鱼　作为国内淡水中的大型鱼类，其钓获对于众多手竿垂钓者而言，无疑是一项极具挑战性和吸引力的终极目标。

在自然水域垂钓青鱼时，必须根据目标青鱼的个体大小来精确选择垂钓策略。鉴于大青鱼在摄食时极为谨慎，且具备出色的体力与力量，因此垂钓者需具备丰富的技巧与充沛的体力。

在垂钓方式上，建议选择一个相对静谧的垂钓环境，并搭配使用高强度的鱼竿和线组，手竿和抛竿均为可行的选择。鉴于自然水域中青鱼的密度较低，特别是大型青鱼极为稀少，因此垂钓者需做好长时间坚守的准备。

青鱼主要活动在底层水域，因此通常建议垂钓底部。在饵料的选择上，大型青鱼更偏好螺蛳、玉米、红薯等，而小型青鱼则可选择蚯蚓、红虫、玉米、小麦等谷物类饵料。垂钓青鱼时需打窝，且窝料量相对较大，常用螺蛳、玉米、糠饼等。

在垂钓方法及技巧方面，青鱼不仅存在于自然水域，池塘、水库、黑坑等地也常有投放。鉴于养殖青鱼的广泛分布，垂钓者需根据当地环境及青鱼的摄食习惯来选择垂钓方式、饵料和打窝策略。在养殖型青鱼的垂钓中，黑坑尤为流行，其提供的与青鱼搏斗的乐趣深受垂钓者喜爱。为了满足垂钓者追求大鱼的热情，各地的青鱼钓场和黑坑数量日益增多。在垂钓过程中，粉饵、颗粒饵及硅胶制成的圆形拟饵（通常称为青鱼珠珠）均为常用的饵料选择。

值得注意的是，与大部分鱼类垂钓不同，大青鱼在夏季高温时更容易钓获，而冬季低温时则较难钓获。

4．草鱼与鳊　是国内淡水常见且体型中大的鱼类，分布广泛且密度较大，深受垂钓者喜爱。垂钓方式推荐采用手竿传统钓、悬坠钓法，对于抛竿，则可选用沉底线组、串钩线组或爆炸钩线组。在垂钓水层方面，草鱼、鳊主要活动于中下水层，因此适宜进行底部和离底垂钓。

至于垂钓用饵，建议选用蚯蚓、红虫、玉米、小麦、草等自然饵料，以及草鳊类商品饵。在草鱼垂钓时，窝料常选用玉米、小麦、糠饼、菜籽饼、草鳊类商品窝料等。

关于垂钓方法及技巧，需根据草鱼和鳊的个体大小和生活习性选择。通常，底钓和离底钓法为常用方法，同时也可采用行程钓法，即加长鱼饵到铅坠的距离，以增加鱼饵漂落的时间，特别适用于鱼处于离底状态时。抛竿则多搭配爆炸钩线组进行垂钓。

目前，垂钓养殖型草鱼、鳊已成为一种流行趋势，常见于休闲垂钓场地和黑坑。在休闲垂钓场地，它们常与鲫、鲢、鳙混合投放，采取边养边钓的方式。而在黑坑中，草鱼的投放也较为普遍。

5. 鲢、鳙 其在国内分布广泛、密度及体型均较大，因此在垂钓活动中颇受欢迎，主要活动于水体的中上层。这两种鱼类在国内的养殖规模较大，垂钓场地众多，不仅遍布大江大湖等自然水域，大水面湖库也有投放喂养。

在垂钓方式上，通常采用的方法有手竿悬坠钓和抛竿诱饵笼钓。由于鲢、鳙主要活动于水体的中上层，因此一般选择浮钓。

在垂钓用饵方面，建议使用雾化效果好的粉饵或压制方块饵。针对鲢、鳙的滤食习性和群体活动特点，手竿垂钓时，常选悬坠钓法，垂钓深度需根据季节和气温变化适时调整。由于鲢、鳙无固定活动区域，故选择水面宽阔、相对较深的位置进行浮钓效果更佳。

在垂钓技巧上，由于鲢、鳙以极小浮游生物为食，采用相对密度较轻的粉状鱼饵，通过良好的雾化效果在鱼钩周围形成雾化区域，以吸引鲢、鳙吸食并钩入口中。垂钓初期，诱鱼是关键步骤，需持续做窝以吸引鱼群。一旦吸引到大群鲢、鳙，将带来连续的钓获，且因鲢、鳙的较强爆发力，中鱼时的手感极佳，这为垂钓爱好者带来极佳的垂钓体验。

在抛竿垂钓鲢、鳙时，一般采用诱饵笼线组，该线组由填装一定量饵料的笼子及周围分布的多个鱼钩组成。此钓法常用于江河水库等较远距离的垂钓场景，搭配大浮漂将鱼饵悬浮在固定水层。其特点在于持续时间较长，无须频繁抛竿，这为垂钓者提供了较为悠闲的垂钓体验，受到了广大垂钓爱好者的青睐。

6. 翘嘴鲌（俗称翘嘴）、蒙古鲌（俗称红尾） 均为国内淡水钓中极为常见的掠（肉）食性鱼类。在垂钓方式上，常见的方法包括手竿悬坠钓、抛竿及路亚等。

在手竿垂钓的实践中，悬坠钓法通常选择钓浮。鉴于鱼类因个体大小和气温变化而在不同水层活动，钓手在垂钓翘嘴和红尾时需首先准确判断水层位置，并根据气温变化适时调整水层。在饵料的选择上，可以使用玉米、活虾、蚯蚓、红虫、泥鳅及商品饵等多种饵料，以满足不同鱼类的口味需求。

为了延长鱼饵的下沉时间和呈现动态下沉的摆动，从而更有效地吸引鱼类前来觅食，垂钓者在操作过程中可以适当加长子线。这要求钓手在垂钓翘嘴的过程中，需持续进行抛竿操作，以确保鱼饵处于最佳状态。

此外，为了更有效地吸引鱼类聚集，钓手在垂钓过程中可以通过抛撒玉米等饵料来制作鱼窝。鉴于鱼类不在底层活动，推荐采用少量多次的打窝原则，以确保诱鱼效果的最大化。

路亚垂钓中，翘嘴和红尾是备受关注的理想垂钓对象。它们通常活动于水的中上层，大个体成鱼主要以小鱼、小虾等小型水栖生物为食。由于翘嘴和红尾能够成长至较大个体，并展现出强烈的攻击性，因此其成了路亚垂钓爱好者的首选目标，特别是米级翘嘴，更是广大路亚爱好者竞相追求的终极目标。垂钓时使用拟饵在水面或水下特定深度进行搜索。

7. 黄尾鲴、鲮 黄尾鲴俗称黄尾鱼，鲮俗称土鲮。黄尾鲴分布较广，北至黄河，南至珠江。鲮资源分布的北限地区在北纬25°左右。北纬25°以南的分布区有海南岛、珠江、闽江、澜沧江及元江，其中以珠江西段为最多。鲮和罗非一样，水温低于 7℃就死亡，低于14℃就不食，最喜在25～30℃的水温中生活，故除福建南部外，只分布在珠江水系、澜沧江和元江一带以及海南岛和台湾岛的一些水系。除了土鲮，垂钓者经常钓获的还有麦瑞加拉鲮（*Cirrhinus mrigala*）、露斯塔野鲮（*Labeo rohita*）两个引进品种。

这两种鱼的垂钓方式一般为手竿传统钓、悬坠钓及抛竿串钩等。在垂钓水层选择上，鉴于该鱼类活动于底层，因此一般进行钓底操作。两者均喜食藻类，所以寻找水中硬底（石头多、沙地、大坝等）这些易产生藻类的位置很关键。

在鱼饵的选择上，通常选用蚯蚓、红虫、腥香商品饵作为首选，而对于大个体的鱼类，也会采用玉米、小米等谷物作为饵料。在打窝方面，建议使用酒米、麸皮、糠饼等材料进行打窝操作。

至于垂钓方法及技巧，鉴于鱼类的嘴小、口下位的特点，一般推荐选用小钩和短细子线。同时，由于该鱼类在钓中后冲击非常凶猛，因此在使用手竿垂钓时，选择适当软硬度的鱼竿可以有效避免断线。此外，由于该鱼类口下位和吃食习惯的特殊性，垂钓时需特别注意让鱼饵保持触底或躺底状态，以提高垂钓成功率。

8. 鳜 在国内分布广泛，数量众多，主要栖息于水质优良的江河、湖库等水域，遍布全国大部分地区，是国内淡水路亚垂钓的主要对象。

针对鳜的垂钓方式主要包括路亚和抛竿。鉴于鳜多活动于水域底层结构区，因此垂钓时通常选择底层作为目标水层。在饵料的选择上，可使用泥鳅、虾、蚯蚓、红虫等天然饵料及相应的拟饵。

在垂钓方法及技巧方面，抛竿垂钓时可采用单钩或串钩线组。单钩垂钓时，一般挂以活泥鳅、活虾等活饵，而串钩则常搭配活虾、蚯蚓、红虫等饵料。路亚垂钓搜索水层底部深浅结合处、岩石和水草等障碍物较多的区域。

9. 乌鳢 俗称黑鱼，其在国内的分布极为广泛，数量众多。鉴于其对水质要求较低且繁殖迅速，乌鳢能够适应大小型水域的生存环境，包括江河、湖库、池塘、水渠等，因此它成了国内路亚垂钓的主要目标鱼类。

对于乌鳢的垂钓方法，普遍采用的是路亚钓法。乌鳢具有较强的攻击性，且偏好在水草区域活动，因此使用高强度的雷强竿和雷蛙作为钓具能够更好应对。在水草茂密的水域，通过在草上拖行雷蛙的方式，模拟乌鳢的猎物吸引其注意，遇到草洞时，则可以停留并反复逗钓，以进一步激发乌鳢的攻击欲望。

10. 鲇、鮰（长吻鮠）、黄颡鱼（*Pelteobagrus fulvidraco*） 这三种鱼类在垂钓活动中偶尔会被钓获，其中鲇以其凶猛的捕食特性，也适合使用拟饵进行路亚垂钓；野生鮰在长江流域的数量较多，垂钓者可在江河和湖库中捕获；而野生黄颡鱼的分布更为广泛，数量也相对较多，可在江河、湖库、池塘和溪流等多个水域中钓获。

垂钓方法方面，包括手竿传统钓、悬坠钓、抛竿和路亚等多种形式。由于这些鱼类主要活动于水域底层，因此一般采取钓底的方式进行垂钓。在钓饵的选择上，蚯蚓、红虫及腥味粉饵等都是有效的选择。

垂钓技巧方面，使用手竿垂钓上述鱼类时，往往是在进行底钓时的意外收获，特别是当使用蚯蚓、红虫等活饵时，更容易吸引并钓获这些鱼类。在使用路亚垂钓时，可以搜索底部障碍结构区域或水面水草区域。

11. 罗非鱼 作为多个引进品种，已在广东、广西、福建、海南等地区逐渐本土化，并常作为手竿垂钓的主要对象，也被称为非洲鲫或福寿鱼。该鱼类因繁殖能力强，在两广水域广泛分布，垂钓者对其又爱又恨。其吸引力在于罗非鱼吃食凶猛且个体较大，这提供了刺激的垂钓体验；然而，小罗非因其食性广泛且抢食能力强，对垂钓构成一定挑战，被俗称为"指甲非"。

针对罗非鱼的垂钓，一般采用手竿传统钓、悬坠钓、抛竿等多种方法。罗非鱼主要活动于水域底层，因此一般建议进行钓底操作。在饵料选择方面，可以使用蚯蚓、红虫、动物内脏、冷冻饵、腥味粉饵等。

垂钓技巧方面，自然水域垂钓罗非时，可采用手竿或抛竿，并根据天气情况选择合适的饵料。在炎热天气下，为避免小罗非抢食，可选用玉米或香饵。对于黑坑垂钓罗非，悬坠钓是常见选择，且需选用腥味大的饵料，如新鲜鸡肝、虾或冷冻饵，并准备充足的窝料以满足罗非鱼的食量。性成熟期筑巢的雄性罗非对外来入侵非常敏感，因此路亚垂钓也可偶尔钓获。

12. 白鲦、鳑鲏、麦穗鱼 小型鱼类，系我国淡水垂钓中常见的种类，然而对于偏好大型鱼类的垂钓者而言，却往往成为其困扰之源。

此种鱼类之所以令垂钓者感到棘手，主要因其体型较小、数量众多且抢食行为凶猛。在垂钓过程中，它们常常扰乱正常的钓鱼流程，尤其是在使用商品饵类粉饵时，抢食现象尤为普遍，常导致饵料尚未下沉至预定位置即被消耗殆尽。即便在浅水区垂钓，也会出现底部抢食的情况。相对而言，使用蚯蚓、红虫、玉米或状态硬黏的粉饵时，抢食情况略有缓解，但依然存在。

对于白鲦，一般采用浮钓方式；而鳑鲏和麦穗鱼则多选择钓底。当这些鱼类数量较多时，也可采用小钩挂腥味粉饵进行垂钓，并尽量提高抛竿频率，可以充分体验连竿的乐趣。

13. 马口鱼、光唇鱼（*Acrossocheilus fasciatus*） 光唇鱼俗称溪石斑，在国内分布极为广泛，多为溪流型小型鱼类，常见于江、河、湖、库、溪等淡水环境，是国内淡水微物路亚垂钓的主要目标小型鱼类。

垂钓方法可使用手竿、抛竿及路亚等多种方式。垂钓鱼饵可使用蚯蚓、红虫、腥味粉饵、拟饵等多种饵料。在垂钓方法及技巧上，鉴于马口鱼和溪石斑偏好在流水中活动，手竿垂钓可以采用鱼饵漂流垂钓。路亚垂钓使用微物拟饵搜索岩石、沙地等障碍结构，同时也让拟饵顺流而下漂流垂钓。

9.4.2 我国海钓的主要鱼类及钓法

我国海域内，垂钓爱好者常能捕获的鱼类种类繁多，包括黑棘鲷（*Acanthopagrus schlegelii*）、真鲷（*Pagrus major*）、黄鳍棘鲷（*Acanthopagrus latus*）等鲷科鱼类，许氏平鲉（*Sebastes schlegelii* Hilgendorf）、裸平鲉（*Sebastes pachycephalus nudus* Matsubara）、褐菖鲉（石九公）（*Sebastiscus marmoratus*）等鲉科鱼类，云纹石斑鱼（*Epinephelus moara*）、石斑鱼（*Epinephelus tauvina*）、豹棘鲈（东星斑）（*Plectropomus leopardus*）等石斑亚科鱼类，红笛鲷（*Lutjanus sanguineus*）、紫红笛鲷（*Lutjanus argentimaculatus*）、黄笛鲷（*Lutjanus lutjanus*）等笛鲷科鱼类，以及高体鰤（章红）（*Seriola dumerili*）、黄条鰤（炮弹）[*Seriola aureovittata*（*Temminck et Schlegel*）]、纺锤鰤（拉仑）（*Elagatis bipinnulata*）等鰤属鱼类。此外，还有金枪鱼族中的黄鳍金枪鱼（*Thunnus albacares*）、青甘金枪鱼（*Thunnus tonggol*）、蓝鳍金枪鱼

[*Thunnus maccoyii*（Castelnau）] 等。其他常见鱼类还包括鲻（*Mugil cephalus*）、鲈（*Lateolabrax japonicus*）、蓝点马鲛（鲅）（*Scomberomorus niphonius*）、黄鱼（小黄鱼）（*Larimichthys polyactis*）、带花鱼（大黄鱼）[*Larimichthys crocea*（Richardson）]、梭鱼（*Sphyraenus*）、带鱼（*Trichiurus lepturus*）、卵形鲳鲹（金鲳）（*Trachinotus ovatus*）、银鲳（*Pampus argenteus*）、许氏菱牙鮨（金菠萝）（*Caprodon schlegelii*）、三线矶鲈（黄鸡）（*Parapristipoma trilineatum*）、连尖（红鳍裸颊鲷）（*Lethrinus haematopterus* Temminck et Schlegel）、斑鰶（黑毛）（*Clupanodon punctatus*）、烟仔（大眼双线鲭）（*Katsuwonus pelamis*）、鲯鳅（鬼头刀）（*Coryphaena hippurus*）、旗鱼（马林）（*Jordanella floridae*）和牛港鲹（GT）（*Caranx ignobilis*）等，以下简要介绍几种主要鱼类的垂钓方法。

1．鲷　俗称加吉鱼，属于底栖鱼类，广泛分布于我国四大沿海地区，尤其喜好活动在岛礁周边、港湾的泥沙底质环境。此鱼类通常不随季节变化进行长距离洄游，因此一年四季均适宜进行垂钓活动。在食性方面，幼鱼呈现杂食性特征，而成鱼则更偏向于肉食性。黑鲷和黄鳍鲷多栖息于较浅的区域，如大陆沿岸、港湾、河流入海口及岛礁等地，而真鲷则更倾向于岛礁和沙泥底质的深水区域活动。

在进行垂钓时，理想的钓点通常选择在近海岩礁周边、港湾、防波堤、河流入海口及内湾沙泥地等区域。根据垂钓环境和条件，可以选择多种垂钓方式，包括近海岸钓的远投沉底钓、浮游矶钓，以及近海船钓的沉底钓、船矶钓、筏钓、手丝、路亚等。在钓饵的选择上，沙蚕、活虾、贝类、鱼肉、冷冻南极磷虾等都是有效的选择。

在垂钓技巧上，由于黑鲷具有群居性，喜欢藏身于地形复杂的岩礁和沙底处，因此适量的打窝能够有效诱鱼和聚鱼。由于黑鲷数量众多，近岸垂钓区域广泛，而真鲷数量相对较少，一般在较深的岛礁周边更易垂钓。此外，黄鳍鲷和真鲷在吃食时会反复衔吐，因此观察到信号后不宜过早提竿。在垂钓时间上，清晨和黄昏涨潮时是一个较佳的选择，此时水中溶氧量和食物资源都较为丰富，能够垂钓到个体较大的鱼类。

2．许氏平鲉　别名黑鲪、黑头和黑鱼，是我国北方黄、渤海区域深受垂钓者喜爱的目标鱼类之一。作为一种近海暖温性底层鱼类，它主要栖息于岩礁附近，并无显著的远距离洄游习性。在春秋两季，当气候条件适宜时，许氏平鲉多活动于沿岸浅水区域；而在夏冬两季，由于气温过高或过低，则倾向于游向深水区域，并在冬季几乎不进行觅食活动。垂钓者普遍赞誉许氏平鲉的咬钩凶猛、手感强烈，为垂钓活动带来了丰富的刺激与乐趣。

对于许氏平鲉的垂钓，推荐选取礁石群、砾石区、海草茂盛区、防波堤及养殖船航道等区域作为钓点。在垂钓方式上，近海浮游矶钓、船矶钓、沉底钓、放流钓、筏钓、路亚等多种方法均可采用。至于鱼饵，活虾、沙蚕、小鱼、泥鳅、鱼肉、贝肉等都是理想的选择。

在垂钓技巧方面，保持鱼饵的动态对于吸引许氏平鲉至关重要。特别是在采用远投沉底钓和船钓沉底钓时，应在鱼饵落入指定位置后，通过不断拖动鱼线使鱼饵保持运动状态。此外，许氏平鲉在微流时表现得更为活跃，觅食积极；而在大流时则倾向藏匿于岩洞、海沟等避流处，此时需等待诱饵在其面前游动时才会咬钩。因此，选择光线较暗的清晨和黄昏时段进行垂钓，往往能够获得更好的垂钓效果。

3．带鱼　带鱼是我国海域内四大经济鱼类之一，以其高产量和优越的性价比闻名于世。这种鱼类在我国的南海、东海、黄海及渤海等海域广泛分布，带鱼的性情十分凶猛，而且具有贪食无厌的特点，属于暖温性中下层集群洄游性鱼类。

带鱼作为典型的集群性鱼类，选择合适的钓点和钓法具有高度的必要性。它们偏好栖息于海底或中层水域，有昼夜垂直移动的习性，垂钓时找对水层比较关键。带鱼在夜晚或清晨活性较高，这些时段通常被视为最佳垂钓时机。

垂钓时，可采用放流钓法、筏钓、路亚等多种技巧，这些方法均能有效吸引带鱼。在鱼饵的选择上，蚯蚓、沙蚕、虾、鱼肉等均为理想的诱饵，路亚垂钓使用可软饵或者铁板，鉴于带鱼牙齿的锋利特性，建议在垂钓时使用钢丝线作为前导线，以有效防止带鱼咬断钓线。

4．石斑鱼 我国海钓常见鱼类，沿海区域比较常见，东海、台湾海峡和南海居多，暖温性底层鱼类，喜欢定居，不做长距离洄游，只是随潮水和温度的变化做深浅移动，一般不离开它所栖息和捕食的海域，主要栖息于珊瑚礁及近岸岩礁区域。

垂钓石斑鱼的方法包括矶钓、沉底钓、路亚抽铁板、手丝钓法等，需注重钓位选择、饵料选择及线组搭配的合理性。在饵料的选择上，一般使用活鱼、活虾、活螃蟹、贝类、章鱼、鱿鱼及粉饵等。钓点选择更倾向于在礁石缝隙、洞穴或水下结构复杂的地方，一旦成功咬钩，应迅速将其拖离钓点，防止其钻入石缝中逃脱。

5．鲻 俗称乌鲻、乌头，是海钓常见的鱼类，其栖息于浅海中上层，为广温性鱼类。其主要食物来源为底栖硅藻及有机碎屑，同时也兼食小型水生动物。此鱼类广泛分布于我国沿海地区，尤其喜栖息于沿岸泥沙底质的水域。幼鱼偏好生活在咸淡水交界的入海口与港湾内，而成鱼则倾向于游向海洋深处，常呈群体活动。

对于垂钓鲻而言，红树林、码头、防波堤、海湾、内河及河流入海口咸淡水交界等区域均为理想的垂钓地点。垂钓方式多样，包括但不限于抛竿远投沉底钓、爆炸钩、诱饵笼、串钩钓法，以及浮游矶钓、船矶钓和手竿垂钓。鱼饵选择也颇为丰富，如粉饵、冷冻南极磷虾、活虾、沙蚕等均可作为鱼饵使用。

在垂钓方法和技巧上，鉴于鲻的活动水层和吃食方式与淡水中的鲢、鳙相似，因此在内河、入海口、近海岸海湾等区域，可借鉴淡水悬坠钓和远投抛竿沉底钓、爆炸钩、串钩等钓法。在使用悬坠钓法和诱饵笼钓法时，粉饵浮钓为常用方法。而在使用串钩钓和浮游矶钓时，虾、沙蚕等可作为鱼饵，辅以粉饵做窝，能更有效地吸引鲻上钩。

6．海鲈鱼 是常见的海钓鱼类，广泛分布于我国沿岸的近海浅海区域。此鱼类偏好栖息于入海口咸淡水交汇处，并会洄游至淡水环境进行繁殖。

在选择钓场时，一般建议选取入海口咸淡水交汇的特定区域、防波堤及内湾礁石区等地点，以增加捕获的成功率。

在钓法上，矶竿浮游钓、远投抛竿钓、路亚等多种方法均可有效应用于海鲈鱼的捕捞。

至于鱼饵的选择，南极虾、活虾、活鱼及各类拟饵均为适宜的选项，能够有效吸引海鲈鱼的注意并诱使其上钩。

7．蓝点马鲛（鲅） 作为一种暖温性中上层鱼类，其栖息地偏好于深海与浅海交汇处，即水流适中、水温条件适宜的海域。鲅游泳迅速，尤其在夏秋季节，它们会成群结队地向近海区域进行洄游，因此成了船放流钓的主要目标鱼类之一。在地理分布上，鲅主要集中于太平洋西部，我国沿海区域均有产出。

针对鲅的垂钓活动，钓场的选择至关重要。一般而言，深水海域、岩礁海岸、岛屿附近等海底地形复杂、礁石密布的区域，以及靠近海底沙洲、海草床的地方，都是理想的钓点。

在垂钓技法上，针对鲅的特性，可采用浮游矶钓、放流钓、筏钓、拖钓法、路亚等多种方式。而在鱼饵的选择上，活鱼、鱿鱼、鱼皮、粉饵、拟饵等均是常用的鱼饵。

8．褐菖鲉　也称石九公，为我国沿海地区常见的垂钓对象之一，属于暖温性近岸底层鱼类。其常栖息于浅岸的岩礁和海藻丛中，偏好缓流水域，尤其是在海底岩礁洞穴、石缝和海藻带中多见。冬季时，褐菖鲉会游向较深的水域以度过寒季。

在选择垂钓地点时，岩礁区域、防波堤和沉船附近等地均为理想之选。在垂钓方式方面，推荐采用根钓法、船钓沉底钓和筏钓。至于鱼饵，南极虾、沙蚕、鱼肉、虾肉、小鱼和活虾等均为有效选择。

在垂钓方法和技巧上，由于褐菖鲉不擅长长距离游动，它们更倾向于在岩石缝中等待食物。因此，在岸钓时，使用较长鱼竿将鱼饵送至岩石缝中的根钓法尤为有效。同样，在船钓沉底钓时，也应寻找可能藏有褐菖鲉的岩礁区域进行垂钓。为了提高中鱼率，船钓时还可以考虑使用串钩。鉴于褐菖鲉的活动范围相对较小，一旦在某钓点钓获数尾后，建议更换至新的钓点以提高垂钓效果。

9．红笛鲷、紫红笛鲷及黄笛鲷　主要栖息于我国东海南部及南海海域，属于暖温性环境中下层鱼类。它们偏好在岛礁周边及泥沙底质区域活动。在捕获此类鱼时，可采用的钓法包括船钓沉底钓、远投抛竿沉底钓、矶钓及路亚等。至于鱼饵的选择，一般推荐使用活虾、活螃蟹、沙蚕及贝类肉等，以确保较高的捕获率。

10．金枪鱼［*Thunnus thynnus*（Linnaeus）］　是活跃而敏捷的食肉鱼，游动速度最快的远洋鱼类之一。我国主要分布于南海和东海，常见的品种有黄鳍金枪鱼、蓝鳍金枪鱼和鲣。其经济价值较高，体型较大，给垂钓者带来的垂钓感受好，是海钓垂钓者热衷的垂钓鱼类。鱼饵选用活鱼、活螃蟹、拟饵等。垂钓方法多使用放流钓、拖钓、路亚等。

11．鲹科鱼类（Carangidae）　包括红甘鲹和青甘鲹等，都是温水洄游性鱼类，海钓中的中体型鱼类，我国沿海近海和深海均有分布。春夏向北产卵。其力量大、味道好，是垂钓的热门鱼类，活动水层范围较大，底层到中上层都可垂钓，远海船钓数量较多。一般船钓沉底钓、路亚抽铁板和放流钓居多。鱼饵可选用活虾、活鱼、拟饵等。

无论是淡水垂钓还是海钓，根据垂钓鱼类的生活习性与进食习惯的不同，垂钓的方法也在不断变化。根据鱼生活的水层不同可采用底钓、浮钓等垂钓方式，鱼栖息的水底构成和水面掩体不同可采用特定的垂钓方式，鱼进食方式不同采用的垂钓方式也不一样。垂钓没有固定的方法，垂钓者需要根据不同的情况选择不同的应对钓法。

9.5　垂 钓 赛 事

在全球范围内，职业竞技垂钓领域呈现出多元化的赛事格局。其中，中国的手竿赛事、美国的路亚赛事及欧洲的鲤钓赛事，均以其显著规模和影响力而备受瞩目。在海域垂钓赛事方面，中国及周边国家主要以近海矶钓为主，而欧洲和美国则侧重于船钓形式。

在形成规模的职业竞技比赛中，美国的职业鲈钓赛事、欧洲的鲤钓赛事、国际型的海钓赛事及中国的手竿竞技钓赛事，均以其专业性、竞技性和观赏性，赢得了广泛的认可与赞誉。这些赛事不仅展示了垂钓运动的独特魅力，也促进了全球垂钓文化的交流与发展。

9.5.1 职业竞技赛事之美国鲈钓

在垂钓职业竞技领域中，尽管存在多种比赛形式，但鲈钓以其独特的魅力，如同篮球和足球一样，成了全球观众热衷观赏的世界级运动。其中，Bassmaster 与 MLF（Major League Fishing）作为美国两大世界职业鲈钓顶级赛事，各自以其独特的魅力吸引着全球的目光。

Bassmaster，作为世界老牌鲈钓赛事，自 1967 年组织以来，一直在美国鲈钓经济领域占据重要地位，是各国鲈钓俱乐部竞相追求的目标，也是职业鲈钓爱好者追求的最高荣誉。其独特的比赛规则，即选取五条最重的鱼进行称重，已成为当今世界路亚大赛的既定标准。

而 MLF，作为 2012 年推出的全新竞赛模式，以其即时直播的比赛形式和创新的评分规则，与 Bassmaster 形成了鲜明的对比。在 MLF 的赛场上，每次赛艇上都配备有裁判进行实时称重和排名，且没有钓获数量的限制，只要超过规定大小的鲈鱼均可计入比赛总重量。这种瞬息万变的比赛过程，使得选手必须时刻保持高度紧张，而观众也能在整个过程中有紧张刺激的观赛体验。其年度总决赛的媒体播放热度，甚至可与 NBA 和美国职业橄榄球大联盟（National Football League，NFL）等顶级体育赛事相媲美。2020 年，MLF 进一步整合资源，整合了 Bassmaster 的另一大竞争对手世界户外钓鱼大赛（Fishing League Worldwide，FLW）。FLW 的赛事设置和规则与 Bassmaster 相似，这一整合使得赛事内容更加丰富多样，涵盖了从顶尖职业钓手到业余鲈钓爱好者，从成人组到高中组、大学组的完整体系。职业钓手通过参加资格赛、淘汰赛等层层选拔，最终进入锦标赛。每站比赛均设有丰厚的奖金，总决赛奖金更是一度高达百万美元。此外，职业钓手还能获得额外的奖励和广告收入，这进一步提高了其参赛的积极性。

此类大型赛事不仅吸引了垂钓相关企业的投资与推广，还吸引了如沃尔玛、丰田等非垂钓相关企业的资金支持，用于品牌推广。其商业化程度之高，足以体现鲈钓竞技赛事在全球范围内的广泛影响力和市场价值。

值得一提的是，Bassmaster 自 2008 年在中国举办以来，已成为我国路亚竞技的顶级赛事之一，为我国垂钓竞技事业的发展注入了新的活力。

9.5.2 职业竞技赛事之欧洲鲤钓

在深入探讨欧洲职业鲤竞技垂钓赛事之前，有必要先了解鲤在欧洲的流行原因。其根本原因在于鲤能生长至庞大体型，且具备强劲的力量，这些特性为垂钓者带来了极大的乐趣。鲤源自中国，经波斯传入欧洲，然而，由于近几个世纪欧洲海洋渔业的迅猛发展和经济水平的提升，鲤逐渐淡出欧洲人的饮食。尽管鲤强大的繁殖和生存能力，导致其他鱼类生存空间受挤压，从而被世界上多个国家列为入侵鱼类，但在欧洲，鲤因其水质净化功能而被保留。在过去的几十年里，鲤钓在电视和杂志等媒体上备受推崇，大量鲤被投放至湖泊之中。

从经济发展的视角来看，鲤钓及其相关产业在近年来呈现蓬勃发展态势，增长速度达到指数级，这在同类娱乐活动中是极为罕见的。

近年来，欧洲鲤钓大赛也逐渐兴起，并在全球多地举办。其中，国际性的鲤钓大赛包括世界鲤鱼经典赛（World Carp Classic，WCC）、世界鲤鱼锦标赛（Fresh Water International

Sport Fishing Federation，FIPSed）、世界鲤钓大师赛（World Carp Masters，WCM），以及钓鲤欧洲杯和国家赛等多个级别的比赛。

FIPSed 世界锦标赛作为最正式的赛事，其地位相当于钓鱼领域的世界杯，不仅涵盖鲤垂钓，还包括鲈钓、淡水鱼垂钓、岸钓等多种垂钓项目。目前，已有 20 多个国家参与正式的世界鲤鱼锦标赛。要参加这一世界级的赛事，参赛者需通过当地俱乐部比赛、区域赛、省级比赛至国家级赛事的层层选拔，最终代表国家参赛。

WCC 世界鲤鱼经典赛被誉为世界上规模最大、声誉最高、最受欢迎的鲤垂钓赛事。而 WCM 世界鲤钓大师赛则以其高额的奖金著称，一等奖的奖金超过 45 000 英镑，为参赛者提供了丰厚的回报。此外，该比赛还营造了一个更为友好的家庭式环境，使垂钓者不仅能角逐奖品，还能与来自世界各地的爱好者共度美好时光。

9.5.3 职业竞技赛事之夏威夷国际旗鱼锦标赛

夏威夷国际旗鱼锦标赛（Hawaiian International Billfish Tournament）作为全球海钓领域的一项高端赛事，自 1959 年创立以来，已顺利举办至第 60 届。此项赛事以钓获超重量大鱼而著称于世，参赛者有机会在此捕获重达几百千克的旗鱼。赛事每年八月于夏威夷的凯鲁瓦-科纳市盛大举行，其吸引了来自世界各地的钓鱼爱好者齐聚一堂。参赛者涵盖澳大利亚、巴哈马、百慕大、不列颠群岛、中国、斐济、爱尔兰、日本、肯尼亚、韩国、巴布亚新几内亚、葡萄牙、新西兰、俄罗斯、新加坡、南非、塔希提岛、帕劳、马绍尔群岛、新喀里多尼亚和瓦努阿图等国家和地区的选手。作为一场历史悠久、享有盛誉的国际赛事，夏威夷国际旗鱼锦标赛不仅展现了海钓运动的魅力，也促进了全球钓鱼爱好者之间的交流与互动。每一届比赛都吸引了众多顶尖钓鱼选手的参与，他们在这里挑战自我，追求更高的钓鱼技艺和更大的荣誉。

在赛事期间，夏威夷的凯鲁瓦-科纳市将成为全球海钓爱好者的焦点。来自世界各地的观众将有机会目睹这些顶尖选手的精湛技艺和激烈角逐。同时，赛事推动了当地经济和旅游业发展，成为夏威夷的一张重要名片。

夏威夷国际旗鱼锦标赛的成功举办，不仅彰显了人类对自然资源的珍视与保护，也展现了人类对海洋生态的尊重与关怀。作为一项可持续发展的运动，海钓不仅为人们带来了无尽的乐趣和刺激，也为保护海洋生态、维护海洋生物多样性做出了积极的贡献。

未来，夏威夷国际旗鱼锦标赛将继续秉承其传统和理念，为全球海钓爱好者带来更多的精彩和惊喜。同时，我们也期待更多的国家和地区能够加入到这一赛事中来，共同推动海钓运动的发展和繁荣。

9.5.4 我国垂钓赛事

中国钓鱼赛事体系丰富多元，涵盖了由中国钓鱼运动协会主导的职业积分赛事、电视媒体推出的垂钓节目类赛事，以及各地自行组织的大奖类赛事等多种类型。

中国钓鱼运动协会主办的赛事包含了手竿、路亚和海钓赛事，包括全国钓鱼锦标赛、全国垂钓俱乐部挑战赛、全国自然水域垂钓系列赛、中国钓鱼“王中王”大师争霸赛、全国海钓锦标赛系列赛、中国舟钓路亚公开赛、全国岸钓路亚锦标赛及中国岸钓路亚巡回系列赛等。本书第六章也介绍了一些我国的竞技钓赛事。本章以全国钓鱼锦标赛为例介绍我国的竞技钓。

作为由中国钓鱼运动协会主办的国家级钓鱼赛事，全国钓鱼锦标赛的权威性备受认可，每年都吸引着众多职业钓手积极参与。除了传统的分站赛和总决赛，还创新性地引入了线上直播钓鱼挑战赛，为无法亲临现场的钓鱼爱好者提供了参与的机会。全国钓鱼锦标赛不仅是一场竞技盛事，更是一次钓鱼文化的盛会，对于推动中国钓鱼事业的发展起到了积极作用。

此外，快乐垂钓频道于2012年推出的《王者之战》钓王团战真人秀节目，每两年举办一届，已成为国内湖库钓赛事的佼佼者。被誉为“垂钓界的华山论剑”和“钓鱼界的世界杯”的《王者之战》，汇聚了全国顶尖的钓手，他们组成战队，在激烈的比赛中展开角逐。历届参赛战队均代表国内较高水平，其中包括多位“钓王”和大师级选手，吸引了众多观众的关注。

与此同时，休闲钓鱼赛事以其大众化特质和较低的参与门槛，满足了普通垂钓爱好者的需求，广泛吸引了各界人士的参与。此类赛事不仅推动了垂钓产业的繁荣发展，还显著促进了市场消费，进一步激发了对垂钓产业服务系统的市场需求。同时，休闲钓鱼赛事的成功举办也促进了举办地酒店、餐饮、钓场、钓具等相关产业的蓬勃发展，为社会和经济带来了显著的效益。其中，以中国休闲垂钓大赛为代表的自然水域赛事，以及以大圆塘百万大奖赛为标志的黑坑赛事等，均因其较大的影响力而备受瞩目。

本章小结

本章深入探究垂钓的起源和发展，从而了解垂钓这一活动从古代到现代的演变过程及其变化特点。通过研究不同历史时期的垂钓形式，揭示垂钓活动在不同时代的特征和差异。通过对不同垂钓方式进行阐述，人们对当前的垂钓活动有一个全面而深入的了解。

在本章中，还详细介绍了垂钓所需的各种工具，以及这些工具如何影响了垂钓方法的演变。从鱼竿和线组等基本工具的认识和组成方面，探讨它们与垂钓技巧相结合，形成了丰富多样的垂钓方式。此外，还探讨了我国主要的垂钓鱼类及其对应的钓法，以期让读者对我国的垂钓文化有更深入的认识。

在本章的最后部分，介绍了国内外著名的钓鱼赛事，包括其赛事的规模、赛制及参赛者等情况。通过对这些赛事的了解，人们将能更好地把握垂钓活动在国内外的地位和影响力，以及垂钓运动的发展趋势。

总之，本章从多个角度全面展示了垂钓活动的发展历程和现状，旨在让读者对垂钓有更为全面和深入的了解。

名词解释和概念理解

垂钓；黑坑；路亚

思考题

1. 几种垂钓类型的主要特征有哪些？
2. 我国主要使用哪几种垂钓方式？
3. 路亚垂钓与其他垂钓方式的不同之处在哪里？

4．职业竞技赛事对普通垂钓方式的影响有哪些？

主要参考文献

Brumm A, Langley M C, Moore M W, et al. 2017. Early human symbolic behavior in the Late Pleistocene of Wallacea. Proc Natl Acad Sci U S A, 114 (16): 4105-4110.

Fujita M, Yamasaki S, Katagiri C, et al. 2016. Advanced maritime adaptation in the western Pacific coastal region extends back to 35 000-30 000 years before present. Proc Natl Acad Sci U S A, 113 (40): 11184-11189.

（邓　刚）

第 10 章
休闲渔业规划与设计

本章资源

休闲渔业规划与设计既是休闲渔业有序发展的首要工作，也是休闲渔业能否实现预期目标的重要条件之一。休闲渔业规划与设计既要使其功能、风格符合其定位，也要做到因地制宜，规划与设计不仅要综合考虑政治、经济、历史、文化、民俗、地理、气候、交通等多项因素，还要在其基础上形成每个项目的自身特色，通过规划与设计承载特定功能，呈现独特魅力。本章将围绕休闲渔业依景观规划分类、休闲渔业景观的规划与设计及休闲渔业景观的规划与设计实践等方面开展介绍。

10.1 概　　述

规划与设计是在项目定位的基础上，对其进行较具体的规划及总体上的设计。规划主要为城镇体系规划、城市总体规划、城市规划、镇规划和乡（村）规划 5 个层次；类型大致有国土规划、区域规划、城市总体规划、分区规划、城镇体系规划、控制性详细规划、修建性详细规划、城市设计、产业布局规划、城市发展理论研究等一系列范围、内容不同的规划与设计。规划与设计内容主要有城镇发展战略规划、城镇体系规划、总体规划、分区规划、村镇规划、城市设计、居住区规划、修建性详细规划、控制性详细规划、历史文化名城保护规划、风景名胜、旅游规划。

“规划定成败，策划出效益”，文旅类项目的命运与规划密不可分。规划与设计是项目开发的前置性工作和基础性工作，也是对项目后续发展具有重要影响的工作。规划是在旅游主题定位、市场定位、目标定位、功能定位、形象定位等定位的基础上，完善设计方案，提出规划预期、愿景及发展方式、发展方向、控制指标等。规划直接影响后续的设计、投资、运营，进而影响项目的功能承载、项目吸引力、项目经营效益。

休闲渔业规划与设计主要服务于社会主义新农村建设，服务于传统渔业产业转型发展，目标是把传统渔村建设成为经济繁荣、设施完善、环境优美、文明和谐的社会主义新农村。中国共产党十六届五中全会提出要按照“生产发展、生活宽裕、乡风文明、村容整洁、管理民主”的要求，扎实推进社会主义新农村建设。围绕社会主义新农村建设，规划与设计内容及形式多种多样，主要有乡村旅游规划、田园综合体规划、特色小镇及新农村规划、产业园区规划。休闲渔业规划与设计属于新农村建设规划的一种，也是文旅类项目的一种，休闲渔业规划与设计在社会主义新农村建设和传统渔业渔村经济转型中的重要性不言而喻。目前休闲渔业规划尚处于探索阶段，普遍存在以下问题：规划盲从性严重，地方特色不突出，项目同质化严重，千篇一律；环境保护意识和生态意识薄弱，盲目追求人工建设造型，造成开发即破坏的局面；规划内容不全面，缺乏对实际问题的了解，以致造成后期建设困难、无法正常经营等困境。因此，休闲渔业规划是行业有序良性发展的基石，休闲渔业的发展必须规划先行。通过规划可以做到因地制宜，充分利用地域自然资源，合理布局，形成特色，提升地区休闲渔业的整体开发水平、品牌价值和规模效益。

休闲渔业规划与设计属于镇规划和乡（村）规划层次，属于修建性详细规划、产业布局规划类型，规划与设计内容属于旅游规划。休闲渔业项目规划与设计包含对休闲渔业发展问题的技术性解决、休闲渔业各功能系统的合理调整、休闲渔业形态与景观环境的塑造、人居环境可持续发展等方面内容。规划的目的还是要做到项目科学规划，为后续设计提供指导性方案，达到人与自然、人与环境的和谐共存。

休闲渔业设计是在各类上位规划的指导下，以渔业海岛、村镇作为研究对象的设计工作，是介于新渔村规划、景观建筑与建筑设计之间的一种设计。相对于村镇规划的抽象性和数据化，休闲渔业设计更具有具体性和图形化。

以休闲渔业设计的内容作为纲要，用以指导后期建筑设计、景观设计等细项，为建筑体量、形式、建筑色彩、界面、结构、空间布局、景观形式等的设计提供指导。

10.2　休闲渔业依景观规划分类

正如休闲渔业没有统一的定义，休闲渔业的模式与类型划分方面也是业界不一，这一情况正说明了休闲渔业需要因地制宜，其模式与内涵具有多样性、开放性、包容性的特征。

目前，休闲渔业的分类多种多样，既有分为生产经营型、休闲垂钓型、渔区生产体验型、水族展示型 4 种模式的；也有分为垂钓型休闲型、养殖型休闲型、度假型休闲型、观赏科普型休闲型、水产美食型 5 种模式的，还有按休闲型、体验型、科普型、生态型、文化型和运动型 6 种模式来划分的；再有按休闲垂钓渔业、休闲观光渔业、休闲观赏渔业、渔家乐、休闲渔城、渔乐园、休闲渔业节这 7 种模式来划分的等（段皓严，2014）。

关于休闲渔业的类型，以上都是从功能角度出发进行的分类。而主流观点从景观规划与设计角度对休闲渔业进行分类，主要分为资源依托型、产业开拓型和休闲度假型三种类型，该种分类综合考虑了休闲渔业与主要产业类型、发展阶段和景观展示方式的关系（李宇，2012）。

10.2.1　资源依托型

资源依托型休闲渔业一般是利用原有的渔业资源、渔业设施、渔业环境进行简单开发，吸引和指导周边渔民参与旅游服务，其景观展示方式以原生态为主，是休闲渔业发展的初级形式。

资源依托型与休闲旅游业关系最为密切，投入最低、组织最容易，常以乡村游、农家乐风景区的形式存在，其客源主要依托区域宣传的乡村游、农家乐景区客源。渔业自然资源如山林、礁石、沙滩、海岸、湖堤、天然水域、海洋渔业和淡水渔业的渔业资源、渔业生产体验、天空无穷的变化、日出日落、潮涨潮休、湿润的空气、特有的海洋气息等都是休闲渔业区别其他形式旅游的优势资源。

资源依托型休闲渔业原有的自然环境资源和地方文化资源较为优越，往往位于海岛、海滨、湖畔、水库等处，自然风光秀丽，长期以来形成了较有特色的渔村生活习俗、文化风情，具有一定的特色和吸引力，同时有一定的地域知名度。

在功能上以观景（图 10.1）、休闲为重点，如水上观光、亲海赶海、海岛探险等活动；辅以体验、餐饮、文化等功能，如坐渔船体验捕捞作业、观赏渔业养殖、住渔家领略渔村风俗（图 10.2）、品尝渔家菜肴等，活动周期一般为两天以上，游人在活动过程中获得的感受以自然景观方面为主。

图 10.1　资源依托型自然风光图

图 10.2　资源依托型民居风光图

资源依托型休闲渔业对自然景观的先天条件要求较高，但开发程度有限，对地形、水体、植物等进行的园林艺术改造较少，园林人工景观占极少的比例，鱼文化内涵方面的体现通常偏弱。

资源依托型休闲渔业景观规划应以整个景区的规划为依据，使休闲渔业成为景区密不可分且特色鲜明的一部分。在维持良好的生态环境前提下，加强园林艺术处理，深入挖掘文化内容，提高旅游休闲服务水平，则可实现向更为成熟的休闲度假型转变。

近年，大连、青岛、宁波、厦门等海滨城市热门的海岛游、渔家乐等旅游形式基本就属于资源依托型。

10.2.2　产业开拓型

产业开拓型休闲渔业是利用已有一定规模的专业海水网箱（图 10.3）、新型养殖工船、新型养殖平台、围塘养殖基地、淡水设施养殖（图 10.4）、陆基工厂化养殖车间放养各种海淡水鱼类，结合养殖生产、养殖加工开发休闲活动项目。该类休闲渔业多位于城郊、海港、海洋牧场、近岸或深远海养殖区，分布较散，经营者多为规模化、专业化养殖企业。

图 10.3　产业开拓型海上设施养殖图

图 10.4　产业开拓型淡水设施养殖图

产业开拓型休闲渔业在功能上以渔业生产为主、渔业休闲活动为辅，活动内容常常较为单一，主要以活动体验型和美食体验型为主。

活动体验型的规划主要体现为三大特色内容，一是在养殖网箱、养殖鱼塘中利用专业垂钓、捕捞设备开展垂钓休闲项目，这是该类休闲渔业的主要内容之一；二是游乐结合，有的企业经营者还引入简单的配套休闲服务，如水上游乐、水上运动；三是参观与推广结合，参观企业展览馆、养殖基地生产车间、加工车间、海上基地观光，品尝和购买水产品，打造仿乡村民宿等。

美食体验型的规划主要内容是地域新鲜海鲜美食餐饮，从逛海鲜市场、捕捞、赶海的体验走向美食体验。一是以休闲渔业景区、景点周边的专门餐饮服务区，如海鲜城、海鲜排档等为主要形式；二是渔家乐形式的餐饮加工，游人参与的娱乐体验形式。

尽最大努力吸引休闲者，使游人从城市的喧嚣中解脱，回归自然，感受轻松、安宁的乡间气息，得到全身心的放松。同时，在这一过程中旅游者也了解了企业的生产过程、企业的产品优势和产品质量，同时助力企业现象宣传和产品开拓市场。这一形式将养殖生产与旅游相结合，其相互促进，共同助力企业效益的提升。

产业开拓型休闲渔业游客多为附近的城市居民，也能吸引部分观光考察、科研服务等专业团体，休闲活动周期较短，一般为 1～2d。

产业开拓型休闲渔业的自然景观条件有限，其景观往往由人工规划建设而成。垂钓活动为主的产业开拓型休闲渔业景观以室外为主，考虑其位置和服务人群的关系，在景观规划上应该使游客感受到与城市生活环境完全不同的乡间渔家气氛，景观规划与设计的重点在于乡土景观和乡间渔家环境氛围的营造，在表达形式上与城市景观有明显差异。餐饮活动为主的产业开拓型休闲渔业景观以室内为主，在景观上应注意与室外环境的结合及室内装修造景设计。

10.2.3 休闲度假型

休闲度假型休闲渔业（图 10.5、图 10.6）是在原有自然和人文资源的基础上，进行较大规模较深程度的园林建设和旅游开发，建成的以休闲、度假为主要功能的休闲渔业类型，其渔业生产活动完全为休闲活动服务，是休闲渔业发展的高级阶段。

图 10.5 休闲渔业度假酒店图

图 10.6 休闲渔业海水浴场及景观栈道图

休闲度假型休闲渔业的规模有大型的，休闲渔业往往由资源依托型发展而来，自然景观条件比较优越。与资源依托型相比，其园林艺术化体现得更为明显，文化层面的开发较为深入，旅游休闲服务水平更成熟，活动内容综合性更强。游人除欣赏自然美景外，可更深入地感受园林艺术，体验渔村风俗、渔业生产、渔业文化知识等，游人因此获得对渔业环境较为全面的感受和体验。现代化的度假酒店设施，园林环境，琳琅满目的饮食，形式多样的娱乐、体育及体验活动等与传统的渔业文化完美融合，让游客获得综合体验，既满足了高端化的旅游需求又体验了不同于传统的旅游休闲，真正地达到休闲度假的舒适和旅游的猎奇体验完美结合。

规模较小的休闲度假型多分布于郊区、景区边缘区域，利用原有资源，以人工建造为主形成休闲渔业园区，有的为全新建设而成，有的由产业开拓型发展而来。由于景观规模小，对景观生态的要求较少，重点在于具体景点及细部景观设计上，注重在园林景观创建中体现渔业特色，景观设计应与活动项目紧密结合，在场所环境设计及项目展现形式中尽量融入渔业文化。

10.3 休闲渔业景观的规划与设计

结合项目周围环境和自然资源，充分利用地域的天然优势，从宏观上确定规划目标，明确景观主题，凸显地域特点，彰显人文特色。休闲渔业项目常见的目标定位有观光型渔业项目、度假型渔业项目、科普教育型渔业项目、科研型渔业项目和综合型渔业项目。

10.3.1 休闲渔业景观的规划与设计原则

休闲渔业景观的规划与设计主要遵循以下八大原则（王莹，2017）。

1. 功能性原则 满足功能需求是进行景观设计的基本要求，是进行休闲渔业园规划与设计首先要考虑的问题，遵循功能性原则要充分了解渔业生产人员、管理人员及游客的需求，满足生产、旅游及生态等多方面的功能。尊重原有地形地貌，充分利用闲置空间，塑造整体和谐、特色鲜明、布局合理、结构清晰的园区环境。

2. 生态性原则 生态性原则是营造风景优美、舒适宜人的渔业园的根本原则。环境污染与渔业生产和休闲旅游相伴而生，因此进行园区规划需要注意生态要求，重视环境的保护与治理，完善园区的生态系统。

3. 文化性原则 根据渔业景观特征进行设计的同时融入当地特色的渔业文化和历史文化，这将会使渔业园的规划设计有“血肉”又具有了“灵魂”。在进行景观规划与设计时要注重挖掘当地的文化特色，利用景观进行文化传播和发扬，丰富园区的文化内涵，以追求景观资源的可持续发展。在景观设计时还可以利用具有指引导引功能的设施或空间以打造具备解说功能的景观。

4. 统一性原则 对渔业园原有的地形地貌、原有建筑水系进行改造，同时进行新场地、新建筑的设计，要遵循统一性原则，使得园区具有整体性，形成统一的风貌。园区的每个部分所形成的格局清晰且彼此关联，人工景观和自然景观之间要具有连续性。

5. 多样性原则 开展观光旅游时，无论面对何种类型的游客，都需提供多种选择来更好地为旅游者服务。遵循多样性原则即要求设计者在进行游线规划、游赏方式规划、消费定位等方面提供多项选择机会，在景观设计时也要结合现状打造多样的休憩场所，借助植物和地形营造多变的园林空间，设置更丰富的游乐项目，给予游人丰富的体验。不同的景观节点串联一体，形成韵律变换的园林景观。

6. 以人为本原则 休闲渔业园规划与设计应从人的需求出发，重视游客在体验过程中的舒适性、趣味性、感官性及美的感受。让游客能够亲近自然，与动物植物欣然互动。结合景观小品的设计，打造舒适合宜的游憩空间，从功能出发在细节上让游客体会到人性化设计。项目设置要增强游客的体验性，使其自己动手参与垂钓、捕捞、种植、采摘、野炊活动，体验渔家生活，通过自己亲身参与，能更深层次地感受渔乡风情和田园乐趣。

7. 经济性原则 休闲渔业园的建设实现了一三产业的融合，促进产销一体化，吸引大量游客前来旅游观光，带动了当地经济的发展，也促进了周边地区的经济进步，故在规划与设计时要把经济生产加入到园区建设中。同时注重在非渔期和非采摘季节吸引游人，创造四季可游可赏的休闲渔业园，带动淡季旅游，以创造更好的经济效益。

8．美观性原则 景观游线的设置、植物造景、节点氛围的营造、建筑设计排布、各项设施的设计，都要遵循美观性原则，以达到赏心悦目的效果，体现园林景观的艺术性。渔业园的规划设计，要结合周边环境，突出渔业的特色，表现出渔家风情独特的美感。

10.3.2 休闲渔业景观的规划与设计理论

休闲渔业景观的规划与设计的理论包括景观生态学理论和园林设计与规划理论等。结合这些规划与理论，合理进行休闲渔业景观的设计和开发，并在规划的前提下开展设计。

1．景观生态学理论 规划要做到在不破坏渔业资源，兼顾渔业生产的前提下，因地制宜地设计休闲渔业项目，改善传统渔村、海岛的生活环境，激发群众创新创业活力，促进当地渔业发展与经济转型升级，提升传统渔村、海岛的经济多样性与抵御风险能力。

1）生态美学理论 生态美是在自然美的基础上，在人类对自然价值重新认识的基础上产生的美学观点。生态美包括自然的生趣美、生态关系的和谐美、艺术与环境的融合美，它与强调人为的规则、对称、形式、线条等传统美学形成鲜明对照，是景观生态规划与设计的最高美学准则。

渔村旅游规划应努力寻找自然生态美，在对渔村自然生态不加干预、保持原形的同时，在自然生态规律和生态美的法则指导下，效法自然，将自然创造力与人的创造力形成合力，共同创造出人文生态美，使渔村中的自然生态美得到修正和补充。设计力图营造出既保持渔村原始的自然生态美又与渔村传统文化融为一体的人工生态美的旅游产品。

2）景观生态学理论

（1）斑块—廊道—基质原理。斑块、廊道、基质所构成的景观格局及其影响，是景观生态学研究的基本内容。景观中任何一点都是属于斑块、廊道与基质的，它们构成了景观的空间格局，统称为镶嵌体。景观生态学利用“斑块—廊道—基质”原理进行景观分析和合理布局，从而达到景观格局优化的目的。

斑块泛指与周围环境在外貌或性质上不同，但又具有一定内部均质性的空间，具体包括植物群落、湖泊、草原、农田、居民区等。渔村景观设计要根据旅游区的资源特色及市场的需求情况，考虑景观固有的结构和功能，选择独具个性和吸引力的人文、自然景观进行开发，同时注重景观多样性的组合。

廊道指景观中与相邻两边环境不同的线性或带状结构。渔村中廊道的设置分为斑内廊和区内廊两个部分。斑内廊的设计主要是以村内道路、河岸等为廊道，合理组合，并强化其景观功能，以此来延长游客的观赏时间。区内廊要尽量避开生态脆弱地带，设置在生态恢复性较强的区域，并充分利用自然现存的通道。同时，各景区间相互连接的廊道长短要适宜，避免出现廊道过长淡化景观的精彩度，过短影响景观生态系统正常运行的现象。

基质指景观中分布最广、连续性最大的背景结构，常见的有森林基质、草原基质、农田基质、城市用地基质等。在渔村的景观设计中，基质的作用在于以其作为背景，进行景观空间格局分析，构建异质性的景观格局，从而对渔村进行景观功能分区和旅游生态区划。

（2）生态整体性和景观异质性原理。生态整体性和景观异质性原理是景观生态学的核心理论。

生态整体性原理中，景观是由景观要素有机联系组成的复杂系统，含有等级结构，具有独立的功能特性和明显的视觉特征。一个优良的景观系统不只在结构上有整体性，还在功能上具有连续性，实现景观功能的“整体大于部分之和”。渔村在景观规划时，要考虑生态、社会和经济的可行性，将景观规划放在渔村可持续发展的背景下，把握系统整体特征，局部功能与效益服从整体功能和效益，明确目标，规划开发。

景观异质性，指的是景观在一个区域上的变异程度，是形成不同景观结构和功能的基础，影响资源的分配、干扰传播及景观的稳定性与多样性。一般认为，景观的异质性强，对于物种共生有利，一定范围内异质性的增强能提高景观稳定性，有意识地增加和维持景观异质性是有利的。维持景观的异质性就需要适度的干扰，带来更多的镶嵌体或走廊，使物种能对生境充分利用，生态位分化。因此，渔村中对原有的耕地、村落等人工景观和山体、河流等自然景观进行干扰适度的规划与设计，对于维持渔村景观的异质性和保持景观的稳定性具有重要的意义。

3）*景观句法理论*　景观句法是指在作品中存在一个尽量合理的构架，以提供一个灵活而有序的空间结构，既要尽可能地利用现有文脉中出现的自然元素，又要考虑现存的环境因素。

在渔村景观规划与设计中可将渔村的景观设计划分为多层，以景观设计 4 层结构为例：第一层为道路层，即对渔村的道路做出规划，将其与景观轴线相统一；第二层为空间景观营造层，即通过景观设计，为人们提供活动的场所，并展示渔村的文化；第三层为保护层，即对渔村原有自然资源和动植物进行保护；第四层为改造利用层，即对渔村中的破旧房屋、废旧渔船等，进行改造利用，创建新的景观，赋予其新的生命力，从而打造一个灵活有序的渔村景观空间。

4）*环境心理学理论*　环境心理学认为，人的心理和行为活动会与环境发生相互作用，人改变环境的同时，人的心理和行为也会被环境所影响。自然环境和社会环境是有机统一的整体，它们相互影响且作用于人的行为和心理。

景观空间设计时要考虑不同人群的心理和行为需求，从而进行功能区域的划分，分为大空间、小空间、开阔空间、私密空间、热闹空间和安静空间等。休闲项目设计时要满足游客的休闲娱乐需求，比如针对城市里来的游客，应当设置一些渔业生产体验、渔家美食等休闲项目，突出地方特色，满足游客的猎奇需求；设施功能设计时要根据游客的观赏和使用要求，在外观、尺度、色彩、实用性等方面要深入考虑游客的需求，同时要体现渔业特色，遵循人性化原则。

2．园林规划设计理论　园林规划设计理论是休闲渔业景观规划与设计的主要支撑理论，其重要性体现在休闲渔业景观规划与设计的整个过程中，从总体规划阶段确定规划与设计内容、划分功能区、规划游览线路与景观序列，到详细设计阶段对园林各景观元素进行专项设计，自始至终渗透着园林规划与设计理论的内容。

1）*园林造景艺术*　园林造景艺术归纳起来包括主景与配（次）景处理、抑景与扬景、实景与虚景、联想与意境，以及对景、障景、夹景、框景、季相造景等手法。休闲渔业有着先天的自然资源，但需要经过园林造景艺术手法的处理，才能使风景更具艺术性；同时，休闲渔业是一种乡土的农业景观，景观应体现乡土、纯朴的特点，避免匠气。因此，休闲渔业景观规划中园林造景艺术的应用要合理，设计者要着力挖掘渔业文化，通过园林造景艺术将其体现出来。

2）*园林布局方法* 园林布局常分为规则式、自然式、混合式。对休闲渔业这样一种自然环境中的休闲景观来说，园林布局应以自然式为主要形式，充分利用原有的自然地形。

在园林布局方法中，讲究视线与景物的关系。休闲渔业景观以开朗景观为主，其景观主体常为大面积的水体，视线舒展，令人心胸开阔。但开朗风景缺乏近景感染力，应在休闲渔业景观中利用地形的起伏变化、建筑物的遮挡、植物的分隔围合等，使景观开合相宜，增加景观感染力。

3）*景观序列原理* 风景包括静态风景和动态风景，游人休息观赏静态景观，而在园内游动时所见为动态景观，动态景观是由一个个连续风景画面所组成，即构成了景观序列。合理安排景观序列，对于景观的展示有着重要影响。

休闲渔业景观序列规划根据规模不同而有所区别，需要重点规划景观序列的主要是资源依托型和休闲度假型。资源依托型休闲渔业规模面积较大，景区、景点数量较多，游人量大，采用循环式风景序列使各功能区有机联系，既可增加景观序列的丰富性，又可提高游人对游览内容选择的自由度，利于分流。面积较大的休闲度假型可参照资源依托型的景观序列设计思路，面积较小的休闲度假型和产业开拓型休闲渔业一般可采用“起景—高潮—结景”的景观序列形式。

风景序列可利用地形起伏变化创造，如休闲渔业中的山水地形变化是创造风景序列的优越先天资源，可将连续的土山、建筑、林带等，通过山水起伏分散布置到各景点，加上植物个体和群落季相变化的巧妙利用，随着景观序列的展开，风景在游人视野中时隐时现、时远时近，达到步移景异、季相景观丰富的效果。

4）*园林景观要素的规划设计* 园林景观要素主要包含地形、水体、道路、建筑、植物5种，在这5种景观要素中，地形是基础和骨架；水体是休闲渔业景观存在的根本，也是规划与设计中极其重要的一个元素；道路是引导游人游憩、展示风景序列的重要工具；建筑在休闲渔业中应与乡土的环境相适宜，作为景观的点缀并传递地方文化信息；植物是最主要的造景手段，良好的植物群落设计和季节相搭配，可以展现出自然、纯朴的乡土环境，使游人在游览过程中真正融入乡土氛围，有与都市风景完全不同的景观感受，在身心上得到极大的放松。

综上所述，园林规划与设计原理在休闲渔业景观规划与设计中的应用要合宜，休闲渔业景观不同于城市公园、居住区绿地等园林形式，其景观规划与设计应以体现自然气息、凸显渔业文化为重点，巧妙布局，精心安排景观序列，合理应用园林造景艺术，处理好园林景观各要素及其相互关系。

3．规划与设计的联系与区别 对于景观规划的研究源于景观生态学，景观规划是运用景观学原理解决景观水平上的生态问题，进行景观管理的重要途径。景观规划是合理使用和管理土地，协调人与自然关系的一种活动。景观设计指在某一区域内创造一个较为独立的，由形态、形式因素构成的具有一定社会文化内涵及审美价值的景物。广义的景观设计可以包含人类古今以来对环境有意识地改造，它具有自然和社会双重属性，既具有一定的空间形态，又反映一定的社会文化内涵，是一门多学科的理论。

景观规划与设计是指依照特定的思想内涵、审美趋向、社会功能，依据美学、生态学原理，对景观的结构与形态进行布局与具体配置的过程。它是一个庞大、复杂的综合学科，融合了社会行为学、人类文化学、艺术学、建筑学、历史学、心理学、地域学、自然科学、地理学等众多学科的理论，各学科间相互交叉渗透。根据解决研究尺度、内容、性质的不同，景观规划设计包含景观规划（landscape planning）和景观设计（landscape design）两个层面。景观规划的尺度范围较大，侧重于解决景观生态系统构建、景观格局设置、功能定位、功能分区等方面的问题；景观设计的尺度范围较小，侧重于更具体的内容，如水体、道路、建筑、植物等景观元素的设计。

休闲渔业景观规划与设计涉及环境生态绿化、视觉景观形象、游客行为心理等众多方面，其目的是使游客从渔业生产、生活体验及渔业风光观赏中得到身心放松，体验渔业文化。因此，休闲渔业景观规划与设计不仅要对物质景观进行规划与设计，还要从非物质景观上体现亮点，是一项复杂的系统工程。通常休闲渔业景观规划包含休闲渔业功能定位、景观总体布局、总体地形设计、道路交通系统规划、功能分区及活动场所规划等内容，而休闲渔业景观设计包含水体景观、植物景观、广场铺装景观、建筑景观、景观小品等的详细设计。

10.3.3 休闲渔业景观的规划与设计方法

景观的规划与设计遵循分区规划法、引导与诱导法、自然生态法等。另外，休闲渔业规划与设计还要在原有道路、植物、景观等条件上合理开展。

1. 分区规划法 景观分区规划是指在休闲渔业旅游规划与本市旅游发展规划、新农村发展规划、基础设施建设规划协调发展的基础上，结合实际情况分析景观因子，进行策划，划分为不同功能区。再在功能分区的基础上，根据不同功能单元的结构、特点和环境承载能力，制定分区方案设计，划分各功能单元的范围、位置和面积，确定相应的旅游项目。

具体来说分区规划就是对点、线、面的充分应用，即确定区域、线路和景点三个部分。在区域划分的基础上，确定路线的走向，最后在每个区域中设置相应的景点，以满足旅游区的功能性要求，从而确保景观有序性和针对性地开展，发展有区域特色的休闲渔业，为游客提供优质的旅游环境与便捷的服务环境。

2. 引导与诱导法 引导是通过将景观轴线焦点的布置与游步道相结合，通过主要的步行道引导主要景观，将道路的交叉点与景观的焦点相结合，引导人流在赏景和探景的乐趣中行进。诱导就是在一些局部空间的过渡上，采用一些特殊的手法，以此来吸引游客眼球。休闲渔业景观空间中引导与诱导法的运用主要体现在道路、植物、园林建筑和小品等方面。

1）道路 渔村景观空间中，道路是整个景观构造的框架，不只是作为交通之用，需为造景和观景服务。渔村景观中道路应该具有明确的特征，其相互贯通并起到引导性和方向感的作用，使游客在有序的空间序列中感受旅游的乐趣。道路的形式可以是弯曲或者笔直，也可以是平坦或者崎岖，但都必须具有明显的规律性，对前方的景观起到暗示的效果。同时，道路在渔村景观设计中，还充当着环境保护的职责，通过道路的引导，避免游人随意践踏草地，破坏生态环境。

2）植物 植物的引导与诱导作用，首先体现在对景观边界的划分上，不同的植物装饰形成不同的边界意向，使边界有着“实隔”和“虚隔”之分；其次是与道路结合，起到指引方向的作用；再次作为标志物可作定向参照，易于被人识别，如一些历史悠久的大树。

3）园林建筑和小品 园林建筑和小品主要是指一些具有显著特征，并能让人产生敏感和兴奋，过目难忘的奇特小品和具有历史意义的构筑物，它们能在景区中作为标志物，起到引导游人视线的作用。例如，在道路的起点和终点、绿地的出入口、道路和区域的交叉点等，设置一些醒目的园林小品，形成一定的视觉焦点。此外，也可通过设置园林小品中的一些标识牌，呼吁游人保护渔村环境。

3. 自然生态法 休闲渔业景观设计尊重自然，模拟自然做功，主要体现在以下三个方面。

1）地形的利用和改造 地形的作用主要表现在控制视线、排水和创造小气候条件三方面。渔村地形设计中首先考虑的是对原有地形的利用。地形的利用要结合渔村基地调查的情况，进行结构分析，合理安排各种坡度要求的内容，使其与基地地形条件相吻合，利用现状地形稍加改造形成园景。

地形改造应与渔村总体布局相适应，改造的地形要满足造景的需要，并能形成良好的地表自然排水系统。例如，在平坦的地形上，运用植被和墙体等要素进行改造，或将平坦地形按照自然力的作用改造成土堆或微地形的形式，形成隔景、障景的效果。

2）植物配置 项目中植物配置要按自然力的作用布置，根据自然界植物生态习性和植物群落形成的规律，仿照自然界植物群落的结构形式，合理选配植物种类，尽可能多地选用乡土树种，避免种间直接竞争。同时，在审美的基础上进行合理布局，做到疏密有致，单群结合，形成结构合理、功能健全、种群稳定的复层群落结构，从而使渔村整体植物景观表现出师法自然，虽由人做，宛自天开。

3）水体形状设计 自然界中的水体形状有凹岸、凸岸、曲流、河心岛等，渔村中人工水景设计时要考虑以下几点。

（1）水体轮廓线曲折有致，配以山石、花木等，不做规则光滑处理，尽量避免规整的形式如单一的圆形、矩形等，做到收放有致、灵活变化，符合自然均衡的美学。

（2）水面应有主次空间之分，凸显灵动活泼。

（3）在岸边主要观景点的视野范围内，岸线凹凸曲折变化不应少于三层，水面较大时可设置湖心岛。

4. 色彩表达法 色彩是物的基本属性之一，是组成园林艺术的最基本因素之一。色彩具有灵性的表达，向外界传递着无限信息，能唤起人们的情绪甚至情感。

色彩的表达主要体现在两个方面：一是色彩的感觉，包括温度感、距离感、重量感、面积感和运动感 5 个方面；二是色彩的情感，不同的色彩触动不同的思想感情。

人们对一个地方形象的把握在很大程度上都来源于其色彩的构成。园林中的色彩构成分为植物色彩、水景色彩、动物色彩、山景色彩和建筑色彩五大类。渔村中色彩的表达，主要集中在植物色彩和建筑色彩上，创造出“以色传神，以色抒情”的作品。

1）植物色彩 渔村美的构成离不开植物美，植物的品种繁多，有草本植物如花卉和草坪植物，木本植物如观花、观叶、观果和观干的各种乔灌木，但植物的美最主要的还是体现在颜色上。植物的选择要学会运用最佳色彩稳定规律，掌握植物的生物学特性，实现科学合理的配置。

渔村中植物色彩的运用主要体现在色彩的温度感、距离感和运动感三方面。

（1）温度感。色彩的温度感在渔村植物中运用时，春、秋宜采用暖色花卉，尤其是严寒地区可以多用，增加人们心理温暖的感觉；夏季宜采用冷色和中性花卉，起到从心理上降温的作用，如夏季的绿树浓荫，会让人有凉爽的感觉。

（2）距离感。色彩的距离感由近到远的顺序是黄、橙、红、绿、青、紫。在渔村中，选择冷色系色相的植物作为背景的景观色彩，从而加强景深效果。

（3）运动感。在渔村景观设计中，可以运用色彩的运动感和宁静感来创造安静与运动的环境。例如，渔村中的休息和疗养的场所需要宁静的氛围，多采用运动感弱的植物色彩；而娱乐性场所如戏水活动区、儿童活动区等，多选用运动感色相强烈的植物和花卉，营造一种欢快、活泼的气氛。

2）建筑色彩　建筑色彩关系着渔村的形象、特色和品位，富有地域与时代的特性，是凝固的艺术。例如，意大利五渔村建筑的色彩丰富多样，易给人留下难以忘怀的印象，同时也带来了一种温暖明快的感觉。

色彩是表达建筑心情最直接的方式，不同的建筑色彩反映出不同的文化背景。渔村中建筑色彩的运用要注意以下几点。

（1）建筑色彩以群众的爱好和地方民族的特点为主，如南方有些少数民族人民喜好白色，而北方地区群众喜欢暖色。

（2）建筑色彩既要与渔村的整体环境相协调，又要注意对比手法的运用。例如，建筑与建筑之间的色彩以协调为主，但与周围的园林植物以对比为主。

（3）建筑色彩与功能统一，如休息性的建筑要以具有宁静感觉的色彩为主，观赏性的建筑则要以醒目的色彩为主。

5. 隐喻象征法　为了反映渔村景观的历史文化和特定的内涵，需要通过引用一定的符号或形式，以隐喻象征的方式赋予景观意义，从而创造有意义的内容和形式。

所谓隐喻象征，即通过空间、形体、细部的处理，利用隐喻与象征的手法表达地域文化的内涵。从符号学角度来看，隐喻是指通过信码把各组成部分联系起来，从而建立一种在信息中出现的部分和未出现的部分之间的联系。这种联系在于个体自我的感受，因此，对于隐喻的理解是模糊的、多重的。

1）形式暗示内容　通过一定的形式传达出一种精神或境界，但所用的形式必须是约定俗成的、为大众所熟悉和认可的。欣赏时需要慢慢观望，细细琢磨，才能逐渐心领神会。

2）引经据典　引用历史文化片段，并加以变形或更改位置、改变材料、改变组合。这种隐喻运用了符号学的方法，在新空间中重新采用古空间的形式或结构片段，使新空间和古空间产生视觉上的相互关联，使人意会到历史文明的继承性。

3）抽象组合　以特定的地理、气候和环境景观等特征为基础，在此基础上进行抽象组合来传达环境、文化的意义。

4）装饰隐喻　利用装饰构件、图案、雕刻来隐喻景观的意义等。

10.4　休闲渔业景观的规划与设计实践

休闲渔业园区的空间布局可分为自然式布局、规则式布局、混合式布局。自然式布局追求自然式的设计风格，没有明显的对称轴线，路线蜿蜒曲折，突出淳朴野趣的风光；规则式布局多为几何形构图，整体简约明快，空间对比强烈，韵律感强；混合式布局将规则式与自然式结合，根据不同景观的需求，既有随性优雅的风景，又有严谨大方的格局，所以大多休闲渔业园区采用混合式布局。

不同类型的休闲渔业园具备生产、观光、游览、休憩、度假、科普等几个基本功能。基于园区不同的功能性可以将渔业园划分为几个分区，如渔业生产区、垂钓娱乐区、休闲度假区、科普展示区等。

10.4.1 渔业景观的整体规划与设计

渔业景观通常是指在渔业生产、生活区域内，以渔业生产活动、渔业生态环境、渔村文化民俗为资源所构成的具有一定观赏价值的综合景观，它包括渔业生产景观、渔业设施景观、渔村自然景观、渔村人文景观。其中，渔业生产景观如打鱼、捕虾、捉蟹、捞海菜、采牡蛎等；渔业设施景观如鱼塘、虾塘、网箱、养殖平台、养殖工船、港口等，渔村自然景观如海洋、沙滩、海岛、湖泊等，渔村人文景观如民居、生活风俗、生产习俗、渔村传说等。由于地域条件、历史发展的差异，渔业景观具有地域性、多样性和综合性的特征。

1. 景观功能区片的划分 休闲渔业景观布局与渔业总体规划息息相关，景观功能区片的划分应在渔业总体规划、休闲旅游总体规划的基础上进行。

根据规划精神，结合各地的自然条件、历史基础、文化特色及旅游、渔业发展目标，科学地划分休闲渔业的功能区片，合理定位各区片内的具体功能。

沿海带的休闲渔业可以将观光度假、文化体验、休闲垂钓、海鲜餐饮作为开发重点，以海洋娱乐、海上运动等为辅助开发项目；内陆的休闲渔业可以以休闲垂钓、美食餐饮、文化体验为开发重点，以生态旅游、运动拓展等为辅助开发项目，适当与其他类型的观光农业项目如采摘、农家餐饮等结合开发。

2. 整体景观面貌的规划 我国各地的休闲渔业景观具有较为鲜明的地域特点，如地域独特的山水环境、人文资源、民俗风情等。在景观规划中应通过归纳、提炼的手段，确定整体景观风格，并通过自然山水景观资源的展示利用、人工建筑小品景观的规划设计、植物景观资源的保护开发、传统文化艺术的传承创新等途径将整体景观地域特色展现出来。

休闲渔业景观围绕水和渔业生产做文章，滨海风景区、内陆水库风景区与休闲渔业中的资源依托型和较大规模休闲度假型关系最为密切。其中，海洋、山水自然景观资源是休闲渔业最主要的载体，地域特色明显。在景观整体面貌的规划中，以保护自然环境为主，可通过与当地自然环境相适宜的渔村、渔港风貌建设来强化区域景观面貌的整体性。

产业开拓型和小规模休闲度假型休闲渔业相对来说自然景观的优势不明显，主要由人工建筑景观、渔业生产生活景观体现其景观面貌，在建筑景观规划中可通过汲取民居艺术特点、重复采用特色建筑符号来强调建筑特色，在渔业生产生活景观规划中应紧扣特色文化，反映地区休闲渔业的整体风格，与其他地区的休闲渔业景观面貌相区分。

总体景观风格统一有助于品牌创建，在总体统一的基础上，注重各地区的休闲渔业景观个性，更能体现统一与多样的规划理念，形成丰富多样的景观特色。

3. 景点布局和游线组织 乡村休闲渔业景观设计其实是一个点、线、面相结合并充分应用的过程，前期确定整体面貌，进行区域的划分，将整个渔业区划分成若干小块，继而在每个区域小块内进行深化设计，按照功能需求合理设置相应的景观节点，最后利用道路或者廊道将节点串联起来，形成一个相互关联的统一整体。景点通过游线组织连接成片，组成不同的功能区块，不同区块的组合又形成了整体的乡村休闲渔业景观风貌，以此构成了主题突出、主次分明的景观序列。

资源依托型和产业开拓型休闲渔业的景区、景点选址受到原始资源所在地的限制，自由度较小。在景点布局规划时，如果两个景区相距较远，则应以原始资源所在地为重点，主要考虑在两个景区之间增加一些小型景点，这些小景点以人工创建的产业开拓型和休闲度假型占大部分，这类景点选址相对较自由，因此在考虑与原有景区、景点距离合理的基础上，优选自然景观状况好、适合渔业养殖的地点进行建设。

休闲渔业景点不可能面面俱到，每个景点各有侧重，综合性景区毕竟是少数，但是各景区、景点通过游线组织串连成片，则可以弥补单个景点的不足，形成综合性较强的休闲渔业功能区片。在功能定位上，相邻景点间应有所区别，避免模式化，以免使游客感觉单调乏味，要根据景点自身特色开发出亮点，体现个性，并在游线上依次展开，构成主题分明、主从有序的景观序列。合理的游线组织、丰富的休闲内容、特色分明的功能划分及主题突出的景观整体可以促使游客延长逗留时间、增加故地重游的概率，提高休闲渔业项目的经济效率。

10.4.2　渔业元素的景观应用

乡村的传统渔业在世代的发展与传承的过程中，积累了许多优秀的渔业文化元素，形式丰富且地域鲜明，记录了不同时期人们的生活方式与历史文化，凝结了世代渔民的智慧和汗水。渔业元素在景观中的运用，能够唤醒人们对地区生活模式的记忆，激起人们潜意识中对乡土文化的认知，指引人们感受渔业文化，回归自然。采取借鉴和象征的手法，将渔业文化内涵赋予到乡村休闲渔业景观中去，能够使乡村的历史文化得到延续，使景观与地域更加和谐统一，这也是乡村休闲渔业景观区别于其他景观的重要文化特征。因此充分挖掘渔业的形式美和景观元素，将它们与乡村休闲渔业景观有机结合意义重大。

1．渔业生产元素的景观应用　渔业生产元素多表现为渔船、渔网、船桨等渔业生产活动中使用到的工具或设施，具有特殊的旅游和观赏价值。

在乡村休闲渔业景观中，可以将渔船等渔业生产元素进行具体意向的直接运用，比如将破旧的古老渔船设置为观赏雕塑，或是利用船桨、渔网等元素搭配造景，可以直接体现景观的乡土气息和渔业生产气息。也可将渔业生产元素与现代艺术元素进行融合，比如应用一些看似“破旧”的渔网或是“残缺”的鱼篓等来塑造景观中的休憩空间，这些景观元素看似老旧，其实组合起来营造出了一个非常和谐的场景，是当地乡土文化与现代艺术的有机结合，也给人们的游览观光增加了乐趣。

另外，在营造休闲渔业景观中的一些具有使用功能的建筑或是小品时，可以运用视觉控制的方法将渔业生产元素的形象进行整合设计，比如具有桅杆形象的路灯、具有帆船形象的服务亭，或是具有渔业主题特征的建筑外墙面，此种类型的渔业生产元素应用景观在乡村休闲渔业景观中的营造效果也独具特色。

2．渔业生物元素的景观应用　乡村休闲渔业景观中渔业生物元素主要包括各种鱼的形象，或是各种水产品如螺丝、河蚌、龙虾、螃蟹、甲鱼等的生物形象，可广泛用于景观当中。

在设计乡村休闲渔业景观中的景观小品时，最适合将渔业生物元素应用其中，可以独立的生物形象场景为主题进行标志性雕塑景观的营造，可突出地区的重要内涵。也可将生物元素作为陪衬，用来点缀或深化景观主旨立意的表达，比如用在路灯、座椅、垃圾桶等其他景观小品之上。

渔业的生物元素还可应用在乡村休闲渔业景观的建筑或是构筑物上，可直接运用生物形象作为建筑物或构筑物的装饰，作为外在的形式进行体现。也可将河蚌外壳、贝壳等作为装饰材料，在建筑物或构筑物外表面进行贴面装饰，既能起到一定的防止风化的作用，也能形成一道独具特色富含渔业文化色彩的渔村风景线。另外，一些特色的贝壳可制作成风铃等可玩性与观赏性兼具的小型景观小品，或者可运用不同色彩和形状的碎贝壳等材料进行图案拼贴，作为园路的铺装材料使用。

3．渔业人物元素的景观应用 乡村渔业中流传着很多与渔业相关的民间传说，其中不乏对仙人、渔民等人物形象的塑造。民间传说在塑造渔业人物形象时，常常会连带其他生产形象或是生物形象，可表现出渔业丰富的历史文化内涵，富有浓厚的渔家生活风情。在乡村休闲渔业景观设计中，可以运用这些具有鲜活人物形象元素的故事场景进行景观营造，能赋予景观历史文化气息，同时也是渔业文化在生活生产、民俗文化、宗教信仰等方面的体现。

10.4.3 休闲渔村规划与设计

渔村发展依赖其科学的规划。渔村总体规划与设计是以休闲渔业带动旅游业为引导，以保证滨海沿江沿湖渔村原始风貌为前提，以改善滨海渔村景观质量为核心，凸显渔村主题与地域特色（图 10.7，图 10.8）。

图 10.7 特色海边休闲生活图

图 10.8 特色滨海栈道图

1．渔村生态建筑设计原则 要实现渔村环境的可持续发展，保证渔村旅游发展的生态性，必须充分利用资源，高效利用能源，尽可能减少对资源和能源的使用及消耗，实现资源的循环使用。在具体的景观设计中可体现为“4R”原则，即再评价（revalue）、改造（renew）、减量化（reduce）和再循环（recycle）。贯彻“天然、低碳、环保、节能”理念，生态体现为“材料环保、节能设计、清洁能源、污染治理、环境友好”，营造和谐的休闲人居环境（刘福彩，2021）。

渔村建筑应以当地传统建筑风格为依据，以雅致、生态为原则，突出其独特的个性。色彩上体现淡而雅，体量上体现精而简，结构上体现稳而轻，用材上体现野趣而朴素，以竹、石、木材为常见渔村建筑建材。部分渔村建筑改造采用了太阳房、太阳能热水器、生态厕所等节能技术和设备，体现了生态性设计原则。

2．典型的渔村生态建筑 不同的地区在长期的聚居生活中形成了具有地方地域特点的建筑群落，丰富了建筑格局。在漫长的海岸线上，不同的纬度、不同的文化习俗、不同的气候条件形成了不同的聚落形态。

1）*广东等地疍家船屋*　疍民是位于广东、广西、海南等地的以船为家的族群，是长期生活于岭南地区的一个特殊的族群，他们中的大部分属于古越族人的后裔，疍家艇、船屋成为他们主要的居住建筑形式。

渔排居民“疍家人”是一个特殊的群落。疍民历史最早可追溯到秦汉古越族。相传在乾隆年间，闽粤两地疍家人划过波涛汹涌的琼州海峡，落户海南岛。他们以海为生，以船为家，常年过着漂泊海上的生活，“世世水为乡，代代舟为家；沉浮江海里，世代海江南”是老一代疍家人生活状况的写照。

陵水疍民驻留也已有500多年的历史。他们的祖先多数来自福建泉州，还有广东南海、顺德等地，以舟楫为家，靠打鱼为生，虽经历史变迁却仍保留着与别的民族截然不同的民俗，“疍家人”有自己的语言，近于粤语。

一般的疍家会有两只船，一只用于捕鱼劳作之用，而另一只则完全用来居住。也有的疍家仅有一条船，生产和生活都在船上，船上有席棚，白天打开，晚上再覆于船上，作卧室使用。

除以船为家这种居住形式之外，由于岭南地区台风频繁，舟居也多有不便，疍民便在岸边建造水栏。水栏形同窝棚，以木头或竹子为骨架，用稻草或芦苇编织成墙壁和屋顶，内部陈设和船屋没有什么两样，实际上就是一个固定在水边的船屋，属于从水中向陆地过渡的一个形态，这种形态和船屋并存使用并相互聚居，形成如图10.9所示的鱼排聚落。

图10.9　“疍家人”鱼排图

新中国成立后，政府在陆地上为疍民修建大量的新村，形式与其他多层住宅没有什么区别，疍家特色的建筑文化在某些特定的地方仍然存在。

2）*大连等地石头房*　20世纪80年代以前，大连等地的渔村、农村民居以石头房居多。以三合院、二合院为主，院落建筑包括正房和厢房，正房位于院落北端，朝南向，3～5开间，一进门是灶台和外地，两侧是卧室、储藏室等。厢房分布在院子东西两侧，有的住宅南院墙外有猪圈、鸡舍和菜园，大门一般开在南院墙的正中。坡顶平顶均有，以斜坡屋顶形式居多。

建筑材料造价低廉，早期的住宅采用毛石墙体，屋顶用灰瓦，门窗材料为木材。

3）*日本伊根渔村*

（1）景观规划特点。伊根渔村（图10.10）景观规划的呈现特点是依托于民居建筑景观、精神文化景观、生产性景观、生态性景观来进行景观营造。在民居建筑方面，渔村推崇原生态舟屋民宿，将多间舟屋连接起来环绕整个海湾，成为一道独特的风景线；在精神文化景观方面主要延续并发扬早期的渔村民俗文化等，并扩大整个文化景观的规模；在生产性景观方面主要传承原始的捕鱼方式并采用大型渔船进行捕捞；在生态性景观方面，伊根渔村以“返璞归真”的传统方式维护渔村的生态性。

图 10.10 日本伊根渔村

（2）伊根渔村概况。伊根渔村位于京都府北部的一个郊区，它是日本 18 个最美丽的村庄之一。面积约 62km^2，人口约 2100 人，自江户时代以来，渔业的发展一直是这里的重点。

（3）民居建筑景观。伊根渔村的民居建筑主要以舟屋的形式出现，舟屋出现于 1800 年左右的江户时代中期，最开始舟屋是渔民用来存放木船，收纳渔网、渔具等杂物的二层木屋。舟屋独特的构建形式主要受地形地势的影响，渔民充分利用海岸与狭窄土地之间的地势顺势而建，舟屋的第一层直接与大海相连，漂浮在水面上，舟屋所呈现二楼层的设计，在日本极为罕见，即使全世界也极为少见。

如今，为了顺应时代的步伐，以及推动伊根渔村的经济、环境等各方面的发展，伊根居民巧妙利用造型奇特的“舟屋”来发展民宿、餐厅、商店等。久而久之舟屋则成了伊根渔村新的符号、新的标志。

（4）文化性景观。伊根渔村的文化景观主要体现在渔村的民俗信仰文化，最突出的民俗文化活动已经持续了 300 余年，每年 7 月下旬举办“伊根祭”。海上活动：在祭礼中男性渔民身着传统的捕鱼服，乘独特的“船型祭台”驶向海湾，祈求海上安平、渔业丰收、五谷隆登。陆上活动：渔民搭设舞台，进行歌舞伎表演。

此外，伊根渔村每年还举办多个传统节日活动，如延续 1200 多年的本庄节、每年 3 月举办的祈祷节、观看狮子表演的堤川节等，这些传统的节日构成了伊根渔村的民俗景观特色。

（5）生产性景观。伊根渔村的产出主要以渔业为主，日出渔作，日落而归是伊根渔村的传统生活模式。此外，伊根渔村当地还将传统海钓、捕鱼等生产技术发展到渔村的旅游项目中，让游客体验渔船出海的趣味海钓活动。同时，游客还可以用海钓成果向专业的厨师学习做海鲜刺身等。

（6）生态性景观。伊根渔村的生态性主要体现在整个渔村的发展中，伊根渔村并未大兴土木建造、拓路建桥，而是精心地维护渔村原有的生态环境。在捕鱼方式上依然保留最原始的驯养鸬鹚捕鱼形式；在商业模式上沿袭传统，即拥有二百多年历史的向井酒造和江户风格的渔家民宿。旨在将整个渔村的原始生态环境延续下去，并对海湾环境进行提升。

10.4.4 渔村庭院生态工程设计

1. 渔村庭院生态工程的特点 渔村庭院景观设计不只是简单地只在意室内的舒适度，而是以追求全方位的健康、休闲、生态、美观为目标，以提升居住品位和与大自然亲密接触为设计理念，创造具有多功能性质的生态庭院景观。它主要具有如下特点。

1）私密性 现在的私家庭院景观设计是将庭院作为一个外边封闭而中心开敞的较为私密性的空间，为人们提供更广的活动范围，不仅提供锻炼、下棋等主观性的娱乐休闲活动，而且还通过视、听、嗅等感官享受阳光照射，呼吸清新空气，观赏花草树木，倾听潺潺流水等，可分享大自然的乐趣，成为人们休闲乐于聚集的场所。

2）个性化 在进行渔村庭院景观设计时，要从渔村信仰习俗等角度出发，无限地拓展景观空间，设计出能充分显现地域特征的个性化庭院景观，充分反映出追求美好生活的最高境界。

3）小尺度 现代私家庭院面积大都在 80～600m^2，并被房屋分割成多个形状不一、大小不一的空间。鉴于私家庭院的这种小尺度的特点，进行私家庭院景观设计时，设计师应在细节上多做文章，精雕细琢，在景观元素上力求做到小、巧、精、细，然后运用小中见大的艺术手法，在方寸之地营造一个可游、可赏的清幽、恬静的庭院景观。

4）生态性 在进行庭院景观设计时，要充分保留原有的地形，对其进行适当改造，合理组织排水和道路线形，尽量减少土方量。对于能够再利用的渔业小景观元素也可以通过改造等手段，融入整个庭院景观设计，以此来增加庭院的生态气息，使人们足不出户就可以与大自然亲密接触，享受人与自然和谐相处的安宁温馨（图 10.11）。

图 10.11 特色水岸景观街区图

2. 庭院景观设计要素 庭院景观设计共包括 19 个基本要素，具体如下。

色彩。对比色与互补色，色彩、色相及色调，原色和清淡色彩，它们是色彩因素的所有组成部分。色调可使气氛活泼也可稳定情绪。

质感。平滑的、粗糙的，柔软的、多刺的，有光泽的或有绒毛的。植物的叶片、花朵、茎干及硬质的造园材料都有其特殊的质感。使用中尽量采用高对比度，将精致混以粗犷，柔软配以粗硬。

香味。蔷薇、茉莉、瑞香、迷迭香或丁香的花香都沁人心脾，可种植一些香花植物让每个季节都飘有花香。

声音。溪流的潺潺声，泉水的叮咚声，小鸟的啁啾声，叶片的沙沙声或柔和悦耳的钟声都可以使心灵得到安宁。

触觉。从毛茸茸的叶片到装饰性草类的叶片都意味着触摸甚至爱抚的存在，还有古树、光滑的卵石及其他无生命材质的触感。

光照。花园中阳地及阴地的状况。在夜晚光线的衬托下花朵变得半透明，草状羽形植物闪闪发光。躲避夏季炎热的气候，可种植高大乔木，创建一片阴地。

风格。节点花园，黄杨花坛，砖质铺地，木桩式围栏，所有这些形成了花园的风格。

形态。多考虑植物的立体形状以求得变化。它们可是圆形、圆柱形、披散状、波浪式或喷泉式。硬质的造园材料和花园装饰物也都有形态。

对比。对比度小能起镇定作用，对比度大则有令人兴奋的作用。色彩、结构、外形、亮度都可用来进行对比。

透视。什么角度观赏花园？从平台、透过窗户还是平地上？是一览无遗还是移步异景？透视改变了观赏花园的方式。

动势。怎样穿过花园？是漫步在蜿蜒的小径上，还是从笔直的大路上匆匆路过。功能决定了它们的外形。

变化。树木长大后，原先的阳地环境变成了阴地，园中多年生植物会越长越大。柔和的晨曦会变成耀眼的午后阳光。花朵会变成果实。对花园中的变化作好充分准备。

方位。如何安排房子和花园的朝向？记住：一个季节中的阴地在其他季节可能变成明亮的向阳环境。

个性。传统花卉、旋转木马、球形器皿、规则的意大利式建筑，古代建筑小品或令人心旷神怡的花园雕塑。哪一个能代表主人个性？

焦点。小径尽头的瀑布，混合花境中的红枫，门旁美丽的花钵，都为眼睛创造了一个可休息的景色。选用焦点景观时要慎重，过多的焦点会变得杂乱无章。

生态。引入一些野生的植物，种一些本土的植物。尽可能选择能丰产及自我循环的植物，少用硬质园景。注意天然材料的使用，如落叶与堆肥。

感观。花园应与当地景观相协调。使用乡土的植物或本地的石材。运用当地常用的表现形式。

建筑。让花园与建筑相匹配。重复使用相同的主题、外形、颜色、式样及建筑材料。通过使用院子、平台、乔木、阳台、围栏及其他东西将建筑融入花园。

功能。如何使用园中空地？作为儿童游乐场？种植蔬菜？用作休憩沉思，还是户外娱乐？应带着一定的目的进行设计。

3．庭院生态工程要素的设计

1）*绿色庭院*　绿色庭院设计首先要遵循本土景观特色。通过将果树、菜园及一些花卉合理组合，不仅给游客带来一个多彩的、更具乡野风味的庭院，而且可为其创建生态体验的场所，游客无须出户就能体验到农事劳作的喜悦，学到关于果树、蔬菜种植等知识。其次要巧“借景”，将庭院外的乡野景观作为绿色庭院景观的一部分，从而增加人的开阔感，通过巧妙的透视和恰当的开口将周边（可一直延伸至远山或地平线）诱人的自然美景引入庭院。最后以顺应自然的绿化方法进行庭院绿化，栽种乡土的乔木、灌木与草种。

2）*水资源系统设计*　水资源系统设计主要从节约用水、实现水的循环利用角度出发，即将生活用水、雨水、庭院的果蔬灌溉用水与景观用水组成一个较为完善的系统，从而减少污染物的排放，创造循环的水利用系统。该系统主要从两个角度出发，一是将雨水收集系统、生活用水、庭院果蔬用水及景观用水结合起来：雨水和生活用水收集起来后进入一个由水生净化植物（如睡莲、水葱等）和卵石组合而成的土壤-植物处理系统，然后进入庭院可作为庭院景观用水及庭院灌溉；二是将生活污水与庭院果蔬系统结合起来：生活用水经过化粪池后进入果蔬园作为农用水，以实现污水的利用与处理。

在设计和建造过程中应尽可能减少对动力的需求，利用现有的地势条件形成重力使水系循环与流动，而经循环利用与净化的水最终流入乡间小溪，实现与外界水系相连，可防止雨量过大或者水量过大而造成庭院溢水。为保证出水水质的安全性，可以在庭院出水口周边配置一定数量的净污水植物。

3）垃圾处理系统　垃圾处理系统主要从减量化、资源化角度出发，设置安全、简单与美观的垃圾储存设施。首先要减少对一次性物质的使用与废弃物的产生量，其次实行有机物垃圾和非有机物垃圾的分类收集。

4）能源系统与节能设计　对能源的高效利用是生态农家服务设施的一个重要因素，应从清洁能源使用与节能角度考虑。清洁能源即对风能、生物质能和太阳能的合理利用。

节能主要是从建筑物的朝向与设计、庭院绿化配置等方面考虑能充分利用良好的外部环境，实现光照充足、自然通风等。

5）建筑设计　无论是对原有农舍的改建还是新建都应尊重自然，注重与自然景观的融合。建筑色调要与周围的乡村生态环境背景相协调；建筑体量与其性质、功能、自然气氛等相协调；风格要与当地乡土风格相一致，质朴简约但能体现对环境的适应。在建筑及其室内装饰等材料上尽可能选用当地材料或者选用对环境友好的材料（如可再生材料、无毒材料等）。新建的农舍要充分结合现有的土地现状，尊重原有土地的面貌。

此外，要能充分整合庭院与周边自然景观特征，利用窗户、阳台等强化最佳景观部位，使居住在屋内的游客能够体验到与自然的亲切感，将自然要素与自然环境带进居住环境。

10.4.5　渔港规划与设计

1．渔港选址　渔港选址应以水产事业的发展为前提，应符合国家渔港总体布局规划。

渔港总体设计应从全局出发，进行多方案比选，合理布局，统筹兼顾，正确处理渔港、商港、军港之间的关系；同时合理发挥渔港的商贸、旅游等功能。

渔港按其在渔业中占有的地位、来港作业渔船及水产品年卸港量等情况分为 4 级。特一级渔港：在渔业中占有重要地位的渔业基地港。来港船舶可包括生产渔船、加工船和冷藏运输船。一级渔港：几省（自治区、直辖市）渔船共用或常有外籍渔船停靠作业，水产品年卸港量在 2 万吨以上。二级渔港：供本省（自治区、直辖市）渔船停靠作业，水产品年卸港量在 1 万～2 万吨。三级渔港：供本县（市）渔船停靠作业，水产品年卸港量在 1 万吨以下。

平面应根据渔港级别、自然条件、城镇规划、市场因素、生产工艺流程及未来发展规划布置港区的水域、陆域，并确定渔港港界，将港区组成统一的整体。

渔港码头可按作业性质分类：卸鱼码头、供冰码头、物资码头、修船码头、油码头和辅助船码头《渔港总体设计规范 》（SC/T 9010—2000）。卸鱼码头为供渔船卸鱼的码头，供冰码头为通过输冰桥、碎冰楼或其他设施向渔船供冰的码头，物资码头为供应渔船生产生活物资、航修及网具修理的码头，修船码头为渔船修理和舾装用的码头，油码头可用于卸油或供油。

传统的渔港主要作为生产设施而规划建设，随着渔业资源的捕捞限制，部分传统渔港、渔船设施都面临转型发展的需求，传统的渔民也面临转岗再就业的压力，发展休闲渔业是解决以上问题的有效方法之一。休闲渔业可利用现有渔港资源、渔船资源、渔民人才资源发展海上观光等产业。在新建设的渔港规划中，也要充分考虑休闲渔业的需求，保证项目的多功

图 10.12　渔港规划布置图

能需求、多产业模块发展、投资的高效利用和多重回报。

2. 渔港及渔人码头休闲设施　渔港及渔人码头可围绕渔港为主要设施来建设（图 10.12），充分应用数字化、智慧化的科技打造现代智慧渔港项目（图 10.13）。也可考虑建设现代渔港综合体，基于渔业产业布局，规划建设景观灯塔、特色民宿、海景度假酒店、制冰储冰、物资补给、海洋渔业博物馆、商业街等配套设施，丰富渔港产业布局，提升渔港综合功能，形成集基础渔业完备、产业布局完整、渔旅融合发展为一体的现代渔港综合体（图 10.14）。

图 10.13　现代渔港综合体项目布局图

现代渔港综合体建设一般以中心渔港为核心，依托渔港基础服务功能，拓展渔业文化、旅游、商业等现代休闲渔业。现代渔港综合体功能主要可考虑规划渔港服务区、产业发展区和民俗文化区。以渔文化为主题，集码头休闲、科普展览（图 10.15）、古村旅游等多功能于一体。

1）码头　渔村的码头是供渔船停泊，让渔民上下装卸货物的水工建筑物。渔民还可在码头上进行渔产品加工、渔具修补等渔业活动。

码头一般沿着海岸线展开，有着开阔而良好的景观视线。早晨千帆竞发，夕阳下渔船返航，鳞次栉比地排布。而到海产收获的季节，码头上则是摆满各类海产，装卸、晾晒，体现浓郁的渔村风情。

码头也是渔村的特色设施，是渔村的公共休闲场所，是游人约会、游览的地标。

2）防波堤　防波堤是为抵御海浪冲击、保持港湾水域平稳、方便船只停靠和作业而修建的水中构筑物。防波堤还能阻拦泥沙，减少港内淤积、保证港区水深。它是人工掩护的沿海港口的重要组成部分（刘坚，2017）。防波堤伸入海中，堤岸两侧或抛填护面块石，或摆放预制混凝土块体，如扭王字块、扭工字块、四角锥体、四脚空心方块、栅栏板等，形成一种抗衡海洋的力量美与惊涛拍岸的美景。

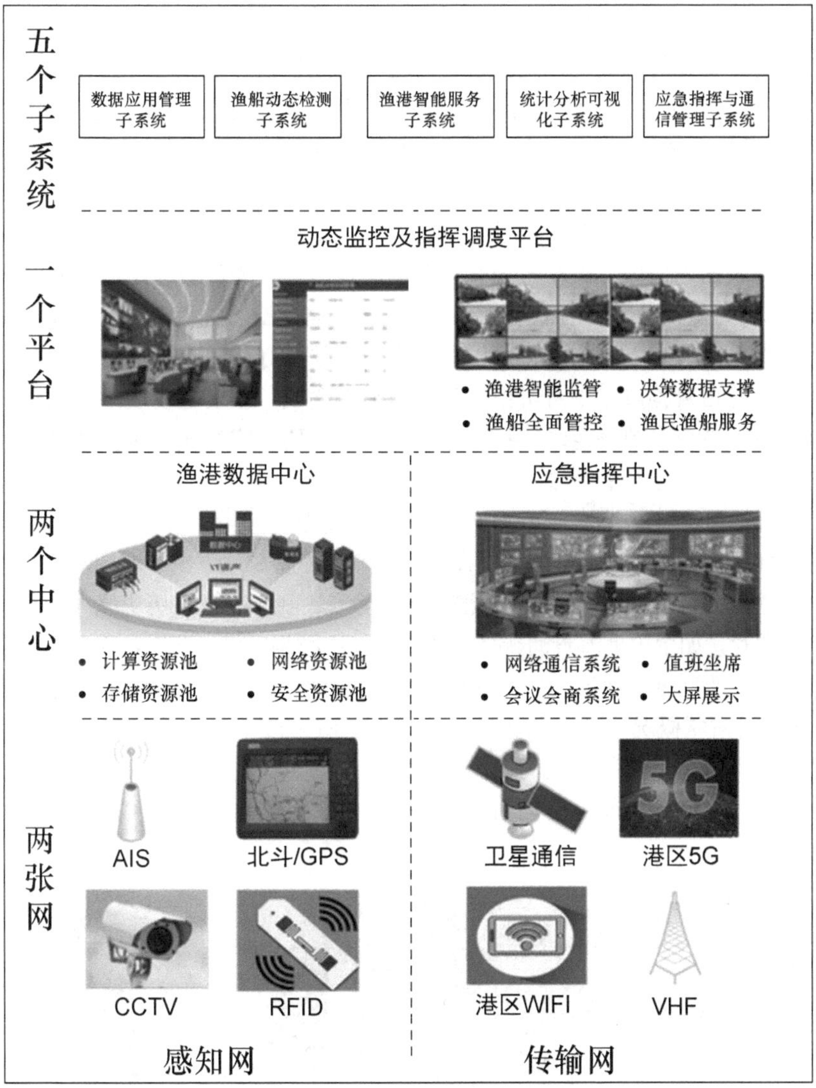

图 10.14　智慧渔港总体框架

图 10.15　现代科普展览馆

整体雄伟、延伸入海或天然或规则的水工建筑物是游人休闲的美丽岸边风景，也是观海的绝佳选择，与岸相连的“突堤”是游客观海的理想之地。

3）灯塔　灯塔是位于海岸、港口或河道，用以指引船只方向的建筑物。灯塔大部分都类似塔的形状，透过塔顶的透镜系统，将光芒射向海面照明。在电力未出现以前，常以火作为光源。

灯塔是高塔形建筑物，位置显要且有特定的建筑造型，易于船舶分辨，同时成为港口最高点之一。地球表面为曲面，故塔身须有充分的高度，使灯光能被远距离的航船所察见，一般视距为15～25海里；但灯光也不宜过高，以免受到高处云雾的遮蔽。根据灯塔大小和所在地点的特点，灯塔可以有人看守，也可以无人看守，重要灯塔应该有人看守。

灯塔由灯具与塔身构成。塔身可由各种建筑材料构筑，主要是要适应和抵抗风浪等恶劣的自然条件，以保持自身的稳定性和耐久性。塔身高度要适应灯光的射程要求。以前的灯塔由于是火光点燃，所以象征着希望。

以往，灯塔是建于航道关键部位附近的一种塔状发光航标，它是一种固定的航标，用来指引船只航行或标示危险区。如今渔船科技发达，渔船都配备雷达、电子海图等，灯塔的实用功能甚微，象征意义更大，逐渐成为休闲旅游的热门景点。我国有许多历史悠久的灯塔被评为世界历史文物而保存，如中国上海青浦铆塔、浙江温州江心屿双塔、浙江峡泗花鸟山灯塔等。这些灯塔历史悠久，造型挺拔别致，具有很高的艺术欣赏价值，成了渔村旅游的重点宣传对象。

3．石浦渔港古城概况　石浦渔港，位于浙江省宁波市象山石浦镇，整体是东北到西南走向的“月牙”形状的封闭型港湾，面积27km^2。其宽广的水域面积及较深的水深，可停泊数万艘渔船，行万吨的海轮。石浦渔港是东南沿海著名的避风港，也是中国四大主要渔港口之一（图10.16）。

图10.16　石浦渔港及古街道

石浦古城保持完好，由4条街巷构成，全长1670m，形成了古朴的石浦老街。“城在港上，山在城里”是对石浦古城最真实的写照，一端与渔港相连，另一端隐藏在山谷深处，而城墙随山势而建，城门造型及控制的港口，是石浦古城的一个主要特征，突出了石浦古城作为沿海防御城市的重要性。

1）民居建筑及街巷景观　石浦渔港古城的民居建筑风貌保存完好，以明清建筑为主，建筑外观有灰瓦白墙、檐角上翘、木质结构门窗、围墙雕刻图腾。古城内存在五座月洞式风火墙及明清时期保留下来的绸庄、钱庄、烟庄、侍郎府邸等。

石浦渔港古城的街巷主要由碗行街、福建街、中街、后街这4条共1670m的街道组成。

其中碗行街的街道建造使用了拾级升降的方法，打造了一条高 35m、长 147m、石阶 82 级，呈“S”状的街道，“街道爬山坡，台阶密麻麻”；福建街有 300 年的历史，一头连接瓮城，一头连接渔港码头，街道景观曲折幽深；中街是保存最完整的商贸街，渔商气息浓厚，地面采用石板铺设而成，整体长约 250m，布列着 100 多家店铺；后街主要是老宅民居建筑，多为早期的生活居住区域。

2）文化景观　石浦渔港古城的文化景观主要体现在精神文化景观及物质文化景观两方面。精神文化景观表现在海防文化景观，物质文化景观体现在渔文化方面。

海防文化景观。石浦渔港因独特的地形地势使石浦山海相连，城墙随山而建，城门也倚势而建，多重因素使石浦古城作为沿海防御的核心重地。古城内存在大量的用于防御工事的城楼、防火门等。唐宋、元朝以来，石浦古城被誉为“浙阳中路的重要镇”，是历史上沿海中路的重要渔港、商业港和军事港。

在石浦二湾头朝东岩壁上，有摩崖 10 条，均为楷书阴文题刻，如“德与石存”“恩同海永”“石存恩存”等，摩崖石刻的篆刻者多为明代抗倭将领，篆刻内容皆表达了团结一致、奋起抗倭的战斗情怀，充分展示出了明清时期石浦古城作为海防重镇的重要性及悠久的海防历史。

3）生产性景观　石浦渔港是中国四大渔港之一，古城渔民世代以海为生，石浦渔港是重要的渔业中心重港，数以万计的渔船在这装卸渔货、补给物资，其桅樯林立，渔火灿烂。

海鲜种类丰富，400 多种鱼类、100 多种甲壳类、80 多种贝类在这里汇聚，流向世界。为推动渔业经济发展，石浦镇除建立中国水产城外，还推出一系列的节日，吸引游客的到来，如开渔节、祭海节等。在古城的耕海牧读馆中记载着渔港的发展历史及先秦时期渔民的渔猎生活。

4）生活性景观　石浦渔港古城渔民每年三月三都会举行踏海滩、祭海的活动，目前开渔节已在古城渔民心中成为传统的节日。每到节日渔村都会成群结队，面对海洋进行大庆。

渔民家家户户门口的装饰小景及古城内的基础设施等，都能体现渔民的生活特色。

10.4.6　游艇码头规划与设计

游艇是指所有人自身使用或以整船租赁形式从事游览观光、休闲娱乐和水上运动等活动且具有机械推进动力装置的船舶。游艇码头是供游艇停靠、游人上下、物资补给且有安全防护等功能的水工建筑设施（图 10.17）。

图 10.17　游艇码头规划图

浮桥是供游艇系靠泊、人员上下船使用的一种浮体结构。浮桥由浮箱、浮桥框架、铺面等组成，可分为支浮桥和主浮桥，支浮桥通过主浮桥固定和贯通。

1．游艇码头选址　游艇码头的设计应贯彻以人为本、可持续发展的方针，合理利用岸线、土地、水域等资源，保护环境，防止污染。

游艇码头的建设规模应根据当地经济社会发展水平、市场需求和建设自然条件等因素综合确定。游艇码头的设计应根据建设规模和自然条件，以资源节约、环境友好和安全适用为原则进行多方案的技术经济比选，并适当留有发展余地。

游艇码头结构宜采用浮动式，水位变化较小时可采用固定式。游艇码头设计应考虑美观要求，视线宜通透。游艇码头泊位的管线应采用隐蔽式敷设。接岸处的管线段应采用柔性结构，其长度应适应水位变化。游艇码头宜设置无障碍通道。

游艇码头选址应符合港口总体规划、海洋功能区划、江河流域规划，并与城市总体规划相衔接。

游艇码头选址应综合考虑建设规模、自然条件和旅游休闲的环境等因素，还应考虑游艇有足够的活动水域，并应减少与其他船舶相互干扰，满足通航、停泊的安全要求。

游艇码头应选在掩护条件良好的水域。在冰冻地区建设游艇码头应采取防冰措施。

沿海游艇码头宜选在有天然掩护，波浪、水流作用较小，泥沙运动较弱且天然水深适宜的水域。在泥沙运动较强的地区建设游艇码头，应充分考虑泥沙运动的影响。

内河游艇码头应选在河势稳定、河床及河岸相对少变、泥沙运动较弱、水深适宜的顺直河段或凹岸；也可选在急流卡口上游的缓水区、顺流区，或多年冲淤基本平衡、流态适宜和漂浮物较少的回流沱或支汊河段。游艇码头与桥梁、渡槽等应留有适当的安全距离。游艇码头选址应考虑泄洪的要求及饮用水源保护的要求——《游艇码头设计规范》（JTS 165—7—2014）。

2．游艇码头平面布局　游艇码头水域及航道包括进港航道、内航道、内支航道、系泊水域和锚泊水域等。各水域应根据使用要求合理布置（图 10.18）。

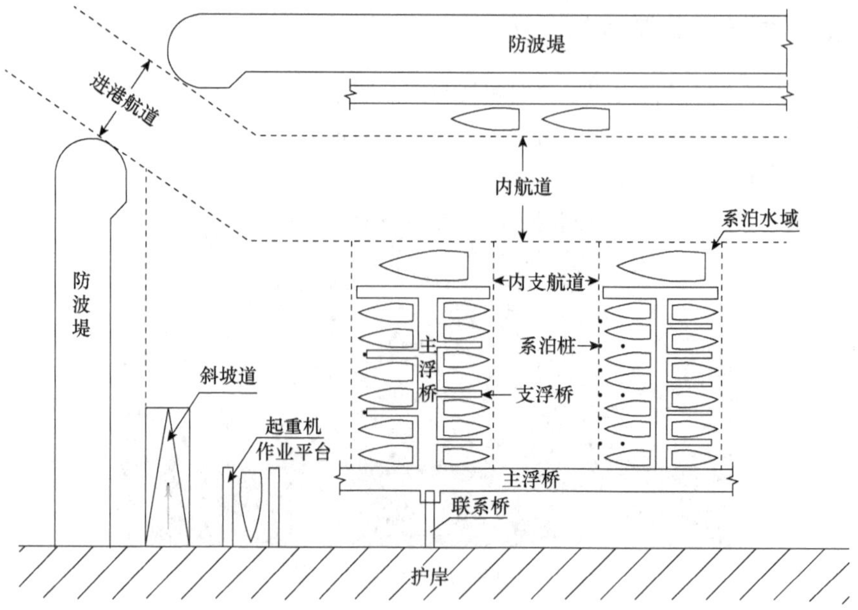

图 10.18　游艇码头水域布置图

游艇泊位按系泊方式的不同可分为岸式泊位和离岸式泊位；其中岸式泊位可分为浮桥式、系泊桩式、趸船式和固定式，离岸式泊位可分为单点系泊式和两点系泊式，见图 10.19。

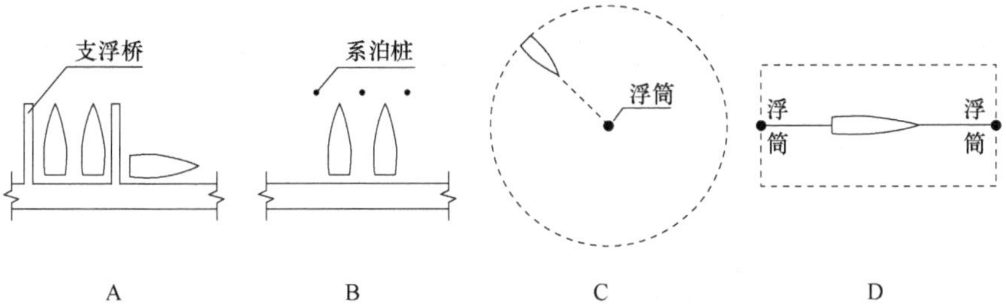

图 10.19　游艇泊位主要系泊型式

A. 浮桥式；B. 系泊桩式；C. 单点系泊式；D. 两点系泊式

受强台风影响频繁的地区，大型泊位宜按单泊位布置。离岸式泊位宜布置于掩护良好的开阔水域。港内水域可根据船型大小分成若干不同水深的区域。

10.4.7　渔人码头规划与设计

渔港主要体现在渔业生产功能方面，游艇码头主要体现为海边观光旅游功能。渔人码头的规划与设计除与渔港、游艇码头有共性外，也有其特有的主题与设计要点（图 10.20）。

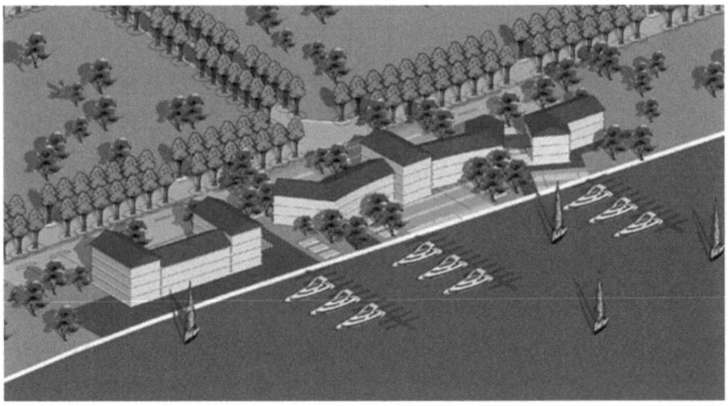

图 10.20　渔人码头规划图

1. 渔人码头设计总则

1）构思与定位　　延续休闲渔业的定位，以“渔人码头”为主题，集中展现渔船、港湾等特色和主题。渔村景区整体结构是沿岸的活力节点之一。

2）准则　　休闲性、公共性、主题性、场所感。

3）功能　　游艇、游船码头、文化酒吧、经济型连锁酒店、特色产品购物中心、海鲜餐饮街、游乐设施场所等。临港区域不得布置非公共性的建设项目，如住宅、公寓等。

2. 渔人码头规划设计要点

1）开敞空间　　体现亲水性、公共性、活力性和趣味性，满足大量人流聚集和活动的需要，着重进行亲水堤岸、码头等场所的营造，使不同功能区和空间之间保持良好的联系。

2）建筑风格　建筑形式应具有极强的地域风格，同时体现渔村建筑形式特征，注重建筑空间与开放空间在多层次上的渗透关系，并应符合渔村风貌对该地段的要求。

3）界面控制　片区界面宜以通透界面类型控制。

4）交通组织　港区周边宜有连续的滨水步行空间，城市交通应当与其良好衔接，结合码头的布局合理组织水上陆上交通，以保障滨水空间良好的可达性。

5）节点　围绕渔人码头主题广场集中设置各类指示牌、休憩服务设施、主题小品。

广场地面可以铺设彩色水泥、花岗岩等，图案纹理采用渔网状，图案以表现海洋鱼类为主。

6）标志　港湾内及周边具有标志性作用和体现区域特色的建筑物、构筑物、小品、实物等，共同构成了这一区域的标志物。

7）绿化　考虑旅游休闲渔村的要求，选用具有特色的树种，体现滨海、滨水渔村特征。南方可结合红树林生长的特征，打造红树林特色景观。

8）广告标识　加强对港湾周边商业建筑的广告设置控制，严禁破坏滨港建筑立面造型和界面连续性，设计应强化港湾旅游休闲氛围。

9）夜景　应结合道路照明形成港区整体夜景氛围，同时滨水照明可要求在沿港一线形成水体岸线照明，并在关键节点形成景观照明。

10）滨水岸线控制　规划直立岸线、斜坡岸线和自然护坡岸线，形成错落有致的岸线景观。

3．美国旧金山渔人码头

1）景观规划特点　美国旧金山渔人码头的景观特点主要是依托于码头营建休闲体验景观，依靠滨海的自然地理环境，创造大量的休闲生活方式。除海鲜餐饮文化，还包含后续新建的旧金山海事国家历史公园、哥拉德利广场和机械博物馆等休闲娱乐场所等。

纵观旧金山渔人码头的景观，其旨在依靠码头，盘活码头经济，拉动旧金山渔人码头的整体经济发展。

2）旧金山渔人码头概况　旧金山半岛北部，紧邻旧金山湾，渔人码头大致包括从旧金山北部水域哥拉德利广场到35号码头一带，当中最为著名的则为39号码头，码头视野开阔，景色优美。

3）生产性景观　旧金山渔人码头在早期主要是发展码头捕鱼经济，20世纪60年代以后捕鱼船队数量逐年下降，然后逐渐发展成为旅游胜地。当地政府为发展码头经济，将视角转向沿海景观结合渔业景观，大力发展休闲渔业，带动码头经济。

旧金山渔人码头观光的游客多数都是因新鲜海鲜而来，其中最为著名的要数邓杰内斯蟹和蛤肉汤。同时，路边密密层层的食蟹爱好者、街头音乐家的出现及旅游设施的完善，使渔人码头成为真正的旅游胜地。

政府为推动旧金山渔人码头的名气，特地在渔人码头附近举行大型活动，包括国庆节烟花汇演，现在渔人码头也成为旧金山的标志之一。

10.4.8 休闲渔业设施生态设计

休闲渔业设施生态设计主要体现在三个方面，建筑结构的生态化、建筑物生态化和渔港绿化。下面围绕这三个方面介绍一些相关内容。

1．透空式码头结构　透空式码头是下部透空，由基桩、墩柱等支承上部结构的非实体码头，主要代表结构形式有高桩码头、重力式非连续的墩柱码头、开孔沉箱码头等。

透空式码头的生态性主要体现在，码头的建设保证了码头前后的水体交换，不发生大面积填海，尽可能在工程实施的同时，保持了区域环境与水动力条件的稳定。减小对区域水体环境、生物资源等的影响。

2．生态海堤、护岸　海堤、护岸生态化建设指保证海堤防潮御灾能力，优化海堤空间布局，采用生态材料，恢复生物群落，在堤前、堤身、堤后实施生态保护修复的活动。围填海工程海堤的生态化建设范围包括堤前带、堤身带、堤后带三个区域（图 10.21、图 10.22）。

图 10.21　斜坡式生态海堤结构图

图 10.22　斜坡式生态海堤效果图

1）建设原则

（1）安全性原则。海堤生态化建设以保障海堤的防灾减灾安全功能要求为前提，在满足安全要求基础上统筹考虑其生态建设。

（2）生态性原则。海堤生态化建设应以恢复海岸的生态功能为目标，以减缓人类在海堤建设过程中对海域生态系统的负面影响。

（3）适宜性原则。秉持生态保护、因地制宜的理念，根据区域地质地貌特点、水文动力条件、气候特征，采用不同的结构、材料对海堤进行科学设计。

2）建设内容　在保障海堤防灾减灾功能的前提下，通过海岸防护工程设施和生态保护修复措施相结合的方式，实现海堤生态化，恢复海域一定的生态功能。海堤生态化建设一般应覆盖堤前带、堤身带、堤后带三部分。各部分应具有以下结构特征和功能。

（1）堤前带具有一定的滩面宽度、稳定的岸滩结构、适宜的生物群落。

（2）堤身带具有安全达标的堤防结构、一定的物质交换和能量流动能力。

（3）堤后带具有一定的陆向辐射宽度，稳定的生态系统。

3）技术要求

（1）堤前带

A．粉砂淤泥质海岸。

a. 堤前带地貌恢复。堤前带地貌应以保护和自然恢复为主，必要时应采取人工修复措施；应尽可能恢复工程前的近岸海域地形地貌；应根据海岸自然环境条件，采用生态方法，促进泥沙落淤，滩面不稳定的岸段可采用潜堤、突堤、丁坝等工程措施进行地貌恢复；海堤外侧存在养殖塘、废弃堤坝等不具备安全和生态功能的近岸构筑物设施，可根据实际情况，采取平整、拆除等措施，恢复海岸原有形态，扩大潮间带湿地面积，改善水动力环境条件，恢复与提升岸滩生态功能。

b. 生境修复。可采用堤前增设多孔隙生态材料等方式为生物提供良好的栖息、繁殖环境；针对生境受损的区域，可根据区域自然条件特性，采取清除外来物种、改良基质等措施，提高其生态功能。

B．砂（砾）质海岸。

a．堤前带地貌恢复。可采用一定的人工措施抵御浪流对海岸的侵蚀，维护岸滩的稳定；必要时可采取人工补沙、沙滩养护等工程措施，保护和恢复砂（砾）质海岸自然形态，提高沙滩品质，恢复沙滩功能。

b．生境修复。以自然恢复为主，条件适宜区域可补植乡土性沙生植物。

C．基岩海岸。

基岩海岸堤前带的生态化建设以自然恢复为主。

（2）堤身带。生态化海堤的堤身建设应充分发挥自然恢复的作用，着力于改善生物生长栖息活动的空间。海堤平面形态宜结合地形地貌布设，避免水动力条件发生重大变化，应尽可能避免单纯的直线化、规则化。海堤平面形态可考虑多种组合式布置，主堤与离岸堤、突堤、潜堤、滩涂植被等组合，形成生态保护与防灾减灾协同增效的综合体系。

A．结构型式生态化。海堤断面型式除满足海堤综合功能外，还应重视对原生态的保护，保持和周边环境的协调性。海堤的结构型式应根据地形、地质、波浪潮汐特性及生态要求，选用适宜的堤型，确保岸坡、水土稳定。注重结构断面的比选，断面型式应有利于缓坡入海，可根据以下顺序选取：斜坡式断面、复式断面、直立式断面。护面、镇压层、堤脚以安全优先，综合生态、经济等因素，采用多空隙、表面粗糙的结构型式。波能强的海区宜采取多种消浪措施，降低堤顶高程，增强堤身带生态功能。海堤断面设计应适当考虑亲水性，护面坡度应适当放缓，条件允许的岸段可增设阶梯式护面等工程措施。

B．材料生态化。应采用绿色环保、适宜当地海域生态系统的无害化建筑材料，以利于植物生长和藻类、贝类附着，促进生物多样性恢复。护面材料宜按以下顺序选定：生物类、天然石料类、人工块体类；鼓励采用多孔透水类新型材料。坡脚有抗冲要求的堤段，宜采用块石、框格、人工块体等材料保护。

C．植被覆盖。植被覆盖物种的选择应以乡土性为主（图 10.23）。迎海坡植物种植。适宜种植植物的迎海坡，应进行植被覆盖。背海坡植物种植。背海坡在满足对越浪水体抗冲要求的前提下，以灌草结合的方式进行植被覆盖。

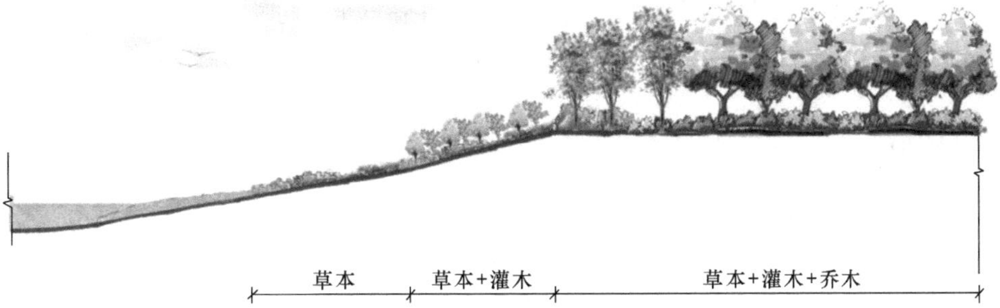

图 10.23　海岸防护带植被配置示意图

（3）堤后带。堤后带的生态化建设要求应结合当地实际情况确定。生态空间包括堤后带范围内的湿地、水系、绿地等。

4）海堤生态化建设　海堤生态化建设应调查分析当地水文、地质、地形、生物等自然条件，优化海堤工程设计，采取工程措施和生物措施，减缓修建海堤对生态系统的不利影响（图 10.24）。

图 10.24　百里黄金海岸生态护岸实施图

3．绿化　绿化是改善生态环境的重要手段之一，在港区的规划设计中也可因地制宜、见缝插针地规划一定比例面积的绿地，改善港区的生态环境，营造良好的休闲旅游环境。

4．环保　休闲渔业活动很多场景是户外、水域等公共环境，面临垃圾处理，如鱼线、渔网及其他钓鱼用具处理，还有公共绿地、堤坝踩踏等。无论陆上还是海上，在设施的设计中要配备相应的公共卫生间、垃圾桶、专用废弃物收集设施、警示标识等，做到环境的可持续发展，人与自然的和谐相处。

10.4.9　休闲渔业设施安全设计

无论渔港还是游艇码头、渔人码头，都起到了连接陆域与水域的功能，作为休闲渔业功能承载的主要港口设施，风险是比较高的，所以安全也是不容忽视的问题。

游客及其他人员的人身安全是重中之重，因此船只安全是安全的重要保障。船只安全可以规定某些必需的安全装置，包括信号装置、桨、锚、浮力抛绳、急救箱、灭火器及救生衣。游艇运营商的许可证制度是船舶安全的重要保障。游客登船前需进行防落水教育和落水应急措施教育。

此外，涉及渔业休闲的设施要有足够的安全措施，以保证结构的足够强度和耐久性及人员的安全性。例如，新型码头、海上休闲设施材质的强度验证与安全设计，码头的水域防护设计，游艇码头栈桥的防护栏杆、适宜的坡度，护岸的合适护面坡度等。

遵循适当的渔业法规，以及在水域上方或周边实施船只安全和工作良好规范可降低休闲渔业的安全隐患。使用救生衣是降低死亡率的一个有效措施。戴太阳镜可有助于防止伤到眼睛。学习如何处理可能遇到的水生生物问题有助于钓鱼者保障生命安全（同时也有助于维持鱼类福利状况）。船舶或园区配置完善的急救箱，有必要通过衣服、帽子、防晒霜遮盖以降低紫外线伤害。

本章小结

本章介绍了休闲渔业规划与设计的重要性、休闲渔业依景观规划分类，从规划与设计的角度围绕设计原则、设计理论、设计方法、设计实践等方面进行了详细介绍，并针对渔港、游艇码头、渔人码头等特色项目的规划设计开展介绍，此外还介绍了关注度很高的休闲渔业设施生态设计和安全设计。向读者展示了休闲渔业规划与设计的主要内容。

名词解释和概念理解

休闲渔业设计；景区分区规划法；渔业景观

思考题

1．休闲渔业景观的规划与设计原则有哪些？
2．简述景观规划与景观设计的区别与联系。
3．渔村生态建筑设计原则有哪些？
4．休闲渔业设施的生态设计主要体现在哪些方面？

主要参考文献

段皓严．2014．我国北方新型淡水休闲渔业园营造探究．青岛：青岛理工大学硕士学位论文．
李宇．2012．温州休闲渔业景观规划设计理论与实践研究．杭州：浙江大学硕士学位论文．
刘福彩．2021．滨海渔村景观规划设计研究——以日照官草汪村为例．济南：山东建筑大学硕士学位论文．
刘坚．2017．滨海渔村生产性景观设计研究——以西连岛渔村为例．南京：南京林业大学硕士学位论文．
王莹．2017．休闲渔业园规划设计研究——以江苏盐城东方绿洲生态休闲渔业园为例．南京：南京农业大学硕士学位论文．
中华人民共和国交通运输部．2014．游艇码头设计规范：JTS 165—7—2014．北京：人民交通出版社．
中华人民共和国农业部．2000．渔港总体设计规范：SC/T 9010—2000．北京：中国标准出版社．

（任效忠）

第 11 章
休闲渔业实践

本章资源

休闲渔业活动形式丰富，内容广泛，许多地方结合当地特色和产业发展现状开发了形式多样的休闲渔业实践品牌活动，涵盖了实践性、趣味性和科普性，产生了良好的社会影响。

休闲渔业实践活动可分为劳动实践类、游戏竞赛类两类，全国各地均可因地制宜地开展。部分高校还在培养方案中设置了休闲渔业的实践内容，与养殖池塘结合打造休闲渔业实践基地。

11.1 劳动实践类体验

劳动实践类体验与渔业生产紧密相关，以养殖、捕捞过程中趣味性强、观赏度高的内容为主，其主要特点就是参与人体验劳动的每一个环节，在实践过程中放松心情，得到愉悦的体验感。

11.1.1 渔家捕捞

渔家捕捞是利用渔村资源，借助小型渔业设备和专业渔民的指导，游客直接参与张网、拖网、流网、笼捕等捕捞活动，品尝亲自捕获的海鲜，感受丰收的乐趣，嵊泗五龙乡、普陀凤凰岛都有类似项目。生产劳动型体验最具吸引力的项目是渔业采捕体验，包括对渔船、竹排、舴艋舟、铁锚、渔网、渔叉、渔罩子、渔篓、渔笼、渔护、虾扒、虾笼等捕鱼工具的体验，还有对延绳钓、撒旋网、弓箭射鱼、高脚罾、拖网、围网捕捞等捕鱼技艺的体验。

渔家乐是浙江嵊泗最具特色的娱乐活动之一，当地利用闲散渔船、渔业资源，打造以“海岛探险、海上游乐、钓鱼捕虾、出海垂钓捕鱼、起蟹笼、笼捕采贝”为特色的休闲渔业品牌活动。游客可以组团随渔船出海，到达岛礁后，使用提前准备好的渔具垂钓，在礁丛中捡拾贝壳，在沙滩上垒城堡，掏蟹洞，用赶海工具挖开沙滩，寻找沙子中的小生物，在返程过程中还可以拉起提前下好的渔笼、蟹笼，渔获也可以自己带走。体验结束后，游客还可以同渔民一同做渔家饭、吃渔家菜、听渔家故事，感受渔业生产的乐趣，体会海洋的神奇和征服大海的快感。

11.1.2 潮间带采拾

海水涨潮到最高位时的海岸为高潮线，退潮时退至最低位时的海岸为低潮线，潮间带就是介于高潮线和低潮线之间的区域。退潮时，可以穿雨靴，戴头灯，亲子相伴，走在沙滩上或滩涂里，感受潮间带与陆地的不同，用小铲子、小钉耙或长夹子寻找贝类或其他海洋生物，了解各种海洋知识。

11.1.3 生态鱼礁（巴拉告）捕鱼

台湾马太鞍农场最受欢迎的体验活动是生态鱼礁（巴拉告）捕鱼。先用空心的竹筒一只一只架成一长排，再覆以树枝，第三层铺上杂草堆，形成适于鱼虾游动的环境即生态鱼礁。最上层的树枝间是小虾世界，中间层竹枝间有小鱼梭游，最底层则是鳗鱼等无鳞鱼的天地，这样上层鱼虾的排泄物下沉后成为大鱼养料，形成生态循环。捉鱼时在河边或湿地挖一小水池，小水池两边均开口于河流，小水池内可形成流水，将生态鱼礁（巴拉告）放入小水池中，抓鱼时用鱼筌等工具堵在小水池流出口处，同时靠近生态鱼礁，鱼便会被赶入鱼筌中，再拿起竹筒捞鳗鱼，最后用渔网捞小鱼小虾。

11.1.4 渔网编织

编织渔网的第一步是起头，将丝线绕易拉罐瓶子缠 32 圈，再取出圈套，用丝线拴住一头，挂在墙上或者高的地方。编织时，左手拿尺板，右手拿梭子，先将梭子上的线头系住圈套上的一个圈，再将丝线从尺板下部绕到上面，把梭子穿进线圈，再绕出来，和尺板上面的丝线打一个结，编织出一个网眼。按照从左往右继续编织，逐层编织，就得到了一张渔网。被誉为“浙江渔业第一村”的浙江象山东门渔村，在发展渔家休闲渔船、渔家乐等传统休闲渔业内容的同时，还组织渔民教授游客织渔网，传授游客一些出海小常识。

11.1.5 拾蚌取珠

通过电商平台或线下门店购买各类可产珍珠的蚌，也可提前在池塘里培育产珍珠的蚌，参与者还可体验在水中拾蚌、随机开启蚌壳，获得的不同大小、颜色随机的珍珠还可制作成装饰品。常见的产珍珠的蚌为三角帆蚌和褶纹冠蚌，这种活动比较受年轻人欢迎，尤其是对年轻女性有一定吸引力。华中农业大学在耕读教育课程中设置了 “水中拾蚌，开蚌取珍珠”（图 11.1）。

11.1.6 鱼骨画制作

鱼骨画是利用天然鱼骨制作成造型奇特、新奇自然的花卉、动物、风景画或书法等艺术作品等（图 11.2）。首先要处理鱼骨，使用蒸煮法将鱼骨和鱼肉分离出来，用清水清洗鱼骨，使用洗洁精去除剩余的油渍，用双氧水或八四消毒液使鱼骨漂白，最后进行干燥处理，经过以上处理的鱼骨便可用于制作鱼骨画。制作鱼骨画时主要使用铁丝、水彩笔、铅笔、橡皮、眼科剪、眼科镊、小钢锯、小钢锉和做画框等常用工具，也可根据作画思路另行准备其他特殊工具。

鱼骨画一般分为意境作画和形状作画，形状作画主要是利用鱼骨材料的形状开展创作，意境作画对美学素养要求更高，利用各类鱼骨创作出更具意境的画面，无论哪种形式都要深思熟虑和巧妙构思，最终在木板上描绘出来，曲线多的图画更适合斜长或弧形的鱼骨。然后根据图画内容选择合适的鱼骨，将其摆放在画稿的线条上，并用胶水固定牢，也可用钢锯、锉刀等工具对细节进行打磨。

图 11.1　收获珍珠

图 11.2　鱼骨艺术馆

11.1.7　鱼拓

鱼拓艺术起源于我国，在日本发展。台湾省的鱼拓艺术发展融合了文创理念，创新了诸多鱼拓艺术产品，衍生的鱼拓产品也已广泛应用，比如房屋建筑、装饰及旅游纪念类产品，受到了收藏者及游客的广泛喜爱，鱼拓艺术衍生的文创产品市场也正在不断地发展。比如舟山、西湖、千岛湖、钱塘江等地不断地对鱼拓艺术进行创新，有效地促进了鱼拓艺术的发展。但我国大陆的鱼拓艺术没有独特的鱼拓艺术发展氛围，所衍生的产品也较为薄弱，落后于日本和我国台湾省，同时缺少我国特有的鱼拓文创品牌。

11.1.8　微景观生态瓶制作

微景观生态瓶需要玻璃瓶、底砂、增氧颗粒、水草、“普叉”鱼、水底装饰物等，它是一种既环保又生态的循环系统，水草经过光合作用释放氧气，鱼类的粪便进入底砂，为硝化细菌提供营养，硝化细菌通过分解鱼的粪便为水草提供生长所需的营养。制作生态鱼缸时，先加入底砂、过水，再将水草种入底砂，最后放入装饰物和小鱼，从美学角度将各种元素搭配组合，形成植物与鱼类共存的微型生态系统（图 11.3）。

图 11.3　微景观生态瓶

11.1.9　渔业产品制作

曲水县俊巴村曾是西藏唯一以打鱼为生的村落，村民在政府的引导下，改变思路，利用曾经制作牛皮船的手工技艺，制作传统民族风格的皮具和工艺品，广受喜爱。牛皮船是村民打鱼的船只，过去也是交通工具，如今基本都是闲置的，只有在节庆日用来跳牛皮船舞。俊巴村的皮具制作有着悠久的历史，俊巴人将制作牛皮船剩下的小块皮料加工成各种皮具，有背包、挎包、糌粑袋、茶叶袋、藏药袋及电脑包等皮具，还有缩小版的藏戏面具等琳琅满目的装饰品，充满了藏式民族风情。这种独特的皮具制作技艺传承至今，已被列入西藏非物质文化遗产。

赫哲人以渔业为主，他们用鱼皮制衣，用鱼骨、鱼刺制作工艺品和装饰品，鱼皮制品以北方冷水鱼的鱼皮为原料，冷水鱼皮质有一定的厚度和韧性，比较耐磨，便于在生产生活中使用。鱼皮风干后再加工，需将鱼皮略放干燥后卷起，用木槌反复捶打，直捶至鱼皮柔软为止。制作鱼皮线时，也需撑开晾干，切掉不整齐的边沿，抹一层鱼肝油，鱼皮便卷起来，最后固定好鱼皮，用快刀切成细线，线的一头要细些，以便穿针。另外，鱼皮制作技艺已成为国家级非物质文化遗产。

台湾千户传奇生态农场的水中贵族餐厅，可以体验摸鱼，还能提供鲟龙鱼排、鲟龙鱼护唇膏等 DIY 创作。制作护唇膏时，可选用鱼油或植物油、维生素 E 和个人喜好的精油。各原料依次添加，添加时隔水加热，精油、维生素 E 等降温后加入，最后倒入模具中定型，并装入护唇膏容器内。

11.2 游戏竞赛类体验

游戏竞赛类活动重点在于参与度和趣味性，具有参与度高和受欢迎程度高等特点，也有一定技巧方面的要求。

11.2.1 徒手抓鱼

徒手抓鱼也叫“浑水摸鱼”，通过把水搅浑，让鱼无法正常呼吸，从而达到抓鱼的目的。如在清水中摸鱼，可以先把鱼逼到角落里或者水草里，再合拢双手抓鱼。徒手抓鱼者需将盛鱼桶置于指定地点，身穿下水裤，以小组或个人形式抓鱼。适合徒手抓的鱼种包括鲤、鲫、黄颡鱼、鲇和黄鳝（图 11.4）。鲤和鲫在浑水或泥水中比较容易抓到；黄颡鱼适合晚上在水边抓，参与者可戴手套以免被其胸鳍扎伤；泥鳅和黄鳝要扒开淤泥抓，还要快准狠。

图 11.4　常见鱼类生活水层

在美国，有一种名为 noodling 的徒手抓鱼运动，捕猎对象是鲇，偶尔也会捕猎龟类。目前，只有 16 个州允许 noodling 活动，并有专门的比赛，如在俄克拉何马州举办的 Okie noodling tournment。太湖地区也有“拖荡”的传统，“清荡”是徒手抓“漏网之鱼”。“荡”是积水的洼地或是浅水湖，“拖荡”就是把鱼从“荡”里捕捞起来，小“鱼荡”通常采用“干荡”的办法。冬季是鱼类捕捞的最佳时节，“拖荡”一般也在腊月进行。“拖荡”时，“荡主”首先要请人拉网，将养殖鱼类和大部分野杂鱼拉走，而后允许围观人群下水“清荡”，清荡的人身穿下水裤，腰挂竹篓，帮助“荡主”抓捕“漏网之鱼”，场面十分热闹，很受游客欢迎。同时，“荡主”给亲朋好友送鱼，请亲友邻里吃“鱼荡饭”，菜肴以捕获的渔获为主，以庆丰收。这种习俗是在渔业生产外派生出的趣味活动，经过精心组织和策划可以发展为休闲渔业实践活动。

11.2.2　抱鱼大赛

信阳南湾湖开渔节截至 2022 年已经举办 8 届，其特色活动抱鱼大赛别具匠心，参赛者以团队形式展开接力赛跑，怀抱 1m 长的花鲢奔跑，又黏又滑，不容易抱稳。

11.2.3　捉蟹罩鱼

江苏省洪泽区曾举行罩鱼捉蟹大赛活动，各组选手需要在 5min 的时间内在指定的水域用罩子和鱼篓捕鱼，所罩鱼蟹归个人所有，优胜者还将获得洪泽湖大青鱼。曾有游客在 5min 内捕捉到 20 条大鱼和 1 只螃蟹，获得冠军。

11.2.4　渔业摄影

渔业领域的知名摄影活动是“大美渔村 平安渔业”中国渔业摄影展，是在中国摄影家协会和农业农村部渔业渔政管理局的指导下，由中国渔业互保协会联袂中国文联摄影艺术中心、中国摄影著作权协会共同举办的，用镜头记录和展示我国多彩的渔风渔俗、独特的江河湖海风光、和谐平安的现代渔业，展现我国渔业行业的“聚焦新时代”，截至 2022 年已举办 5 届。举办活动的主要目的是记录和展示我国渔业、渔村和渔民的发展成就，精神风貌和传统悠久、富有特色的渔文化，有祈求、祝愿平安之意。

另外，《中国水产》杂志社、海洋与渔业局等单位还定期举办“渔业高质量发展‘随手拍’照片＋视频有奖征集活动”“福州金鱼展及摄影大赛”等展览及摄影比赛，参赛者除可获得相应奖项外，作品还可能收录进全国渔业影像资料库并入选相关书籍画册。

11.3　休闲渔业实践课程

休闲渔业实践主要分为垂钓相关实践内容和非垂钓实践活动，垂钓相关实践内容的开展涉及饵料、钓具、垂钓竞赛、垂钓规则和钓场环境，需围绕这些因素设计课程内容，安排垂钓实践内容。非垂钓实践活动以鱼拓等易于开展的内容为主，不受场地限制，易于开展。

11.3.1　垂钓的准备和练习

根据垂钓水域的实际情况确定垂钓实践的内容，同时确保水底和钓岸没有过多杂物。面积较小的水域可进行手竿和路亚垂钓，面积较大的可加入抛竿垂钓。手竿垂钓最佳距离在 20m 以内，深度在 10m 以内；抛竿垂钓最佳距离和深度在 10m 以上；路亚垂钓距离和深度没有太多限制。

1．钓饵的准备　　钓饵包括自然生长的动植物鱼饵和人工制作的商品类鱼饵。其中，动物常以蚯蚓、红虫等活饵作为钓饵，植物常以玉米、小麦等谷物作为钓饵。商品饵以谷物及其加工物、鱼粉、虾粉等为原料，以粉状、颗粒状、方块状居多。粉饵可制作成拉饵、搓饵、散饵等。颗粒饵可以直接打窝，也可以搭配皮筋挂钩制成钓饵垂钓。方块饵用于打窝和配合爆炸钩垂钓。商品假饵包括软虫、亮片、米洛、波趴等。

垂钓前要了解池塘存鱼的基本情况，针对不同鱼种制定不同的实践课程。如鲫、鲤、青、草、鳊等中下层鱼较多，鱼饵可选用活饵、谷物及商品粉饵及颗粒，选择鱼饵时优先选择经常食用的喂养物。如鲢、鳙等中上层鱼较多，鱼饵可选择粉饵；垂钓翘嘴时选择手竿悬坠钓法和路亚垂钓，手竿垂钓鱼饵可选用活饵、谷物及商品粉饵与颗粒。垂钓鳜、鲈、翘嘴等肉食性攻击型鱼类，可进行路亚垂钓，鲈、鳜可选用软饵或者亮片等，翘嘴可选用亮片、米洛等。

2．钓具的练习 钓具练习主要涉及鱼竿和线组。手竿分为传统钓线组和悬坠钓线组。抛竿分为沉底钓线组和花篮线组。路亚分为软饵线组搭配和硬饵。练习中需要参与者了解鱼竿的使用方法和线组的搭配方式、原理和针对鱼种。

手竿进行传统钓线组和悬坠钓线组的不同组装，了解两种钓法中浮漂的使用差异和垂钓原理的区别，组装后进行找底、调漂、抛竿等练习。抛竿进行沉底钓线组和花篮线组的组装，了解两种钓法通过不同的组成实现的不同垂钓原理，组装完成后进行抛竿练习。路亚钓可组装软饵和铅头钩线组，了解其组成和基本原理，组装完成后进行抛竿练习。

以华农实践池塘为例，池塘中主要喂养鲫、鲤、草、鳊、鲢、鳙。其中鲫、鲤、草、鳊一般使用活饵、人工商品饵，活饵可选用蚯蚓和红虫，人工商品饵可选用不同味道的粉饵制拉饵和搓饵；鲢、鳙可选用商品饵中专用的粉饵开制散饵。

鲫、鲤垂钓时可使用手竿钓底，传统钓线组和悬坠钓线组都可以使用，鱼饵选择活饵和人工商品饵，商品饵可选择腥味和麸香味的鱼饵，制成拉饵和搓饵挂钩垂钓。

草、鳊垂钓时可使用手竿钓底或离底（浮钓），钓底时使用传统钓线组或悬坠钓线组，钓离底时使用悬坠钓线组，鱼饵选择活饵和人工商品饵，商品饵可选择酸甜的果香味鱼饵和一些发酵类鱼饵，制成拉饵和搓饵垂钓，也可以直接挂颗粒垂钓。

鲢垂钓时可使用手竿钓浮，选择悬坠钓线组，鱼饵选择人工商品饵，商品饵制成散饵垂钓。

11.3.2 垂钓竞赛活动

垂钓竞赛可以多种形式开展比赛，根据实际情况制定比赛规则，可分为没有规则的全开放式竞赛和限定垂钓方式的竞赛。

全开放式竞赛，不限定垂钓方式，仅在规定时间内垂钓，根据最大单尾、总重、总数量、特定鱼种等类别进行竞赛奖励。

限定垂钓方式的竞赛，指限制垂钓方式、鱼饵、鱼种等的比赛，可以参考常见的大型赛事，结合实际情况制定竞赛标准。

手竿竞技钓和黑坑钓常见限制规则：垂钓方式为悬坠钓，限制鱼竿和线组长度、鱼饵的选用、有效鱼种类等。常见对象鱼种有鲫、鲤、罗非、青、草、鳊等，成绩以总数量和总重量单项或双项计分。

抛竿比赛常见限制规则：限制垂钓方式、鱼竿和鱼饵的选用、有效鱼种等。常见对象鱼种有青、草、鲢、鳙等，成绩以总重量计分，也设立最大单尾奖励。

路亚比赛常见限制规则：限制垂钓方式、鱼饵的选用、有效鱼种等。常见鱼种有鳜、翘嘴、鲈等，成绩以有效鱼总重量计分。

垂钓中可进行的垂钓竞赛活动较多，除正常的垂钓外，还可以进行陆地的抛投、线结的绑制、窝料的抛投、钓饵的挂钩等多种竞赛。

陆地抛投比赛是进行比较多的比赛之一，仅需一片自由抛竿的空地即可进行鱼竿抛投竞赛活动，常进行手竿抛投准度、抛竿抛投距离、路亚抛投准度及障碍物比赛。

手竿抛投在实际使用时主要对准度和鱼饵状态有要求，根据这两点可以设计不同的抛竿难度。

难度一：不挂钩的情况下将铅坠抛到指定位置。

难度二：挂玉米或者颗粒的情况下抛到指定位置，鱼饵状态需保持良好。

难度三：挂粉饵（拉饵、搓饵、捏饵）的情况下抛到指定位置，鱼饵状态需保持良好。

抛竿抛投在实际使用过程中对距离和准度有要求，可以在规定的扇形区域进行抛投距离的竞赛，距离越远得分越高。

路亚抛投对准度和障碍物处理有要求，可以进行准度竞赛，也可模拟桥洞、树底、石头缝等障碍物进行竞赛。

鱼线经过打结后会损失一部分拉力强度，不同的打结方式和手法会导致线组的强度不一样，鱼线绑鱼钩、鱼线绑连接环、鱼线绑前导线等可以作为竞赛项目。

窝料抛投对准度和抛洒范围有要求，可进行准度和范围竞赛，使用打窝勺将单个大团窝料或散落颗粒抛投至指定区域。

钓饵的挂钩主要针对粉饵的拉饵和搓饵，从速度、形状、状态进行竞赛。

11.3.3　休闲渔业实践练习

休闲渔业实践中，常见为垂钓实践练习，可开展开饵、打窝和垂钓等系列实践，垂钓实践参与人员对垂钓较为感兴趣，学习热情较高。鱼拓等实践内容对技术和专业知识要求不高，各年龄段人群均能参与。

1．实践一　手竿钓饵实践　粉饵的开制方法：将鱼饵倒入盆中，按照包装说明比例加入适量水，迅速搅拌均匀后放置一会儿，充分吸水后即可使用。拉饵和搓饵需进行适当的揉打，收拢成团后进行垂钓，散饵则需要保持分散的状态，捏饵上钩垂钓。开制鱼饵时，饵水比例不同会导致鱼饵的状态不同，需根据实际情况调整，更加适应垂钓者挂钩和鱼吸食。

垂钓实践中应注意以下技术细节：活饵、谷物的练习操作，要求鱼饵在垂钓过程中不易脱落。商品粉饵要注意开制、挂钩、观察水下状态。拉饵和搓饵的操作要注意鱼饵的形状符合鱼类进食喜好，并确保鱼饵不易脱落。假饵的操作重在让假饵游动，不同游动姿态模拟自然状态的游动姿态。

2．实践二　手竿打窝实践　手竿垂钓做窝分为垂钓前做窝和垂钓时做窝两种。垂钓前做窝可以有效诱鱼和留鱼，垂钓鲫、鲤时可提前抛撒酒米、颗粒等做窝，垂钓草、鳊等可提前抛投菜籽饼、糠饼、玉米、颗粒等做窝，垂钓青鱼可提前抛投玉米、螺蛳、颗粒等做窝。垂钓时做窝，向垂钓区域抛撒窝料，在垂钓过程中还可以补充窝料。垂钓翘嘴、鲢、鳙等中上层鱼时，在垂钓过程中做窝比较好，在垂钓时抛投玉米或者饵料至垂钓区域，形成诱鱼和留鱼区域。

垂钓鲫、草、鳊均可以使用喂养颗粒进行抛投做窝。垂钓鲫、鲤可使用酒米或颗粒提前半小时做窝。垂钓草、鳊可使用菜籽饼、糠饼、玉米、颗粒等，并提前半小时以上做窝。垂钓白鲢时可在垂钓过程中持续抛投鱼饵做窝。

3．实践三　手竿垂钓实践　垂钓课程的授课内容可以对象鱼类为单元开展实践教学，针对不同对象鱼的生活习性、适用饵料和季节、个体大小，开展垂钓实践。

手竿可搭配传统钓线组和悬坠钓线组，传统钓线组简单易操作，组装完成后将鱼线抛入池塘，调整浮漂至漏出水面即可；悬坠钓线组需调漂、找底，操作难度较大，可进行底钓和浮钓。

以华中农业大学实践池塘为例：长约 30m，宽约 20m，以鲫、鲤、草、鳊、鲢、鳙为主。

钓位可安排相对的两边，钓位间距 3m。

鱼竿长度应小于相对两岸距离的 1/4，根据对象鱼的个体大小选择不同强度的鱼竿，10 斤以内可以选择鲫竿和强度较低的综合竿，10～20 斤选择强度适中的综合竿，20 斤以上选择强度较大的大物竿和巨物竿。

鱼线的长度和鱼竿长度相等或略长，鱼线的线径大小根据对象鱼的个体和密度选择，个体和密度越大，选用的鱼线线径越大，但也要根据实际情况增加或缩减鱼线的号数。例如，在 1h 内可垂钓 5 条 1 斤的鲫，可选用 1～2 号鱼线。

鱼竿和鱼线搭配好后可以开始垂钓，垂钓步骤为打窝、开制鱼饵、放置钓箱或钓椅、调整线组和浮漂、挂饵、抛竿垂钓。

4．实践四　鱼拓实践　鱼拓按照颜色可分为黑白鱼拓和彩色鱼拓。彩色鱼拓可以呈现浓淡、色彩、光线的变化，对细节的变现更加细致。根据鱼拓上色的流程还分直接鱼拓法和间接鱼拓法。

以直接鱼拓法实践为例。先清洗鱼体，将鱼体上的黏液和杂质清理干净，同时不破坏鱼鳞。再用柔软材料将鱼嘴、鱼鳃等部位堵住，以免鱼体受挤压时体液流出。再根据鱼拓画的设计对鱼体进行固定并涂抹药水，通过墨水浓淡和色彩变化展现细节特征。最后用宣纸覆盖鱼体进行拓制。间接鱼拓法则是在鱼体固定之后、拓印之前在宣纸上喷雾，宣纸湿润后与鱼体紧密贴合，再用拓包以蘸料的方式进行拓印。

11.4　休闲垂钓产学经典案例

休闲垂钓运动已经成为十分受欢迎的运动，国内各高校也会在校内湖畔举办休闲垂钓竞技比赛，师生参与度都很高。但是，休闲垂钓比赛的举办对校内软硬件设施有一定要求，通常开设水产相关专业的学校才具备开展高水平垂钓竞技比赛的硬件条件和专业的钓场饲养管理。下面以两所不同类型的高校为例，介绍垂钓竞技开展情况。

11.4.1　华中农业大学教学实习基地及休闲 DIY 活动

华中农业大学水产学院的水产养殖专业是国家级一流本科专业，专业课程体系较为健全，开设了“休闲渔业”理论课程，穿插实践理论教学，还在部分耕读教育课程中设置了垂钓内容。学校在校内建有两个教学实习基地，共计 120 亩，其中水面面积近 60 亩，除正常的实践教学和科研实验外，还按照休闲垂钓池塘饲养管理，定期开展休闲渔业相关活动，如每年在校内基地开展浑水摸鱼、休闲垂钓比赛、抱鱼接力、拾蚌找珠、耕读体验等渔文化系列活动，产生了良好的社会影响。

11.4.2　广西水产畜牧学校休闲渔业实训基地及赛事

广西水产畜牧学校的水产养殖专业属省内职业院校中的优势专业，同样也在校内建设了“休闲渔业式”水产实训基地，是将传统渔业和休闲渔业结合的尝试，是职业院校水产养殖专业中实践休闲渔业实训基地建设和休闲渔业活动较为典型的学校。除建设了亲鱼池、孵化池、苗种池、成鱼池、循环水养殖车间、池塘等设施外，还专门按照休闲垂钓方式饲养管理经营，并安装相关配套设施。垂钓池塘的经济效益要高于传统池塘，每亩的利润可达 13 726 元（李继文，2015a）。另外，广西水产畜牧学校还在实训基地开展了相关教学实践、科研实验和养殖实验等内容，综合发挥休闲渔业实训基地的资源优势。

广西水产畜牧学校水产实训基地既是全国水产科普教育基地也是休闲渔业活动场地，它充分利用水产实训基地的休闲渔业资源，对外开放并组织了一系列休闲渔业活动，如休闲渔业培训和比赛、观赏鱼欣赏和养殖等，除每天对外收费垂钓外，还举办校内休闲渔业专业技能比赛、“恒兴杯”钓鱼比赛等休闲垂钓竞技活动（李继文，2015b），其中最具影响力的是在“2013 中国-东盟（南宁）渔业文化周暨渔牧名特优产品展示交易会”中承办了桂台休闲垂钓友谊赛，共有 30 位来自广西的钓手和 30 位来自台湾的钓手参与，比赛时间为一个半小时，按渔获的总重量计算比赛成绩。

本章小结

本章介绍了一些休闲渔业实践方式，特别是在高校和渔业园区可开展的休闲渔业实践方式，并介绍了休闲渔业实践案例。

名词解释和概念理解

鱼拓；鱼骨画；微景观生态瓶；钓饵；钓具

思考题

1. 列举适合徒手抓取的常见淡水经济水生生物。
2. 简述休闲渔业实践活动与渔文化活动的异同。
3. 如何针对不同种类的垂钓鱼类选择合适的钓饵？

主要参考文献

李继文．2015a．传统鱼塘与垂钓鱼塘养殖经营对比试验．养殖与饲料，（6）：21-24．
李继文．2015b．“休闲渔业式”水产实训基地的建设与实践．广西教育，30：50-51，60．

（黄　欣）